suhrkamp taschenbuch
wissenschaft 576

Michel Leiris, geboren 1901, ist Schriftsteller und Ethnologe. 1924 kam er zur surrealistischen Bewegung, 1929 trennte er sich von ihr. Während dieser Zeit zählte er zu dem Kreis um André Masson, dem auch Artaud und Bataille angehörten. Mit Bataille und Callois gründete er 1937 das Collège de Sociologie. Befreundet war er ebenfalls mit Sartre und Lacan.

Anfang der dreißiger Jahre führte Leiris während einer ethnologischen Expedition quer durch Afrika von Dakar nach Djibouti ein Tagebuch, das die Fachwelt aufschreckte und verärgerte. Im Sinne der akademischen Wissenschaft ist es ein skandalöses Buch; in ihm kommt zur Sprache, was alle Kollegen auch wissen, aber nicht schreiben: das Konstruierte in jeder Deskription, theoretische Mängel und methodologische Tricks. Der ›Ertrag‹ dieser Expedition ist eine mit allen Mühen der Feldforschung erworbene Kenntnis einiger afrikanischer Ethnien und eine mit allen Mitteln erbeutete Sammlung von Alltagskultgegenständen. Leiris nimmt an diesen Raubzügen teil und beschreibt seine obsessionelle Lust, seine Gier nach dem Besitz des Fremden. Mit kolonialistischem Gehabe, in Korruption und Lügen verstrickt, erfüllen die Ethnologen ihren Auftrag, das heimische Staatsmuseum aufzufüllen und den Ethnologie-Studenten Anschauungsmaterial zu liefern. *Phantom Afrika* dokumentiert die kolonialistische Herkunft der Ethnologie.

Michel Leiris
Phantom Afrika

Tagebuch einer Expedition
von Dakar nach Djibouti 1931–1933
Erster Teil

Ethnologische Schriften
Band 3

Übersetzt von Rolf Wintermeyer
Herausgegeben und mit einer Einleitung
von Hans-Jürgen Heinrichs

Suhrkamp

Titel der Originalausgabe:
L'Afrique fantôme. De Dakar à Djibouti 1931–1933.
ⓒ 1934 Éditions Gallimard, Paris

CIP-Kurztitelaufnahme der Deutschen Bibliothek
Leiris, Michel:
Phantom Afrika:
Tagebuch e. Expedition
von Dakar nach Djibouti 1931–1933 /
Michel Leiris.
Hrsg. u. mit e. Einl.
von Hans-Jürgen Heinrichs. –
Frankfurt (Main): Suhrkamp
Einheitssacht.: L'Afrique fantôme <dt.>
Teil 1. Übers. von Rolf Wintermeyer. –
1. Aufl. – 1985.
(Ethnologische Schriften /
Michel Leiris; Bd. 3)
(Suhrkamp-Taschenbuch Wissenschaft; 576)
ISBN 3–518–28176–3
ISBN 3–518–09688–5 (Gesamtw.)
NE: GT

suhrkamp taschenbuch wissenschaft 576
Erste Auflage 1985
ⓒ 1980 by Syndikat Autoren- und Verlagsgesellschaft
Frankfurt am Main
Lizenzausgabe mit freundlicher Genehmigung der
Syndikat Autoren- und Verlagsgesellschaft
Suhrkamp Taschenbuch Verlag
Alle Rechte vorbehalten, insbesondere das
des öffentlichen Vortrags, der Übertragung
durch Rundfunk und Fernsehen
sowie der Übersetzung, auch einzelner Teile.
Druck: Nomos Verlagsgesellschaft, Baden-Baden
Printed in Germany
Umschlag nach Entwürfen von
Willy Fleckhaus und Rolf Staudt

1 2 3 4 5 6 – 90 89 88 87 86 85

Hans-Jürgen Heinrichs
Einleitung

I.

»Soll man alles erzählen? Soll man eine Auswahl treffen?
Soll man die Ereignisse verklären? Ich meine, man muß
alles erzählen.« (28. 12. 1931)

»Schreiben Sie einfach alles auf, was Ihnen durch den Kopf geht« – der Rat eines Dichters an einen jungen Mann, der Autor werden möchte. Diese Idee des Schreibens war Anfang der 70er Jahre identisch mit dem Versuch, eine neue Ästhetik zu entwickeln, sich ›auszuschreiben‹ in der Konfrontation mit sich und dem Alltag. Kommt man aber der eigenen Individualität und den Instanzen ihrer Verunmöglichung auf diesem Weg näher? Ist der Text, der sich in der Produktion ganz diesem Rat und der impliziten Ästhetik unterworfen hat, ›authentischer‹, ›lebensnaher‹, ›realistischer‹, ›wahrer‹ als einer, der sich immer auf Konstruktion, Vermittlung, bewußte Auswahl, Handlung und Sinn zurückbezieht?

Diese Frage war für eine bestimmte literarische Gattung, das Tagebuch, immer schon relevant. Das Tagebuch steht geradezu für die dichterische Authentizität, für ›alles, was einem durch den Kopf geht‹, oder wie der Ethnologe Evans-Pritchard (1976: 346) sagte: »Ich war immer der Ansicht, und bin es auch heute noch, daß man in seinem Notizbuch soviel wie möglich – alles was man beobachtet – festhalten soll. Ich weiß, daß das eine unmögliche Aufgabe ist, aber sehr viel später, vielleicht Jahre, nachdem man das Feld verlassen hat und die Erinnerungen verblaßt sind, ist man froh, die gewöhnlichsten und alltäglichsten Dinge notiert zu haben – z. B. was, wie und wann die Menschen kochen. Jetzt bereue ich, daß ich das nicht immer getan habe. Und wieviel von dem, was in den Notizbüchern steht, soll gedruckt werden? Im Idealfall – glaube ich – alles . . .«

Trägt das Tagebuch das Etikett der Authentizität zu Recht? Und ist diese Frage für das ethnologische Tagebuch so einfach zu beantworten, wie es Evans-Pritchards Hinweis und auch Leiris' Diktum nahezulegen scheinen, oder gelten für diese Gattung und Form völlig andere Voraussetzungen? In jedem Fall: immer ist das Tagebuch *Gattung und Form,* und nicht Leben, ›wie es wirklich war‹.

Jedes Tagebuch hat etwas von der scheinbar bedingungslosen Ehrlichkeit in den Worten eines Sterbenden oder zum Tode Bestimmten, aber nur scheinbar bedingungslos, denn auch diese Worte entstammen nicht einem ganz anderen Erfahrungs- und Bewußtseinssystem, einem anders strukturierten Unbewußten, nur weil erbarmungslos der Tod naht. Der Sterbende wie der im ›Feld‹ Verlassene sind immer auch Opfer ihrer Rollen, ihrer gelebten Zuordnungen. Die Offenheit im ethnologischen Tagebuch ist eine *Form* der *Möglichkeiten* und *Verhinderungen* zu leben.

Im ethnographischen Tagebuch kommt zur Sprache, was alle Kollegen auch wissen, aber nicht schreiben: Das Konstruierte in jeder Deskription, theoretische Mängel und methodologische Tricks, Bestechungen und Diffamierungen, Schwierigkeiten jeder Art. Die größere Authentizität im Tagebuch besteht in der Möglichkeit, Konflikte zwischen Menschen verschiedener Kulturen zu erörtern und Kommunikations- und Interaktionsprobleme zu beschreiben. Der Stand der Wissenschaft wird mehr auf der Ebene der konflikthaften Erfahrung als auf dem Niveau des Wissens und der Ideale erkennbar. Die ethnologischen Konstruktionen werden zum Teil auch als Hilfskonstruktionen – exemplarisch Malinowskis Prinzip der »teilnehmenden Beobachtung« – evident.

»Es geht nicht ohne Hilfskonstruktionen« – dieser Satz Theodor Fontanes benennt, auf das ethnologische Tagebuch bezogen, den fraglichen Punkt: Inwieweit kommen in diesem Dokument des Authentischen außer den wissenschaftlichen auch die lebensweltlichen Hilfskonstruktionen *selbstanalytisch* zur Sprache? Die Schaulust, mit der man jedes Tagebuch aufschlägt, wird von der Hoffnung genährt, zu erfahren, wie ein anderer sich entblößt und sich kennengelernt hat. Es ist die Idee, jemandem zuzuhören, der gleichzeitig Analysand und Analytiker ist, der gleichzeitig bewußt und unbewußt, diskursiv und assoziativ spricht. Aber weiß denn der Ethnologe, der sich seinem Tagebuch anvertraut, besser, wer er ist, woran er leidet, kennt er genauer seine Wünsche, Ideale und Rollen? Im Vergleich zu seiner gleichsam individuell amputierten Erscheinungsform in der ethnographischen Monographie oder im ethnologischen Handbuch sicher. Aber erfüllt das ethnologische Tagebuch die Hoffnungen einer Läuterung oder Entschlüsselung, einer Selbstanalyse?

Es gibt kein anderes Werk als das Michel Leiris', an dem man diese Frage exemplarischer durchspielen oder vielleicht beantworten könnte.

Denn von ihm liegen zwei monumentale Selbstdarstellungen vor: die vierbändige Autobiographie *La Règle du jeu* des Dichters Leiris und *L'Afrique fantôme* des Dichters, der (auch) Ethnologe wird. »Jede ethnographische Laufbahn findet ihr Prinzip in geschriebenen oder unausgesprochenen ›Bekenntnissen‹« – diese These von Claude Lévi-Strauss (1962: 48), mit der er Rousseau zum Vorbild und Begründer der Ethnologie gemacht und seinem Buch *Traurige Tropen* die von ihm gewünschte Bedeutung gegeben hat, kann auch als Leitbild für Leiris' Unterfangen einer ›ethnographischen Laufbahn‹ gelten.

Als Sekretär und Archivar, als Freund Griaules, war er auf die Afrikareise gegangen; am 22. 8. 1931 notiert er: »Ich ... mache meine Arbeit als Aufseher, Untersuchungsrichter oder Bürokrat weiter. Nie bin ich in Frankreich derart seßhaft gewesen.« »Besessen« von dem »eiskalten Dämon der Befragung«, mit dem »lauten Lachen ins Angesicht des Exotismus« (15. 8. 1931) versetzt sich Leiris in die Rolle des ethnographischen Eroberers, des »Freibeuters«.

II.

> »Als ich Paris verließ, ist mein Wunsch, mit dem seichten Leben dort
> zu brechen, der stärkste Anreiz für diese Reise nach Afrika gewesen.
> Jetzt hingegen kommt mir das Leben hier nichtig vor, im Vergleich zu
> den Entscheidungen, die in Europa fallen ... Kommt es schließlich
> noch so weit, daß ich dahinlebe, als wäre die ›Revolution‹ nur ein
> leeres Wort?« (27. 2. und 30. 3. 1932)

Als Leiris 1931 Europa verläßt, nimmt er eine geschichtliche Erfahrung und ein aktuelles Wissen um die politische Situation mit, eine Erfahrung und ein Wissen, die er mit den Afrikanern, mit denen er tagtäglich zusammen ist, nicht teilen kann, die sich aufzulösen drohen und nur sporadisch auftauchen, durch Briefe aus Europa oder einen x-beliebigen, schon veralteten Zeitungsartikel. Zeitweise wünscht er sich, ganz in das afrikanische Leben einzutauchen, bis ihn dann wieder das Illusionäre daran geradezu beschämt. Mal möchte er in Afrika, mal in Europa alles »kurz und klein schlagen« oder nur »abhauen«.

»Düstere Vorahnungen über den bevorstehenden Krieg. Ob ich den Mut haben werde, die Rolle eines conscience objectors konsequent bis zum Ende zu spielen ... Nach der Rückkehr nicht in Frankreich bleiben. Auswandern. Diesem ganzen Schwachsinn den Rücken kehren. Aber wohin? Kein Ort der Welt, wo es nicht zum Himmel stänke, oder der nicht zumindest unter dem Einfluß der maroden Nationen stünde. Mechanik, Waffen und Haudegen überall.« (23. und 26. 2. 1932)

Phantom Afrika ist ein ›Wurf‹ und ein Dokument. Aus Lust und Verzweiflung geschrieben, während einer Expedition von 1931–1933, Chiffre eines Versuchs, zu leben und zu überleben, die Langeweile zu überwinden und das Magische festzuhalten. Und ein Dokument: nicht nur eines einzelnen Lebens, sondern einer Wissenschaft und ihrer Vergangenheit. *Phantom Afrika* dokumentiert die kolonialistische Herkunft der Ethnologie und was einzelne Forscher daraus gemacht haben. Leiris verschweigt nicht, daß er nicht besser mit den ›Wilden‹ umging als seine Kollegen. Die skandalöseste Begebenheit des ganzen Buches wird unter dem Datum des 6. 9. 1931 berichtet. (Die Raubzüge des folgenden Tages machen den »Coup« zur Strategie – auch wenn das Herz noch »wie wild« klopft.)

Für die Ethnologie wäre es schön, wenn es dieses Tagebuch nicht gäbe oder wenn man es zumindest nicht noch in den Vordergrund zerrte. Um es unverhüllt zu sagen: Der Ethnologe, wie ihn Leiris beschreibt, ist über weite Strecken in nichts besser als der schuftigste Industrielle, der dem Arbeiter das Letzte nimmt: der Ethnologe nimmt dem ›Wilden‹ alles! Mit den geraubten Gegenständen entführten sie »das Leben . . . des Landes«. (12. 11. 1931)

Phantom Afrika läßt sich in den Teilen, in denen die Reise ins Land der Dogon beschrieben wird, als eine Geschichte der ethnographischen Raubzüge lesen: »Von Felsen zu Felsen, von Höhle zu Höhle, von einem heiligen Ort zum anderen« wird alles »durchstöbert« und »zusammengerafft« (vgl. vor allem die Eintragungen vom 28. 8., 29. 8., 5. 11., 6. 11., 11. 11., 12. 11., 14. 11. 1931).

Phantom Afrika ist die Geschichte einer Infektion: Der Europäer bringt den Bazillus mit, den der Afrikaner weiterverbreitet und der sich dann selbsttätig über die Länder ausbreitet: »Unsere Freunde Apama und Ambara haben gestern heimlich Fasernkostüme für Masken herbeigeschafft, um die wir sie gebeten hatten . . . Kein Zweifel: Unsere Praktiken haben Schule gemacht . . . der Einfluß des Europäers . . . Immer noch niedergeschlagen. Manchmal habe ich Lust, alles kurz und klein zu schlagen . . . In unserer Nachfolge beschreiten nach und nach alle den Weg der frommen Lüge und des Arrangements mit dem Himmel . . .« (15. und 16. 11. 1931).

Leiris' Darstellungen der institutionell abgesicherten Expeditions-»Sammlungen« hinterlassen einen zwiespältigen Eindruck: Zum einen ist man besänftigt von seiner Offenheit, zum anderen aber verabscheut man doch zu sehr das ganze Unternehmen, um sich bei der Sympathie für den »Enthüller« wohl zu fühlen. Und bleibt nicht auch eine entscheidende Kritik an diesen Aktionen im Dunkeln? Sind nicht die Afrikaner, die sich der ethnographischen Barbarei verweigern, diejenigen, die man »suchte«, von denen man das »andere« Leben, die »andere« Kultur erfahren wollte? Es ist die eurozentristische Idee, das Fremde authentisch haben zu können, ohne daß es sich als widerständig erweist, ohne daß es sich dem Zugriff des Weißen verwehrt. Dagegen sucht Leiris noch Rechtfertigungen zu finden: auch die Afrikaner sind korrupt (18. 9. 1931); wie Hohn klingt es, wenn er lapidar sagt: »Offenbar erwarten die Leute in diesen Gegenden von den Weißen nichts Gutes . . .« (24. 9. 1931), wo er sich und seine Kollegen zuvor gerade als »Dämonen und Schweinehunde« beschrieben hat! Der Europäer denkt: Gegenstände, die man verrotten läßt, wie die Dogon ihre Masken in den Höhlen, kann man auch stehlen! In den europäischen Museen sind sie besser aufgehoben! Es kann als Verharmlosung mißverstanden werden, wenn Leiris seine Komplexe beschreibt, wenn er an sich selbst die »Süffisanz des gebildeten Europäers« (Vorwort) bemerkt, als könne das schon – was Leiris niemals glaubte – die »Taten« der Europäer zureichend beschreiben oder gar analysieren. Problematisch finde ich, wie zwei Situationen – eine der Brutalität und eine illusionärer Naturidylle – unmittelbar aufeinanderfolgen (7. 9. 1931).

Das Heilige, die tiefe Religiosität, die Dämonologie, das Magische und Rituelle, von dem Leiris so fasziniert ist und in dessen Beschreibung er sich als Dichter zeigt, erhält durch diese brutalen Aneignungen den Charakter von Ausstellungsstücken, von Dekor – für die Fähigkeit des Europäers, darin das Wesen zu sehen. Zugleich blickt der Europäer herablassend auf den Wilden, der diesen oder jenen Gegenstand vergöttert – der europäische Verstand entlarvt das Heilige immer auch als abergläubisch (fälschlich) Verehrtes, emotional Besetztes, projektiv Verzerrtes. Der durch die Aufklärung hindurchgegangene Europäer hat schon wieder die Fähigkeit, das Heilige zu schätzen, und noch die Hybris, es nicht existenziell ernst zu nehmen. Er kann es genießen und will es vereinnahmen, erobern. Er ist ausgezogen: zu entdecken, zu gewinnen, mitzubringen! Kein Verlust läßt sich ohne weiteres verkraften, die Siegesstrategie ist erbarmungslos. Auch Leiris ist ihr Opfer. Zu seiner Zeit hat vielleicht nur er eine Ahnung davon gehabt!

»Wenn ich subjektiv schreibe, erhöhe ich insofern den Wert meiner Aussage, als ich zu erkennen gebe, daß ich mir jederzeit bewußt bin, was ich von meinem Wert als Zeuge zu halten habe« (4. 4. 1932). Über seine Selbstbeobachtung, Selbstreflexion und das unermüdliche Registrieren jeden Details im Tagebuch lüftet Leiris sukzessiv den »Deckmantel der Zivilisation«, der die »zum Himmel schreiende Schande« vertuschen soll (2. 2. 1932).

III.

> »Aber ist es denn nicht in jedem Fall ein absurdes Glücksspiel, ein Buch über eine Reise zu schreiben, ganz gleich, wie man sich dabei anstellt, ganz gleich, wo man ansetzt?« (18. 3. 1932)

Die Tagebücher, ob von Leiris, Métraux oder Malinowski, geben ein inoffizielles Bild der Ethnologie und der Ethnologen, sie haben »so manche Schweinerei an den Tag gebracht«, ein Punkt, an dem Leiris Gides Tagebücher verteidigt (18. 3. 1932).

Dabei sind die Veröffentlichungen Métraux' am harmlosesten; Ethnologie als Familiengeschichte: zum Essen bei Lévi-Strauss, den er 1939 auf seiner ersten Südamerika-Reise traf und dem er zeitlebens freundschaftlich verbunden blieb, zum Frühstück bei Leiris etc. Nicht zu intim, aber spannend wie ein Caféhausgespräch, mit einigen Höhepunkten des Inoffiziellen und Unakademischen, z. B. von Lévi-Strauss das Bekenntnis: »Ich hätte gern 10 000 Dollar jährlich, um beschaulich nachdenken zu können. Wir machen keine Wissenschaft mehr, wir verwalten sie.« (Métraux 1978: 529)

Die ethnographische Erfahrung macht, nach Lévi-Strauss (1954: 400 und 1955 b: 1217 f.) aus dem Feldforscher, in einer Art Initiation, einen »neuen Menschen«, er erwerbe um den Preis einer »chronischen Entwurzelung« ein »geheimes Wissen«. Die Tagebücher und Bekenntnisse geben über die Qualen der Einweihung Auskunft. In den Werken ›selbst‹ sind sie zumeist säuberlich ausgespart. Oder sie werden gleichsam nur nominiert, ohne daß man sich auf ihre Realität einläßt. So liest sich Malinowskis »Abriß der leidvollen Prüfungen eines Ethnographen« (in der Einführung seiner *Argonauten des westlichen Pazifik*) eher als Bericht über die Qualen der *Verdrängung*.

Erst einmal hat der Ethnograph Probleme mit sich. Es sind keine wissenschaftlichen, sondern existentielle Schwierigkeiten, mit denen er sich in der fremden Kultur konfrontiert sieht. Für seine Wissenschaft wird dann aber entscheidend, wie er mit seinen Gefühlen, Empfindungen und Ängsten umgeht, ob er sich als Teil seiner Forschungssituation begreift und darstellt oder ob er seine Stimmungen, Haltungen und Einstellungen in eine private und eine öffentliche Sache aufteilt. Dann schreibt er in seinen Tagebüchern von den Depressionen und Verlassenheitsgefühlen, von der nicht erwiderten Leidenschaft und dem Saufen als Ausweg, während er im offiziellen Part die Nüchternheit fordert und Tabellen erstellt.

Das war bei Malinowski der Fall. Kollegen zeichnen gerade kein idealisierbares Charakterbild: Er schien zeit seines Lebens »um den Applaus der Galerie mehr bemüht als um das Streben nach Wahrheit« (Leach), und Malinowski selbst macht in seinem Tagebuch (aus den Jahren 1914 und 1917/18) das ernüchternde Bekenntnis: »Für mich ist das Leben der Eingeborenen so ganz ohne Interesse und Bedeutung, etwas das mir so fern liegt, wie das Leben eines Hundes.« Malinowskis späterer Behaviorismus als die Konsequenz einer unnützen und »immer gefahrvollen« Einfühlung. Malinowski, der »unbändige Schurke« (Greenway), der seinem Schüler Evans-Pritchard den Rat gab, er solle kein »verdammter Idiot« sein. Wie meinte er das?

In jedem Fall ist es also ratsam, in den Tagebüchern der Ethnologen zu stöbern, ist man nicht nur Liebhaber des Glanzes und der Hochleistungen. Die Tagebücher vermitteln ein anderes Bild der Produktionssituation im ›Feld‹ (vgl. die Eintragungen vom 4. 4. 1932).

Die Aufzeichnungen von Leiris, von denen sich die anderen eine »Chronik der Expedition« erhofften, stellen die ›Feld‹-Forschung, ihre Methoden, Ziele und Ideale in Frage; seine persönlichen Enthüllungen irritierten empfindlich das Bild, das sein Lehrer Marcel Griaule von dieser Theorie und Praxis hatte – schließlich hatten sie ja beide dieselbe Reise gemacht, mit denselben Erfahrungen totaler Verlassenheit oder stumpfsinniger Onanie. Leiris am 18. 8. 1931: »Wann hauen wir hier endlich ab!«

IV.

»Der ohnehin niedrige Pegel des Exotismus sinkt immer noch weiter ab ... Die Reise verändert einen nur momentan. Die meiste Zeit bleibt man auf triste Weise dem gleich, was man schon immer gewesen ist« (31. 1 und 15. 2. 1932).

»Reisen = Flanieren« (4. 7. 1931) – Leiris' Tagebuch beschreibt die schmerzliche und lustvolle Abkehr von dieser Wunschgleichung. Die Erfahrungen, die ihn dazu führen, sind nicht ungewöhnlich; jeder hat sie gemacht, der sich jemals dem Abenteuer einer Expedition ausgesetzt hat: die unerträgliche Hitze oder Kälte, die erbarmungslosen Gewitter und Stürme, zusammengestürzte Brücken und unbefahrbare Straßen, ungenießbares Wasser, nichts zu essen, Mißverständnisse und unüberbrückbare Fremdheiten, Depressionen, »Katzenjammer« und Warten, Warten, Warten ...

Für die Wünsche des Flaneurs bleiben kleine Freiräume; in den Straßen mit jemandem zu lachen, ein verstohlener Blickwechsel mit einer schönen Frau, das herzliche Gesicht eines alten Mannes, mit dem man sich in der spontanen Beurteilung einer Situation für Augenblicke einig weiß, oder die Gewißheit, daß man reist – wo andere überhaupt nie reisen, wie sich auch Michaux' Reisender Plume tröstet – und daß man Menschen sieht wie sonst nirgends: »Im Ledigenhotel ... Begegnung mit einem abessinischen Asketen, der über Métamma, Khartoum ... und den Tschad nach Dakar gekommen ist. Er ist zu Fuß gereist und hat drei Jahre gebraucht. Er ist sicher hinter einer Wahrheit her ... Später Cocktail-Party bei den B.s mit zwei schönen Frauen aus der besseren Gesellschaft von Dakar. Die eine ist mit einem speihäßlichen Wicht, dem Direktor des Elektrizitätswerkes, verheiratet ... furchtbare Kolonialbeamte ...« (5. 6. 1931).

Aber warum trinkt er mit ihnen, warum ist er ihr Gast? Vieles ist so monoton, daß fast jeder (dem man begegnet) gut für eine Farce ist. Die ersten Monate in Afrika sind Vorbereitungen: Erste Expeditionen mit und ohne Erfolg, immer mit Schwierigkeiten, das Einleben in eine andere Lebensform, in einen anderen Alltag, den man beobachtet und registriert. So unerwartet wie Leiris seine Begeisterung für die afrikanische Natur und sein Interesse an der wissenschaftlichen Forschung entdeckt – »von einem Beweisstück zum nächsten weiterkommen, von einem Rätsel zum anderen, der Wahrheit nachstellen wie dem Wild auf der Fährte . . .« (16. 7. 1931) –, so plötzlich ist der Traum auch schon aus:

»Jetzt endlich liebe ich Afrika. Die Kinder machen auf mich einen Eindruck von Munterkeit und Leben, wie ich ihn nirgendwo sonst gehabt habe. Das geht mir unendlich nahe . . . Zum ersten Mal, seit ich hier bin, der richtige afrikanische Sonnenuntergang wie auf den Plakaten . . . Ich glaube, das Eis ist jetzt wirklich gebrochen. Ich fühle mich rückhaltlos wohl in dieser so burlesken und herzlichen Atmosphäre.«

»Traum: Die Expedition ist ein sinkendes Schiff . . .« (7. 6., 13. 8., 14. 8. und 1. 8. 1931).

Phantom Afrika – die Umschreibung dieses Traums und des Stoffs, aus dem er gemacht ist.

Je vertrauter mir dieses Tagebuch wird, desto mehr entzieht es sich meiner Beurteilung »im ganzen«. Natürlich gibt es die Detailansichten, den kolonialistischen Aspekt, die subjektivistische Seite, Züge des Banalen, es gibt Einschätzungen einzelner Aktionen, Verhaltensweisen und Haltungen, die sich festgesetzt haben, die Einschätzung dieses ganzen Buches aber – eines »Werks« und »Dokuments«, das man von der oberflächlichen Lektüre her in festumrissenen Zusammenhängen sah, löst sich auf: wer nennt es heute nicht in einem Atemzug mit Lévi-Strauss' *Traurige Tropen,* wer sieht nicht hier die Anfänge der »Ethnopoesie« oder der »poetischen Anthropologie«? Aber trifft das zu, gibt es diesen Raum des Ethnopoetischen und der ethnographischen Selbstdarstellung, oder ist das eine reine Hilfskonstruktion?

Die ethnographische Erfahrung ist prinzipiell singulär, und in der Darstellung von Lévi-Strauss und Leiris vereinzelt sie sich noch einmal. Daß *Traurige Tropen* und *Phantom Afrika* Selbstdarstellungen sind, verbindet sie nicht mehr als zwei Monologe zweier Theaterstücke, die von zwei verschiedenen Autoren geschrieben, an verschiedenen Handlungsorten spielen und von zwei nicht identischen Schauspielern gesprochen werden. Die Dialektik von Selbst- und Fremdwahrnehmung und ihre Aussparung werden von Leiris und Lévi-Strauss unter ganz anderen subjektiven Voraussetzungen und an ganz anderen Orten materialisiert. Die Bewegungen, die das erfahrende, wahrnehmende, erleidende Ich, die die Instanzen der unbewußten Ökonomie machen, schlagen Saiten an, die ähnlich klingen: »subjektiv«, »poetisch«, »authentisch«, »selbstanalytisch«, »verschleiernd«, »mythisierend«. Diese

Tagebücher sind zum Lachen und zum Weinen – das Lachen verfliegt, die Tränen bleiben.

V.

> »Ich bin dicker geworden. Widerliches Gefühl ei-
> genmächtiger Umrisse. Und ich hatte mit dem ver-
> lebten Gesicht eines prächtigen Korsaren aus
> Afrika zurückkommen wollen. Kein faderes, bür-
> gerlicheres Leben als das unsere! Und die Arbeit
> unterscheidet sich auch nicht wesentlich von irgend-
> einer Fabrik-, Büro- oder Schreibarbeit. Warum
> hat mich denn die ethnographische Befragung im-
> mer wieder an ein Polizeiverhör erinnert? Man
> kommt wohl den Gebräuchen der Menschen näher,
> aber den Menschen selbst . . .?« (31. 3. 1932, vgl.
> auch 22. 11. 1931).

Was die Reise für die Dakar-Djibouti-Expedition, das Musée de l'Homme und die Ethnographie erbracht hat, ist erfaßbar und anschau-lich: materialisiert und konkretisiert in Objekten, Photographien, pho-nographischen Aufzeichnungen, Tabellen, ausgefüllten Fragebogen. Die Texte und Bildkassetten (von Griaule und Leiris 1980, Griaule 1980 a und b) machen die Faszination verständlich, der die Expedi-tionsmitglieder erlegen waren; das Auge des Ethnographen und des Künstlers kann den Masken und den Graffiti, den heiligen und magi-schen Orten und ›Objekten‹ der Dogon nicht entweichen.
Was aber hat die Reise für Leiris erbracht? Es läßt sich auf keine Formel bringen, es sei denn auf eine, deren Aussage der Widerspruch ist: Reisen ist Flucht und die Illusion der Flucht, ist Selbstanalyse und deren Utopie, ist Aufklärung und Barbarei. »Wider Erwarten sind gerade die Reisen nicht die Stärke der Ethnologie« (Jamin 1980: 7).

Mein Dank gilt Michel Leiris, daß er sich auf die subjektive Verstrik-kung in die Vorstellung und Wirklichkeit von Afrika noch einmal eingelassen und die über viele Jahre immer wieder neu verabredete Vorbemerkung geschrieben hat und daß er sich an der Auswahl der Photos für diesen und den folgenden Band beteiligte.

14

Bibliographie

Evans-Pritchard, E. E. (1976): *Hexerei, Orakel und Magie bei den Zande*. Frankfurt am Main (Suhrkamp) 1978.

Griaule, M. (1980 a): *Äthiopische Graffiti*.

– (1980 b): *Orte des Lebens. Natur, Lebenszusammenhänge und Gesichter der Dogon*.

– und M. Leiris (1980): *Masken der Dogon*.

Alle: Frankfurt am Main (Qumran).

Jamin, J. (1980): »Disziplinierte Reisende – Ethnographen unterwegs.« In: Marcel Mauss, *Marokkanische Reise*. Mit Beiträgen von Patrick Waldberg, Claude Lévi-Strauss, Georges Condominas und Jean Jamin. Frankfurt am Main (Qumran).

Lévi-Strauss, C. (1954): »Die Stellung der Anthropologie in den Sozialwissenschaften und die daraus resultierenden Unterrichtsprobleme.« In: *Strukturale Anthropologie* I, Frankfurt am Main (Suhrkamp) 1967.

– (1955 a): *Traurige Tropen*. Frankfurt am Main 1978.

– (1955 b): »Diogène couché«, in: *Les Temps Modernes*, Nr. 110, S. 1187-1220.

– (1962): »Jean-Jacques Rousseau, Begründer der Wissenschaften vom Menschen.« In: *Strukturale Anthropologie II*, Frankfurt am Main 1975, S. 45-56.

Malinowski, B. (1922): *Argonauten des westlichen Pazifik. Ein Bericht über Unternehmungen und Abenteuer der Eingeborenen in den Inselwelten von Melanesisch-Neuguinea*. Frankfurt am Main (Syndikat) 1979.

– (1967): *A Diary in the Strict Sense of the Term*. London.

Métraux, A. (1978): *Itinéraires 1 (1935-1953). Carnets de notes et journaux de voyage*. Paris (Payot).

Vorbemerkung zur deutschen Ausgabe

Schon nur mehr ein Phantom für mich im Jahre 1934, entzieht sich das Afrika von 1980 erst recht meinem Blick. Wären nicht dieses Tagebuch und einige andere Schriften, die aus jenem mehr noch geistigen als körperlichen Abenteuer hervorgegangen sind, meine erste Erfahrung Afrikas behielte für mich nur so wenig Realität, daß die Erinnerung daran nicht schwerer wöge als so mancher versunkene Traum, dem allein noch die Aufzeichnungen, die ich fast mein ganzes Leben über von meinen Träumen angefertigt habe, einen gewissen Zusammenhalt verleihen. Soll ich dies nun beklagen, wissend, daß Afrika mich nicht braucht, daß ich in einer immensen Illusion befangen war, wenn ich annahm, meine, des Europäers Reaktionen auf das, was der Kontinent mir von seinem Glanz und seinem Elend entdeckte, möchten zusammengenommen eine materielle Grundlage darstellen, um ein nützliches Zeugnis abzulegen?

Zu meinem Bedauern, immerhin, muß ich zugeben, daß ich nicht mehr daran glaube, meine Aussage könne eine (und sei es auch noch so geringfügige) Rolle in der Reflexion der wirklichen, leibhaftigen Menschen spielen, von denen die Zukunft Afrikas abhängt – dieses Afrika, dessen Völker seit meiner damaligen Reise den Weg hin zu ihrer Freiheit erst gerade beschritten haben.

Paris, April 1980   M. L.

Vorwort

»Ich allein. Ich fühle mein Herz und ich kenne die Menschen. Keiner, dem ich begegnet bin, ist so beschaffen wie ich, und ich möchte dafürhalten, daß ich anders bin als alle, die leben. Wenn ich nicht mehr wert bin als sie, so bin ich doch anders. Ob die Natur gut oder schlecht daran getan hat, die Form zu zerbrechen, in die sie mich gegossen hat, darüber kann man erst urteilen, nachdem man mich gelesen hat.«

(Jean-Jacques Rousseau: *Bekenntnisse*)

Es ist ein sehr überholtes und für mich selbst weit zurückliegendes Buch, dieses *Afrique fantôme*, das heute, wenige Jahre nach der Beschlagnahmung fast des ganzen Restbestandes unter der deutschen Besatzung, wieder neu aufgelegt wird. Ein Dekret des Staatssekretärs für Inneres Pucheu vom 17. Oktober 1941 hatte tatsächlich ein damals sieben Jahre altes und kaum verbreitetes Werk mit Verbot belegt, um das sich, wie mir scheint, die Vichy-Regierung wohl kaum gekümmert haben würde, hätte sie nicht einer meiner wohlmeinenden Kollegen oder Amtsbrüder darauf aufmerksam gemacht.

Das somit unter Anklage gestellte Buch bestand – und besteht noch jetzt in der vorliegenden Ausgabe[1] – aus dem praktisch unveränderten Abdruck eines Tagebuches, das ich von 1931 bis 1933 im Zuge der ethnographischen und linguistischen Expedition Dakar-Djibouti geschrieben habe, einer Expedition, an der ich, obwohl Nicht-Fachmann, in der Eigenschaft als »Sekretär und Archivar« und als ethnographischer Befrager teilnehmen konnte. Ich verdanke dies Marcel Griaule, der das Unternehmen leitete, und mit dem mich damals eine Freundschaft verband, die eine erste Trübung durch die Veröffentlichung eben dieses Buches erfahren sollte, das, wie man mir vorhielt, ungelegen käme und angetan sei, den Ethnographen bei den in den Kolonien angesiedelten Europäern einen schlechten Dienst zu erweisen.

Der Kontinent, den ich in der Zeit zwischen den beiden Kriegen

---

1 Abgesehen von einer kleinen Zahl von Korrekturen zur Beseitigung von Druckfehlern, orthographischen Nachlässigkeiten, oder (in schlimmeren Fällen und wenn es ohne größere Abänderung des Textes möglich war) kleinen Darstellungsfehlern, ist diese Ausgabe vollkommen identisch mit der ersten. Am Ende des Buches findet man eine Reihe von Anmerkungen (mit Verweisen nach Datum, Seite und Absatz), die eine gewisse Anzahl von Richtigstellungen, Erklärungen und sonstigen Zusätzen enthalten, die mir angebracht schienen. Dabei habe ich mich selbstverständlich keiner »wissenschaftlichen« Revision eines Buches unterzogen, dessen Sinn gerade darin besteht, ein *erster Entwurf* gewesen zu sein. Alle Anmerkungen *unter* den Seiten sind aus der ersten Ausgabe übernommen.

durchquert habe, war bereits nicht mehr das heroische Afrika der Pioniere, und nicht einmal mehr jenes Afrika, das Joseph Conrads wunderbarer Erzählung *Heart of Darkness* [dt. *Herz der Finsternis*] zugrundeliegt, aber es unterschied sich doch auch wieder beträchtlich von dem Kontinent, den man heute aus seinem langen Schlaf erwachen und in Volksbewegungen wie dem Rassemblement Démocratique Africain seine Emanzipation betreiben sieht. Darin ist auch, so möchte ich glauben, der Grund dafür zu suchen, warum ich mich damals nur einem Phantom gegenüber sah.

Wahrscheinlich hätte ein so gut wie unbekanntes und noch unbezwungenes Afrika – falls ich es zu jener Zeit überhaupt gewagt hätte, mich ihm entgegenzustellen – mir Angst eingejagt und deshalb in meinen Augen auch eine größere Dichte gewonnen. Wahrscheinlich auch, daß ich eine weniger große Einsamkeit empfunden hätte, wenn ich Afrika heute, gegen Ende dieser Jahrhunderthälfte entdeckt hätte, d. h. ein Afrika, das in weiten Teilen von dem Konflikt zwischen dem ausbeuterischen Westen und einer Tag für Tag größer werdenden Zahl von farbigen Menschen, die nicht länger der Verdummung aufsitzen wollen, in Atem gehalten wird. Ich kann allerdings nicht leugnen, daß auch das Afrika vom Beginn des vorletzten Jahrzehnts seine eigene Realität besessen hat und daß ich also mir selbst und nicht Afrika die Schuld zuzuschreiben habe, wenn die menschlichen Probleme, die sich ja auch damals schon stellten, nur dann in mein Bewußtsein drangen, wenn sie den Charakter zum Himmel schreiender Ungerechtigkeiten annahmen – ohne mich deswegen aus meinem träumerischen Subjektivismus zu reißen.

Als ich von einer fast ausschließlich literarischen Tätigkeit zur Ethnographie überwechselte, wollte ich mit den intellektuellen Gewohnheiten brechen, die bis dahin die meinen gewesen waren, wollte in der Berührung mit Menschen anderer Kulturen und anderer Rassen die trennenden Mauern niederreißen, zwischen denen ich erstickte, und meinen Gesichtskreis auf ein wahrhaft menschliches Maß erweitern. Aber so verstanden konnte die Ethnographie mich nur enttäuschen: Eine Wissenschaft – wenn auch vom Menschen – bleibt eine Wissenschaft, und die distanzierte Beobachtung kann allein keine Berührung schaffen. Vielleicht umfaßt sie von ihrer Definition her sogar das Gegenteil, denn die dem Beobachter eigene Geisteshaltung verlangt eine unparteiische Objektivität und steht als solche jeder Gefühlsäußerung entgegen. Erst eine neuerliche Reise nach Afrika (die der Erforschung des Problems der Arbeitskräfte gewidmete Expedition des Kolonialinspektors A.-J. Lucas zur Elfenbeinküste im Jahre 1945), sowie 1948 eine Reise nach den Antillen (wo mein weitaus wertvollster »Fund« die Freundschaft jener Martiniquaner war, die unter dem Anstoß von Aimé Césaire, heute ein Leben fordern, das ihrer Würde als Menschen gemäß ist), erst diese beiden weiteren Reisen – von denen die eine im Zeichen eines damals anscheinend auf Abmilderung und größere Flexibilität bedachten Kolonialismus stand, die zweite unter dem Zeichen der Jahrhundertfeier der Revolution von 1848 und der Abschaffung der Sklaverei – ließen mich ermessen, daß keine Ethnographie und kein Exotismus vor dem Ernst der aufgeworfenen sozialen Frage standhält, *wie* unsere moderne Welt zu schaffen und auszugestalten sei, und daß, falls der Kontakt zwischen Menschen, die unter ganz verschiedenen Breiten geboren wurden, kein Mythos ist, er dies eben nur dann nicht zu sein braucht, wenn ein solcher Kontakt in der gemeinsamen Arbeit gegen diejenigen zustande kommt, die in der kapitalistischen Gesellschaft des 20. Jahrhunderts die Repräsentanten der alten Sklavenhaltergesellschaft sind.

Eine Perspektive, die allerdings weit entfernt ist von dem, was mir bei Antritt der Reise, aus der dann *Afrique fantôme* hervorgegangen ist, vor Augen stand; eine Perspektive, in der groß im Vordergrund nicht mehr der trügerische Versuch steht, durch ein – im übrigen ganz symbolisches – Eintauchen in eine ersehnte »ursprüngliche Mentalität«, ein *anderer* zu werden, sondern eine Erweiterung seiner selbst und ein Aufgehen in der gemeinsamen Aktion, denn an die Stelle einer rein formellen Gemeinsamkeit (z. B. Zugang zu diesem oder jenem Geheimnis zu erhalten, teilnehmen zu können an diesem oder jenem Ritual) tritt nun die effektive Solidarität mit Menschen, die ein klares Bewußtsein ihrer unannehmbaren Lage haben und zu den wirksamsten Mitteln greifen, dem abzuhelfen. Eine Perspektive sehr einfacher Kameradschaft, in der ich nicht mehr länger nach der romantischen Rolle des Weißen strebe, der in einem großzügigen Sprung (wie Lord Jim, der als Beweis für seine Treue einem malaiischen Stammesältesten sein Leben verpfändet) den Sockel verläßt, auf den ihn das Vorurteil der Rassenhierarchie gestellt hat, um mit den Menschen jenseits der Barriere gemeinsame Sache zu machen, sondern in der ich als trennende Schranken fast nur noch diejenigen zu sehen vermag, die sich zwischen den Unterdrückern und den Unterdrückten aufrichten und sie in zwei Lager spalten. Eine Perspektive schließlich, unter der mir der Kontakt mit unserer industriellen Zivilisation, der den Niedergang der technisch weniger entwickelten Zivilisationen nach sich zieht, nicht mehr schlechthin als das große Übel erscheint, sondern nur insofern, als dieser Kontakt die Form der Kolonisierung annimmt, durch die ganze Völker sich selbst entfremdet werden.

Nach einem solchen Wechsel der Perspektive (manche werden es eine Verleugnung nennen) sehe ich in der Veröffentlichung dieser Aufzeichnungen meiner ersten Tropenreise mehr denn je eine Art von Beichte: Sie entsprechen einer Geistesverfassung, die ich überwunden zu haben glaube, und haben für mich hauptsächlich retrospektiven, dokumentarischen Wert. Sie erlauben es, sich ein Bild davon zu machen, was ein dreißigjähriger Europäer – Feuer und Flamme für die seinerzeit allerdings noch nicht so genannte »Negritude«, und besessen von dem Wunsch, damals noch als ziemlich entlegen geltende Gegenden zu bereisen (denn für ihn bedeutete dies nicht nur eine Bewährungsprobe, sondern zugleich gelebte Poesie und Erfahrung des Fremden) – empfunden haben mag, als er vor dem letzten Weltkrieg Schwarzafrika von West nach Ost durchquerte und sich naiverweise darüber wunderte, daß er sich selbst nicht entfliehen konnte, wo er doch hätte einsehen müssen, daß die allzu persönlichen Gründe, die ihn bewogen hatten, sich von den Seinen loszureißen, anderes von vornherein unmöglich machten.

»Man wird finden«, schrieb ich als Vorbemerkung zu diesem Buch in der Ausgabe von 1934, »daß ich mich oft recht eigen zeige: griesgrämig, unverträglich, parteiisch – ja ungerecht –, unmenschlich (oder ›menschlich, allzumenschlich‹), undankbar, falscher Kumpan, was weiß ich? Meine Ambition bestand darin, diese Reise Tag für Tag genau so zu beschreiben, wie ich sie erlebt und gesehen habe, ich selbst, so wie ich bin . . .« Heute möchte ich hinzufügen, daß – trotz aller Verachtung, die ich für die eigene Zivilisation zur Schau tragen mochte – doch auch an manchen Stellen die Süffisanz des gebildeten Europäers durchscheint. Man wird sehen, daß ich unterwegs meinen Ästhetizismus und meine Koketterie unter Beweis stelle, an grämlicher Nabelschau und am Zerpflücken meiner Komplexe Gefallen finde, Weissagungen über die politischen Zeitumstände anstelle, in gewissem Sinne die Komödie eines verwöhnten Kindes aufführe oder eine mimosenhafte Nervosität an den Tag lege, die sich manchmal in Launen äußert, die aus mir einen Augenblick lang den brutalen Kolonialisten machen, der ich nie gewesen bin, von dem ich aber, aus einem gewissen Conradschen Geschmack an den großen Feuerköpfen der fernsten Fernen heraus, momentweise gewisse Gebärden zu übernehmen versucht war. Und wenn ich zu meiner Verteidigung wie vor 16 Jahren das Beispiel Rousseaus und seiner *Bekenntnisse* anführe, so tue ich dies heute mit viel weniger Selbstvertrauen, denn ich bin jetzt davon überzeugt, daß sich niemand, der in dieser ungerechten, aber – zumindest in einigen ihrer monströsesten Aspekte – fraglos veränderbaren Welt lebt, die die unsrige ist, mit Flucht und Bekenntnis von seiner Verantwortung loskaufen könnte.

Fourchette, 28. Mai 1950
Paris, 27. August 1950

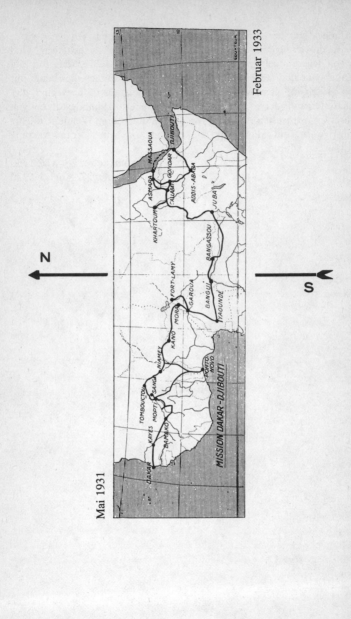

Mai 1931

Februar 1933

N

S

MISSION DAKAR—DJIBOUTI

DAKAR
KAYES
BAMAKO
MOPTI
SANGA
TOMBOUCTOU
NIAMEY
KANO
MORA
GAROUA
FORT-LAMY
YAOUNDE
DANGUI
BANGASSOU
JUBA
ADDIS-ABABA
DJIBOUTI
GONDAR
CALABAR
ASMARA
MASSAOUA
KHARTOUM
PORTO-NOVO

19. Mai 1931

17 Uhr 50, Abfahrt von Bordeaux. Als Zeichen dafür, daß die Arbeit beendet ist, bringen die Hafenarbeiter auf einem Mast der *Saint-Firmin* einen Zweig an. Ein paar Nutten nehmen Abschied von den Matrosen, mit denen sie die letzte Nacht verbracht haben. Sie sind anscheinend, als das Schiff im Hafen anlegte, an den Kai gekommen und haben sich für die Nacht die Männer geholt. Ein paar schwarze Arbeiter aus dem Hafen schauen der Abfahrt ihrer Kameraden zu. Einer von ihnen, mit dunkelblauem, »dreistöckigem« Zweireiher, Schottenmütze und wild-lederbesetzten schwarzen Lackschuhen, sieht sehr elegant aus.

20. Mai

Recht stille See, aber das Schiff rollt ein wenig. Oukhtomsky liegt krank in der Koje. Die anderen stehen einigermaßen ihren Mann, aber nur der fünfzigjährige Larget ist wohlauf. Nach dem Mitagessen gehen wir zum Bug des Schiffes, uns die beiden Schweine anschauen, die dort für den späteren Verzehr gemästet werden.

Sonst gibt es noch Katzen und einen kleinen Ziegenbock an Bord, den die Mannschaft vor 18 Monaten aus Sassandra mitgebracht hat. Er ist ein Maskottchen. Von Zeit zu Zeit wird er geil: Sein Schwanz fährt heraus, und er biegt den Kopf zurück, um sich das Glied zu beißen. So soll er zwischen Le Havre und Bordeaux angeblich Moufle begossen haben. Ein andermal hat er sich die Nase vollgespritzt.

In Le Havre war noch ein kleines schwarzes Hündchen da, aber es kam, kaum daß das Schiff in Bordeaux angelegt hatte, unter die Räder.

21. Mai

Seitdem wir den Golf von Biscaya hinter uns gelassen haben, ist die See viel ruhiger geworden. Alle nehmen sich jetzt etwas vor. Griaule, Mouchet, Lutten und Moufle lassen sich gegen Pocken impfen. Ich lese den Sonderdruck von Griaules Artikel über »Die Arbeit in Abessinien«.

Mittagessen. Wir leeren eine von den Flaschen Burgunder, die uns die Firma Chauvenet mit auf die Reise gegeben hat. Mit Larget, unserem Ältesten, Diskussion über die symbolische Mathematik (Unmöglichkeit, ein Phänomen auf eine einfachere als dualistische Weise vorzustellen). Nach dem Essen kommt die spanische Küste in Sicht. Der kleine Ziegenbock uriniert, trinkt am Strahl und scheißt dann.

Ruhiger Nachmittag. Am Abend stürmische See. Wir wählen die passenden Grammophonplatten aus, machen es wie früher die Kinoklavierspieler und kommen natürlich um den unvermeidlichen Sturm aus *Scheherazade* nicht herum.

Ziemlich bewegte Nacht, aber niemand wird krank.

22. Mai

Immer noch bewegte See. Gegen halb elf Uhr morgens, vom vorderen Teil des Schiffes aus, wo ich Griaule bei seinen Aufnahmen helfe, Delphine gesehen. Ich hatte sie noch nie aus solcher Nähe beobachten können. Ihr Schwanz ragt wie ein Steuer aus der See und dreht sich wirbelnd um die eigene Achse. Die Delphine spinnen die Mythologie des Schiffes weiter aus, die von dem kleinen Ziegenbock eröffnet wurde.

Bei den Stößen des Schiffes quieken manchmal die beiden Schweine.

Die schwarzen Matrosen gehen friedfertig umher und manchmal lächeln sie freundlich. Ich weiß aber nicht, was aus dem Anamiten geworden ist, den ich gestern oder vorgestern gesehen hatte. Vielleicht ist er der Boy des Kapitäns.

Zum Mittagessen Ailloli und Curryreis. Am Nachmittag verrutschen mehrmals die Möbel in den Kabinen, und man muß sich festklammern, wo es geht.

Als das Schiff am stärksten stampft, machen Mouchet und ich gerade erste versuchsweise Sprachstudien mit einem Krouman, der, wie die anderen nach Afrika heimkehrenden Schwarzen, als Passagier reist und nebenbei als Geschirrspüler arbeitet.

All diese Kroumen sind Heizer an Bord eines Frachters der Kompanie gewesen. Da aber ihr Schiff vor kurzem außer Betrieb gesetzt wurde, schickt man sie jetzt nach Hause. Der, mit dem wir arbeiten, ist wie seine Kollegen europäisch gekleidet. Zwei Eckzähne seines Oberkiefers sind dreieckig zugeschliffen und seine Schneidezähne mit einer Goldlamelle verziert.

Wir unterbrechen die Untersuchung zu einem Rundgang auf der Brücke, denn ich muß unbedingt Luft schnappen. Danach Spiele mit dem Ziegenbock.

23. Mai

Am Morgen bekommen Lutten und ich unsere erste Anti-Typhus-Spritze.
In der Nacht haben wir Lissabon passiert.
Am Abend entwickeln wir von Griaule aufgenommene Photos mit Welleneffekten. Manchmal schwappen die Entwickler fast über den Rand der Wannen.

24. Mai

Das schöne und warme Wetter beginnt.
Am Morgen Aperitiv und Konversation mit dem Kommandanten. Er erzählt, daß sich die Kroumen, die an Bord sind, als Mittel gegen das Fieber eine Pfefferschote in den After zu stecken pflegen. Sie ist im übrigen eines der wichtigsten Bestandteile ihrer Nahrung. Er berichtet auch, daß in manchen afrikanischen Häfen als Maßnahme gegen den Alkoholismus sogar die Einfuhr von Brennspiritus untersagt worden ist.
Nachmittags allgemeines Schuh- und Stiefelwichsen auf der Brücke. Wir lassen uns dabei in der Sonne braten. Jetzt sind wir auf der Höhe der marokkanischen Küste. Einige Anzeichen der warmen Länder: Kakerlaken tauchen an den Wänden auf; beim Mittagessen irrten ein paar kleine Ameisen auf dem Tischtuch herum und krabbelten aufs Brot. Im Laufe des Nachmittags Quallen mit violettem Rücken gesichtet, die den Schiffsrumpf entlang gleiten. Den Abend mit Griaule auf dem Vorderdeck. Wir redeten, er im Liegen, ich im Sitzen, betrachteten den Vordersteven, den Himmel, die Gischt usw. . . . Erinnerung an ein Lied:

> *Auf, wir fahren nach Mexiko*
> *Das Segel bläht schon der Wind . . .*

25. Mai

Ausgesprochen tropisches Klima. Ich ziehe zum ersten Mal kurze Hosen an und nehme »Solidago«, ein homöopathisches Mittel. Griaule und Moufle lassen sich die erste Typhusimpfung verabreichen. Lutten nimmt *Cascara sagrada* als Abführmittel ein. Gegen 5 Uhr nachmittags müßten wir bei klarem Wetter die Spitze des Pico de Teide auf Teneriffa sehen.

Nach dem Mittagessen legt sich Griaule hin. Er hat von der Spritze leichtes Fieber. Mouchet läßt sich von Dya, dem Krouman, mit dem er die phonetischen Studien betreibt, die Zubereitung von Palmwein erklären. Anschließend vergleicht er seine neuen sprachwissenschaftlichen Daten mit den Karten, die uns zur Verfügung stehen. Lutten und ich tippen auf der Schreibmaschine die Post.

Anders als wir annahmen, kommt der Pico de Teide auf Teneriffa nicht in Sicht.

26. Mai

Schon vom ersten Morgengrauen an den Leuchtturm und die Lichter von Las Palmas erblickt, aber absolut nichts von dem Berggipfel zu sehen. Um 6 Uhr 30 laufen wir den Hafen an. Ungefähr um 9 Uhr gehen wir an Land.

Weil wir uns an Bord die ganzen Tage über anstrengen mußten, das Gleichgewicht zu halten, hat man jetzt an Land den sonderbaren Eindruck, über Wellen zu gehen.

Las Palmas: Prächtiges, spanisch-mittelmeerisches Drecknest, das mitunter an Alexandria oder Piräus erinnert. Die Einwohner sind fast alle spanischen Typs. Nur einige wenige sind vom Typ her Berber. Von Mouchet erfahre ich, daß die Ureinwohner, die die Insel vor der spanischen Eroberung bewohnten und heute verschwunden sind, *Guanchen* genannt wurden. Manche wollen in ihnen die Bewohner von Atlantis sehen.

Sehr schöne Frauen, fast alle in Mantillen gehüllt. Kleine, mandelgrüne, hellrosa oder malvenfarbene Häuser aus Strohlehm (?) mit flachen Terrassendächern. Im Hafen riesige Shell-Tanks.

Vor einem unscheinbaren Strand, an der Straße, auf der die Tram vorbeifährt, steht folgende Plakatwand: Acht spanische Soldaten mit rotblauen Uniformen und riesigen Tschakos legen ihre Gewehre auf den Passanten an, der verdutzt in die acht schußbereiten Rohrmündungen hineinschaut: Es ist eine Reklame für einen *Acht-Zylinder* der Marke Marmon.

Hier und da weht eine republikanische Flagge. Eine Straße, deren ursprünglichen Namen ich nicht kenne, ist durch Entfernen des vierten und des letzten Buchstabens auf dem Straßenschild umgetauft worden. Sie heißt jetzt: LEN IN.

An einem öffentlichen Gebäude ist das Emblem der königlichen Krone abgeschlagen worden.

Mitten durch die Stadt führt ein ausgetrockneter Sturzbach. Sein steiniges, tief eingeschnittenes Flußbett, an dessen beiden Wänden herrliche Blumen wachsen, liegt voller Tierleichen. Ein paar Schritte weiter eine heiße Straße. Die Aufschriften und Hausnummern machen die Gebäude sofort als das kenntlich, was sie sind.

Ein überdachter Markt, eine gleichfalls überdachte Fischmarkthalle. Ein paar Leute verkaufen Kanarienvögel. Am Himmel hängen Wolkenberge, obwohl es über der See ziemlich klar ist und kein Gewitter aufzieht.

Kurz nach Mittag an Bord zurückgekehrt. Ich schaue mir die *Oceanica* an, einen vorsintflutlichen, zum Kohlensilo umgebauten Panzerkreuzer, in dessen Nähe wir vor Anker gegangen sind. Über den Ankerklüsen sind reliefartige Platten angebracht: Rankenornamente, die einen Stern umrahmen. Als wir am Morgen in den Hafen einliefen, war mir von der Brücke der *Saint-Firmin* aus die noch ferne *Oceanica* aufgefallen, und ich hatte diesen fünfzackigen Stern für eine menschliche Figur gehalten, wie im Pentagramm des Cornelius Agrippa.

Kurz vor der Abfahrt schneidet auf der hinteren Brücke ein schwarzer Passagier einem Gefährten die Haare. Andere schauen zu und machen Witze. Auf dem Kai bettelt eine alte Frau mit großem schwarzem Schleier um Holz. Sie bekommt schließlich ein paar Bretter.

Um 17 Uhr legt der Frachter ab. Wir sind sofort über gewaltigen Meerestiefen: 2500 bis 3000 Meter sagt der neben mir stehende Funker.

Kurz vor dem Abendessen hören Griaule und ich einen höllischen Lärm, der durch ein Lüftungsrohr aus dem Mannschaftsraum herauftönt: Die halb besoffenen Matrosen stampfen mit den Füßen den Takt und singen alle möglichen alten und neuen Lieder, angefangen von:

> *. . . Und drin mitten im Bett*
> *Eine Nachtigall die singt*
> *Und drüber hin über das große Bett*
> *Ein Flüßchen das fließt*
> *das bis in den Garten schießt*
> *Und dort noch die Pflanzen begießt.*

über ein aufrührerisches Klagelied, in dem von der Küste Afrikas und von Biribi die Rede ist, bis hin zu: *Das ist was für meinen Papa.*

27. Mai

Bei der Morgentoilette einen Kakerlaken im Badezimmer gesehen, der gut und gern einen halben Zeigefinger lang war.
Wir nähern uns dem Wendekreis des Krebses. Schwärme von fliegenden Fischen ergreifen aufgeschreckt vor dem Schiff die Flucht. Griaule gibt einen Teil des Nachmittags daran, diese Fische zu filmen.
Trotz brennender Sonne ist es nicht zu heiß, denn es weht ein Wind von achtern, der zudem unsere Fahrt erleichtert.
Heute abend, nach dem Essen, sollen wir unsere erste Dosis Chinoplasmin einnehmen.

28. Mai

Gegen 10 Uhr vor der Küste von Rio de Oro. Wüstenlandschaft, die eine erschreckende Vorstellung von Afrika vermittelt.
Bei solchem Wind ist es trotz der brennenden Sonne fast kalt. Grüne See und gischtgekrönte Wellen. Als wir das Cap Blanc umschiffen, geht ein so starker Wind, daß der Sand bis zu uns herüberfliegt. Der Leuchtturm kommt in Sicht, dessen Wärter zusammen mit einem Schützen, der bei ihm war, kürzlich von Mauren massakriert wurde. Die Schuldigen sind von den Schützen gelyncht und dann auf der vorigen Fahrt der *Saint-Firmin* übergeben worden, die sie zu den Justizbehörden überführte.
Der Dampfer fährt dicht an dem Wrack der *Chasseloup* vorbei, eines ehemaligen Wasserbootes, das in ein liegendes Signalschiff verwandelt und dann vor einiger Zeit von der *Saint-Louis*, einem Frachter der S.N.O., gerammt wurde und versank.
Um 16 Uhr geht die *Saint-Firmin* auf der Reede von Port-Etienne in der Baie du Lévrier vor Anker.
Ein düsteres, gelbes Kaff, von dem sich kaum die hauptsächlichsten Baracken ausmachen lassen. Befestigungsanlagen. Radioantennen. Erbärmliche Hütten am Strand und in den Dünen.
Eine Schaluppe und ein Lastkahn bringen in halb europäische, halb einheimische Lumpen gehüllte maurische Arbeiter an Bord, die wie Piraten dreinschauen. Sie verladen Säcke mit Trockenfisch. Mitten in der Arbeit ereignet sich ein Unfall: Einer der riesigen, wie Fischgräten

hintereinander liegenden eisernen Querträger, die die den Laderaum abdeckenden Bohlen tragen, wird von einer hochgehievten Seilschlinge weggerissen und stürzt mitten unter die Arbeiter. Niemand kommt zu Schaden.

Ein sehr hübscher Junge ist in der Barke geblieben und juckelt an der Pumpe: wahrscheinlich der Strichjunge der maurischen Matrosen.

Der dickbäuchige Kommandant der Schaluppe (ziegelrote Haut und kleine, tränende Augen – vielleicht weil er zuviel Pernod trinkt? –, Tropenhelm, cremefarbene Kolonialjacke und gestreifte Hose wie Ladengehilfen sie tragen, kastanienbraune Segeltuchschuhe), der Kommandant, der zugleich auch der »Kaufmann« von Port-Etienne ist, derselbe auch, den neulich anscheinend Plünderer ausnehmen wollten, unterhält sich mit dem Kapitän der *Saint-Firmin*. Währenddessen überwacht ein Fischereiangestellter, ein schmächtiger, hagerer junger Mann mit Pullover, karierter Mütze und fleckiger, marineblauer Hose, sekundiert von einem schwarzen Gehilfen, die Fischverladung.

Als die Lebensmittel an Bord sind, wird ein krebskranker europäischer Fischer der Flotte eingeschifft, ein armselig aussehender, fast regungslos dasitzender Mann mit entstelltem Gesicht. Ein Maure steht vor ihm und stützt ihm mit beiden Händen die Schultern ab, damit er nicht aus dem Tragstuhl kippt, in dem man ihn hochhievt. Da er nicht imstande ist, sich aufrecht zu halten, wird eine Tragbahre herbeigeschafft. Die läßt sich auf dem Schiff aber nur umständlich handhaben, und so wird der Unglückliche schließlich eigenhändig vom ersten Offizier und zwei oder drei Matrosen der Mannschaft bis zu einer Kabine getragen, die ganz in der Nähe der gemeinsamen Kabine von Mouchet, Lutten, Moufle und mir liegt. Das Schiff soll ihn zum Krankenhaus nach Dakar bringen.

Die Mauren kehren schließlich zu ihrem Kahn zurück und nehmen zwei Korbsessel, zwei Geranientöpfe und eine Fleischpflanze mit, die für die »Zivilisierten« des greulichen Kaffs bestimmt sind.

Bis zum Abendessen angeln die Matrosen und holen einen stattlichen Fang herauf. Als besonders geschickt erweisen sich die Neger. Ein paar scherzen in ihrem Kauderwelsch mit dem Funker. Der anamitische Cook würdigt die anderen keines Blickes und wirft ganz allein in seiner Ecke die Leine aus.

Schon früh am Morgen haben wir uns alle angezogen, um gleich mit an Land gehen zu können, wenn die erste Schaluppe des Kaufmanns, die die Arbeiter an Bord bringt, wieder zurückfährt. Wir nehmen an, daß man uns von der Abfahrt verständigt und passen nicht weiter auf. Die Schaluppe legt ohne uns ab. Griaule ist wütend.

Etwas später kommt noch eine weitere Schaluppe, und man sagt uns, wir könnten einsteigen, wenn wir noch an Land gehen wollten. Lutten, Moufle und ich steigen in unsere Kajüte hinauf, um Regenmäntel zu holen. Es ist starker Seegang, und die Leute auf der Schaluppe sind durchnäßt. Mir fällt ein, daß ich meinen Tropenhelm mit seiner wasserundurchlässigen Schutzhülle bedecken könnte, damit er keinen Schaden nimmt. Lutten tut es mir nach, und wir verlieren so etwas Zeit. Der erste Offizier meldet, die Schaluppe warte auf uns. Wir machen, daß wir nach unten kommen ... aber zu spät: Die Schaluppe hat schon abgelegt, Griaule und Mouchet sitzen auf der Heckbank. Ob Griaule weiß, daß ich nur deshalb an Land gehen wollte, um meine nervöse Angst zu überwinden, bei dieser ziemlich bewegten See, die in meinen Augen die Operation recht heikel machte, vom Fallreep zur Schaluppe hinüberzusteigen?

Gegen 10 Uhr 15 kommen sie ganz durchnäßt wieder zurück, aber sie bringen die ersten Sammlungsobjekte der Expedition mit: behauene Feuersteine, die ihnen der Fischereidirektor geschenkt hat.

In der Zwischenzeit haben Larget und Lutten sich mit einem der Fischereiangestellten unterhalten. Ich erfahre daher verschiedene Einzelheiten über den Wassermangel in Port-Etienne. Das Süßwasser wird mit Booten herbeigeschafft und auch durch Destillation gewonnen. Die tägliche Ration eines eingeborenen Arbeiters beträgt fünf Liter. Der Angestellte erzählt, daß er einmal, um das Brackwasser zu trinken, das ihm Kameltreiber gebracht hatten, die Flüssigkeit erst dreimal durch sein Taschentuch laufen ließ und es mit Pfefferminzschnaps versetzte. Er berichtet auch, daß die Rationen für die Europäer, nachdem das Wasserboot versenkt worden war, auf zwei oder drei Liter Wasser täglich festgesetzt wurden und für die Eingeborenen auf 1 Liter. Viel Vieh wurde geschlachtet, und die Fischereibetriebe schickten zahlreiche eingeborene Arbeiter nach Hause, damit sie weniger Tiere und Menschen mit Wasser zu versorgen hatten.

Um 12 Uhr 15 lichtet die *Saint-Firmin* den Anker.

30. Mai

Die Mauren sind weg, ihre Lumpen und die Sturmhüte derer, die die
Schaluppe steuerten. Wieder auf See. Ziemlich früh gibt mir Larget die
zweite Antityphusspritze.

Gegen 10 Uhr 30 schwimmt eine Meerschildkröte an Steuerbord
vorbei.

Der krebskranke Fischer, der mit seinem Seesack als einzigem Gepäck
an Bord gekommen war, hat gestern Abend gesagt, er fühle sich sehr
schlecht. Larget wollte im Fall einer Verschlimmerung benachrichtigt
werden, um ihm eine Kampferölspritze zu geben. Der Ärmste hat
offenbar vor seiner Einschiffung lange in einer Schaluppe neben dem
Schiff gewartet, da er noch nicht wußte, ob der Kapitän ihn überhaupt
aufnehmen würde; denn ein Kapitän kann es wegen der möglichen
Ansteckungsgefahr jederzeit ablehnen, einen Kranken an Bord zu
nehmen.

Nachmittags Sprachstudien mit Dya. Seine Zähne sind doch anders als
ich gedacht hatte: Er hat einen rechten Eckzahn aus Gold und die
beiden mittleren Schneidezähne sind so zugefeilt, daß zwischen ihnen
ein Dreieck freibleibt (mit der Spitze nach oben).

Er erzählt unter anderem, daß die Leute aus seiner Gegend früher
durch Verbrennung und anschließendes Auswaschen der Asche aus
Ölpalmen Salz gewannen. Die Weißen haben diese Fabrikation aber
jetzt verboten, um ungehindert ihr eigenes Salz verkaufen zu
können.

31. Mai

Um 6 Uhr Ankunft in Dakar. Schnell an Land gegangen und Post
vorgefunden.

Mittagessen mit Griaule bei Freunden, die mich erwarteten. Dann mit
allen zusammen ein Ausflug nach Rufisque. Auch Larget kommt im
Wagen der Expedition nach. Schöne Landschaft, eher flach, eine
rötliche, von Lavablöcken übersäte Erde, mit Affenbrotbäumen und
Palmen.

In den Eingeborenenvororten von Dakar großes buntgemischtes Men-
schengedränge. Menschen jeden Alters: Babys, die auf dem Rücken
getragen werden, Kinder, Halbwüchsige und so fort bis hin zu den
Greisen.

Wenn man Dakar mit Europa vergleicht, erinnert es stark an Fréjus und an jene Strände Südfrankreichs, bei denen ein vager Anspruch auf Gehobenheit die schäbigste Armut übertüncht.

Ein Bistro in Rufisque trägt den Namen »Zur Meeresbrise«. Die Frauen der Bordelle von Dakar verbringen hier mit ihren Liebhabern die arbeitsfreien Tage, und hier begegnet man auch den bürgerlichsten Verwaltungs-Beamten oder Funktionären in Begleitung ihrer Gattinnen.

In Dakar selbst gibt es eine »Reserve« und eine »Potinière« [Klatschecke].

Kurz vor dem Abendessen habe ich auf der Terrasse die Katze unserer Gastgeber mit einem Tausendfüßler spielen sehen, der ungefähr so lang war wie eine Hand. Angeblich werde ich noch viel größere zu Gesicht bekommen.

Im allgemeinen bestehen kaum Unterschiede zwischen dem Leben eines Beamten in Paris und dem in den Kolonien (d. h. in den großen Zentren); er hat es warm und lebt in der Sonne, anstatt den ganzen Tag eingesperrt zu sein, aber abgesehen davon führt er dasselbe kleinkarierte Leben – dieselbe Vulgarität und dieselbe Monotonie, dieselbe systematische Zerstörung der Schönheit.

Nur schnell weg und in den Busch! Katzenjammer.

1. Juni

Wir unternehmen die nötigen Schritte zur zollfreien Einführung des Expeditionsmaterials. Die Zolldirektion macht Schwierigkeiten und vergleicht die Expedition mit der des Prinzen ***, der vor kurzem eingereist ist und sich jetzt im Landesinneren befindet, wo er einen Teil seines zollfreien Materials verkauft haben soll ... Gut erträgliche Hitze in den Büros. Antillanische Schreibmaschinendamen und afrikanische Türsteher. Gespräch mit dem stellvertretenden Direktor für ökonomische Angelegenheiten. Auf eine Frage Griaules hin, der wissen möchte, ob wir in den verschiedenen Kolonien jeweils Zugang zu den Gerichtsarchiven erhalten können, antwortet er, daß die Beamten der Kolonialverwaltung sehr strikte Anweisungen erhalten haben, seitdem ausländische Expeditionen die Dokumente, deren Einsicht man ihnen gestattet hatte, dazu benutzten, die französische Kolonialpolitik zu attackieren und Zwischenfälle vor dem Völkerbund heraufzubeschwören. Er spricht auch von den geheimen Gesellschaften und sagt, für Europäer sei es unmöglich, in sie einzudringen. In Lobi ist es

Labouret angeblich gelungen, den ersten Grad der Einweihung in eine solche Gesellschaft zu erhalten, aber der Mann, der ihn eingeweiht haben soll, ist seitdem verschwunden. Wahrscheinlich wurde er von den anderen Eingeweihten zur Rechenschaft gezogen.

Griaule und ich wohnen bei meinen Freunden. Die anderen sind im »Ledigenhotel« untergebracht, einem Verwaltungsbau für die unverheirateten Beamten.

Der Fréjus-Eindruck bestätigt sich. Waten in der Vulgarität. Ich halte meinen Freund dazu an, sich um Versetzung ins Landesinnere zu bemühen.

Leider sind die Schwarzen hier auch nicht sympathischer als die Europäer. Ich denke da z. B. an den schwarzen Dockangestellten mit dem luxuriösen Tropenhelm und dem einwandfrei sauberen Boubou, einen Typen, dessen Reden gespickt waren mit großstädtischen Ausdrücken wie: »Wen juckt's! Kein Beinbruch! Du hast mich in dem (*sic*) Stich gelassen!« Wie uns der Funktionär für ökonomische Angelegenheiten sagte und wie man es auch sonst von vielen Leuten in den Kolonien hört: Wo immer die Schwarzen mit der europäischen Zivilisation in direktem Kontakt stehen, übernehmen sie nur deren schlechte Seiten.

Ich denke allerdings auch an ein paar europäisierte und dennoch sympathische Schwarze, denen ich an Bord begegnet bin, unter anderem an Dya, den ich noch heute morgen gesehen habe, auch diesmal nicht in blauer Monteurkleidung, sondern in einer erstaunlichen Aufmachung, bestehend aus einem ins Violette gehenden Anzug, einem Hemd mit großen schwarzen und malvenfarbenen Mustern, einer ebenfalls schwarzen und malvenfarbenen Krawatte und ausgelatschten Schuhen aus lackiertem schwarzen Leder und grauem Hirschleder. Auch eine sehr hübsche Negerin ist an Bord gekommen, mächtig aufgetakelt und mit großem Aufwand an zweifellos professioneller Koketterie.

Zumal die kleinen Mädchen auf den Straßen sind entzückend: Ihr Kopf ist (bis auf einige bestimmte Punkte) kahl geschoren, und sie tragen lange, mit durchbrochenen Spitzen besetzte weiße Kleider.

2. Juni

In einem Geschäft ein paar Sachen gekauft. Die Inhaber sind Syrier, mehrere Brüder. Keine einzige ihrer Verkäuferinnen, die nicht zumin-

dest mit einem von ihnen ins Bett gestiegen wäre. Auch viele europäische Kundinnen schlafen mit den syrischen Brüdern und begleichen so
ihre Rechnung.
Einkäufe, offizielle Besuche usw. ...
Am Abend, als ich mir die Garage ansehen fahre, die man uns für die
Lastwagen zur Verfügung gestellt hat, auf einer sandigen Abkürzung
mit dem Wagen steckengeblieben. Mit Hilfe des Boys, der für Griaule
und mich als Wäscher und Bügler arbeitet und jetzt auch bei meinen
Freunden wohnt, und eines alten Wolof, der die Garage beaufsichtigt
und sich in dieser Art von Pannenhilfen auszukennen scheint (denn das
ist nicht das erste Auto, das sich hier festfährt), kommen wir schließlich
wieder frei. Als wir den Wagen hineinfahren wollen, bleiben wir am
Eingang des Gartens wieder stecken. Diesmal lassen wir ihn einfach so
stehen.

3. Juni

Unruhige Nacht, viel Lärm: Anspringende Motoren. Bellen der Hündin, eine Art von Rascheln oder Streifen. Am Morgen stellen der Boy
Séliman und sein Wasch- und Bügelgehilfe fest, daß ein Teil der
Wäsche, die sie zum Trocknen aufgehängt hatten, abhanden gekommen ist. Es fehlen: Ein Anzug von B., ein Anzug Griaules, einer
meiner Anzüge und zwei Hosen. Verhör der Boys. Séliman beteuert
gegenüber Mme. B., er könne es nicht gewesen sein, denn er habe
immer nur einen Boubou an, und außer für die Arbeit käme er nie auf
den Gedanken, eine Hose anzuziehen. Der andere Boy bleibt gleich-
mütig. Es versteht sich, daß wir die beiden Jungen der Polizei vorfüh-
ren, nicht als Angeklagte, sondern als Zeugen und damit sie erklären,
wie das passieren konnte. Wir kommen überein, sie auch unter keinen
Umständen mit den Polizisten allein zu lassen, denn wir möchten ihnen
ein peinliches Verhör ersparen.
Beim Mittagessen hören wir von dem Wasch- und Bügelgehilfen, daß
Séliman in der Küche sitzt und weint. Über dieser verflixten Kleiderge-
schichte hatte er ohnehin schon vergessen, den Nachtisch einzukaufen
und jetzt ist ihm auch noch der Kuchen angebrannt. Unsere Gastgeber
lassen ihm ausrichten, er solle es nicht so schwer nehmen.
Nach dem Mittagessen neuerliches Verhör von Séliman, der jetzt nicht
mehr weint. Er antwortet mit Bestimmtheit und scheint wirklich nichts
mit der Sache zu tun zu haben. Nur der andere Boy soll demnach zur
Wache mitkommen.

Besuch auf der Polizeiwache: Der Inspektor, der uns empfängt, ein glattrasierter Unteroffizierstyp, spricht Korridor wie »Kollidor« aus und hat furchtbar behaarte Hände. Ein alter Neger in Kakiuniform und schütterem, weißem Bartkranz hört in einer Ecke schweigend zu. Die B.s und ich sitzen auf Stühlen, der Boy steht zwischen uns, seinen Tropenhelm in der Hand. Der Inspektor tippt die Angaben B.s in die Maschine. Am Ende der Unterredung sind wir froh zu hören, daß der Boy sicher nichts mit der Sache zu tun hat, daß in dem Viertel viele ähnliche Diebstähle verübt worden sind und es sich ohne Zweifel um eine organisierte Bande handelt. Wir ziehen uns zurück, gefolgt von dem Boy, der die ganze Zeit über unerschütterlich geblieben ist und jetzt majestätisch die Treppe hinunterschreitet. Draußen – wir haben gerade die Schwelle des Kommissariats übertreten – schaut mit einem breiten Lächeln Frau B. an: »Séliman ist auch ein Anzug gestohlen worden, Madame«, sagt er. Wir wollen wissen, warum er uns das nicht früher gesagt hat, aber es ist unmöglich, von ihm eine Antwort zu erhalten. Wir werden das sicher nie herausbekommen. Es läßt sich lediglich in Erfahrung bringen, daß Séliman von dem Neger bestohlen wurde, dem er auf dem Rückweg vom Markt seinen Korb zum Tragen gegeben hatte.
Am Abend mache ich eine Spritztour im Auto, um die leeren Akkus wieder aufzuladen, die sich bei der hohen Luftfeuchtigkeit entladen, und stoße in einem Eingeborenenviertel auf eine große Ansammlung von jungen und alten Leute, die einem Griot, einem Geschichtenerzähler, zuhören. Frauen sitzen auf dem Boden, ihre Kinder auf dem Rücken. Der Erzähler scheint seine Zuhörer in den Bann zu schlagen. Er sitzt mit dem Rücken gegen eine große Mauer gelehnt und unterstreicht seinen Vortrag mit Gebärden.

4. Juni

Séliman auf dem Markt begegnet. Er hatte seine schöne Revolverpfeife im Mund, die er gestern gekauft hatte. Die Tränen waren nun endlich getrocknet, die jene Anhäufung von Unglück ausgelöst hatte: Der Diebstahl der Kleider der Weißen, der vergessene Nachtisch für das Mittagessen und die verhunzte Torte, die im Ofen verbrannt war.
Wir besuchen den Chef der Gemeinde der Lébou, denn wir möchten bei diesen Pirogenbauern eingeführt werden. Der Chef ist ein alter Neger mit Schechia und Boubou. Er empfängt uns würdevoll, zeigt

unserem Dolmetscher sein Kreuz der Ehrenlegion, gibt uns ein paar Auskünfte über die Lébou und geht dann, nachdem er Handschuhe übergestreift und nach einem Sonnenschirm gegriffen hat, mit uns hinaus.

Mit Mouchet den Nachmittag am Strand verbracht, wo wir die auf der Böschung liegenden Pirogen untersucht und die Fischer befragt haben, sekundiert vom Dolmetscher des Kreises, Mahmadou Kouloubali.

Abendessen mit den B.s und sämtlichen Mitgliedern der Expedition im Ledigenhotel, in dem die dicke Madame Lecoq die Gäste bekocht, unterstützt von der Negerin Diminga, Schülerin der katholischen Mission, einem lieben und intelligenten Mädchen, dessen Verhältnis mit einem der Mieter im letzten Jahr nicht ohne Folgen geblieben war.

Am Abend im Ford der Expedition, den mein Freund B. steuerte, zurückgefahren. Wie alle Bewohner von Dakar, die am Abend mit dem Auto losfahren, machen auch wir eine Tour zur Steiluferstraße und bewundern einen vollkommen morbiden und doch herrlichen Vollmond, mit trüben Wolkenstreifen vor dem Gestirn und weit über die See nebelndem Licht.

5. Juni

Schlecht geschlafen und mit hohlen Augen und chininverkleisterter Speiseröhre aufgewacht. Wahrscheinlich, weil ich am Vorabend kein »fruit salt« eingenommen habe. Vielleicht ist auch das Abendessen und ein Whisky Soda kurz vor Mittag daran schuld.

Mit Mouchet und Mahmadou Kouloubali Besuch der Werkstatt eines Zimmermanns, der Pirogen baut.

Mittagessen mit meinen Freunden B. beim Handelsvertreter der »Vacuum Oil«, einem sehr vulgären, aber ausgesprochen lebhaften Kerl und gelegentlichen Schieber.

Im Ledigenhotel, wohin wir nach dem Essen fahren, Begegnung mit Kasa Makonnen, einem abessinischen Asketen, der über Métamma, Khartoum, Abécher, Fort-Lamy, N'Gaoundéré, Douala und den Tschad nach Dakar gekommen ist. Er ist zu Fuß gereist und hat drei Jahre gebraucht. Er ist sicher hinter einer Wahrheit her.

Ihm zufolge gibt es zwei Tagesreisen westlich von Gondar »Söhne der Aloe«. Das interessiert Griaule, der in anderen Gebieten Abessiniens bereits den Totemkult der Aloe erforscht hat. »Das Haus Noas steht in der Nähe des Tschad«, sagt er; und als man ihn fragt, ob er sich auf irgendeine Arbeit verstehe, antwortet er lächelnd, er wisse nur von Christus.

Er möchte nach Abessinien zurück, und Griaule beschließt, ihn mitzunehmen.

Später Cocktail-Party bei den B.s, mit zwei schönen Frauen aus der besseren Gesellschaft von Dakar. Die eine ist mit einem speihäßlichen Wicht, dem Direktor des Elektrizitätswerkes, verheiratet.

Nach dem Abendessen mit dem Wagen nach »Bel Air« gefahren, wo die Luft vom Gestank faulenden Seetangs verpestet ist und wo es ein Restaurant gibt, dessen Inhaber Hunde, Kaninchen, eine Löwin, Affen und einen Ameisenbären hält. Die Löwin und sonst noch ein paar von den Tieren gesehen.

Wieder in Dakar, merke ich, daß ich ausgesprochen nervös bin und niedergeschlagen dazu. Auch das Ziel der Reise entschwindet mir aus den Augen, und ich frage mich, was ich denn hier überhaupt verloren habe.

6. Juni

Ende der Arbeit über die Piroge: das Segel und die Takelage untersucht.

Immer noch genauso nervös.

Am Abend mit den B.s und ohne Griaule in die *Oase* gefahren, eine Tanzbar der Neger. Die Gäste sind: europäisch gekleidete Negerinnen (Frauen oder Freundinnen von Unteroffizieren der Schützen), Nutten (Schwarze, Mischlinge oder Araberinnen), ein paar dicke Negerinnen im Lokalkostüm, miteinander tanzende schwarze Homosexuelle in taillierten Jackets, ein weißer Schwuler, dem Aussehen nach Büroangestellter, der – eine Blume im Mund – mit einem schwarzen Matrosen tanzt, der eine rote Troddel an der Mütze hat, zwei Uffze der Kolonialarmee als tanzendes Paar, drei Typen von der Handels- oder Frachtmarine, von denen einer (mit weißer Kappe, kleinem gezwirbelten Schnurrbart und Zigarre) genauso wunderbar aussieht wie die schönsten Abenteurer aus amerikanischen Filmen. Anschließend ins *Tabarin*: dasselbe Genre, diesmal weiß und mit einem Anhauch von Snobismus. Unüberbietbare Öde (katastrophale Animierdamen, Nummern von hinlänglich bewundernswerter Absurdität, Kolonialbeamte aller Art und an einem Tisch die Konsule der Vereinigten Staaten und Brasiliens, beide im Smoking und dabei, die Frauen zu beäugen).

Genauso entnervt wieder nach Hause gekommen. Vor dem Zubettgehen einen Tausendfüßler erschlagen.

7. Juni (Sonntag)

Bad im Meer in einer kleinen Bucht unweit Dakars mit meinen Freunden und Griaule. Griaule und B. werden immer wieder von der Brandungswelle umgeworfen. Gewaltiger Sonnenbrand nach dem zu langen Sonnenbad auf dem Sand.
Am Nachmittag Autoausflug nach Ngor, zusammen mit Larget. Spaziergang im Dorf und am Strand, wo viele mit winzigen Lendenschurzen (um die Hüften geknüpften Tüchern) bekleidete Kinder spielen und kleine Segelpirogen aufs Meer hinausfahren lassen. Eine Schar kleiner Mädchen kommt herbeigelaufen. Die meisten tragen noch kleinere Kinder auf dem Rücken. Sie umringen uns und rufen: »Sonntag! Sonntag!« Zuerst verstehen wir nicht, was das heißen soll, aber als uns dann einfällt, daß am Sonntag sicher die Ausflügler aus Dakar dieses Dorf besuchen, kommen wir darauf, daß sie mit »Sonntag« wohl ein kleines Geschenk meinen. Wir kaufen einem der Kinder sein Schiffchen ab, gehen wieder ins Dorf hinauf und bleiben dort lange unter dem Schattendach des großen Dorfplatzes, wo sich die Männer versammeln. Wir lassen uns die Herstellung und Handhabung einer Fischreuse erklären und kaufen sie. Abfahrt inmitten der schreienden Kinder, die dem Auto ein paar Meter nachrennen. Am Ausgang des Dorfes sehen wir gerade noch einen Schwarm Erdkrebse, die beim Lärm des Wagens schnellstens wieder in ihre Löcher abschieben. Die Dorfbewohner betreiben diese Aufzucht als Ergänzung zu ihrer hauptsächlichen Einnahmequelle, dem Fischfang.
Jetzt endlich liebe ich Afrika. Die Kinder machen auf mich einen Eindruck von Munterkeit und Leben, wie ich ihn nirgendwo sonst gehabt habe. Das geht mir unendlich nahe.

8. Juni

Immer tropischere Nächte. Bei dem Wind ist es nicht heiß, aber wir sehen täglich mehr Sterne am Himmel, und das Kreuz des Südens strahlt noch heller. Wie in unseren Breiten alles durch den großen Bären lokalisiert wird, so hier durch das Kreuz des Südens. Es ist der allgemeine Bezugspunkt, nach dem sich alles richtet.
Gegen Abend sind Griaule, Mouchet und ich mit dem Ford bis nach

Yof gefahren, einem Fischerdorf ganz in der Nähe von Ngor. Bei der Ankunft im Sand steckengeblieben. Eine Bande von Kindern und eine junge Frau helfen schieben, damit wir den Wagen wieder freibekommen, und benutzen die Gelegenheit, einen »Sonntag« zu erbetteln. Wir gehen zu Fuß ans Meer, das ganz in der Nähe ist, und kommen gerade bei Sonnenuntergang an, als um die Pirogen herum viele Männer auf dem Strand versammelt sind. Wir sehen eine zurückkommen: Als sie den Wall der Brandungswellen überquert, werden die Segel eingeholt, und sie läuft, von den Flutwellen getragen, auf dem Sand auf. Ein Trupp Männer, Kinder und Greise kommt sofort um die Piroge herum zusammen, um sie auf den Strand hochzuholen und in einer Reihe mit den anderen auszurichten. Das Manöver wird in verschiedenen, aufeinanderfolgenden Drehungen ausgeführt, wobei der leicht geliftete Vorderteil der Piroge nach oben geschoben wird und der hintere Teil als Drehpunkt dient. Anschließend wird der hintere Teil hochgehoben und seinerseits nach oben geschoben, mit dem vorderen Teil als Drehfläche und so fort, bis die Piroge an ihrem Bestimmungsort liegt.

Die Sonnenscheibe ist gerade hinterm Horizont verschwunden, als die Männer ihr Gebet verrichten. Die einen knien zu ihren rhythmischen Verneigungen einfach in einer großen Gruppe nieder, ein paar beten allein und wieder andere verschwinden halb hinter einem langen und hohen Weidenzaun, in dessen Nähe die Fische liegen, die man für Requisiten in dieser heiligen Pantomime halten möchte.

Als wir zum Wagen zurückgehen, ist es schon dunkel. Beim Abfahren versanden wir wieder. Für die 20 Francs, die wir mit einem Mann ausgehandelt haben, ist in Windeseile eine Mannschaft von Kindern und Jungen zusammengetrommelt, die den Wagen ein paar hundert Meter weit bis zu einer sicheren Stelle schiebt. Es scheint so, als ob die Dorfbewohner den Autofahrern gegenüber die Rolle von Strandräubern spielten und sich mit solchen Pannenhilfen offenbar ihr Gewerbe eingerichtet hätten . . .

Wir treffen ziemlich spät in Dakar ein. Die Freunde, die von unseren Gastgebern nur unseretwegen eingeladen worden waren, sind gerade wieder gegangen. Wir sind ziemlich betreten und gehen früh zu Bett, zumal Griaule unter seinem Sonnenbrand leidet und offensichtlich erschöpft ist.

9. Juni

Endgültiger Abschluß des Pirogenkaufs: In Gegenwart des Chefs des Lébou-Dorfes, der – diesmal allerdings ohne Handschuhe und Sonnenschirm – zum Strand gekommen ist, wo die Piroge deponiert wurde.
Am Abend gehen wir – die B.s, Griaule und ich – ins Kino. Wir langweilen uns. Griaule geht zu Bett, er ist sehr müde und übergibt sich während der Nacht. Die Hündin wird unruhig und fängt zu knurren an. Der dämliche Hahn aus dem Hühnerstall kräht immer wieder und andere Hähne der Nachbarschaft machen es ihm nach.

10. Juni

Griaule fühlt sich besser und kann schon fast wieder ausgehen. Die Piroge wird heute geliefert. Sie läuft in den Hafen ein, von ihrem Eigentümer gesteuert, und legt gegenüber den Docks der Société Navale de l'Ouest an. Wir engagieren Arbeitskräfte, die Seile holen und die Piroge mitsamt ihrem Eigentümer, der drin sitzen geblieben ist, auf den Kai hochhieven. Sie wird dann von etwa zwanzig Arbeitern, die sich gegenseitig wegstoßen, weil sie alle an der anschließenden Verteilung von »Kola«[1] teilhaben wollen, langsam auf den Schultern zum Lagerschuppen getragen. Einen vergleichbaren Eindruck einer rohen, entfesselten und triumphierenden Menge hatte ich nur einmal letzten Sonntag, als wir auf dem Rückweg von Ngor an den Menschen vorbeifuhren, die aus der »Senegalesischen Arena« strömten und den siegreichen Kämpfer eskortierten, der farbenprächtige Ehrensäbel über seinem Kopf schwenkte.
Nach einer ersten und groben Verpackung der Piroge: eine zweite Fahrt nach Yof. Diesmal versanden wir nicht noch einmal, denn wir lassen den Wagen in einiger Entfernung vom Dorf stehen und finden auch ohne weiteres den Weg wieder, den wir uns jetzt eingeprägt haben. Zurück auf diesem prächtigen Strand mit den immensen grünen und weißen Wellen, die sich eine nach der anderen auf dem Sand brechen, mit den Dünen und den Aasgeiern, die über den Hütten ihre Kreise ziehen. Der Strand ist wieder der Ort, an dem sich der männliche Teil der Bevölkerung versammelt. Wie neulich wohnen wir auch heute der Rückkehr der Pirogen bei.

---

1 Wörtlich: Kolanuß und im weiteren Sinne: Trinkgeld.

Auf der einen Seite des Strandes spielt eine ganze Schar von Jungen, die sich in zwei getrennte Lager aufgeteilt haben, »Völkerball« oder irgendein vergleichbares Spiel.

Einmal, als ich gerade mit Larget die Piroge untersuche, kommt ein Greis mit Schechia (wie hier fast alle Männer) aus einer im Sande sitzenden Gruppe von Leuten seines Alters zu uns herüber und drückt uns würdevoll die Hand. Vielleicht ist er der Dorfälteste?

Bei der Abfahrt laufen die Kinder neben dem Auto her. Sie wollen keinen »Sonntag«, sondern rufen: »50 Centimes! Gib mir die 50 Centimes! Ein Franc! 75! Zwei Francs! 5 Francs! 46! usw...« Und als wir ablehnen, bestehen sie mit großen theatralischen Gebärden auf ihrem Recht und rollen drohend mit den Augen. Nur eine Frau, die ein Baby trägt, bekommt ein paar Groschen.

Griaule, Larget und Mouchet machen sich etwas früher auf den Rückweg. Die B.s und ich überholen ein recht hübsches Mädchen mit blauem Rock und rot-weiß gemusterter Tunika. Natürlich kaut sie auf einem kleinen Zitronenzweig. Sie schaut uns an, und wir lächeln ihr zu. Sie lächelt zurück und sagt ein paar Worte, auf die wir mit »Bonsoir« antworten. Einige Minuten später – wir steigen gerade ins Auto – taucht dasselbe Mädchen zusammen mit einer gleichaltrigen Kameradin wieder auf. Die beiden Mädchen gehen an dem noch stehenden Auto vorbei, schauen uns alle lachend an und deuten händeklatschend ein paar flüchtige Tanzschritte an. Der Wagen fährt los, und wir kehren nach Dakar zurück, ohne daß ich hätte ausmachen können, was ihre kokette Aufführung eigentlich bedeuten sollte.

Auf dem Rückweg kommen wir durch Wakam, das Dorf in der Nähe des Militärflughafens. Wie immer die nackten oder fast nackten Babys gesehen, die schnell zur Tür laufen, um die Autos vorbeibrausen zu sehen, und gleich darauf unter schallendem Gelächter wieder reißaus nehmen. Hinter den geflochtenen Weidenzäunen, die die Hütten umgeben und deren Fluchtlinien so etwas wie Straßen bilden, sieht man hier und da Holzfeuer glimmen. Aber es sind nicht mehr jene riesigen Herdfeuer, um die neulich begeisterte Kinder herumsaßen und sangen.

Heute morgen hat sich Séliman einen kleinen Papagei gekauft. Als ich einmal einen Blick in die Hütte in der Nähe unseres Hauses warf, in der er schläft, sah ich, daß er die Doppelseite aus der Illustrierten *Pour Vous* mit dem Artikel Rivières über den Film *L'Afrique nous parle* [Afrika spricht] an die Wand gepinnt hatte.

11. Juni

Nichts weiter Interessantes. Alle Vorbereitungen zur Abreise sind getroffen. Man stellt uns zwei offene, flache Güterwagen für die Fahrzeuge zur Verfügung und zwei geschlossene für uns selbst. Unsere Waggons sollen in Tamba Counda abgehängt werden. Wir können dann so lange bleiben, wie wir wollen und es an allen von uns angegebenen Stationen bis Bamako genauso machen. Wir nehmen den Abessinier Kasa Makonnen mit, den »Wasch- und Bügel-Boy« Tyémoro Sissoko, sowie einen von Séliman empfohlenen Cook aus dem Stamm der Bambara, namens Bakari Kèyta.
Im Laufe des Tages wäre Séliman fast in Tränen ausgebrochen. Tyémoro hatte ihm gesagt, sein Papagei würde nicht größer werden und er habe sich beim Kauf übers Ohr hauen lassen.

12. Juni

Abfahrt um 12 Uhr mittags. Tyémoro kommt rechtzeitig und bringt sein Fahrrad, von dem ein Reifen ganz bucklig ist, in einem Gepäckwagen unter. Auch Kasa Makonnen kommt pünktlich. Bakari Kèyta taucht in letzter Minute mit einem Regenschirm und einem großen Koffer auf, den er nachlässig in einen der Gepäckwagen wirft. Beim Abschied von den B.s habe ich mir eine beträchtliche Menge Whisky zu Gemüte geführt . . .
Der Tag ist heiß und ziemlich trist. Im Bahnhof von Thiès schlafen Mouchet und ich im Freien, im Schatten unseres Zuges, und die übrigen fünf in einem der Güterwagen. Die beiden eingeborenen Boys haben die Nacht über Ausgang. Kasa Makonnen sehen wir am frühen Morgen aus dem Bremsstand des ersten Flachwagens klettern. Er habe eine gute Nacht verbracht, sagt er, und das Bremserhäuschen sei »das Haus Christi«.

13. Juni

Hitze. Hitze. Hitze. Durststillung durch chemische Mittel: Pfefferminzalkohol und Glyzirrizin. Angenehme Landschaft, ziemlich ausgebrannt, aber nicht einmal besonders trostlos. Affenbrotbäume und Sträucher. Dörfer mit zylindrisch-konischen Strohhütten, die recht stattlich aussehen. Hier und da Eingeborene in den Feldern. Manchmal winken sie uns zu.

Mouchet und ich stellen unsere Betten im Küchenwaggon auf. Um 7 Uhr 30 ist es dunkel und fernes Wetterleuchten kündigt einen Wirbelsturm an. Halten mitten in der Nacht. Verschiedene Rangiermanöver von Lokomotiven. Stöße. Und gerade, als es etwas ruhiger wird, bricht der Wirbelsturm los. Der Waggon wird zusehends von Wasser überflutet. Unmöglich, die Schiebetüren zu schließen. Wir verrammeln den offenen Spalt notdürftig mit einem umgestürzten Tisch und dem großen Hotelportierschirm, den wir aus Paris mitgebracht haben. Aber der Regen peitscht von unten durch die Ritzen des Fußbodens.
Kurz nach 3 Uhr morgens Ankunft in Tamba Counda. Noch eine halbe oder ganze Stunde Pufferstöße, dann kommen unsere Waggons endlich auf einem Abstellgleis zur Ruhe.

14. Juni

Der Bahnhofsvorsteher, der so freundlich war, unserem Konvoi einen alten Passagierwagen anzuhängen (im Einvernehmen mit dem Direktor der Gesellschaft, den Griaule in Dakar aufgesucht hatte) begleitet uns schon am Morgen zum Chef der Kolonialverwaltung. Da dieser auf Dienstreise ist, suchen wir seinen Stellvertreter auf, einen ziemlich jungen Mann, der uns ein paar Tips über die Gegend gibt: »Lauter Faulenzer! Die verstehen sich auf überhaupt nichts . . . Keine Gegenstände . . . Ein paar Kühlkrüge . . . Lanzenspitzen usw. . .« Auf einem Regal bemerke ich *The Golden Bough* von James G. Frazer, *La Prisonnière* von Marcel Proust. Auf dem Tisch Nummern der *Revue Hebdomadaire*. Der eingeborene Boy des Hausherrn sagt auf eine Frage Griaules, es gebe an manchen Stellen in der Gegend aufrecht stehende Steine. Griaule beschließt, eine dreitägige Exkursion dorthin zu machen. Mit aufs Allernötigste reduziertem Gepäck machen sich Mouchet, Griaule, Lutten und ich kurz nach dem Mittagessen auf den Weg.
Schöne Fahrt auf einer Buschpiste: Termitenhügel, grünende Pflanzen, Bambus, geschwärztes Holz vom Ausbrennen der Tabaksfelder und von der Brandrodung, abwechselnd graue und rote Erde. Das Afrika, wie es sich mir bis jetzt darstellt, ist ziemlich gutartig, aber doch auch etwas beunruhigend – ein Anflug alten bretonischen oder auvergnatischen Landlebens mit Quacksalbern und Geistergeschichten. Vögel mit schönem Gefieder, Buschbrände.
1 Uhr 25: Ankunft in Malèm Nyani, wo wir angeblich auf den

Verwaltungschef treffen sollen. Er ist aber nicht da und scheint nach Koumpentoum weiter zu sein. Als wir dort eintreffen, hören wir, daß er diesmal nach Maka-Colibentan weitergefahren ist. Da es schon spät ist, bleiben wir die Nacht über in Koumpentoum.

Ausnehmend sauberes Absteigequartier mit Veranda, Hütten von blendender Reinheit und einem großen Innenhof, dessen Sandbelag sorgfältig mit dem Rechen geglättet ist. Man verdankt dies der Sorgfalt von Guédèl Ndao, dem Kantonschef, einem jungen Sérère aus königlicher Familie und Nachfahren der alten *mbour*. Guédèl Ndao ist sympathisch und intelligent und – obwohl von Europäern erzogen – Heide. Körperlich sehr groß und sehr hager, mit einem schönen schwarzen, ins aschgraue hinüberspielenden Gesicht. Mit Ausnahme des Tropenhelmes, den er im übrigen mit äußerster Würde trägt, ist er ganz afrikanisch gekleidet. Er geht nie ohne einen Rohrstock oder eine Knotenpeitsche aus.

Am Abend hören wir Dyali Sissoqo, einem mandingischen Griot aus der Gegend, zu, der singt und sich auf der Gitarre begleitet. Er produziert sich in der Nähe der »Moschee« von Koumpentoum (einem von liegenden Baumstämmen begrenzten Raum mit einer Matte mitten drin). Sein Gesang wechselt ab mit einer Art Brummen bei geschlossenem Mund, bei dem er sich jedesmal über die Gitarre beugt.

Im Freien geschlafen, in dem so schönen, reinen Hof; ohne Matratzen direkt auf den Feldbetten, die Schuhe, anstatt sie auf der Erde zu lassen, vorsorglich auf einen Stuhl gestellt, um uns beim Aufwachen unangenehme Überraschungen zu ersparen . . .

15. Juni

Am Morgen Abfahrt mit dem Kantonschef. Kurz vor dem Aufbruch breiten wir noch schnell das Laken aus, das uns einer der Bewohner des Gästehauses am Vorabend als Tischtuch geliehen hatte und das wir – es war uns so weiß vorgekommen – zu unserem Leidwesen ein wenig mit Rotwein befleckt hatten: ich finde auf der Rückseite festgeknasterte Scheiße. Griaule und ich lachen wie verrückt.

Als wir das Camp verlassen, stoßen Griaule, der Chef und ich auf einen fliegenden Händler. Er verkauft Holzspielzeuge, die Tiere darstellen. Wir vermuten, daß es sich um Sachen handelt, die ausschließlich für die Europäer hergestellt werden und Griaule stellt dem Händler, der im übrigen unverschämte Preise verlangt, verschiedene Fragen: »Wer hat dich auf den Gedanken gebracht, so etwas zu machen?« – »Allah«, antwortet der Händler. Der Chef amüsiert sich sehr über diese Antwort . . .

Abfahrt nach Maka. Der Kantonschef fährt in unserem Ford mit. Von 9 Uhr 35 bis 11 Uhr 45 Aufenthalt in Sam Nguéyèn und freundliche Aufnahme bei den Bauern. Kauf von Sammlungsgegenständen, nur kurz unterbrochen von einem schnell vorbeiziehenden Wirbelsturm.

Ich mag Guédèl Ndao sehr, und die Art, wie er uns gestern bei Sonnenuntergang mitten durch die aufrecht stehenden Lateritblöcke in der Nähe des Bahnhofs von Koumpentoum geführt hat und ohne zu zögern auf all unsere Fragen antwortete, wird mir noch lange in Erinnerung bleiben.

Abfahrt. Stellenweise ist die Straße vom Regen aufgeweicht. Wir bleiben ein paarmal im Schlamm stecken, aber wenn wir alle schieben, bekommen wir den Wagen ohne weiteres immer wieder frei. Ankunft in Dyambour.

Das Auto hält in der Nähe des Dorfbrunnens, und schon winkt uns eine Gruppe von Frauen freundlich zu. Ein ganz junges Mädchen mit nacktem Oberkörper kommt herbeigelaufen und begrüßt uns mit einem »Salam«. Auch die Männer kommen heran, und dank der Vermittlung des Kantonschefs haben wir schon bald ein wunderbar herzliches Verhältnis zu den Dorfbewohnern. Wir beginnen mit der Feldforschung und der Sammlung von Gegenständen, und die Arbeit geht in ungetrübt idyllischer Atmosphäre vonstatten. Die Leute mokieren sich gewaltig über unsere Fragen, deren Nichtigkeit ihnen geradezu unwahrscheinlich vorkommt. Genauso bei unseren Käufen, denn, wie sie selbst wissen, sind ihre Gebrauchsgegenstände alle sehr grob und anscheinend wenig dazu geeignet, die Neugierde der Fremden zu wecken.

Wir statten den Vertretern aller Berufsstände einen Besuch ab. Wir essen in der Nähe des Brunnens unter einem großen Baum zu Mittag, mitten unter den Dorfbewohnern, die zusammen schwatzen und sich mit uns, auf dem Umweg über unseren Führer Guédèl Ndao, mehr oder weniger unterhalten.

Noch einmal ins Dorf und dann Abfahrt unter großen Abschiedsgebärden und lauten Freundschaftsbekundungen. Die Straße ist in etwas besserem Zustand als am Morgen. Gegen 15 Uhr 30 springen zwei prächtige Tiere, sogenannte »Pferde-Antilopen« ungefähr 50 Meter vor uns über die Piste.

Ankunft in Maka kurz vor 5 Uhr. Aperitif mit dem Verwaltungschef, der jetzt da ist, anschließend Abendessen. Die klassischen Kolonialsprüche: »Soll mir einer diese Leute verstehen. Nehmen Sie nur mal den da (Guédèl Ndao). Er ist sehr intelligent. Unter uns, man hat ihm das nur zu oft gesagt. Ich hab' ihn mal gefragt: Schau, warum wirst du nicht lieber Bezirksschreiber, anstatt wie ein Bauer in deinem Dorf zu leben, du bist doch gebildet? Wissen Sie, was er mir geantwortet hat? Wenn ich Schreiber wäre, wäre ich kein *mbour*[2] mehr, aber hier bin ich noch *mbour.* – Aber du hast eine Menge Geschichten auf dem Hals; du kannst amtsenthoben werden ... – Auch wenn ich amtsenthoben würde, wäre ich noch *mbour.* Er hätte in einem Büro gut verdienen können, aber nein: er bleibt lieber in seinem Busch ... Nicht zu begreifen, sag ich Ihnen!«

Ein anderer Kantonschef, diesmal ein alter Mann und ehemals Unteroffizier bei den Schützen, mit einem langen, schwarz und blau gestreiften Kleid, grauem Bart und dem Gehabe eines giftmischenden Höflings, bietet, als wir ihn danach fragen, noch beim Abendessen die Dienste eines Griot an, der, wie er sagt, »auf drei Trommeln auf einmal spielen kann und viele Kunststücke weiß«. Wir sagen ihm, er solle den Griot doch bitte kommen lassen.

Gegen Ende des Essens, als es bereits ganz dunkel ist, höre ich Lärm aus der Ferne. Trommelschläge, näherkommende Stimmen von Frauen und Kindern. Ich höre der Unterhaltung nur noch mit halbem Ohr zu und ziehe mich dann, als der Gesang immer lauter wird, unauffällig zurück, gerade noch rechtzeitig, um statt des einen erwarteten Musikers einen ganzen, von Sturmlampen beleuchteten Zug von vier Trommelspielern und eine große Anzahl Frauen und Kinder in den Hof des Anwesens einziehen zu sehen. Zu ihnen gesellen sich Männer und junge Leute. Auf dem Platz wird, etwa in der folgenden Anordnung, ein großer Kreis gebildet: erst die vier Musiker; fast unmittelbar rechts neben ihnen die Stühle und Kisten, die für den Verwalter und für uns herbeigebracht werden; links von den Musikern eine Schar sehr schäbig gekleideter Jungen, die die Rolle von Gassenjungen zu spielen scheinen; in einer langen Reihe unmittelbar links von ihnen und uns gerade gegenüber eine dichtgedrängte Gruppe von Frauen und kleinen Mädchen, die keinen Augenblick in ihrem Gesang aussetzen und manchmal, in den Momenten besonderer Erregung, auf eine sehr

---

2 Adliger königlicher Abstammung.

kunstvolle und komplexe Weise in die Hände klatschen; neben ihnen, d. h. zwischen ihnen und uns, schließen die Männer und die jungen Leute den Kreis. Hinter der Gruppe von Jungen in der Nähe des Eingangs ein großes Holzfeuer, an dessen Flammen die Musiker manchmal die Felle ihrer Trommeln halten, um sie wieder anzuspannen. Dem Feuer gegenüber und gewissermaßen als Entsprechung dazu der Seitenscheinwerfer des Ford, der die Szene beleuchtet.

Ich bleibe noch eine Zeitlang in der Menge, sehe dann aber, daß man mir auf der Seite, wo der Verwaltungschef sitzt, einen Platz reserviert hat, und raffe mich schließlich, nach langem Zögern, dazu auf, mich dorthin zu setzen.

Kaum sitze ich, als sich eine alte Frau mit heller, nur schwach rötlicher Haut – ich sah sie vor dem Essen, als sie um Beine und Hüften ein blaues Leinentuch trug, Wasser holen – in den Staub wirft und, ihre Kleider abwerfend, sich nackt auf der Erde wälzt. Aber schon tritt, mit einer Knotenpeitsche in der Hand, ein Wachmann auf den Plan und verweist sie vom Tanzplatz. Im Verlaufe des Abends versucht die Ärmste, die dem sympathischsten aller Delirien verfallen ist, immer wieder, den Kreis zu betreten und dort zu tanzen. Aber sie wird jedesmal wieder verjagt – wahrscheinlich weil man ihre Aufführung für allzu ungebührlich hält, in Anwesenheit des Verwaltungschefs und der Europäer. Ich erfahre, daß es sich um eine alte Hausklavin des Eroberers Samori und um die ehemalige Köchin der Schulstipendiaten handelt, die jetzt notdürftig ihr Leben fristet, indem sie sich, wo es geht, und zumal beim Kantonschef das Nötigste zusammengrapscht.

Der Chef der Griots ist ein mittelgroßer, schmaler, nervöser Mann mit leuchtenden Augen und kleinem Bärtchen. Bei seinem Spiel scheint er noch fieberhafter erregt zu sein als alle anderen, und oft wirft er wie in Extase den Kopf ins Genick. An seinem linken Handgelenk trägt er Metallschellen, die er unaufhörlich, durch schlängelnde oder schüttelnde Bewegungen des Arms zum Klingen bringt. Sein wichtigster Gefährte ist ein riesiger Kerl, der es im Genre Zuhälter weit hätte bringen können. Er hat einen kleinen, weißen Rock mit großen bunten Mustern an, der fast wie ein Ballettröckchen aussieht.

Unerhört wild und raffiniert zugleich verflechten sich die Trommelschläge, das Händeklatschen und die verschiedenen Teile des Chores miteinander. Von Zeit zu Zeit löst sich eine Frau aus der Gruppe – in der Regel wird sie von ihren Gefährtinnen nach vorne geschoben – und tritt in den Kreis. Mit ihren Sonntagskleidern (Faktoreibaumwolle, weiße Spitzen-Tunika, buntes Kopftuch usw.) erinnert sie eher an eine amerikanische Sklavin aus *Onkel Tom's Hütte* als an eine afrikanische Negerin. Den Kopf auf die Schulter gelegt und in verquerer Haltung trippelt sie schrittchenweise nach vorne. Der Griot geht ihr entgegen und führt sie vor uns, wo sie meistens einen Knicks andeutet. Sie stützt sich auf den Griot und beide schreiten in rhythmischem Gang über den Platz, wobei die Frau mit ihrer linken Hand ein großes Taschentuch im Kreis schwenkt. Der Tanz bricht ab, ein anderer Rhythmus setzt ein. Manchmal kehrt die Tänzerin in die Reihen der Frauen zurück; oder aber der Trommler bearbeitet auf einmal wild sein Instrument, und die Frau beschreibt in einem ganz verschiedenen Tanzstil mehrere Kreise rund um die Versammlung, während ihre Kameradinnen lachend und schreiend in die Hände klatschen: Sie springt und trampelt frenetisch mit den Füßen, wo sie doch zu Beginn des Tanzes gedrückt, linkisch, steif, gemessen gewesen war.

War der Tanz schön, werden als Zeichen des Beifalls Taschentücher in den Kreis geworfen.

Nachdem die meisten erwachsenen Frauen getanzt hatten, gab der Griot mit dem Bärtchen die folgende Nummer zum besten: Während er mit der einen Hand weiter auf seiner Trommel spielte und seine Schellen bewegte, malte er im Takt dazu mit dem Zeigefinger der rechten Hand Figuren in den Sand. Vierecke und magische Figuren des Islam ... Als er mit der Zeichnung fertig war, warf er das kleine Stöckchen in die Luft, das er hin und wieder zum Trommeln benutzt hatte. Das Stöckchen fiel in eine der Figuren, und der Griot zeigte mit dem Finger auf die Stelle, wo es niedergefallen war: eine verblüffende Weissagepantomime. Verschmelzung von Musik, Zeichnung, Tanz und Magie. Der Mann schien ganz außer sich zu sein. Das Publikum kam zur höchsten Erregung, als derselbe Griot, jetzt im Stehen und noch viel entfesselter singend als zuvor, auf seine Gefährten zuging und – indem er zugleich mit zwei von ihnen, die auch aufgestanden waren, eine Reihe von Zurufen und Antworten austauschte – in heftigem Ansturm mit auf ihre Trommeln einschlug und gleichzeitig auch noch auf seiner eigenen weiterspielte.

Nach dieser Darbietung gingen die Griots ans Feuer, um die Felle ihrer Trommeln wieder zu spannen: das Zeichen für den großen Griot und Ex-Schützen, in den Vordergrund zu treten. Weniger exaltiert als der erste, eher komisch und burlesk, machte er ungefähr dasselbe wie der andere und forderte gleichfalls die Frauen zum Tanz heraus. Nach dem beschriebenen ersten Teil des Tanzes tat er, als ließe er sie gehen und schlug dann plötzlich, während sie noch an ihren Platz zurückgingen, und wie um sie herauszufordern, viel heftiger auf seine Trommel ein. In der Regel begann die Frau anschließend mit dem zweiten Teil des Tanzes und wirbelte wild im Kreis herum, wobei sie das Tuch in blitzschnelle Rotation versetzte.

Das Ende des Abends blieb hauptsächlich den jungen Leuten und den Mädchen vorbehalten. Ein Junge tanzte und stieß im Takt aus allen Kräften in eine Pfeife, die er zwischen den Zähnen trug. Der große Griot grölte von Zeit zu Zeit, oder er blies ebenfalls unisono in seine Pfeife und unterstrich damit noch den Tanzrhythmus, den seine Trommel angab. Einmal begleitete er auch mit kurzen Schritten zwei kleine Mädchen bei dem üblichen Tanz. Die beiden Kinder stützten sich mit ihrer Hand, so hoch sie reichen konnten, auf seinen Arm, ohne allerdings bis zu seiner Schulter zu kommen, und vollführten ebenfalls in der ausgelassenen Phase ganz verrückte Bocksprünge.

Es fiel mir auf, daß die Frauen manchmal vor ihrem Tanz dem Griot, in einer Gebärde zarten Mitgefühls (?), das schweißtriefende Gesicht mit ihrem Taschentuch abwischten. Im allgemeinen schien sich zwischen den Musikern und Tänzern ein komplexes Netz von Herausforderungen und Koketterien auszuspinnen, dessen eigentlichen Sinn ich, da ich die gesprochenen Sätze nicht verstand, unmöglich erfassen konnte.

Gegen 10 Uhr abends hob der Verwaltungschef die Versammlung auf, und das Tamtam brach augenblicklich ab. Singend gingen alle wieder nach Hause. Ich hatte zwar große Lust, den Musikern und Tänzern zu folgen, legte mich dann aber, da ich doch sehr müde war, mit den anderen unter der Veranda zum Schlafen nieder.

16. Juni

Schnelles Aufstehen. Teilweise Rekonstitution des Tamtam, mit den Griots und einigen Frauen von gestern abend. Der weissagende Griot, den man um Erklärung seiner Kunststücke bittet, sagt, er kenne die Bedeutung der von ihm gezeichneten Figuren nicht. Er wolle damit nur zeigen, wie gut er Trommel spielt und daß er gleichzeitig auch noch etwas anderes machen kann. Der älteste Griot sieht in seinem großen Kriegs-Tamtam-Kostüm wie ein Kürassier von Reichshoffen aus.

Vor der Abfahrt gibt Griaule der alten Samori ein Zehn-Sous-Stück.

Sie bedankt sich überschwenglich und macht vor uns ein paar Schritte eines burlesken Tanzes.

Abfahrt nach Malèm Nyani, mit Guédèl Ndao. Unterwegs fahren wir den Wagen im Schlamm fest, kommen aber ohne Schwierigkeiten wieder frei.

In Malèm Nyani begegnet man uns ausgesprochen herzlich. Gang zu den Vertretern der verschiedenen Zünfte. Wir machen einige Bekanntschaften: Fatoumata Yafa, die Frau des Schusters, die von Griaule photographiert wird, der dreijährige Neffe des Chefs, Moussa Dyao, der – bis auf seine Amulette – splitternackt neben uns herläuft, ein paar sympathische Unbekannte, die als Dolmetscher helfen und uns kleine Dienste leisten.

Nach dem Abendessen bringt der *bama* Noso Dyara, eine Art komischer Scharlatan, eine Reihe von Kunststücken vor uns zur Aufführung. Er ist ein Bambara. Seine schäbige Kleidung besteht aus einer zerfetzten Jacke aus Tussorseide, die er über dem nackten Oberkörper trägt, und einer scheußlichen gestreiften Hose, aus der die nackten Füße herausschauen. Wir sitzen neben dem Chef, der in einem bequemen Sessel den Vorsitz führt, und sind von einer amüsierten Menge von Männern, Kindern und mäßig entsetzten Frauen umgeben. Darunter die hübsche Maria Ndyay, die, obgleich Mandingue, sehr rote Haut hat. Mit einer Freundin plaudernd streichelt sie zerstreut das zahme weiße Schaf des Chefs. Nachdem der *bama* sich in einem Hirsemörser große Steine auf die Brust schichten ließ, sich brennendes Stroh auf den Kopf gelegt und in den Mund gesteckt hat, sich die Zunge mit dem Messer aufgeschnitten und die Blutung mithilfe einer Arznei gestillt hat, geht er zu seinem imponierendsten Kunststück über: Er benetzt die Spitze eines Messers sorgsam mit seinem Speichel und stößt es mehrmals in sein Fetischhorn; dann stellt er dasselbe Messer senkrecht auf seine Schädelmitte, die Klinge parallel zur Gesichtsebene, und treibt es sich zweieinhalb Zentimeter tief in den Kopf – ohne die geringste Möglichkeit einer Täuschung. Er läßt das Messer ungefähr eine Viertelstunde so stecken. Während dieser Zeit singt er und macht allerhand Späße. Seinen messerbewehrten Schädel hält er mehreren der anwesenden Personen hin (unter anderem Griaule, Mouchet, Lutten und mir) und fordert uns auf zu versuchen, das Messer durch heftiges Schütteln herauszureißen. Wir machen das auch, aber ohne Erfolg. Ein Neger, dem es schließlich gelingt, das Messer herauszuziehen, packt mit beiden Händen an und zerrt mit aller Gewalt.

Nach dieser Nummer, die großen Eindruck macht, führt der *bama* verschiedene Fratzen und Possen vor. Er macht sich über die Franzosen lustig, indem er nacheinander eine gezierte Frau, einen eleganten Mann und den brutalen Aufseher imitiert; er verspottet den muselmanischen Marabut und macht dann, untermalt von lauten Ausrufen, eine große, obszöne Pantomime, bei der er dem Zuschauer nacheinander seinen Arsch und sein Glied hinzuhalten scheint und auch so tut, als esse er seine eigene Scheiße, indem er seine Hand immer wieder abwechselnd an den Hintern hält und dann an den Mund führt.

Während seiner Vorstellung laufen große weiße Spinnen nach allen Seiten und steigen manchmal über die Füße der Zuschauer. Ein Wirbelsturm zieht auf, und die Insekten werden unruhig. Als wir zu Bett gehen, sind die Strohwände der Hütte zum reinsten Sieb geworden, durch das unablässig Heuschrecken herein- und hinausspringen, während hier und da eine weiße Spinne vorüberläuft.

Mitten in der Nacht weckt uns der strömende Regen. Wir verbarrikadieren die Eingänge und legen uns wieder hin.

17. Juni

Am Morgen noch einiges zu tun. Wir gehen in die Hütte des Chefs hinüber, die bewundernswert sauber und mit einem prächtigen modernen Schreibtisch amerikanischen Stils möbliert ist. Wiederholung der Kunststücke des *bama* für die photographischen Aufnahmen. Arbeit mit den Webern. Photo von Maria Ndyay und ihrem Kind. Abreise. Guédèl Ndao und sein Neffe Moussa Dyao kommen im Wagen bis zum Ausgang des Dorfes mit. Als er sieht, daß das Auto wegfährt, bricht Moussa in Tränen aus, und sein Onkel führt den plärrenden Kleinen wieder heim.

Rückkehr nach Tamba Counda gegen halb sechs. Larget berichtet uns, daß er dem Boy Tyémoro eine Wunde am Fuß verbunden habe und daß Tyémoro die Syphilis hat.

18. Juni

Mouchet und ich haben auf dem Bahnsteig geschlafen. Am Morgen erfahren wir, daß eine Hyäne auf der anderen Seite des Zuges in dem Graben gewühlt hat (?). Natürlich hat niemand sie bemerkt.

Arbeit in Tamba Counda. Besuch beim Schuster, einem ulkigen Typen, der sich zur Kolonialausstellung mitnehmen lassen will, bei den

Schmieden, dem Zimmermann, dem Juwelier. Wir werden von dem Weichensteller Samba Dyay begleitet, den man uns als Dolmetscher und Informant zugeteilt hat. Er trägt eine Eisenbahnermütze und einen prächtigen Boubou, der unüblicherweise nur bis ans Knie reicht.

19. Juni

Tagesfahrt im Auto nach Mbotou, einem 12 Kilometer von Tamba entfernten Dorf. Das Interessanteste, was wir dort zu sehen bekommen, ist ein Schmied, der auf seiner Flöte spielt, während sein Gehilfe das Gebläse bedient. Wenn das Eisen rot genug ist, vertauscht der Schmied seine Flöte mit einem Hammer und bearbeitet das Metall, zusammen mit einem anderen Gehilfen, am Amboß: Beide unterstreichen und skandieren ihr Hämmern mit einem stoßweisen rhythmischen Keuchen. Wenn das Eisen wieder neu zum Glühen gebracht werden muß, nimmt der Schmied erneut seine Flöte vor und spielt wieder so lange, wie das Gebläse arbeitet. Die Arbeit mit der Flöte ist fraglos genauso wichtig wie die Arbeit mit dem Hammer.

Wir hören jetzt jeden abend Kasa Makonnen singen und beten. Er verläßt kaum noch den Lastwagen, in dem er seine Zelte aufgeschlagen hat. Manchmal betet er so laut, daß Griaule ihn zur Mäßigung anhalten muß, denn er würde uns alle um den Schlaf bringen.

20. Juni

Am Morgen Exkursion nach Nèttéboulou, wo wir von dem Kantonschef Dyamé Sinyaté, einem früheren Sergeanten oder Korporal bei den Schützen, sehr freundlich empfangen werden. Er zeigt uns das ganze Dorf. Ich besichtige die sehr einfache Hütte, die als Moschee dient, und ziehe, bevor ich hineingehe, meine Schuhe und Strümpfe aus: Diese vielleicht überflüssige Geste scheint ihn zu berühren. Mir verleiht sie eine kindliche Befriedigung, und ich bin den Rest des Tages über gut gelaunt.

Männer-Häuser, Frauen-Häuser, eine Hütte für die jungen Leute (in dieser Hütte wohnt das Oberhaupt der Jugend, Méta Sinyaté, dem die verliebten jungen Mädchen Ornamente in Form von Brüsten und Halsketten auf die Tür gemalt haben); sehr deutliche Segmentierung, die auf ein ausgesprochen archaisches Element schließen läßt. Wir bedauern daher – zumal der Kantonschef uns so wohlgesinnt ist – nicht länger in Nèttéboulou bleiben zu können.

Rückfahrt über Guénoto, ein Fischerdorf am Fluß Gambie. Es werden dort in ekelerregendem Gestank Kaimane zerlegt.

21. Juni

Exkursion nach Mayéli und Bala Mérétaol.
Ich finde jetzt weniger Gefallen an dieser Art von Besuchen als früher, denn in etwa ist es immer dasselbe, und man findet nicht oft so sympathische Leute wie Dyamé Sinyaté, der zunächst einmal das Trinkgeld zurückgewiesen hatte, das wir ihm bei der Abfahrt gaben.

22. Juni

Idiotischer Tag vor der Abreise. Zerfahrene Arbeit. Reisevorbereitungen. Zum Abschied ein Aperitif mit dem Stationsvorsteher, was dem Trübsinn die Krone aufsetzt . . .

23. Juni

Um 7 Uhr 40 ruckt unser Konvoi an. Um 15 Uhr 30 Ankunft in Kidira, mitten im Busch.
Jagd in der Draisine mit dem Bezirksvorsteher Dominique. Abendessen bei ihm zu Hause. Sympathischer Typ mit Korsarenmiene, der mich immer an den Caderousse aus *Der Graf von Monte Christo* erinnern wird. Dick, kräftig, rotes Gesicht und Ansatz zu grauen Haaren, obwohl kaum älter als dreißig. Als ehemaliger Marinezimmermann und Unteroffizier der Kolonialarmee hat er eine nicht unbedingt kolossale, aber doch recht ansehnliche Reihe von Tätowierungen. Er behandelt die Eingeborenen grob, mag sie aber im Grunde gern. Er lebt mit einer jungen Negerin zusammen, die ihn bedient. Sobald er einen Augenblick frei hat, pichelt er gemächlich vor sich hin (Minimaldosis : 4 Berger am Tag).
Damit ihn sein französischer Tropenhelm alten Modells nicht am Zielen hindert, setzt er ihn beim Schießen quer auf den Kopf. Dominique sieht dann einem, eher noch von Arteriosklerose als von Leberkrebs bedrohten Napoleon ähnlich.

24. Juni

Ausflug zu den verschiedenen Gruppen von Hütten, aus denen sich Kidira zusammensetzt; dann fahren wir weiter in die Umgebung.

Um von dem Dorf Nay-Sénégal nach Nay-Soudan zu kommen, überqueren wir den Fluß Falémé in einer alten, halbverfaulten Piroge, in
der man zu dritt sitzt, den Fährmann inbegriffen, und deren Bordwand
2 bis 3 Zentimeter über der Wasseroberfläche liegt. Das Schicksal will
es, daß ich zusammen mit Dominique übergesetzt werde, der von allen
der Schwerste ist. Ich bin froh, als wir drüben anlegen . . .
Auf dem Rückweg fahren wir das Auto im Schlamm fest. Wir arbeiten
wie die Pferde bis zum Einbruch der Nacht – bis dann die Hilfsmannschaft kommt, der es erst gelingt, und zwar ohne alle Mühe, uns aus
dieser Klemme zu befreien. Was immer man uns auch erzählt hat, bis
jetzt haben wir nicht den Schatten eines wilden Tieres gesehen.

25. Juni

Weitere Ausflüge in die Umgebung. Dominique begleitet uns manchmal. Großartig, wie er so dasitzt, die Beine nach Art der Eingeborenen
über Kreuz geschlagen, mit den Männern Späße machend, mit den
Frauen schäkernd und anscheinend überall sehr populär. Er wuchtet
sich auf die Sitzbank seiner Draisine und gibt brüllend das Zeichen zur
Abfahrt: »Los! Anschieben!«

26. Juni

In der Nacht Hyänenschreie.
Die Exkursionen gehen weiter: Wir brauchen den ganzen Morgen, um
in der brennenden Sonne mit der Draisine zu einem mehr als zwanzig
Kilometer entfernten Dorf zu fahren. Auf der Rückfahrt total erschlagen und überall Sonnenbrand. Das reichlich begossene Abschiedsessen
mit Dominique bringt mich auch nicht gerade wieder auf die Beine.
Der Bauleiter der Arbeiten an der Falémé-Brücke schenkt uns einen
Schädel, der in den Steinbrüchen von Kita gefunden worden ist.

27. Juni

Am Morgen Exkursion nach Guita und Alahina. In Alahina sind mir
zwei junge Frauen nicht von der Seite gewichen, während ich die
Ornamente einer geschnitzten Tür auf meinen Notizblock übertrug.
Ich streichelte ihnen die Wangen, und Mouchet erzählte mir später, er
habe zwei alte Männer sagen hören: »Die Frauen kennen keine Scham
mehr heutzutage.«
Abfahrt des Konvois um 15 Uhr 40. Wir lassen in Kidira die paar

Schwarzen zurück, mit denen wir vage begannen, Freundschaft zu schließen – unter anderem einen zufällig getroffenen Dolmetscher, der gern mit uns kommen würde – sowie unseren Freund Dominique. Für ihn waren die Tage, an denen der Schnellzug vorbeikommt, immer die Sonntage, weil er dann während des Haltes frischrasiert in den Speisewagen steigen und einen eisgekühlten Berger schlucken konnte. Auch wir haben eines Tages von diesem Glücksfall profitiert und eine Limonade getrunken. (In Dakar, einer zivilisierten Stadt, wo man natürlich so viel Eis kriegen kann, wie man will, sind die großen Dampfer praktisch riesige Bars, denn nur dort ist man wirklich sicher, Whisky zu bekommen.)

Abends Ankunft in Kayes-Plateau, wo man, entgegen aller Voraussagen, frei atmen kann. Mitten in der Nacht – Mouchet und ich schlafen wie gewöhnlich draußen – überrascht uns der schon alltägliche Wirbelsturm. Ich meinerseits werde von dem alten Nachtwächter des Güterbahnhofs geweckt, der uns höflich meldet, daß es regnet und wir dabei sind, naß zu werden.

28. Juni

Kayes-Plateau ist ein wirklich sympathischer Ort, nicht zu vorstadtartig und weniger drückend heiß, als wir erwartet hatten.

Morgens Büroarbeit, oder anders gesagt: Atempause. Am Nachmittag Ausflug nach der alten, verlassenen Kolonialstadt Médine, die langsam verfällt, seitdem ihr Kayes nach dem Bau der Bahnlinie den Rang abgelaufen hat. Die Gebäude der Europäer stürzen ein, und die Eingeborenen bauen ihre Hütten in die Trümmer.

In einem der Gebäude haben wir zahlreiche Mauerinschriften entdeckt und aufgezeichnet. Sie stammen vielleicht von den eingeborenen Schützen, die hier in Garnison lagen, als Médine noch ein (so weit ich weiß mehrmals eroberter und wieder aufgegebener) militärischer Stützpunkt war oder doch zumindest Garnisonsstadt. Vielleicht stammen sie aber auch von den Schülern der Ecole Faidherbe in Gorée, von der in vielen dieser Kritzeleien die Rede ist.

An einer Stelle ist zu lesen:

MAMADOU
VERFASSUNGS
WIDRIG BEDEUTUNG
DIENG.

Woanders:

MAN SAGTE FRÜHER
EIN EDLER

Darunter:

WARUM ISST DER MENSCH? DER MENSCH ISST UM ZU LEBEN UND GROSS ZU WERRDEN.

An anderer Stelle findet man:

MACTAR LY IST EIN VIEH
ALLES WAS ER KANN IST
DAS AAS VERBRENNEN.

Weiter weg, mit großen Buchstaben:

AUF WIEDERSEHEN.

Und, von anderer Hand danebengeschrieben:

DER AUF WIEDERSEHEN GESCHRIEBEN HAT IST EIN WICHTIGTUER.

Außerdem:

MAN SAGTE FRÜHER DASS DER MENSCH NICHT GE-SCHAFFEN IST FÜR DEN KRIEG UND DIE NACHTARBEIT

und:

HERR BRUDER
ICH SCHREIB DIESEN KLEINEN BRIEF UM INEN SAGEN DASS ICH GANZ GESUNT BIN

GRUSS
(Unleserliche Unterschrift).

Schließlich:

LA ILO SAMORY BLEIB STEHEN SAMORY HO.

Es handelt sich hier sicher um einen Vers aus dem berühmten Samori-Epos, von dem wir einen Teil in Kidira aufgenommen haben.
Als wir Médine verlassen, kommt ein alter Mann mit drei prächtigen Blumen auf uns zu und überreicht sie Larget. Wir hatten zu Beginn des

Ausflugs seine Hütte betreten, und Larget hatte ihm die Hand gegeben.
Bis zu den Wasserfällen von Félou weitergefahren. Sehr pittoresk, ja zu
pittoresk, als daß es auch nur den geringsten Sinn hätte, sie zu
beschreiben.

29. Juni

Den ganzen Tag nichts als Büroarbeiten. Ordnen der Papiere. Post.
Besuche. Wir kommen zweimal zur Post, als der Schalter schon geschlossen ist. Besuch bei der Firma Peyrissac, wo wir von dem Vertreter empfangen werden, den wir neulich in Kidira kennengelernt haben.
Demonstrative Toulouser Freundlichkeit. Läden in der Art dieser
Handelsniederlassungen, in denen man – wie bei den *ship-chandlers*
– alles und jedes findet, mag ich sehr gern. Ich erinnere mich an die
herrliche Eisenwarenhandlung, die wir bei der Verladung unseres
Materials in Le Havre gesehen haben, an ihre mit Ketten und Schiffs-
ankern vollgehängte Decke.

30. Juni

Holprige Tagesfahrt im Auto. Mehrere Dörfer gesehen. In Kobada
Sabouséré setzt mir eine Mutter ihre erst ein paar Monate alte Tochter
namens Soumba auf die Knie.
Wie alle Kinder dieser Breiten, ist auch sie nur mit einem kleinen
Halsband und mit zwei oder drei Gürteln aus Glasperlen bekleidet, die
auf ihrem Hintern aufliegen. Ich behalte sie eine Zeitlang auf den
Knien . . . Wenige weiße Kinder könnten sich rühmen, daß ich es mit
ihnen genauso gemacht hätte!
In einem der Dörfer waren alle Männer auf den Feldern: Es blieben
nur die Frauen und die Kinder zurück. Die ältesten Frauen waren
vertraulich und liebevoll, so als wären sie früher unsere Ammen
gewesen, und die unverständlichen Worte, die sie sprachen, klangen in
ihrem bäuerlichen Mund wie Sprichwörter oder wie Märchen von
Perrault.
Abends Schallplattenkonzert in Griaules Abteil. Schöne klagende spanische Lieder, sentimentale, modische Chansons (wie »Blonde wo-
men« aus *The Blue Angel*). Die klassische Nostalgie.

Gang zum Markt. Dem *tardjouman* (Dolmetscher) aus Kidira begegnet, der uns begleiten wollte. Wahrscheinlich ist er nur deswegen nach
Kayes gekommen. Er hilft uns bei den Einkäufen.
Um 9 Uhr Besuch des Verwaltungschefs, der den Aperitif mit uns
einnimmt.
Um 9 Uhr 30 noch einmal zum Markt. Ich kaufe zwei, fast wie
Brötchen aussehende Backwaren, die recht gut schmecken, und eine
mit Honig zubereitete Leckerei, die wie scharf gewürzter Nougat
schmeckt und wie Feuer im Mund brennt.
Um 10 Uhr 30 am Bahnhof: Ein Zug mit einem Trupp Schützen fährt
ab. Einer von ihnen spielt auf einer Flöte. In der Menge der Freunde
und Eltern, die zum Abschied gekommen sind, ist auch ein Griot, der
beim Anrucken des Zuges, als Antwort auf das Spiel des Flötisten, das
auf ihn gemünzt war, mit seinem Instrument winkt. Der Zug beschleu-
nigt, und die Leute laufen hinterher, um immer weiter Lebewohl sagen
zu können. Ein paar Frauen und kleine Mädchen weinen.
Als ich wieder in den Wagen steige, treffe ich auf den Tardjouman, der
gekommen ist, seine Cousine vorzustellen. Auch in Kidira hatte er
eines Abends schon unter irgendeinem Vorwand eine Frau angebracht.
Griaule bittet die Cousine, uns Puppen zu verschaffen, die unsere
Kollektion vervollständigen könnten. Auch der Frau in Kidira hatte er
lediglich ein Halsband abgekauft. Beide hatten aber bestimmt nicht
damit gerechnet, zu dieser Art von Arbeit oder Handel herangezogen
zu werden.
Mittagessen. Diskussion über die »Kriegsdienstverweigerer« und über
die Moral. Stippvisite eines Unbekannten, der uns zwischen zwei
Zügen aufsucht und uns von meinem Freund B. grüßen läßt, den er im
übrigen kaum zu kennen scheint. Neuerliches Auftauchen des Tardjouman, der ein entlassener ehemaliger Mechaniker der Thiès-Niger-
Gesellschaft ist. Er erzählt Lutten und mir phantastische Geschichten
über Zauberei. Angeblich gibt es in Ségou Frauen, die einem, wenn
man ihre Hütte betritt, einen Couscous vorsetzen, dem sie einen
Zaubertrank beigemischt haben. Man ißt ihn, und schon vergißt man
seine ganze Familie: Vater, Mutter, Frau, Bruder, Schwester usw . . .
und man geht nie wieder weg. In Bélédougou gibt es Amulette, die
die Leute anreden. Dringt man unerlaubt in eine Hütte ein, sagen
sie: »Mein Guter, was hast du da zu suchen?« Die Bambara wis-

sen sehr viele Amulette herzustellen, von denen einige sogar sprechen, wenn sie in der Tasche stecken; andere wieder sind Arzneien; andere töten.

Am Nachmittag nimmt uns der Tardjouman zu seiner Cousine mit, wegen der Puppen, wie er sagt. Die Cousine wohnt in einer rechteckigen sudanesischen Hütte mit Wänden aus Stampferde. Die wichtigsten Einrichtungsgegenstände sind: ein europäisches Bett, ein volkstümliches türkisches Bildchen, die Opferung Isaaks darstellend, und eine große Anzahl Photographien. Unter den Photos sind Bilder von sämtlichen Kommandos der Kolonialarmee, Bilder von Negerfamilien, von Schützen allein, zu mehreren, mit Familie oder zusammen mit Weißen. Ein ungewöhnliches Paar außerdem: Ein Neger im Anzug, der sehr korrekt aussieht und aufrecht neben einem sitzenden Europäer steht (schöne, bartlose Zuhälterphysiognomie, weit auf die Seite und nach vorne geschobener Schlapphut). Kein Zweifel: Die Cousine ist eine *chermouta* (d. h., mit dem abessinischen Terminus, eine Hure). Sie soll anscheinend früher die Frau eines Leutnants gewesen sein. »Sie wollte nicht«, sagt der Tardjouman, um sie zu rühmen. »Wir haben sie dazu zwingen müssen . . .« Griaule will die Puppen sehen. Der Tardjouman versichert, seine Cousine bekomme sie morgen, denn sie ist das Oberhaupt der Mädchen dieses Viertels.

Nach diesem Besuch der übliche Gang zu den verschiedenen Zünften.

2. Juli

Heftiges Gewitter in der Nacht. Wir müssen drei Wirbelstürme über uns ergehen lassen. Der Blitz schlägt in die Hochspannungsleitung gegenüber ein. Mein Bett ist überschwemmt. Ich schlafe trotzdem ein, aber als ich aufwache, bin ich nicht nur durchnäßt, sondern auch ausgesprochen schlecht gelaunt.

Wir fahren mit dem Auto zum Fluß und kommen am Waisenhaus von Kayes vorbei, in dem nur Mischlinge sind (ohne Kommentar). Auf dem Rückweg erzählt der Tardjouman Mamadou Vad Interessantes über die Kastenordnung bei den Fischern. Am späten Nachmittag kommt eine Frau die Straße entlang, gefolgt von einer Gruppe weiterer Frauen. Sie lamentiert und wiederholt fast singend immer dieselben Worte. Dem Tardjouman zufolge bedeuten ihre Worte: »Ich bin am Ende! Mein Bruder ist gestorben. Die Zeit ist am Ende! Mein Sohn ist tot.« Die Frau ist ein weiblicher Griot, die Gattin eines Adjutanten bei den Schützen, der gerade im Lazarett gestorben ist.

Abendessen beim Verwaltungschef, der Hirschkühe und Strauße hält. Fast während des ganzen Essens fangen wir, zur Bereicherung unserer Sammlungen, auf der Tischdecke Insekten. Wir stülpen dazu die Gläser und Bestecke um, und Hausherr wie Hausherrin schicken sich mit hinreichender Geduld in dieses Tun.

3. Juli

Morgens Kater, von dem Diner am Vorabend. Die kleinste Abweichung vom üblichen Ernährungsplan muß in diesen Ländern teuer bezahlt werden.

Am Nachmittag Exkursion nach Samé, das ein paar Kilometer von Kayes entfernt liegt. Tyémoro begegnet, den wir vor ein paar Tagen entlassen und durch jemand anderen ersetzt haben. Er will sich von einem Eingeborenen (wie ist mir schleierhaft) sein Fahrrad flicken lassen, das ich immer nur mit platten Reifen gesehen habe. An der Bahnstation von Samé eine merkwürdige große Trommel entdeckt: eine europäische Blechtonne, über die Felle gespannt sind. Ich photographiere das Instrument und die Leute, die darauf spielen, sowie zwei weitere, kleinere Trommeln. Einer der Trommler ist ein schwarzer Bahnangestellter mit Boubou und Eisenbahnermütze.

Viel an der Verpackung der Sammlungen gearbeitet und dann zu Bett gegangen.

4. Juli

Das Leben, das wir hier führen, ist im Grunde sehr monoton, dem der Zirkusleute vergleichbar, die zwar die ganze Zeit weiterfahren, aber doch immer dieselbe Vorstellung geben. Ich habe große Mühe, mir Disziplin anzugewöhnen und kann mich nur schwer damit abfinden, die Gleichung aufzuheben: Reisen = Flanieren.

Starker Wirbelsturm nach dem Mittagessen. Gerade Zeit genug, die zerbrechlichsten Teile unseres Materials und unserer Sammlungen in Sicherheit zu bringen. Man ist im Handumdrehen so klatschnaß, daß man sich umziehen muß.

Am Morgen die Mauren von Klein-Kayes besucht und jene schönen, apokalyptischen Silhouetten wiedergesehen, die uns schon in Port-Etienne aufgefallen waren. Bei den Schwarzen dieser Gegend stehen die Mauren in sehr schlechtem Ansehen, und ich erinnere mich, daß ich am Anfang sowohl Bakari als auch Tyémoro immer wieder sagen mußte, daß Kasa Makonnen, obwohl er so aussah, kein Maure war, damit sie ihn nicht mit allzu großer Geringschätzung behandelten.

5. Juli

Der Tardjouman hat seine ganze Findigkeit aufgewandt, um interessante Sachen zusammenzutragen. Gestern hat er eine Art Kinderrassel gebracht, die aus zwei, durch eine Kordel verbundenen Kalebassen besteht: die Körner rasseln, wenn man die Kalebassen schüttelt, d. h. wenn man die eine so hochwirft, daß sie gegen die andere stößt, die in der hohlen Hand gehalten wird; außerdem Puppen und einen »Teufel«, ein einfaches Kalebassenstück, das zu summen anfängt, wenn man es schnell an der Schnur kreisen läßt, die mitten durch das Stück hindurchführt. Heute bringt er einen Fisch, der für die Fischer der *tyouballo*-Kaste tabu ist, noch weitere Puppen und einen Kinder-Flitzebogen. Griaule hat dennoch beschlossen, ihn mitzunehmen. Seit heute früh trägt er eine Schechia zur Schau und schreitet stolz einher. Er rennt in alle Himmelsrichtungen, um für uns Sammlungsobjekte ausfindig zu machen.

Gegen Abend großes Theater zwischen Makan, dem Boy, den wir in Tamba Counda eingestellt haben und der viel bäuerlicher ist als die anderen, und Kasa Makonnen. Der will es nicht mehr dulden, daß man ihn in seinem Lastwagen stört, und er hat Makan, der dort Eis holen wollte, angedroht, ihm mit seinem Stock den Schädel einzuschlagen.

Noch vor dem Abendessen zu einem Tamtam in der Eingeborenenstadt gegangen. Die Stadt könnte kaum sonntäglicher aussehen. Kleine Gruppen von Menschen stehen überall herum. In der einen wird in die Hände geklatscht und gesungen. In einer anderen tanzen Frauen und Kinder zu den Rhythmen einer, dann zweier Trommeln: Die schönen weißen Festtagsboubous fliegen im Schwung der Arme, die die Tänzer, sich rhythmisch niederbeugend und wieder aufrichtend, parallel zum Körper hin und her pendeln lassen. Viele Schützen schlendern umher. Man kommt sich fast wie beim Tingeltangel vor, oder in einem Dorf des Roussilon, wenn die Sardane getanzt wird.

6. Juli

Heute Morgen verläßt der Konvoi Kayes. Schon früh morgens ist Bakari Kèyta davon in Kenntnis gesetzt worden, daß wir fortan auf seine Dienste verzichten. Er rührt keinen Finger. Wir begleichen, was wir ihm noch schulden, geben ihm 20 Francs Trinkgeld, und er geht. Als der Zug anfährt, sehen wir ihn über die Gleise steigen und sich eine Pfeife anzünden. Er geht in Richtung Kayes, gefolgt von einem Boy, der seinen Koffer auf dem Kopf trägt und hinter dem noch ein zweiter Boy geht, ein kleiner Junge, der nichts trägt.

Fast auf der ganzen Strecke Ausbesserungsarbeiten, die die Pioniere der Armee auf der Linie Thiès-Niger, zwischen Kayes und Bamako vornehmen. Vor kurzem ist ein Kredit von 300 Millionen Francs bewilligt worden. Die alte, schlecht trassierte Strecke wird an vielen Stellen durch eine neue und zweckmäßiger angelegte ersetzt. Die Unterschiede in der Streckenführung zwischen den beiden Linien, deren Haltepunkte übrigens dieselben sind, vermitteln eine Vorstellung von der Verschwendung, die die alte Strecke darstellt. Wie überall in dieser Gegend verläuft neben den Schienen die Landstraße. Sie wird schlecht unterhalten, während man für die Bahn, deren Verkehrsbelastung fast gleich null ist, Unsummen ausgibt.

Die Linie überquert die Wasserscheide zwischen dem Senegal und dem Niger. Vereinzelte große Felsentische, wie flache Inseln und Inselchen nach dem Rückzug des Meeres, mit deutlich sichtbaren Schichtungen im Fels.

Weite, dicht mit Sträuchern bestandene Grasebene, dann Mahina. Wir schlagen auf einem großen, wie Alleen von Provinzstädten regelmäßig mit Bäumen bepflanzten Platz das Zeltdach auf, das uns beim Mittagessen als Sonnenschutz dient. In der Nähe eine Tränke, zu der oft Pferde kommen, was den Eindruck von Provinz noch verstärkt und an eine Meierei denken läßt.

Vorstoß nach Bafoulabé mit dem Tardjouman. Als er bei uns in Dienst getreten war, hatte er als Zeichen seiner neuen Würde schon eine Schechia aufgesetzt; jetzt aber trägt er noch dicker auf und führt einen eleganten Schlapphut vor. Besuch beim Verwalter, der zu einer Inspektionsreise aufbricht.

7. Juli

Tagesfahrt in die Umgebung, auf der Straße nach Kayes. Auf einem Feld, das zu dem Ort Talari gehört, sehen wir junge Leute beim Roden. Die singende Schar stapft langsam voran. Ein Kind spielt auf einer Trommel und bimmelt mit einem Glöckchen. Die Jungen schwingen

ihre Werkzeuge im Takt, die Mädchen fächeln ihnen Luft zu, d. h. sie wirbeln mit großen Tüchern den Staub auf. Das ganze wie ein Ballett arrangiert und mit einer fast mathematischen Präzision ausgeführt.
Bei der Rückkehr großes Palaver mit Kasa Makonnen, der vorgibt, die Boys ließen ihn verhungern. Die Boys behaupten immer noch, er wolle ihnen den Schädel einschlagen, sobald sie Anstalten machen, seinen Lastwagen zu betreten. Griaule verwarnt Kasa Makonnen, der Griaule seinerseits vorwirft, er habe sich nicht um ihn gekümmert und sei ein schlechter Gastgeber gewesen. Griaule gibt zurück, er habe ihm eine Unterkunft verschafft und Anweisungen gegeben, ihn zu verpflegen. Aber nach Kasa Makonnen ist der Lastwagen ja »das Haus Christi« . . .

8. Juli

6 Uhr morgens. Als ich nach meiner Nacht unter dem Zeltdach wieder in den Waggon steige, sehe ich Kasa Makonnen auf dem Trittbrett sitzen. Er ist gekommen, mit Griaule zu sprechen. Da Larget ihm aber gesagt hat, der Meister schlafe noch, wartet er jetzt. Eine Stunde später verläßt er den Konvoi. Griaule hatte auf seine neuerlichen Anwürfe geantwortet: »Der Weg steht offen.« Griaule und Larget folgen ihm mit den Blicken, als er sich, den Gleisen entlang, zu Fuß entfernt.
8 Uhr 15: Aufbruch zu einer dreitägigen Exkursion nach Satadougou, etwa 100 Kilometer südlich von Bafoulabé, an der Grenze des Sudan, des Senegal und Guineas. Wir wollen versuchen, bis zu diesem Punkt vorzustoßen, obwohl wir wissen, daß die Straße durch stehende Gewässer abgeschnitten ist. Wie bei allen Exkursionen dieser Art sind wir zu fünft: Griaule, Mouchet, Lutten und ich, und außerdem Mamadou Vad. Bis Dyoulafoundou kein Problem, aber kurz darauf (wir waren schon über ziemlich viele zweifelhafte Fahrdämme oder Brücken gefahren, die wir erst auf ihre Tragfähigkeit überprüfen, bevor wir uns darauf wagen), versperrt uns ein großes stehendes Gewässer den Weg: Der hinüberführende Damm ist in sich zusammengerutscht. Nach ein oder zwei Stunden Arbeit ist die Chaussee wieder instandgesetzt. Wir haben Äste und eine Menge großer Steine auf den Damm geschichtet. Wir schieben was das Zeug hält, und nach vielen Stockungen ist der Wagen schließlich drüben. Griaule zieht sein Polohemd und seine Reithose aus und wringt sie auf der Straße aus: Der Schweiß läuft in

Strömen heraus. Ihm bleibt nichts anderes übrig, als sich nackt ins Auto zu setzen und sich sein Regencape überzuhängen.

Unbeschwert fahren wir weitere zwei Kilometer; dann, nach Einbruch der Nacht, stehen wir wieder vor einem Gewässer, das nicht so breit ist wie das erste, dessen Fahrdamm jedoch vollständig zusammengestürzt ist. Wir sind zu müde, um noch einmal eine solche Arbeit in Angriff zu nehmen und wagen es nicht, bei Nacht über das erste stehende Gewässer, dessen Fahrdamm wir ausgebessert haben, wieder zurückzufahren. Es wird beschlossen, daß Lutten und Mamadou Vad zum nächstgelegenen Dorf gehen, um Arbeitskräfte zu holen, und daß Griaule, Mouchet und ich in unserem Gefängnis zwischen den beiden Gewässern warten. Lutten und Mamadou machen sich auf den Weg, und wir sehen sie auf der anderen Seite des Flusses verschwinden. Als sie um 10 Uhr abends immer noch nicht zurück sind, schlagen wir unsere Betten auf der Straße auf. Ich falle in tiefen Schlaf, ohne mich um den möglichen Regen oder um die hier eventuell zur Tränke kommenden Tiere zu kümmern, und genieße die einzige wirklich angenehme Ruhe, seitdem ich in Afrika bin.

Kurz vor 11 Uhr 30 werde ich durch Stimmen und Lichter aufgeweckt: Lutten und Mamadou Vad sind mit den nötigen Arbeitskräften zurück. Sie mußten aber noch in ein zweites Dorf gehen und kommen daher später als erwartet.

Der Fahrdamm ist schnell repariert. Kurz nach Mitternacht sind wir in Dyégoura und richten uns im Camp ein. Unter den Leuten, die uns zuschauen und uns bedienen sind neubeschnittene Jungen, die mit einem langen Stecken herumgehen, einer Art Pilgerstab, an dessen Ende ein Messer baumelt.

9. Juli

Beim Aufwachen Wirbelsturm, dann leiser, aber stetiger Regen. So können wir unmöglich nach Satadougou fahren. Wir beschließen deshalb, nur bis Dyantinsa vorzustoßen und dann umzukehren.

Auf dem Rückweg überqueren wir wieder die beiden stehenden Gewässer. Keine Schwierigkeiten, außer bei dem, wo wir den Fahrdamm selbst repariert hatten, denn unser Werk hat unter dem Wirbelsturm von heute morgen gelitten. Mit Hilfe von ein paar Bauern bringen wir alles wieder einigermaßen in Ordnung, verlieren damit aber anderthalb Stunden.

9 Kilometer vor Dyantinsa herrliche Wasserfälle in abgestuften Treppen im Genre »touristische Attraktion von Weltklasse«, aber ergreifend vor allem durch ihre vollkommene Wildheit.

Am Abend Ankunft in Koulouguidi, wo wir schon auf dem Hinweg durchgekommen waren. Wir treffen den jungen Sohn des Dorfältesten wieder. Kleines Familien-Tamtam. Anschließend zu Bett.

10. Juli

Arbeit in Koulouguidi. Als wir wieder wegfahren, kommt ein Junge namens Fadyala mit uns. Er hat gestern wunderbar getanzt und war als einziger mit dem echten Kostüm der Mandingue bekleidet (oder zumindest dem Kostüm der Jungen seines Alters): Eine Art langer, brauner Toga und eine kleine, spitze weiße Mütze in Form einer Mitra. Im Auftrag des Dorfältesten fährt Fadyala jetzt mit uns nach Mahina, denn der Dorfälteste klagt über schmerzhafte Atembeschwerden, und wir haben ihm gesagt, daß wir in Mahina Medikamente haben. Fadyala hockt auf dem einen Trittbrett, Mamadou auf dem andern.

Viel stärkerer Eindruck von wirklicher Buschlandschaft als bei den vorausgegangenen Exkursionen, z. B. der nach Malèm-Nyani. Sobald wir uns den Dörfern nähern, ergreifen die Kinder im allgemeinen die Flucht. Manche schreien sogar vor Angst, wenn man ihre Hütten betritt.

In Dyallola, dem letzten Dorf vor Mahina, stellt uns Fadyala seine kleine Cousine vor, die in dem Ort wohnt. Er geht dann mit ihr und den anderen kleinen Mädchen weg, die ihm freundlich zu essen anbieten. Als wir weiterfahren, kauft Griaule ihnen ein paar Puppen ab, einfache Maiskolben mit einem als Zopf geflochtenen Blätterschwanz.

Wieder zurück im Camp, erfahren wir, daß sich der Gesundheitszustand von Oukhtomsky verschlechtert hat. Wir hatten ihn voller Pusteln auf den Beinen im Camp zurückgelassen (reif geworden, platzten die Pusteln schließlich wie kleine Luftballons). Wir müssen ihn evakuieren.

11. Juli.

Wir bringen Oukhtomsky in den Zug nach Dakar, wo er dann ins Krankenhaus eingeliefert wird.

Filmaufnahmen mit Fadyala, den wir seinen Tanz wiederholen lassen. Wir kaufen ihm seine kurze Hose ab, und ich gebe ihm dafür eine alte, weiße kurze Unterhose, deren Schlitz er sorgfältig zunäht, bevor er sie anzieht. Mouchet schenkt ihm eine weiße Jacke ohne Knöpfe, und er macht sich, mit der Arznei für den Dorfältesten von Koulouguidi versehen, stolz und begeistert auf den Weg. Er hat zwei Tage Fußweg vor sich, aber das beunruhigt ihn nicht über die Maßen.

Vorhin hatte Griaule ihm vorgeschlagen, mit uns zu kommen, aber er hatte abgelehnt. Er könne diese Entscheidung nicht treffen, ohne vorher seine Familie zu Rate gezogen zu haben. Ich mache mir darüber weiter keine jsorgen, denn wenn er Zeit genug hat, sich mit seinen Eltern zu verständigen, können wir ihn bestimmt mitnehmen – falls nicht gerade auf den Feldern zu viel zu tun ist. Meistens sind die Eltern ganz froh, ihre Kinder loszuwerden. Beweis dafür ist der kleine, elfjährige und gerade schulentlassene Dyoula, der uns beim Ausflug nach Bafoulabé als Dolmetscher diente und den sein Vater mich fragen ließ, ob wir ihn nicht mitnehmen könnten. Keine Frage: Der Kolonialhandel steckt in der Krise – und man wird nicht müde zu betonen, die Schwarzen seien nicht vorausblickend.

Das hören wir auch gerade wieder von einem stellvertretenden Verwalter, der gegen 5 Uhr auf einen Drink zu uns herübergekommen ist. Er ist der Sohn eines Korsen und einer madegassischen Mutter. Wir sind ihm zum ersten Mal an dem besagten Tag, als wir die stehenden Gewässer überquerten, kurz hinter Koulouguidi begegnet. Er kam zu Pferd von einer Inspektionsreise zurück und war so ungewöhnlich gekleidet, daß wir ihn von weitem für einen Eingeborenen hielten . . .

Heute trägt er einen weißen Anzug, aber bei seinem Teint des Halbnegers, sieht er damit vielleicht noch erstaunlicher aus als bei der ersten Begegnung. Damals hatte er kurze, rote Lederstiefel und weite Pluderhosen an und trug dazu ein Hemd, das wie ein Boubou über den Gürtel herabfiel.

Ich ziehe mich schon bald zurück, denn ich bin müde und mein rechter Fußknöchel ist geschwollen. Ich litt schon seit einiger Zeit an Crocros[3], aber seit gestern haben sie sich stark vermehrt. Einen Augenblick lang befürchte ich sogar, mich erwarte dasselbe Schicksal wie Oukhtomsky, aber Larget beruhigt mich.

Beim Abendessen bekomme ich mehrere Briefe. Wie immer machen sie mich anfangs überglücklich und dann todtraurig, denn sie lassen mich nur noch unerbittlicher die Trennung spüren. Ich gehe zu Bett

---

3 Gutartige, aber sehr langsam vernarbende Wunden.

und komme fast nicht zum Schlafen: Erst weckt mich ein leiser Regen, der mich zwingt, wieder ins Abteil zu steigen, dann – weil ich ohne Taschenlampe mein Moskitonetz nicht im Waggon aufspannen konnte – wecken mich die Mücken.

12. Juli.

Am Morgen entsetzlicher Katzenjammer, zum Heulen. Dann die rettende Wendung, als ich mich in die Büroarbeiten vertiefe und an diesem Tagebuch weiterschreibe, das ich seit einigen Tagen habe liegen lassen.

Zank und Händel zwischen Mamadou Vad und einem Schuster, der ihm zum vereinbarten Preis von 12,50 Francs Lederpantoffeln gemacht hat. Aber weil Griaule, dem man nichts davon gesagt hatte, nur 12 geben will, beginnt das Palaver. Ein paar Leute laufen zusammen, und das größte Gezeter hebt an. Mamadou und der Schuster zerren aneinander. Griaule fordert sie auf, ihre Auseinandersetzung woanders fortzuführen. Nichts dergleichen geschieht. Griaule stürzt sich auf den ersten besten und verjagt ihn mit kräftigen Tritten in den Hintern: Das war nun aber gerade ein Bahnangestellter, der versucht hatte, die anderen zum Abzug zu bewegen!

Den Nachmittag über Ruhe. Ich arbeite im Büro und mache keinen Schritt aus dem Camp heraus, denn mein Knöchel ist immer noch geschwollen. Mouchet, der auch dageblieben ist, treibt Sprachstudien.

Morgen fahren wir nach Kita weiter, und ich bin wie immer sehr froh darüber, daß wir fahren.

13. Juli.

Um 9 Uhr 12 Abfahrt des Konvois, nicht nach Kita, wie wir geglaubt hatten, sondern nur nach Toukoto, aus irgendwelchen bahndienstlichen Gründen.

Ein paar Kilometer nach Mahina – wir durchfahren gerade eine kleine Häusergruppe – sehe ich von der hinteren Plattform des Waggons aus, wo ich mich auf einer Bank aus den Sammlungen niedergelassen habe, eine Schar von Frauen und Kindern, die nicht nur »Bonjour« rufen und uns zuwinken, sondern alle miteinander auf den Gleisen zu tanzen beginnen.

Ich war total auf dem Holzweg, als ich annahm, nach Kayes die Wasserscheide zwischen dem Senegal und dem Niger überquert zu haben. Wir überschreiten diese Linie erst in der Nähe von Bamako. Eine gewisse Unschärfe . . .

Besonders monotone Strecke. Langweiliges Grün. Niedriger, bedeckter Himmel. In Dyébouba wird ein mit Material bepackter und dazu noch mit Eingeborenen (darunter einer Frau) vollbesetzter offener Güterwagen angehängt. Die Leute – eine mobile Arbeitskolonne für Gleisreparaturen – sitzen direkt auf der Ladung. Sie werden vollständig überschwemmt, als der Tornado losbricht. Ein paar steigen bei einem kleinen Posten in der Nähe einer zu reparierenden Brücke aus, wo sie mit Fistelstimme – der mickrigen Einkleidung für einen verblüffend unflätigen und brutalen Wortinhalt – von einem, trotz seines stattlichen Rasputinbartes noch sehr jungen Russen angebrüllt werden, der die Arbeiten überwacht und das Abladen eines Teils des Materials befehligt.

Toukoto: Reparaturwerkstätten der Thiès-Niger-Bahn. Düstere Unterpräfektur. Auf dem Bahnhofsvorplatz Tamtam anläßlich des Nationalfeiertages. Dem Beispiel der öffentlichen Gebäude folgend, hängen auch die Wagen der Expedition eine Fahne heraus.

Bei hereinbrechender Nacht und dann ganz im Dunkeln machen wir eine Fußwanderung zur anderen Seite des Flusses, nach Toukotondi. Die große Brücke, die wir überqueren, führt über ein Inselchen, das in mehrere Gärtchen unterteilt ist, eins für den Bahnhofsvorsteher, eins für den Bezirksvorsteher, eins für den Lagerverwalter usw. . . . Es lebe Krähwinkel! Der Bahnhofsvorsteher in Kayes spielte Posaune, der hier gibt sich den Freuden des Gartenbaus hin: er wird das Gemüse wohl mit seinem Schweiß düngen . . .

14. Juli.

Schon vom frühen Morgen an schlagen Kinder immer wieder auf die großen Trommeln, die für das Tamtam auf dem Bahnhofsvorplatz aufgestellt worden sind. Anläßlich des 14. Juli kommen alle Bediensteten uns einen guten Morgen wünschen. Das bringt jedem von ihnen ein Geschenk ein.

Um 7 Uhr 30 verlassen wir diesen Verwaltungsflecken und seine Hütten, die zugleich geordnet und durcheinander sind wie Aktenbündel.

Pittoreskere Strecke als am Vortag. Gebirgige Gegend, die mich ein wenig an den Jura erinnert. Um 10 Uhr 30 erreichen wir Kita, am Fuß einer Kette langer Felsplatten.

Ich statte dem Bezirksvorsteher der Eisenbahn einen Besuch ab, um Auskünfte über die Gegend einzuholen. Werde zunächst von seiner Frau Gemahlin empfangen, einer häßlichen und blutleeren Person, wie die meisten europäischen Ehefrauen, denen wir bis jetzt begegnet sind. Der Bezirksvorsteher sagt mir, ich solle mich an die Kolonialverwaltung wenden. Lutten und Moufle machen sich indessen an das Ausladen des Waggons. Mouchet, der seit ein paar Tagen müde ist, schläft. Griaule und Larget fangen Schmetterlinge. Von der Ortschaft dringt Trommellärm herüber.

Nach dem Mittagessen Kontaktaufnahme mit dem Verwaltungschef, einem feisten Montalbaner mit einem zugleich an einen Prokonsul, einen Kondottiere und einen Schankwirt erinnernden Gesicht: letzten Endes ein sympathischer und verständnisvoller Mann, der uns mit rührendster Herzlichkeit empfängt und alles daransetzt, uns bei unseren Vorhaben behilflich zu sein. Er hat lange in Dahome gelebt, kennt das Land sehr gut und hat eine Menge interessanter Dinge zu erzählen.

Wir nehmen mit ihm zusammen an der Feier zum 14. Juli teil: Tamtams, Xylophonspieler, Sängerinnen, von Nonnen beaufsichtigte Schulmädchen, die tanzen und singen, ein schwarzer Polizist, der zuerst beängstigend seine Peitsche schwirren läßt und dann die Menge mit Schlägen auf den Boden zurückdrängt. Radrennen, Sackhüpfen usw. . . . Feuerwerk am Abend, das wir abbrennen. Ein Fesselballon steigt auf. Als Antilope oder als Pferd mit 5 Hörnern und 6 Spiegelaugen verkleidete Männer tanzen mit anderen Männern, die von Kopf bis Fuß kostümiert und vermummt sind und auf der Nase ein langes Büschel weißer Haare tragen, an dem sie von Zeit zu Zeit zupfen. Auf dem Hintern haben sie ein Polster aus Schafshaaren. Eine unter einem Gestell – halb Kleid, halb Pferd – steckende Gestalt betätigt zwei Figuren eines Kasperlspiels, eine männliche und eine weibliche. Manchmal richtet der Puppenspieler sich auf, verläßt das Gestell und läuft darum herum, um den einen oder anderen der beiden Köpfe mit langem Tierhals zu bewegen, die an den Enden des Gestells angebracht sind. Er soll Christ sein. Frenetischer Tanz von Frauen in einer etwas dunkleren, weniger »offiziellen« Ecke: brutal werfen sie ihren Kopf zurück, machen ihren Körper zu einer Art Katapult oder Schleuder,

71

die ihre Glieder in alle Winde zerstreut. Manchmal, wenn eine zu wild
getanzt hat und sich ihr der Kopf dreht, wird sie von einer älteren
abgeholt und – taumelnd und beinahe ohnmächtig – in den dunklen
Hintergrund der Versammlung gebracht, wo weiß Gott welch geheimer
Zauber sie wieder zu sich bringen soll. Frauen spielen auch die Schlag-
instrumente. Mit bloßen Händen trommeln sie auf den Boden der
Kalebassen, die sie in andere, größere und mit Wasser gefüllte Kalebassen hineingestülpt haben.

Nachdem zuerst kleine Geschenke verteilt worden sind, hebt der
Verwaltungschef die Versammlung auf und läßt die folgende Prokla-
mation übersetzen, die er selbst zunächst mit dröhnender Stimme auf
französisch verkündet: »Jetzt geht schlafen und seht zu, daß ihr was
Kleines bekommt. Weil: wenn's viel Kleines gibt, gibt's auch viel
Steuern!« Einer der Polizisten wiederholt dem Dolmetscher den Ausspruch und bläst ihm zweimal mit der Autohupe ins Gesicht, mit der er
die Nachrichten des Ausrufers anzukündigen pflegt. Der Dolmetscher
wiederholt den Ausspruch wortwörtlich und alle gehen zufrieden nach
Hause.

15. Juli

Film- und Tonaufnahmen der Attraktionen des Vorabends an der
schönsten Stelle des Dorfes, die der Verwaltungschef selbst ausgesucht
hat.

Mit dem Verwaltungschef machen wir am Nachmittag einen Besuch
bei den Patres, deren Prior sich unlängst im side-car das Bein gebrochen hat. Wir möchten genauere Angaben über interessante Höhlen in
den Bergen erhalten, an deren Fuß Kita liegt. Empfangen werden wir
von einem Pater mit kakifarbener Soutane aus Drillichzeug und einem
großen Tropenhelm aus Holundermark, wie ihn die syrischen Händler
tragen. Er führt uns durch das ganze Gebäude. Da die Auskünfte
unklar bleiben, machen wir nur einen Erkundungsausflug in die Berge,
besteigen ein paar Felsen, sehen uns ein paar Löcher voller Fledermäuse an und kehren ziemlich erledigt wieder um. Inzwischen hat der
Verwaltungschef Erkundigungen einziehen können, und morgen machen wir uns wieder auf den Weg, diesmal mit einem sicheren Führer
und mit Trägern.

16. Juli.

Um 7 Uhr 45, anstatt, wie abgemacht, um 7 Uhr 30, sind wir beim Verwaltungschef. Griaule ist spät aufgestanden, er hat leichtes Fieber. Der Verwalter steigt in seinen Lieferwagen und fährt bis Fodébougou vor unserem Ford her. Fodébougou liegt genau wie Kita am Fuß der Berge, aber ein paar Kilometer weiter westlich. Wir finden dort den Führer und die versprochenen Träger.

Um 8 Uhr 50 Abmarsch. Der Verwalter bleibt zurück und wünscht uns guten Erfolg. Gänsemarsch auf einem sehr steinigen, aber nie schwierigen Gelände.

Um 9 Uhr 30 stößt die Karawane auf eine mit Wasser gefüllte Spalte auf einer überhängenden Felsnase, deren Form ein wenig an den Kopf eines Kaimans erinnert. Auf dem Felsen weiße Spuren: Reste des mit Wasser angerührten Gemischs aus Hirsemehl und Kolanuß, das dort in einem Ritual jeden Winter ausgegossen wird. Unter dem Felsen finden wir ein Seil: den Strick zum Festbinden des Schafes, das hier jedes Jahr zum selben Zeitpunkt den Kaimanen geopfert wird, von denen, wie die Führer behaupten, der Weiher bevölkert ist. Die Entdeckung dieses Seilendes macht mich überglücklich, denn ich beginne zu ahnen, was an der wissenschaftlichen Forschung so packend ist: von einem Beweisstück zum nächsten weiterkommen, von einem Rätsel zum anderen, der Wahrheit nachstellen wie dem Wild auf der Fährte . . .

Um 9 Uhr 50 in grasigem Gelände Überreste von Behausungen und Teile der Anlage eines Schmelzofens entdeckt. Später erfahren wir, daß es sich um die Ruinen des seit Ankunft der Franzosen verlassenen Dorfes Kitaba handelt. Griaule und Larget sammeln ein paar Bruchstücke von Tongefäßen ein und heben das Interessanteste auf. Lutten will auf die Jagd gehen und entfernt sich in Begleitung eines Führers ein wenig von der Kolonne. Als wir ihn wiederfinden, hat er ein Weibchen eines *dényéro* (eine Art Palmeneichhörnchen) erlegt, dessen Bauch Larget vier Fetusse entnimmt. Um sie provisorisch zu konservieren, legt er sie in eine Metalldose und begießt sie ein wenig mit Martell-Cognac, dem einzigen Alkohol, den wir dabeihaben. Ein Loch wird in die Erde gegraben und die Dose auf eine Blätterunterlage gestellt. Dann häufen wir ein paar große Steine darüber und oben drauf lege ich die Tonscherben. Weil wir uns jetzt nicht damit belasten wollen, nehmen wir alles auf dem Rückweg mit und schicken es anschließend an unsere Museen.

Um 10 Uhr 50 erreichen wir schließlich keine Höhle, sondern einen großen Felsüberhang. Nicht die geringste Spur von Behausungen, keine Zeichnungen, ja nicht einmal eine Natursehenswürdigkeit, kurz nichts, was auch nur irgendwie die Mühe rechtfertigen könnte. Alle sind wütend. Griaule fiebert und versucht, gegen seine Niedergeschlagenheit anzukämpfen. Langes Verhör des Führers: Er behauptet, in dieser Gegend nur diese und sonst keine Höhle zu kennen. Wir sind ganz sicher, daß er lügt. Das passiert nicht zum ersten Mal. Auch einen anderen Reisenden, der die berühmten Höhlen besichtigen wollte, hat ein Eingeborener absichtlich nur zu einem belanglosen Loch geführt. Immerhin hat der Führer uns den Kaimantümpel gezeigt, dem viele Eingeborene sich anscheinend nicht einmal zu nähern wagen. Wahrscheinlich sollte uns das davon überzeugen, daß er es ehrlich meint und nur nicht weiß, wo die anderen Höhlen sind.

Wir erkunden oberflächlich die Umgebung, um zu sehen, ob sich wirklich nichts anderes finden läßt. Enttäuschung. Mittagessen, dann Rückkehr, im Gefühl, einen Tag vertan zu haben.

Als wir an einem gefällten Affenbrotbaum vorbeikommen, in dem der Chef der Führer erlegtes Wild versteckt, holt er den Kadaver des *dényéro* heraus, den er vorhin dort verwahrt hatte. Die Führer kochen, braten und verzehren den *dényéro*, während wir uns ausruhen.

Wieder in der Nähe der Ruinen von Kitaba, bemerkt Griaule eine lange Steinmauer, die ein ganzes Stück von den Felsen absperrt, und macht eine Aufnahme. Wie gewöhnlich frage ich den Dolmetscher Mamadou Vad, was das für eine Mauer ist, um alle wissenswerten Auskünfte im Photomerkheft festzuhalten – denn darin besteht meine Aufgabe bei den Exkursionen. Mamadou Vad zufolge handelt es sich um einen Verteidigungswall, den die Mandingue in früheren Zeiten gegen die Toucouleur errichtet haben sollen, die die Mandingue angriffen, um Gefangene zu machen und als Sklaven zu verkaufen. Schon kurz vorher waren Larget und mir in einer ziemlich nahen Felswand große Öffnungen aufgefallen. Der Verteidigungswall bringt Larget auf den Gedanken, wir könnten erst noch diese Löcher untersuchen, bevor wir wieder ins Dorf hinuntersteigen. Er meint nämlich, daß der Wall nur einen Vorposten darstellt; die fraglichen Löcher könnten für die bedrohten Mandingue hervorragende natürliche Bastionen gewesen sein.

Griaule gibt den Führern die Anweisung, uns an diesen Ort zu bringen: Sie erklären, die Löcher seien keine wirklichen Höhlen, sondern

74

lediglich unbedeutende Vertiefungen. Als wir uns trotzdem auf den Weg machen, sagen sie, die Löcher seien überhaupt unzugänglich. Auf halbem Weg fragt Griaule dann den Chef der Führer, warum er behauptet hat, daß dieser Ort unzugänglich sei. Weil es ihm zu gefährlich vorgekommen sei: Griaule und Larget haben Stiefel an, und sie hätten auf den glatten Felsen ausrutschen können, lautet die Antwort. Wie dem auch sei, wir kommen ohne die geringste Schwierigkeit oben an.

Wir lassen die Führer ziemlich betreten zurück und erkunden als erstes einen sehr niedrigen, aber weiten und sehr tiefen Höhlenraum, der von einem überhängenden Felsen gebildet wird. Da diese Höhlen Schlupfwinkel von wilden Tieren (Panthern z. B.) sein könnten, hält Moufle sein Gewehr im Anschlag und ich leuchte mit der Taschenlampe. Larget hat seinen Mineralogenhammer dabei, nur Griaule geht ohne etwas in den Händen hinein. Wir scheuchen beim Gehen eine Unmasse von Fledermäusen auf. Als wir die Höhle ausgekundschaftet haben, lassen wir Griaule sie allein in allen Einzelheiten zu Ende erkunden und sehen uns bei den anderen Höhlen um. Mit als erstes fällt mir auf einem kaum überhängenden Teil der Felswand, zwischen zwei der größten Vertiefungen, ein Geflecht von roten und ockerfarbenen Linien auf: Doppellinien, die regelmäßig von kleinen, ebenfalls gedoppelten geraden Strichen durchkreuzt werden, die senkrecht dazu verlaufen. Das stellt unzweifelhaft eine Zeichnung dar – deutlich erkennbar als Zeichnung, wenn auch unklar in dem, was sie darstellt. Mit lauten Pfiffen rufe ich Griaule herbei. Ein paar Minuten später kommt er mit Larget. Sie haben ihrerseits ein Bruchstück einer Keramik gefunden.

Während sie die Zeichnung untersuchen, gehen Moufle und ich etwas weiter, betreten Höhlen, die die Fledermäuse mit einer dicken Guanoschicht ausgepolstert haben, fassen mit den Händen neben eine abgestreifte Schlangenhaut, stoßen mit unseren Helmen ständig gegen die unebene Decke ... und entdecken schließlich, auf einem vorspringenden Felsdach, das die Decke eines ziemlich weiten, ungefähr 1 1/2 Meter hohen Saales bildet, eine ganze Anzahl symbolischer Zeichen: S-Formen, Punkte, Halbmonde, einbeschriebene Kreuze, Kombinationen von Kreisen und Punkten, Formen von Kürbisflaschen (?), von Rinderschädeln (?) usw. ... Die Figuren sind mit rotem Ocker gezeichnet und nehmen einen großen Teil der besagten Decke ein.

Von uns verständigt, eilen Griaule und Larget herbei. Griaule notiert ein paar von den Zeichnungen, beschließt, weil die Sonne schon tief steht, an einem anderen Tag wiederzukommen, um alles sorgfältig aufzunehmen, und steigt ermattet, aber begeistert mit uns wieder ins Dorf hinunter.

In der Ebene treffen wir auf Lutten, der sich von uns abgesetzt hatte, um jagen zu gehen, und wir ziehen ihn damit auf, daß er gerade in dem Augenblick weggegangen ist, als wir die Höhle entdeckt haben. Kurze Zeit später stellt er mit Moufle einer Herde Hundskopfaffen nach, die wir von der Spitze eines Felsens aus gesichtet haben. Sie verschwinden in einem Tal, und wir hören noch lange das Gebell der gejagten Affen. Noch bevor sie etwas geschossen haben, müssen sie allerdings schon wieder zurück. Griaule hat sie mit einem Pfeifsignal zurückrufen lassen.

Herzlicher Empfang beim Verwalter, Aperitif und endgültige Rückkehr ins Camp. Griaule hat den Dorfältesten von Fodébougou über das Verhalten seiner Führer unterrichtet und erklärt, daß er ihnen nur ein sehr bescheidenes Trinkgeld geben werde, denn die Männer haben zweimal gelogen: zum einen, als sie sagten, das wären keine wirklichen Höhlen, zum anderen als sie behaupteten, sie seien unmöglich zu erreichen. Hätten sie uns direkt dorthin geführt, sie hätten sich viel Arbeit erspart – denn diese Grotten sind ganz in der Nähe des Dorfes – und außerdem fünfzig Francs verdient. So geht es, wenn man Angst hat vor den Geistern!

17. Juli

Griaule krank im Bett. Ruhepause. Erwerb eines Xylophons und einer Maske mit Hörnern der Pferdeantilope. Auch die Tänzer neulich hatten solche Hörner getragen. Anscheinend ist der Erfinder des Xylophons der Vater der Schmiede, Soussoumour Soumankourou, der neben anderen Geräten auch die Gemüsehacke erfunden hat. Weiß der Himmel, ob seine Frau, die wie alle Frauen von Schmieden Töpferin ist, verloren ging wie Orpheus' Eurydike. Die Pferdeantilope ihrerseits kommt in einer Überlieferung vor, die von dem großen Chef Soundyata Kèyta und von einer Frau erzählt, die sich erst in ein wildes Rind verwandelte (*koba*, oder wie die Europäer es nennen: »Pferdeantilope«) und dann in ein Stachelschwein. Aber es ist nichts zu wollen: Ich bekomme auch nicht den geringsten Hinweis darauf, daß zwischen dieser Sage und der Maske eine Verbindung besteht. Obwohl ich genau weiß, daß die Maskentänzer, die ich am 14. Juli gesehen habe, entweder Masken mit fünf Antilopenhörnern trugen, oder aber Kapuzen, die unter anderem mit Stacheln des Stachelschweines verziert waren.

Cocktail beim Verwalter. Der Verwalter, der Griaule freundlicherweise angeboten hat, er solle doch bis zu seiner Gesundung bei ihm wohnen, erzählt, wie er im Krieg als Sergeant eine Gruppe Rekruten (Kannibalen aus dem Tschad) von Douala nach Dakar geleitete. Als man ihnen auf den Schiff den ersten Blechnapf mit Reis brachte, schlugen sie sich bis aufs Blut, denn sie glaubten, es gebe nur diesen einen Napf für alle zusammen. Es dauerte lange, bis sie verstanden, daß die Näpfe nicht alle auf einmal kamen. Eine Grippeepidemie brach unter ihnen aus, und sie starben weg wie die Fliegen, so daß man ihre Körper in Gruppen zu mehreren ins Wasser kippen mußte.

. . . .

Landkarten von der Gegend angeschaut und ein Buch gelesen, beides vom Verwalter ausgeliehen. Gewartet, bis die kleine Fledermaus, die sich in mein Abteil verirrt hatte, wieder draußen war; die letzten Absätze dieses Tagebuches geschrieben und zu Bett gegangen.

18. Juli

Griaule, der immer noch krank ist, zieht zum Verwalter. Der packt die Sache energisch an: In seinen Händen ist Griaule nur noch ein kleines Kind. Schimpftiraden gegen die Herren Boys, angedrohte Arschtritte und Gefängnisstrafen usw. Aber eins ist sicher: Griaule wird gut gepflegt!

Der Tag schleppt sich zwangsläufig etwas lahm dahin: Man spürt, daß der Massa nicht da ist. Gegen Abend Ausflug zu den Steinbrüchen von Kita, um uns die Schädel- und Knochenreste anzusehen, die in einer Mulde jetzt endgültig verfaulen. Bevor wir zum Abendessen in unsere Waggons zurückkehren, Besuch bei Griaule. Der Verwalter verfügt, daß einer von uns sofort sein Klappbett in das Nebenzimmer bringen läßt, für den Fall, daß Griaule die Nacht über etwas benötigt. Griaule bestimmt mich, und das freut mich.

Ich gehe also nach dem Essen zum Wohnsitz des Verwalters hinüber, gefolgt von unserem Boy Makan (dem Sohn eines Griots), der mein Bett, mein Laken, mein Moskitonetz, mein Kopfkissen, meinen Pyjama und meine Matratze auf dem Kopf trägt. Die Schatten machen ihn unbeholfen, und er ist, glaube ich, ein bißchen ängstlich.

19. Juli

Wenn es Griaule nicht bald besser geht, müssen wir ihn nach Bamako bringen, meint Larget. Griaule bezahlt jetzt für seine enorme Überarbeitung durch die Vorbereitung der Expedition seit mehr als einem Jahr.
Der Rest der Mannschaft verbringt den Vormittag damit, Felsen zu erklettern und in Höhlen zu kriechen. Larget entdeckt sogar eine neue Grotte mit Wandmalereien. Lutten zeigt mir kurz, wie man mit einem Karabiner schießt, aber ich erweise mich als nicht besonders geschickt, kaum mehr als beim Klettern. Trotzdem gebe ich die Hoffnung nicht auf, in ein paar Monaten doch die körperliche Geschicklichkeit zu erlangen, die ich mir schon immer gewünscht habe.
Larget, Lutten und ich besuchen am Nachmittag mehrere Dörfer. Ich hatte vorgeschlagen, nach Goumango zu fahren, wo nach Aussage der Leute, die uns die Masken mit Hörnern der Pferdeantilope verkauft haben, der *noumou* (Schmied) Tamba wohnen soll, der, wie sie behaupten, der Erfinder dieser Masken ist. Wir kommen erst spät in Goumango an und erfahren, daß der Noumou Tamba in Koléna wohnt, einem Dorf, das man nur zu Fuß erreichen kann und das 7 km von Goumango entfernt ist. Unmöglich, noch bis Koléna zu gehen, es ist schon Nacht. Wir sind enttäuscht.

20. Juli

Griaule geht es besser, aber er hütet noch das Bett. Gestern Nachmittag hat mir Mamadou Vad gesagt, der Sohn von Samori sei Monteur in Kayes. Ärgerlich, so etwas! Eine Wolke von Heuschrecken zieht vorüber, wie ein langes dunkles Band über der Landschaft. Arbeit in den Höhlen, mehr schlecht als recht. Mein rechter Fuß ist jetzt verheilt, aber was für kolossale Schrammen handelt man sich hier ein!

22. Juli

Rückfall Griaules, der zu früh wieder zu essen angefangen hat. In Bamako herrscht Gelbfieber, und über das Krankenhaus ist eine Sperre verhängt worden. Ausgeschlossen, ihn dorthin zu bringen. Aber der Arzt aus Bamako kommt hierher.

Das Hygrometer zeigt 90% Luftfeuchtigkeit. Das ist nicht das erste mal, aber heute kommt mir das Wetter noch ungesünder vor als sonst. Kein Wirbelsturm, aber ein stetiger, anhaltender Regen seit heute früh und ein vollständig verhängter Himmel. Um 8 Uhr abends trifft der Arzt ein. Es ist ein Malariaanfall, nichts weiter Schlimmes. Und er erzählt, daß auch in Bamako nur einige wenige Gelbfieberfälle zu verzeichnen sind. In der Zwischenzeit haben Lutten und ich ein Dorf besucht, dessen Bewohner Christen sind. Außer durch die vielen Andachtsbildchen, Medaillons und Sammelbände der Zeitschrift *La Croix* [Das Kreuz], mit der die Innenwände der Hütten ausgeschmückt sind, unterscheidet es sich nicht weiter von den sonstigen Eingeborenendörfern. Die Leute sehen genauso aus wie die anderen auch; nur die Amulette, die sie um den Hals tragen, sind hier keine Ledersäckchen mit einem Marabutspruch darin, sondern Kreuze.

Auf dem Rückweg, nach dem Tornado, ein prächtiger Sonnenuntergang über der faulig violetten Erde, den Strohdächern und den nassen Fellen.

22. Juli

Griaule geht es besser: 3 Chininspritzen haben das Fieber zum Abklingen gebracht. Mittagessen mit dem Arzt, der selber an einer Kolik leidet und absolut nichts anrührt. Wie alle verständigen Leute in den Kolonien ist er gegen die Einberufung der Schwarzen. Kein Jahrgang anscheinend, bei dem nicht die Ausfallquote im Durchschnitt mindestens 60% beträgt.

Am Nachmittag mit Lutten, Mouchet und dem Tardjouman Mamadou Vad ein bezauberndes Dorf besucht, Kandyaora, das von einer Kolonie von Samoko bewohnt wird, die sich von dem Gebiet hinter Bobo-Dioulasso aus auf den Weg gemacht haben, um nach Gambia zu ziehen und an diesem Ort hier vor einigen Jahren haltgemacht haben. Die Frauen sind hübsch, die Männer zuvorkommend und sympathisch. Als wir gehen, schenkt uns der Dorfälteste ein Huhn, und erst nach einem langen Palaver nimmt er als Gegenleistung ein paar Francs an. Ich bin aufgebracht über Mamadou Vad. Er ist anscheinend unserer Sache derart ergeben, daß er versucht, den Preis, den wir als Bezahlung für die seinen Landsleuten abgekauften Dinge für angemessen halten, immer noch herunterzudrücken. Der Schwarze, der sich in den Dienst der Weißen stellt, geht noch härter als diese mit seinen Artgenossen um, und manch einer ließe sich mit jenen Schafen in den Schlachthöfen vergleichen, den sogenannten »Judassen«, die man dazu dressiert hat, ihre Leidensgefährten an die Schlachtbank zu führen.

Ich werde mich noch lange an dieses Dorf erinnern, an seine Frauen, die alle zusammen in einer Hütte die Hirse zerstampften und von denen mir eine – nach ein paar fruchtlosen Bemühungen, ein Gespräch zu führen – freundlich einen Stuhl brachte . . . An verschiedene Dorfbewohner: eine alte Kanouri, die vor etwa zwanzig Jahren als Leibeigene aus Bornou kam, jetzt frei ist und geheiratet hat; an ein zehnjähriges (?) Mädchen, das schon Mutter eines kleinen Kindes ist; an den jungen Bruder des Dorfältesten (selbst habe ich ihn nicht gesehen, aber man hat mir von ihm erzählt), ein »Witzbold«, wie es scheint, der mit Stampferde in runderhabenem Relief eine Hirschkuh, und im Hochrelief einen Leguan auf dem Boden seiner Hütte abgebildet hatte, mit zwei Mädchenbrüsten unter der einen Figur und zwei weiteren vor der anderen.[4]

23. Juli

Davon geträumt, daß eine meiner Befürchtungen sich bewahrheitet und ich jetzt tatsächlich kahl werde. Ein Anzeichen dafür wäre auf der rechten Seite meines Schädels, kurz vor dem Hinterkopf, eine zunehmend blanke Stelle: aus der Nähe besehen sandig und steinig, mit einer kleinen Vertiefung, deren längliche Form mich an einen Sarkophag erinnert und in der ich mit dem Zeigefinger wie in einem Ausgrabungsfeld schürfen kann. Vorgestern Nacht hatte Griaule im Fieber geträumt, er habe Löwen in ein Museum zu bringen.

Ansonsten Regen und 99% auf dem Hygrometer. Larget, mit dem zusammen wir uns auf die Suche nach weiteren Felsüberhängen und Grotten machen und der schon wieder neue Wandmalereien entdeckt hat, verbreitet sich über Geologie und Paläontologie. Der ewige Hammer, den er in der Hand hält und sein schlottriges Aussehen rufen in mir immer das Bild des alten Bergmanns von Goethe herauf, die Gestalt des Zacharias Werner oder Lorenz Oken, die neptunische Theorie und die *Naturphilosophen* der deutschen Romantik.

---

4 Näher besehen eine zweifellos falsche Erklärung. Die Eingeborenen geben oft vieles als harmlose Belustigung aus, dessen religiöse Bedeutung sie verbergen wollen.

Neuerlicher Auszug ins Gebirge. Der eine hat ein Mausergewehr über der Schulter, der andere einen Colt auf dem Hintern. Felsüberhänge mit Wandmalereien im Überfluß, aber immer noch keine Erklärungen dafür. Wir erfahren lediglich, daß in der Nähe eines dieser Überhänge alljährlich ein Schaf geopfert wird. Dabei scheint zwischen diesem Opfer und den Inschriften nicht einmal ein direkter Bezug zu bestehen. Es wird allgemein behauptet, die Zeichnungen stammten noch aus der Zeit vor der Besetzung durch die Franzosen, sie seien das Werk der Menschen der alten Zeit, oder der Teufel, kurz: Niemand will auch nur die geringste Ahnung von ihrer Bedeutung, ja nicht einmal von ihrem Ursprung haben.

Gestern hat Moufle seinen Tropenhelm mit Chromalaun himmelblau angestrichen. Ich klebe heute auf meinen ein kleines rosa Kreuz aus Leukoplast. Da er beständig zwischen meiner Schädeldecke und der Decke der Höhlen zerdrückt wird, ist der Knopf abgerissen. Ich flicke auch ein paar Sachen und entdecke in meinem Nähbeutel, daß man mir zu Hause ein paar prächtige Nadeln »Best White Chapel« von Wood-field and Sons eingepackt hat, die so lang sind wie Dolche und so breite Nadelöhre haben wir die klaffenden Schenkel einer Londoner Hure nach dem Besuch von Jack the Ripper.

Griaule hat immer noch ein wenig Fieber. Er hat sicher keine Malaria, denn auch die Chininspritzen ändern nichts an seiner erhöhten Temperatur. Gegen sechs Uhr abends stattet er uns im Wagen des Verwalters einen Besuch beim Konvoi ab. Griaule ist sichtlich abgemagert.

Mamadou Vad ist sehr in Fahrt und erzählt schöne Geschichten über die Dyola von Casamance und über die Bobo, die er als »Wilde« bezeichnet. Ihm zufolge spielt sich eine Hochzeit bei den Bobo folgen-dermaßen ab: Wenn bei dem Hochzeitamtam alle richtig aufgedreht sind, wirft sich der junge Mann, der um die Hand eines Mädchens anhält, vor aller Augen auf die Braut. Dringt er nicht auf Anhieb in sie ein, gilt er als unfähig, und die Hochzeit findet nicht statt. Ein gleich-zeitiges gewaltiges Gelage mit *dolo*[5] hat eine quasi allgemeine Trun-kenheit zur Folge.

---

5 Das Wort, mit dem die Kolonisten in Französisch West-Afrika das Hirsebier bezeichnen.

25. Juli

Um neue Höhlen zu entdecken, durchqueren wir von Sémé nach Fodébougou das Gebirge zu Fuß. Larget leitet die Unternehmung. Den ganzen Tag über laufen wir durch das Gestein. Nach dem Mittagessen Schießübungen auf einem kleinen, felsumstandenen Platz. Zum ersten Mal in meinem Leben gebe ich ein paar Schüsse mit dem Revolver ab. Der erste Schuß, fast auf gut Glück losgedrückt, ist einigermaßen annehmbar. Die anderen, bei denen ich genauer ziele, taugen nichts. Larget, den Stummel im Mund, ballert mit dem Phlegma eines alten Trappers. Auf dem Rückweg führt uns Lutten zu einer sehr steil abfallenden Stelle, über die wir hinunter müssen. Meine Schwindelanfälligkeit macht mir ein wenig zu schaffen, aber mit Hilfe der Kameraden komme ich doch schließlich heil unten an. Bleibt, daß wir, bis auf einen ganz kleinen Felsvorsprung mit kaum drei oder vier Malereien, keine weiteren Höhlen gefunden haben. Ein Detail hätte ich fast vergessen: Einer der schwarzen Träger, die uns begleiten – ein Junge aus Kita, der auf die Stelle eines Boys in unserer Karawane aus ist – hat für den Ausflug ein altes Jackett angezogen, eine Frauenbaskenmütze aufgesetzt und einen Rucksack auf den Rücken geschnallt.

26. Juli

Griaule, der wieder vollkommen gesund ist und vielleicht nur an Verdauungsstörungen gelitten hatte, kommt am Morgen zum Konvoi. Aber er bringt ungute Nachrichten mit: Der Verwalter hat gestern telegraphische Anweisung erhalten, an allen Türen und Fenstern seines Hauses Moskitoschutzgitter anzubringen. Sollte die Gelbfieberepidemie auf andere Gebiete übergegriffen haben? Woran litt der Arzt eigentlich, der Griaule untersucht hat? Ist er nicht gar bei seiner Ankunft in Bamako gestorben, nachdem er sich in Sikasso, wohin er wegen der Epidemie gerufen worden war, auch angesteckt hat?
Sofort werden die nötigen Vorbereitungen getroffen, um für alle Eventualitäten gewappnet zu sein. Da wir unsere Waggons nicht vergittern können, werden wir in den Zelten schlafen, deren Ränder wir sorgfältig eingraben und deren Öffnungen wir hermetisch verschließen. Von 6 Uhr abends bis 7 Uhr morgens bleiben wir dann im Zelt, um vor den Stichen der Mücken sicher zu sein, die die eigentlichen Überträger des Fiebers sind.

Die Nervosität legt sich schon kurz vor dem Mittagessen. Bevor wir solche Maßnahmen ergreifen, müssen wir erst noch abwarten.

Und wir tun gut daran, denn um 2 Uhr kommt Griaule mit weniger alarmierenden Nachrichten wieder: Der Arzt ist wieder gesund, eine Frau, die Gelbfieber hatte, befindet sich auf dem Wege der Besserung. Die Epidemie scheint auf die Gegend von Sikasso beschränkt zu bleiben. Dort hat sie allerdings besonders schlimm gewütet, denn von 21 Europäern sind sechs gestorben. Wir werden jetzt auch nicht zur Elfenbeinküste können: Das Gebiet ist gesperrt und wir müssen ohne Zweifel im Norden bleiben.

Trotz dieser Entwarnung tauscht Mouchet kurz vor sechs Uhr abends seine Shorts gegen lange Hosen aus und zieht sich Strümpfe über, um sich vor eventuellen Mückenstichen zu schützen. Er hält mich dazu an, es ihm gleichzutun und ich leiste Folge.

27. Juli

Es scheint, daß unsere Aktivitäten in den Bergen die Bevölkerung mit Besorgnis erfüllen. Larget hat vom Koch und vom Verwalter davon gehört, bei dem mehrere Dorfälteste vorgesprochen haben. Die Aufregung hat ihren Höhepunkt erreicht, als bekannt wurde (Frage: wie?), daß wir gegebenenfalls unser Lager auf einem der Gipfel aufschlagen wollten. Das war eines der Mittel und Wege, die wir erwogen hatten, um im Notfall etwas gegen das Gelbfieber zu unternehmen. Das Gebirge wird von gefährlichen finsteren Teufeln bewohnt. Man wird dort mit Steinen beworfen, und einer der Teufel ist ganz weiß und anscheinend so groß wie ein Waggon unseres Konvois. Zumal an einigen besonderen Stellen lassen sich diese Geister blicken. Larget hat sie sich alle vom Koch angeben lassen, und er hat vor, uns eines Nachts dorthin zu führen. Obwohl es mehr als wahrscheinlich ist, daß überhaupt nichts passieren wird, entdecken wir doch vielleicht ein paar direkte Hinweise darauf, warum eigentlich das Gebirge den Eingeborenen eine solche Furcht einjagt. Vielleicht läßt sich auf diesem Weg schließlich auch noch eine Erklärung für die Höhlenzeichnungen finden.

Sonst eher trister Tag, abgesehen vielleicht von dem Erwerb einer Tanzmaske, die wir dem von Mamadou Vad aufgestöberten Freund des Noumou Tamba abkaufen. Die Maske ist sehr schön: Eine Tiergestalt mit dem Kopf eines Schlangenadlers, den Hörnern einer Pferdeantilope, einem Menschenhals und dem Körper eines Hasen oder sonstigen kleinen Säugetieres. Sie ist das Werk eines gewissen Baouré, eines Schmiedes aus Birgo. Die Maske wird zu denselben Anlässen getragen wie die ersten, die wir gekauft haben, aber es ist unmöglich, über ihre Bedeutung auch nur die geringste Aufklärung zu erhalten.

28. Juli

Die ganze Nacht über fast ununterbrochen kurze, aber sehr heftige Wirbelstürme.

Mouchet leitet die diktaphonische Aufnahme von fünf Beschneidungsgesängen. Griaule, Lutten und ich gehen in die Berge, in das Tal von Kitaba, um die Höhlenzeichnungen zu photographieren, die wir ganz zu Anfang entdeckt hatten. Die Vegetation hat sich während der letzten Regenfälle derart entwickelt, daß die von Büschen überwachsene Fahrstraße oft nur schwer auszumachen ist. In Fodébougou nehmen wir zwei Träger. Einer ist der Sohn des Dorfältesten. Sie begleiten uns und sind von unserem Tun sichtlich unangenehm berührt. Sollte alles, was man uns über die Gefahren des Gebirges hat ausrichten lassen, im Grunde auf einen Versuch der Einschüchterung hinauslaufen? Als ich einfach so drauflosrede, während Griaule seine Photos macht, erfahre ich, daß an den Kaimanstümpel, jene Felsspalte, neben der wir neulich den Strick eines geopferten Schafes aufgelesen haben, eine Minotaurussage geknüpft ist: ·Wenn die Wasser während der Winterzeit über die Ufer treten, verlassen die Kaimane den Tümpel und kommen sogar manchmal bis zum Dorf, um die Kinder zu fressen. Immer noch keine Auskünfte über die Zeichnungen.

Als wir Griaule nach Hause geleiten, treffen wir auf den Verwalter. Er hat soeben von einem Mädchen der katholischen Mission etwas gehört, das uns vielleicht schon einen Schlüssel zu dem großen Geheimnis in die Hand geben könnte: In den Bergen von Kita werden noch heute die Notabeln beerdigt; deshalb sehen uns die Bewohner so ungern in all den Höhlen, Felsüberhängen und Ecken stöbern ... Wieder zurück im Waggon, erkläre ich Mamadou Vad, daß seine Aufgabe darin besteht, darüber Auskünfte einzuholen. Mit was wird er zurückkommen? Mit der endlichen Auflösung des Rätsels, oder mit einer von jenen Erdichtungen, auf die er sich so gut versteht?

29. Juli

Der Buchhalter des Verwaltungschefs, der gestern Abend von Bamako zurückgekommen ist, wo er ein Examen abgelegt hat, bringt gute Nachrichten mit: das Gelbfieber geht zurück. Als die Leute hörten, daß der Arzt wegen einem kranken Europäer nach Kita gerufen worden war, wußten sie, daß nicht der Verwaltungschef krank war. Da sie andererseits nichts von der Durchreise der Expedition noch etwas von der Ankunft eines neuen stellvertretenden Verwalters erfahren hatten, hatten sie sofort angenommen, es handle sich um den jungen Buchhalter und hatten ihn schon unter der Erde gesehen, denn das Fieber gibt nur selten Pardon.

Nach dem Mittagessen empfange ich in meinem Abteil eine Abordnung von 3 jungen Mädchen in Sonntagsstaat, die – wie jeden Tag viele andere – gekommen sind, uns Puppen zu verkaufen. Die älteste macht einen militärischen Gruß, die jüngste reicht mir die Hand.

. . . .

Mit Griaule um einen Teil des Gebirges herumgegangen, dann allein mit Lutten und begleitet von Mamadou Vad in ein Dorf, wo es *tyivara* (Tanzmasken mit Hörnern von Pferdeantilopen) geben soll. Aber in Wirklichkeit erreichen wir das Dorf gar nicht, es liegt abseits der Straße. Die Bauern, bei denen wir uns erkundigen, behaupten, es sei ganz in der Nähe; aber nachdem wir lange querfeldein gelaufen sind, einen Sumpf durchwatet haben, dessen Gemisch von Schlamm und Wasser uns fast bis zu den Knien ging (in der relativen Kühle des Abends schien es kochend), kommen wir nur zu einer Ansammlung von Hütten auf halbem Weg zu dem angepeilten Dorf.

Im Dunkeln zurück – der Mond gleitet hinter den Wolken und wirft extravagante Schattengebilde auf die Himmelswand – und Mouchet wiedergefunden, der gerade sein 36. Beschneidungslied aufgenommen hat:

> *Krankenpfleger, ich will nach Hause zurück*
> *Ich will meine Mutter wiedersehn.*

30. Juli

In Dyaléa, dem Dorf, wo wir gestern hin wollten, und in dem wir heute arbeiten, sehen wir einen Heuschreckenschwarm vorüberziehen. Die

Frauen und die Kinder laufen rund um die Karrees[6] durch die Felder, schwenken Zweige mit Blättern, schreien und trommeln mit Stöcken auf Kürbisflaschen. Aber es sieht alles mehr nach Spiel als nach seriöser Arbeit aus. Diese Aufregung ist einmal noch etwas anderes als das klassische Auf und Ab des Stößels im Hirsemörser, das den zum Sterben sanften Gesang der Turteltauben begleitet.

Über das Gebirge gibt es noch immer nichts Neues zu berichten. Trotz anscheinender Aufhellungen wahrt es doch trefflich seine Geheimnisse. Am Montag fahren wir nach Bamako weiter. Wir erfahren jetzt bestimmt nichts mehr und müssen also genauso arm an Wissen wieder abziehen wie der Junge heute früh arm an Kleidern. Er hatte als einziges Kleidungsstück nur einen kleinen Leinensack umgehängt, in dem er seine Erdnüsse verwahrte.

31. Juli

Dörfer, Gebirge. In halsbrecherischen Stellungen (wortwörtlich zu nehmen, denn der Kopf ist dabei fast immer ganz nach hinten gebogen) paust Griaule die Wandzeichnungen durch, die er schon früher photographiert hatte. Das wird genauso zum Sport wie neulich der Ankauf von Türschlössern und Puppen. Ich meinerseits unterhalte mich mit meinem alten Kumpel Mamadou Vad, der mir von den Hexern erzählt, die Menschen fressen, und von den großen Schutzgeistern: Von dem *nama*, der schneller ist, und dem *koma*, der größer und stärker ist (etwa wie der Panther und der Löwe).

Am Morgen, als wir gerade von einem Dorf zurückkommen, ist uns ein großer Hundskopfaffe kaum zehn Meter vor dem Auto über den Weg gelaufen. Lutten stand buchstäblich der Schaum vor den Lippen, aber mir, der ich von keinem weidmännischen Instinkt beflügelt werde, fiel lediglich der blaue Hintern des Affen auf. Von einem Blau, das mehr ins Stahlfarbene hinüberspielt, als ich geglaubt hätte.

1. August

Traum: Die Expedition ist ein sinkendes Schiff. Das Schiff wieder ist das Gebäude 12, rue Wilhem, wo ich in Paris wohne. Wandzeichnungen, wie wir sie die ganzen Tage auf den Felsen gesehen haben,

---

6 Ansammlung von Wohngebäuden, die einem und demselben Familienoberhaupt unterstehen.

beschreiben die letzte Phase der Katastrophe: Die Offiziere (als punktiert gezeichnete Gruppen) drängen sich, auf letztem Posten[7], auf einem dreieckigen Raum zusammen. Im Moment, als alles wegsacken will, gebe ich meinem Bruder, der auch da ist, zu bedenken, daß es viel einfacher wäre, die Treppe hinunterzugehen. Aber es ist ein passives Heldentum gefordert, und die ganze Mannschaft wird sich untergehen lassen. Verstörten Blicks verlange ich nach einer Flasche, um die letzten Seiten dieses Tagebuchs hineinzustopfen, dann nach einem Umschlag, den man auf die Post bringen kann – das ist sicherer als eine Flasche. Meine Verwirrung ist auf ihrem Höhepunkt: Das erste von diesen unentbehrlichen Dingen ist nicht aufzutreiben, und ich befürchte, daß der Umschlag (den ich finde) von der Feuchtigkeit verdorben ist. In diesem Augenblick werde ich mir bewußt, daß man in einem siebenstöckigen Wohnhaus ja keine Gefahr läuft, Schiffbruch zu erleiden, selbst wenn die Straße vom Regen überschwemmt ist. Kurz danach wache ich auf.

2. August

Bei der Rückkehr von einem Dorf begegnen wir heute morgen langschwänzigen Affen, die die Straße überqueren und dann in sehr hohen, senkrechten Sprüngen – den Kopf nach hinten gewandt, um uns zu beobachten – aus dem hohen Gras hervorschnellen. Auf ihrer Flucht machen sie zwischendurch immer wieder solche Sätze. Sie nehmen Reißaus, und keiner von unseren Jägern hat die Zeit, sie zu erlegen. Ich bin entzückt darüber. Der Affe, dem man im Busch begegnet, verliert vollkommen den burlesken Charakter, den er im Käfig hat. Der große Affe wird hier zum legendären Gnom, der kleine zu einer Art Waldschrat.
Abend: Weil der Verwaltungschef zum Essen kommt, trägt Mamadou Vad einen neuen *koursi*, so hübsch wie eine Clownshose, zur Schau.

3. August

Letzte Fahrt durch die Dörfer. Morgen, Dienstag früh reisen wir ab. Wenn wir rechtzeitig die Abfahrtszeit des Zuges erfahren hätten und

---

7 D. h. der Raum, der auf einem Schiff »le carré des officiers« (Offiziersmesse) genannt wird. Aber dieser »letzte Posten« (le dernier carré) ist ein Bild von Waterloo.

unsere Vorbereitungen hätten treffen können, wären wir sogar schon heute gefahren.

In der Nähe des Badinko-Flusses, über den eine Brücke gebaut wird, bringt uns ein Bauer ein junges Stachelschwein, das er an einer Kordel hinter sich herzieht. Das Tier zappelt sich ab wie ein Teufel und macht, wenn es mit dem Schwanz wedelt und seine Stacheln aneinanderreibt, das Geräusch einer Lokomotive. Es hat eine ulkige Schnauze, fast menschliche Fußsohlen und sieht, wenn es sich auf den Rücken legt, wie ein Säugling oder ein junger Bär aus. Leider kommt es nicht in Frage, das Tier zu kaufen, denn einmal ausgewachsen, würde es zu viel Platz beanspruchen.

Endgültige Rückkehr zu unserem Zug. Weil wir morgen früh abfahren, laden wir das Auto wieder auf seinen Flachwagen.

Am Nachmittag machen wir im Schuppen ethnographische Befragungen mit den beschnittenen Jungen der Volksschule. Die nicht Beschnittenen, die sorgfältig aus meiner Gruppe herausgehalten wurden, in der von Dingen die Rede ist, von denen sie nichts wissen dürfen, solange sie noch nicht beschnitten sind, arbeiten mit Mouchet an einem anderen Tisch. Es ist viel angenehmer, mit den Kindern zu arbeiten als mit den Erwachsenen: Die meisten von ihnen sind wirklich ausnehmend klug und lebhaft.

Abend: Abschiedsessen im Haus des Verwaltungschefs, grandiose Anekdoten von Kolonialskandalen.

4. August

8 Uhr: Abfahrt bei strömendem Regen, nach einer letzten Befragung mit den Beschnittenen im Waggon und drei oder vier krachenden Blitzschlägen. Es hat sich jetzt mächtig eingeregnet. Nichts als Pfützen überall, Wege, die sich in Bäche verwandeln, Schlamm.

Bamako: grünende Hänge, sehr sanfte Landschaft zu dieser Jahreszeit. Kein zu großes Ballungszentrum, eher im Stil »Thermalbad«.

Kaum angekommen, schon die offiziellen Höflichkeitsbezeugungen und Willkommensgrüße. Griaule trifft einen alten Kameraden von der Luftwaffe.

5. August

Frühstück zwischen zwei Abstellgleisen, auf einem freien Platz so groß wie der Pariser Concorde-Platz. Wir machen uns zurecht und holen die weißen Anzüge aus den Koffern, die Schuhe für Empfänge, die Empfehlungsschreiben. Die ganze Strecke von Dakar bis hierher wird auf einmal zur Vergangenheit und verliert sich in derselben unbestimmten Nacht wie die Fahrt von Paris nach Bordeaux und die Reise auf der *Saint-Firmin*. Ein Gefühl von Kraft und Erneuerung – als würden wir nicht ankommen, sondern abfahren. Schon denken wir nur noch an die *Habé*[8], bei denen wir bald sein werden, wenn wir in der Zwischenzeit nicht noch – wie anzunehmen ist – auf manches andere Interessante stoßen.

Ich muß hier zum Friseur, muß Briefpapier kaufen und eine ganze Reihe kleiner Gebrauchsgegenstände reparieren lassen. Mir geht es wie dem Bauer aus der Walachei, der sich auf einen Schlag in ein Großkaufhaus versetzt sieht.

Am Morgen Besuch beim Verwaltungschef, der zugleich Bürgermeister ist. Er erzählt uns von seinem Meister Delafosse und stellt uns den alten Dolmetscher Moussa Travélé vor. Am Nachmittag kommt Moussa Travélé zum Waggon und überbringt uns Artikel des Bürgermeisters und Verwalters. Wir übergeben ihm – weil wir seine Meinung darüber hören möchten – ein Manuskript über die Geschichte von Soundyata Kèyta, das wir dem Dorfältesten in Mahina abgekauft haben. Travélé ist ein kleiner, untersetzter Mann mit rundem Gesicht, und es ist nicht zu entscheiden, ob dieses Gesicht nun sehr gütig, oder sehr verschlagen ist. Vielleicht weder das eine noch das andere – oder beides zugleich.

Er bewahrt uns gegenüber die gewisse Zurückhaltung des Autors, der sich hütet, Leuten, die bei ihm abschreiben könnten, zu viel zu sagen. Seine Auskünfte über die Gegend sind altbacken und eher belanglos. Immerhin ist noch fraglich, ob er überhaupt viel mehr weiß.

Ich bekomme anschließend Besuch von Baba Kèyta, einem alten Telegraphenbeamten, an den mich die Frau eines ehemaligen Kolonialbeamten, eines Freundes meiner Familie, verwiesen hat. Baba Kèyta ist ein bärtiger Riese mit albino-weißen Beinen und Unterarmen.

Ich nehme Einblick in die Verwaltungsberichte über die Gegend: Es ist darin hauptsächlich vom Kino, den Hotels, den Tanzbars und vom Bahnhofsbuffet die Rede.

---

8 Heidnische Völker des Felsabfalls von Bandiagara, in der Nigerschleife.

Mir fällt ein, was uns der Verwaltungschef von Kita über dieses Buffet-Kino-Tanzbar-Hotel erzählt hat, in dem anscheinend drei weiße Fräuleins wohnen und zu den vier Funktionen dieses Etablissements noch eine fünfte hinzufügen: den Puff.

6. August

Andauernder Regen. Mouchet und ich haben unter dem Zeltdach geschlafen. Kurz vor Morgengrauen hängen wir an unseren Moskitonetzen wie Blaujacken, die sich im Orkan an ihre Segel klammern und nicht wissen, ob sie jetzt den Großmast kappen sollen oder nicht. Trotz des Windes haben wir unser Bettzeug ordentlich zusammenfalten können und sitzen jetzt, in unsere Wolldecken gewickelt, im Zelt und warten darauf, daß sich der Sturm etwas legt, damit wir zum Waggon hinübergehen und unser Material in Sicherheit bringen können.
Besuch Griaules beim Gouverneur-Leutnant, der uns alle denkbaren Erleichterungen verschafft.
Im zoologischen Garten. Splitternackte Kinder sind hell begeistert, als sie die Vögel und die Affen sehen, und auch die Erwachsenen bleiben lange vor den Käfigen stehen. Der universelle menschliche Hochmut!
Im Zelt lange Unterhaltung mit Moussa Travélé und einer alten Beschneiderin, die er mitgebracht hat, und die mich darüber aufklärt, daß es Kitzler mit bösem Omen gibt: Die doppelten, mit einem »Hut«, die mit einem »Sattel« (mit schwarzer Spitze, roter Mitte und weißer Wurzel), schließlich die mit einem Hahnenkamm. Moussa Travélé ist immerhin sympathischer als der Alterspräsident der Dolmetscher, den ich heute früh aufgesucht habe, weil er wie Travélé und Kèyta die mit meiner Familie befreundeten Leute gut gekannt hat. Er ist ein nobler Greis mit makellosem Boubou und weißem Bart, Träger des Ordens der Ehrenlegion, der Typ des alten, eitlen und den Armen gegenüber unnachgiebigen Lakaien. Ich verabscheue diese Art von alten Negern.
Ich bin noch einmal zu Baba Kèyta gegangen: Er hat nicht nur weiße Unterarme und Schienbeine, sondern auch weiße Mundwinkel. Er schielt, hat eine platte Nase und mißt gut und gern zwei Meter, jedenfalls nicht viel weniger. Verstohlen gibt er mir Auskünfte über die Höhlen der Gegend und führt immer wieder an, daß er nicht das Recht hat, davon zu reden, seine Landsleute würden ihm das übelnehmen usw. .... Er spricht auch von seinem Vorfahren Soundyata, und ich

bremse seine Ausführungen, indem ich ihm sage, daß ich wohl weiß, wer er ist und was die Kèyta wert sind. Der alte Baba ist entzückt.

7. *August*

Schwüler, schleppender Tag. Immer wieder die Aufregung der Städte, auch wenn sie klein sind und im Sudan liegen. Fortsetzung der Arbeit mit der Exziseuse, die die Rasiermesser vorzeigt, derer sie sich bei ihren Operationen bedient. Moussa Travélé erzählt von seiner eigenen Beschneidung nach dem Brauch der Wolof: Das Geschlecht liegt auf einem kleinen Faß, ein Kaltmeißel wird an der richtigen Stelle angesetzt und dann mit einem Hammer kräftig zugeschlagen.
Einer der Boys zieht den Fuß nach. Wahrscheinlich ist er geschlechtskrank. Der andere Boy, Makan, eine richtige Buschratte, streitet sich wie gewöhnlich mit Moufle: »Das nicht gut, Musje Moufle!«
Morgen früh gehe ich noch einmal zu dem alten Baba Kèyta. Bevor wir uns zu Pferd auf den Weg zu seinen Höhlen machen, will ich versuchen, ihm noch ein paar Tips darüber zu entlocken.
In Sikasso scheint übrigens noch ein Europäer gestorben zu sein.

8. *August*

Den ganzen Tag über mache ich Besuche und Besorgungen, um den Reiseweg unseres Ausflugs zu den Höhlen festzulegen. Der Chef des Bezirks Bamako gibt mir Hinweise, stellt mir Lagepläne zur Verfügung, ruft Leute an, läßt die Vertreter der zu durchquerenden Kantone kommen. Allgemeines Durcheinander. Anruf beim Postdirektor, damit er Baba Kèyta Urlaub gibt. Für den Postdirektor ist Baba Kèyta ein »Unikum« und ein »Phantast«. Der Posteinnehmer dagegen, von dem ich gleichfalls wissen möchte, ob er etwas gegen diesen Urlaub einzuwenden hat und den ich deswegen aufsuche, gibt mir brauchbare Auskünfte über das Unikum. Er nennt es den »Panther«.
Nach der Arbeit kommt Baba zum Waggon, prächtig gekleidet und fideler denn je. Mit den riesigen Ästen seiner weißen Hände und Füße sieht er wie ein alter Baum aus.
Er spricht mit Griaule und erklärt sich bereit, uns wirklich alles zu zeigen, angefangen von den unscheinbarsten Sträuchern, die nur irgendeine rituelle Rolle spielen, bis zu den unterirdischen Gewässern und den Schluchten. Und weil er dabei ist, werden auch die Bauern alles zeigen. Den großen Ring an seinem mächtigen Daumen und

seinen enormen Tropenhelm über dem großen, flachen Gesicht, das unablässig Grimassen schneidet, entfernt er sich majestätisch. Er zieht das Bein ein wenig nach, denn anscheinend hat er sich bei einem Sturz vom Fahrrad verletzt.

Übler Samstagabend, noch trauriger als alle anderen Abende wegen dem Gesabber des Grammophons, das, mit einem gräßlichen Tonabnehmer versehen, die Rotzfetzen seiner Harmonien über die menschenleere Terrasse des Bahnhofsbuffets schleudert.

9. August (Sonntag)

Die vorbereitete Expedition fliegt unversehens auf: Wir sitzen mit dem Kameraden von Griaule, den wir am Abend unserer Ankunft getroffen haben, zu Tisch und essen zu Mittag, als der Boy des Bahnhofsbuffets jedem von uns einen Umschlag mit dem Briefkopf der Kolonialregierung überreicht. Wir brechen die Siegelbänder des Briefes auf, und jeder entnimmt seinem Umschlag eine Einladung zum Abendessen beim Gouverneur-Leutnant für Dienstag abend. Was tun? Für die Expedition brauchen wir mehrere Tage, und wir können sie unmöglich jetzt noch abblasen, denn schon für heute abend haben wir in Samayana, auf der Straße nach Guinea, 33 Kilometer von Bamako entfernt, eine ganze Schar Leute und Pferde bestellt. Wir sollen dort morgen früh zu ihnen stoßen, um zusammen ins Gebirge aufzubrechen. Nach einigem Hin und Her wird folgendes beschlossen: Nicht die vorgesehene Mannschaft (Griaule, Lutten und ich) macht die Exkursion, sondern Larget und Lutten. Die anderen essen beim Gouverneur zu Abend.

Da wird bestimmt von der Beschneidung die Rede sein, denn das beschäftigt uns im Augenblick am meisten – und gerade heute habe ich sogar erfahren, daß der Schmied bei der Operation ganz in Rot gekleidet ist: in ein rotes Tuch, das oft aus alten Fahnen herausgeschnitten wird.

10. August

Wecken am frühen Morgen. Aufbruch zur Expedition, an der ich zu meinem Leidwesen nicht teilnehme. Baba Kèyta erscheint: Weiße Segeltuchschuhe, makelloser weißer Anzug mit hohem Kragen nach Art der Offiziere, etwas zu großer Tropenhelm, den er mit Hilfe herausgerissener Papierstreifen aus der *Dépêche Coloniale* [Kolonialdepesche] – die Zeitung hat er zu diesem Zweck bei mir ausgeborgt

– auf das richtige Maß bringt, und als Abrundung des Ganzen ein tailierter europäischer Überzieher für den Winter und ein frisch rasierter Schädel. Später dann, als sich Baba Kèyta auf einem der Trittbretter festklammert – Mamadou Vad auf dem anderen – und der Wagen durch die Pfützen fährt, trieft sein Schädel vor schlammigem Wasser. Zum Glück bleiben wir nicht stecken.

Um 10 Uhr (nach einem heftigen Regenschauer) zieht die Reiterei ab: Lutten auf einem kleinen, stämmigen und ziemlich lebhaften Hengst, Larget auf einer friedfertigen Stute, Baba Kèyta auf dem größten der drei Pferde: Zwar hat er nackte Füße und bis zum Knie hochgekrempelte weiße Hosen, aber mit seinem schönen Wintermantel ist er stolz wie Artaban und von wirklich königlicher Haltung.

Rückfahrt von Samayana mit dem Wagen. Moufle steuert, die Mitfahrer sind: Griaule, Mamadou Vad und ich.

Wieder bei Mouchet, der im Lager zurückgeblieben war. Den ganzen Nachmittag mit Mamadou Sanoko gearbeitet, dem Ex-Chef der *bilakoro* (der unbeschnittenen Jungen) von Koulikoro-Gare. Er ist 12 (?) Jahre alt.

11. August

Fortsetzung der Arbeit mit dem Chef der Bilakoro von Koulikoro-Gare, der mir von der religiösen Kindergesellschaft *ntoumou* erzählt, von der er, als Chef der Bilakoro, gleichfalls das Oberhaupt war. Er schlachtete selbst jedes Jahr eine Ziege und ein Huhn und ließ ihr Blut über einem heiligen Baum auslaufen. An bestimmten Tagen warf er Kolanußstücke in die Luft und achtete darauf, wie sie wieder herabfielen. Er führte auch die großen Geißelungen kleiner Jungen und Mädchen an, die anläßlich bestimmter Feste stattfinden, solange der *ntoumou* »draußen« ist.

Abends das Essen beim Gouverneur. Ein seltsames Gefühl, auf einen Schlag (und anscheinend ohne Bruch und Abstrich) wieder unter Europäer zurückversetzt zu sein . . .

12. August

Botschaft von Larget und Lutten, die interessante Sachen gefunden zu haben scheinen.

Der Chef der Bilakoro bringt noch einen Kameraden mit, Salam

Sidibé, einen kleinen dreizehnjährigen Peul, der Bambara spricht. Ich habe kaum (auf französisch) ein paar Worte mit ihm gewechselt, als ich schon wieder auf eine Organisation der Kinder stoße: Die Gesellschaft des *goumbé*, eine galante Vereinigung von noch nicht oder gerade erst beschnittenen Jungen und Mädchen, die in gleicher Zahl vertreten sind. Die Gesellschaft hat eine komplette Hierarchie mit Präsident, Vize-Präsident, Präsidentin, Vize-Präsidentin usw. Mein Informant hat seinerseits den Rang des *almani* oder Beters, denn er ist Schüler der Koranschule. Es finden alle zwei Wochen Tanzversammlungen statt und dreimal im Jahr (in der Nacht vom 13. auf den 14. Juli, in der Nacht des Ramadan und in der des Tabaski-Festes) eine große rituelle Orgie: ein gewaltiges Nachtmahl an kleinen Tischen im Geviert des Präsidenten, mit reichlichem Genuß von Milch, Reis, Hammelfleisch (der Hammel ist am Nachmittag vom Präsidenten selbst geschlachtet worden), Makkaroni, Ölsardinen, Zigaretten, Sirup usw., mit europäischen Tänzen zur Akkordeonbegleitung und allgemeinem Geknutsche der jungen Paare, von denen sich einige unter den kleinen Tischen lieben.

Fast alle Mitglieder der Gesellschaft gehen in die Schule. Die Eltern greifen während der großen Lustbarkeiten nicht ein: Sie sind zu Beginn des Mahles schlafen gegangen.

Mouchet, der meine Untersuchung auf linguistischem Gebiet vervollständigt, zeichnet die Lieder der Gesellschaft auf.

Das eine, auf Bambara, läßt sich etwa so übersetzen:

> *Mach mich nicht schwanger, kleiner Mann!*
> *Das ist die Liebe . . .*

Ein anderes lautet:

> *Denise bordeau Traoré, auf jetzt und getanzt!*

Denise bordeau Traoré meint eine gewisse Dénimba Traoré aus Bamako. Ihr Vorname ist zu Denise französisiert worden und man hat ihm das Wort »bordeau« angehängt, denn »sie ist eine Hure« (Salam Sidibé *dixit*).

Ich vergaß zu erwähnen, daß die *goumbé*-Trommeln der Gesellschaft an den Tagen der großen Zusammenkünfte mit Trikolorenfahnen geschmückt sind und daß das Kennzeichen des Präsidenten ein europäischer Kakianzug ist, den er an seinen Nachfolger weitergibt (?).

Jetzt geht es darum, einer der Versammlungen der Gesellschaft beizuwohnen, zu denen kein Erwachsener Zugang hat – ausgenommen der Akkordeonspieler, der ältere Bruder des Jungen, der im Club die

Würde des »Kommissars« innehat. Wird man den Umstand, daß wir *weiße* Erwachsene sind, als mildernd oder als erschwerend betrachten?

In der Stadt hat Mamadou Vad seinen Freund, den Maurer Sissoro getroffen, der, als sie beide beschnitten wurden, eine solche Angst bekam, daß er an Ort und Stelle unter sich machte, seinen ganzen Boubou besudelte und von dem ungeschickten Schmied ein Stück mehr abgeschnitten bekam als nötig gewesen wäre. Der Schmied seinerseits hat sich vor Schreck nach »England« abgesetzt . . .

13. August

Die Arbeit über die Beschneidung und die Kindergesellschaften hat einen solchen Grad von Besessenheit erreicht und einen derart pronnonciert technischen Charakter angenommen, daß ich mich gestern dabei ertappt habe, wie ich ganz ernsthaft folgenden Satz niederschrieb: »Die *sounkourou* gibt dem *séma* Kolas, damit sie ihren *kamalé* im *biro* besuchen kann«! Was heißen soll: »Die Freundin gibt dem Wächter der Beschnittenen (*séma*) Kolanüsse, damit sie ihren Geliebten in der Ruhehütte (*biro*) besuchen kann.«

Ich habe heute eine alte *sémé* und ihre Schwester wiedergesehen, die schon gestern gekommen waren. Die Alte hatte ein oder zwei Lieder der Beschnittenen gesungen. Eine frische, zu Tränen rührende Stimme, so zart wie das Wort Beschnittene selbst, die erlesene Wunde in ihrem Schmuck . . .

Gegen Abend – meine jungen Informanten vom *goumbé*, mit denen ich am Sontag einen Bummel durch die Stadt machen soll, sind gerade wieder gegangen – werden Himmel und Erde ziegelrot oder orange: zum ersten Mal, seit ich hier bin, der richtige afrikanische Sonnenuntergang wie auf den Plakaten. Unsere europäischen Gesichter werden sofort genauso rot, aber nur für einen kurzen Augenblick, denn Himmel und Erde erlöschen schon bald. Sie werden dann fast bleich und stechen mit ihrer Albinohaut seltsam gegen das Schwarz unserer ganzen Umgebung ab.

14. August

Larget und Lutten sind wieder auf dem Rückweg nach Samayana, ohne große Ausbeute hinsichtlich der im Gebirge zu entdeckenden Sehenswürdigkeiten, aber mit interessanten Sammlungsobjekten. Baba

Kèyta, der doch so viele Dinge hatte zeigen sollen, ist die Meinung gesagt worden; er hat das sicher alles nur erzählt, um einen Urlaub bewilligt zu bekommen. Jetzt ist er ganz kleinlaut. Im Auto famose Geschichten von Mamadou Vad: Als er nach Kayes Milch holen ging, hat er einen Kerl beim Koitieren mit seiner Kuh überrascht: seitdem erkundigt er sich jedesmal, wenn er ihn trifft: »Wie geht es deiner Frau?«; ein anderer, in der Nähe von Kayes wohnender Mann hatte seine Frau verloren und wollte einmal mit seiner Tochter schlafen. Die aber fing zu schreien an, so daß die Nachbarn zusammenliefen und der beschämte Vater nach seinem Gewehr griff und sich erschoß.

Wieder beim Konvoi – wohin wir Lutten, Larget und Baba zurückgeleiten (von einem unserer kleinen Informanten habe ich erfahren, daß Baba 4 oder 5 Frauen und einen Karren besitzt) – finden wir den Waggon von insgesamt drei Schülern der Volksschule belegt, von dem Chef der Bilakoro von Koulikoro-Gare, dem Trommler des Goumbé von Wolofobougou und noch einem dritten. Mouchet hat die Jungen sich ausruhen lassen, während er zu Mittag aß, und in Erwartung der weiteren Untersuchung machen sie jetzt ein Schläfchen.

Ein paar Stunden später erzählen sie mir von den Scherzen, die sich die Älteren im Knabenhaus nach der Beschneidung mit ihnen erlauben. Sie klopfen mit ihrem Glied gegen einen Stützpfosten des Dachs und fragen: »Habt ihr auch solche?« Worauf die Kinder antworten müssen: »Nein, Papa!«

Vor dem Abendessen ein Ständchen. Mamadou Vad kratzt auf seiner kleinen Geige, und etwas weiter weg tanzen zwei Boys vom Personal. Dabei fällt so viel für sie ab, daß sie sich ein paar Kolas kaufen können.

Ich glaube, das Eis ist jetzt wirklich gebrochen. Ich fühle mich rückhaltlos wohl in dieser so burlesken und herzlichen Atmosphäre, wenn z. B. Mamadou Vad mit seinem gerade frisch rasierten Schädel von der Matte hochkommt, auf der er sich ausgestreckt hatte und (auf Wolof, das er nicht nur ins Französische, sondern auch ins Arabische übersetzt) irgendeine gute Geschichte peinlich genau in das kleine Merkheft überträgt, das Griaule ihm gegeben hat.

15. August

Verrückte Arbeit mit den Beschnittenen. Die Karteikarten häufen sich. Mamadou Vads Merkbüchlein wird immer voller, und jetzt tauchen sogar Zeichnungen darin auf.

Wir müssen unseren Konvoi aufgeben, denn die Wagen werden anderweitig gebraucht. Trotz Umzug geht die Arbeit weiter, und als wir unsere Waggons verlassen, um zu dem Hangar hinüberzugehen, der jetzt zu unserer Verfügung steht, helfen die Kinder beim Transport mit und tragen Kisten und Pakete.

An einem Ende des Hangars ist ein ziemlich großer, vergitterter, mit einer Decke versehener Verschlag. Er hat beinahe die Form eines auf den Boden gesetzten Würfels, dessen Decke unter dem Dach des Hangars eine Art Hängeboden bildet. Wir richten darin unser Büro und Larget sein Labor ein, ich bringe meine Kisten dort unter, und Griaule stellt seine sämtlichen Sachen hinein.

Die reinste Fabrik. Drei Befrager arbeiten gleichzeig und ohne Unterbrechung: Mouchet an einem Tisch mit zwei von den Kindern, ich an einem anderen Tisch mit den beiden anderen Kindern, Griaule irgendwo sonst mit Mamadou Vad.

Kein Schauspiel, das nicht zu nichts zerrönne vor dem magischen Zauber dieser Erzählungen, die das seßhafte Leben in einem Bahnhofsgebäude zu etwas viel Intensiverem machen als jedes touristische Begaffen des Landes. Die große Kriegserklärung an das Pittoreske, das laute Lachen ins Angesicht des Exotismus. Mehr noch als die anderen bin ich gerade von diesem eiskalten Dämon der Befragung besessen.

16. August

Fortsetzung vom 15. August (logischerweise). Fortsetzung und womöglich Crescendo. Ein weiterer Informant: Baba Kèyta, der sich die fehlgeschlagene Expedition vergeben lassen möchte und mit dem ich den ganzen Tag über arbeite. Ich muß dafür Mouchet mit den ganzen Kindern alleinlassen.

Gegen 4 Uhr 30 erinnern die mich an mein Versprechen, mit ihnen in Bamako auszugehen und daran, daß man mich beim Tamtam der Gesellschaft von Salam Sidibé erwartet.

Leider bin ich, gerade als die Kinder mir das sagen, mit Baba Kèyta erst richtig in Fahrt gekommen, der mir ganz unerhörte Dinge über die Beschneidung im Land der Malinké erzählt. Ausgeschlossen, ihn jetzt sitzen zu lassen. Ich sage den Kindern, sie sollen allein zum Tamtam gehen, aber sie wollen nicht, sie wollen auf mich warten.

Als ich gegen sechs Uhr immer noch arbeite, wollen sie dann doch gehen, aber jetzt haben sie den Tamtam verpaßt, und zwei von ihnen müssen Bußen in Form von Kolanüssen bezahlen.

Seit heute morgen habe ich in einer meiner Schubladen einen großen Vorrat an Kolanüssen, die ich von Mamadou Vad für meinen bevorstehenden Ausgang mit den Kindern hatte einkaufen lassen. Ich gebe ihnen den ganzen Vorrat, so sehr verdrießt es mich, dableiben zu müssen.

17. August

Schon früh am Morgen kommen die vier Freunde Mamadou Sanoko, Mamadou Kèyta, Kasim Doumbiya, Salam Sidibé. Salam stellt mich gleich nach meiner Dusche, hinter dem Hangar, und hält mir ein Taschentuch voller Kolanüsse hin. Dieselben, die ich ihm gestern zum Bezahlen seiner Buße gegeben habe. Anscheinend hat die Gesellschaft die Bezahlung abgelehnt, da seine Abwesenheit durch die Arbeit für uns motiviert war. (Die Neger, so heißt es, wollen nur eins: Dem Weißen das Geld aus der Tasche ziehen . . .) Nun bringt er mir die Kolanüsse zurück. Ich lasse sie ihm, als Gabe für die Gesellschaft, und nehme mir vor, am Donnerstag hinzugehen.

Wieder den ganzen Tag im Hangar. Aber der Befragungseifer flaut etwas ab – zumindest bei mir –, und ich fühle mich ein wenig schlapp. Die Hitze ist viel drückender als in den Waggons, und vielleicht bin ich denn doch etwas zu lange nicht mehr rausgegangen.

Am Abend ein heftiger Tornado, der auf einmal da ist, aber nach sintflutartigen Regenfällen und ein paar Donnerschlägen auch schnell abzieht.

18. August

Schlecht geschlafen heute nacht. Bauchschmerzen. Wieder Crocros am rechten Fuß. Nicht die geringste Lust, die Befragung weiterzumachen. Wann hauen wir hier endlich ab!

Trübsinnige Arbeit mit einem neuen Team von Beschnittenen, drei Brüdern diesmal, die Griaule und Lutten gestern in der Stadt getroffen und zusammen mit ihrem *séma* im Lastwagen mitgebracht haben. Der *séma* (der Bedienstete der Familie der drei Kinder, deren Vater Kadi ist) ist eine Art würdiger Greis. Die drei Kinder tragen lange ungebleichte Boubous, die zu weit für sie sind (denn wenn sie später die Ruhehütte verlassen, müssen sie sie als Gabe dem *séma* überlassen, der sie für sich gebraucht); an den Füßen tragen sie Ledersandalen und auf dem Kopf hohe Hauben, die innen von einem gebogenen Schilfrohr gespannt werden, was ihnen die Form von hohen Helmschweifen verleiht. Einer der Jungen ist klein, einer mittelgroß und einer groß. Der Kleine, der gleichzeitig der Älteste ist, besucht eine der unteren Klassen der Schule; der Größte und zugleich der Jüngste ist in einer der oberen; der Mittlere und Zweitälteste geht in eine mittlere Klasse. Das erzeugt ein gewisses Durcheinander, zumal die Kinder ziemlich wortkarg sind und fast nichts von sich geben, zum einen, weil sie diese Zurückhaltung wohl ihrer Eigenschaft als Söhne von Notabeln für angemessen erachten, zum anderen aus einem Mißtrauen heraus, das mir Mamadou Kèyta später erklärt und das sich dem Umstand verdankt, daß ein Beschnittener, solange er in der Ruhehütte ist, noch als ein Bilakoro (Unbeschnittener) betrachtet wird und folglich ohne Gefahr für seine Heilung von bestimmten Dingen nicht reden darf.

19. August

Weitere Geschichten von Mamadou Vad: die von der großen Schlacht zwischen dem Hund und dem Affen; die vom Marabut, der einem schlafenden Elefanten in den Hintern kroch und ihm beim Hinausgehen aus Versehen aufs Herz getreten ist, worauf er dann, infolge einer Kontraktion des Schließmuskels, in der Klemme saß; diejenige von den 4000 Bataillonen von Affen, die sich mit »ungefähr« 3000 Bataillonen von Hunden herumschlugen und alle miteinander, Hunde wie Affen, Funksprüche und Telegramme an ihre Familien aufgaben, um ihnen die Neuigkeit mitzuteilen. Sonst immer noch der Bahnhof; eine Menge Leute kommen und gehen: ein *somono*-Fischer, der befragt wird und der Bauchgrimmen hat, ein Juwelier und Erzgauner, ein nichtssagender Geschirrmacher, eine Töpferin, die ihre Freundin mitbringt, welche ohne Zweifel entzückt ist über diese Gelegenheit, sich vorzustellen.
Da fällt mir noch ein – eine große Neuerung, die ich fast vergessen hätte: Larget baut ein WC-Zelt auf.

20. August

Arbeit mit Barhaba Sidibé, einer sechzehnjährigen Witwe, der Schwester von Salam Sidibé. Sie ist ein nettes Mädchen, das einem nichts vormacht, weder der Typ der törichten Schickse, noch übertrieben ungesellig. Ihr Bruder spielt den Dolmetscher, und es ist auch noch ein

dreizehnjähriger Junge mit ihr gekommen, der ein Mitglied der Gesellschaft ist. Er ist in einen weiten Boubou gehüllt.
Ich habe schon wieder Crocros am Fuß, nicht so groß wie die ersten, aber doch ganz schön unangenehm.

21. August

Fortsetzung der Arbeit mit Barhaba Sidibé, die wirklich einfach und symphatisch ist, und das ist selten bei den Mädchen ihrer Rasse und ihrer sozialen Stellung. Der dreizehnjährige Junge ist immer noch da. Diesmal ist er – abgesehen von einem *bila* (einer Art von Lendenschurz) und einem Stoffetzen, der ihm als Boubou dient – fast nackt. Die Befragung hat die Exzision zum Thema.
Ohne sich weiter bitten zu lassen erzählt Barhaba von den verschiedensten Dingen, und ich erfahre, daß die Liebhaber der doch immerhin noch sehr jungen Beschnittenen leicht Zugang zu den in der Ruhehütte eingeschlossenen Mädchen finden können. Sie brauchen nur der Wächterin ein paar Kola zu geben.
Baba Kèyta, der sonst doch ziemlich regelmäßig kommt, ist heute Abend nicht erschienen. Gestern erzählte er mir, daß er ein jetzt zehnjähriges Mädchen heiraten werde, das ihm im Jahre 1899, dem Jahr seiner, Babas Beschneidung, im voraus versprochen worden ist.

22. August

Idem, oder fast *idem*. Außer daß Mamadou Vad, den Griaule darum gebeten hat, eine Beschnittenenhaube der Wolof anzufertigen, ihm nicht nur eine Haube bringt, sondern auch unerhörte Auskünfte dazu: Auf der einen Seite der Haube, die einem ägyptischen Pschent zum Verwechseln ähnlich sieht, ist eine Figur gegen den bösen Blick, die zugleich das Wappen der Familie Vad ist. Und Mamadou teilt neben dem Wappen seiner eigenen Haube auch noch mehrere andere mit.
Ich meinerseits mache meine Arbeit als Aufseher, Untersuchungsrichter oder Bürokrat weiter. Nie bin ich in Frankreich derart seßhaft gewesen. Aber hier mache ich mir keine Gedanken darüber und bin die meiste Zeit zu faul, um ernsthaft nach dem »Warum« zu fragen. Gleichwohl drängt sich mir als Bild für dieses Leben leicht die anscheinende Stille der Sterne oder jener züngelnden elektrischen Fasern auf, die an bestimmten Tagen, wo das Gewitter lange braucht um loszubrechen, oder sich gar nicht entlädt, lautlos von Wolke zu Wolke zucken.

23. August

Idem, oder fast *idem*. Ich kaufe einen sudanesischen *koursi*, um ihn zu den – gleichfalls sudanesischen – Stiefeln zu tragen, die ich seit zwei Tagen besitze. Immer noch nicht vom Bahnhof weggekommen und immer noch dieselbe Flut von Informanten, die in so großer Zahl ankommen, daß wir uns jetzt schon wie Prüfer ausnehmen, an denen die Reihen der Kandidaten vorbeidefilieren.

Mamadou Vad hat sich jetzt eine getönte Brille zugelegt.

24. August

Ich stecke mitten in der Dämonologie. Barhaba Sidibé erzählt mir von den Wasserteufeln oder *dyidé*. Sie steigen aus den mit Wasser gefüllten Kürbisflaschen heraus; in das Wasser ist eine zweite, kleinere Kürbisflasche hineingestülpt, die die Frauen mit ihren Trommelstöcken zum Ertönen bringen. Sie steigen aus dem Innern des Wassers herauf bis in den Kopf der Tänzerinnen und Tänzer hinein, die männlichen Teufel in den Kopf der Frauen, die weiblichen in den Kopf der Männer. Jeder Dämon hat einen ihm eigenen Familiennamen, und wer zur Aufnahme in die Gesellschaft einen Bock opfert, der kennt diesen Namen. So kann er (oder sie) dann bei jedem Tanz von diesem charmanten Dämon bewohnt werden, der ihn in bisweilen echten, manchmal simulierten, aber für diese besessenen schwarzen Köpfe immer köstlichen Krämpfen sich auf dem Boden wälzen läßt.[9]

25. August

Fahrt nach Koulikoro mit Moufle. Er bringt mit dem Lastwagen die zweite Ladung Material zu den Kähnen, die uns von der Flußschiffahrt zur Verfügung gestellt worden sind und mit denen wir den Niger hinunterfahren sollen. Der Chef der Bilakoro von Koulikoro-Gare kommt mit uns und hält, aufrecht auf dem Trittbrett stehend und auf die von allen Seiten auf ihn einstürmenden Zurufe »Mamadou! Mamadou!« antwortend, einen triumphalen Einzug in seine Vaterstadt.

---

9 · Diese Institution des *dyidé*, die ich bereits am 14. Juli in Kita beobachten konnte, als die Frauen tanzten und ihre Köpfe wie aus dem Katapult geschossen herumschleuderten, sollte ich in Mopti in Form des *ollé horé* und dann in Abessinien als die *zar* wiederfinden, mit denen ich mich mehrere Monate beschäftigt habe.

In allen Karrees, durch die wir gehen, überall dieselben Willkommens-
rufe, dasselbe Händedrücken. Die Großmutter von Mamadou nimmt
Moufles und meine Hände zwischen ihre beiden faltigen Handflächen.
Anschließend geht sie vier Maiskolben holen, die sie ihrem Enkel gibt,
und bringt auch noch einen Mühlstein, der, wie ich annehme, für seine
große Schwester in Bamako bestimmt ist, bei der der Junge wohnt.
Seine Mutter, die sich nicht verständlich machen kann, packt eine ihrer
Brüste – eine alte Ledertasche – mit beiden Händen und zeigt sie mir,
um mir zu verstehen zu geben, daß ich mit dem zusammen bin, den sie
genährt hat.
Auf der Rückfahrt schießt Moufle ein Perlhuhn. Sowie das Tier auf
dem Boden aufgeschlagen ist, springt Mamadou Sanoko aus dem
Lastwagen und läuft lauthals lachend zu dem Opfer, um es aufzuheben.
Mit einem Schnitt seines Messers trennt Moufle den Kopf ab, und der
Junge bringt das Wild zum Lastwagen zurück, ohne sich um die
schlagenden Flügel und die am Hals knospenden Blutklümpchen zu
kümmern.
Im Hangar finde ich Vad wieder. Er hat sich eine europäische Hose
gekauft und sieht potthäßlich aus . . .

26. August

Baba Kèyta nimmt mich zu einer alten Hexe mit, die buchstäblich so
hübsch ist wie ein Affe. Sie ist das Oberhaupt des *dyidé*, der Sekte von
Besessenen, von der mir vorgestern die kleine Sidibé erzählt hat. Bei
der Alten sind noch andere Frauen, die während der Unterhaltung
zwar nicht immer alle zusammen, aber doch jedenfalls immer zu zweit
oder zu dritt anwesend sind, wie Leibwächter. Zwei von ihnen – sie
scheinen etwa 30 bis 35 Jahre alt zu sein – sind die beiden Töchter der
Alten: Die eine liegt auf einer Matte und schaut sehr böse drein; die
andere lagert wie hingegossen auf dem Bett, neben ihrer aufrecht
sitzenden Mutter, und blickt mich an, bzw. schaut ins Leere. Sie ist
– buchstäblich – so schön wie eine schöne Kuh (das ist nicht als Witz
gemeint). Außerdem ist noch ein Toucouleur-Mädchen da, das von
Zeit zu Zeit hereinkommt und wieder hinausgeht und sich ebenfalls
aufs Bett setzt. Es ist genauso hübsch wie irgendeine gewöhnliche
Gazelle – auch dies ist buchstäblich gemeint, und auch hier gibt es
nichts zu lachen.
Noch eine andere Frau schaut einen Moment herein. Sie ist schon älter,

von klassischer Schönheit, mit strengen Tätowierungen, die ihr Gesicht durchfurchen.

Die Alte sagt fast nichts. Sie lächelt arglistig, umgeht alle Fragen und verharmlost alles zu vollkommen nichtssagenden Einzelheiten. Kaum daß sie von ihrer eigenen Erkrankung erzählt und davon, wie sie nach ihrer Heilung selbst Heilspezialistin geworden ist. Im Laufe des Nachmittags sollte ich dann allerdings erfahren, warum sie nicht mehr preisgeben will: Die Frau, die vor ihr Oberhaupt der Sekte war, ist vor 15 Jahren von den französischen Behörden verhaftet, gezüchtigt und, nach Beschlagnahmung ihrer Habe, des Landes verwiesen worden. Sie ist dann nach Kati gegangen und dort im finstersten Elend gestorben ... All das, weil die Tamtams des *dyédounou* (»Wassertrommel«) angeblich Vorwand zur Ausschweifung sind!

Gereizt verlasse ich die Frauen und werfe dem armen Baba Kèyta die schlimmsten Sachen an den Kopf. Um ein Haar hätte ich ihn einen »Bilakoro« genannt!

Als ich dann die Gründe für das beharrliche Schweigen der Frauen erfahren habe, bin ich nicht mehr gegen Kèyta aufgebracht, sondern gegen die Behörden, gegen jenes institutionalisierte Unrecht, das unter dem Vorwand der Moral zuläßt, daß so etwas geschieht (vgl. Liga gegen die Sittenverderbnis auf den Straßen, Abstinenzlertum usw.).

27. *August*

Abreise: Griaule, Larget, Mouchet, Moufle fahren auf dem Niger, Lutten und ich im Lastwagen auf der Straße, über Bougouni, Sikasso und Koutyala. In Ségou treffen wir wieder zusammen. Der junge Mamadou Kèyta, einer unserer kleinen Informanten, den Griaule als Dolmetscher mitnehmen wollte, dessen Vater aber Schwierigkeiten gemacht hatte, ihn gehen zu lassen, kommt mit seinem Brot unter dem Boubou zum Hangar: Proviant für die Reise, die er nun doch antreten will. Griaule beschließt folglich, ihn mitzunehmen.

Nach dem Mittagessen braust unser Lastwagen ab. Hinten drin sitzen Mamadou Vad, Makan Sissoko und Bandyougou Traoré, ein neuer, versuchsweise eingestellter Boy, der fast blind ist, so stark schielt er. Im übrigen ist er die reinste Unschuld. Wo er nun schon für uns arbeitete, wollte er auch unbedingt mit Mouchet die Befragung machen; da er aber kein Wort Französisch versteht, beschränkte er sich darauf, alle afrikanischen Städtenamen herzusagen, die er kannte.

Besuch einer Anzahl von Dörfern und Übernachtung in der Schule von Wolossébougou, 76 Kilometer von Bamako.

Der dumpfe Klang von Hörnern, der vom Busch herüberkommt und ganz herzzerreißend wirkt, läßt mich lange wachliegen. Prächtiger Vollmond.

28. August

Fortsetzung unserer Wanderung. Mittagessen in Sido (128 km). Wie in den anderen Dörfern, raffen wir auch hier alles zusammen, was wir an Tanzkostümen, Gebrauchsgegenständen, Kinderspielzeugen usw. auftreiben können.

Ankunft in Bougouni bei strömendem Regen. Abendessen und Übernachtung beim Verwalter, der sich über die Kolonien, die Ethnographie, die Sprachforschung und über Maurice Delafosse ausläßt. Großes Wohlbehagen, mich endlich einmal in einem richtigen Bett ausstrecken zu können; eine seltene Wonne, denn ich schlafe auf der Stelle ein.

29. August

Frühstück. Durchsicht der Telegramme mit dem Verwalter. Eins meldet – verschlüsselt – ein weiteres Opfer des Gelbfiebers. Das Wort »Gelbfieber« wird fast nie ausgesprochen. Ein sprachliches Tabu bewirkt, daß man alle möglichen Umschreibungen gebraucht, um davon zu reden.

Während Lutten das Dorf besucht, arbeite ich mit den Dolmetschern im Büro des Verwalters. Sobald die Gegenstände eintreffen, wird bezahlt. Der kleine schwarze Beutel mit dem Geld – unsere Wundertüte – wird mehrmals aufgeknüpft und wieder zugebunden. Unser Inventarverzeichnis wird immer länger und länger. Noch haben wir niemand seine sämtlichen Kleider abgekauft und ihn (oder sie) nackt an der Straße stehen lassen, aber das kommt bestimmt.

Abfahrt nach dem Mitagessen, Übernachtung in Sirakoro. Vorher noch eine Fußwanderung nach Bougoula, einem Dorf, in dem die besten Schmiede der Gegend wohnen und von wo wir erst nach Einbruch der Nacht zurückkommen. Makan steckt mit dem Kopf und bis zu den Schultern in einer zwei Meter langen Fischreuse, die wir gekauft haben, und die wie ein komischer spitzer Hut aussieht. Er tanzt mitten auf dem Weg und verkündet: »Es ist ein großer Kapitän (Lutten

104

hatte ihn mit diesem Fisch verglichen) und der heißt Makan Sissoko!«

Wenig später fällt eine prächtige Sternschnuppe vom Himmel, so wunderschön, daß ich sie für eine Rakete halte.

So schlafe ich denn heute abend, mein Bett mitten im Gras, im Angesicht des Mondes ein, dessen Licht mich vertraulich umfängt ...

30. August

Nach der Fähre über den Bagoé – sie wird an einem Seil übergeholt und die Fährleute legen sich mächtig ins Zeug – betreten wir das Land der Sénoufo. Die Hütten sehen hier wieder anders aus. Sie sind schmutzig, verräuchert und von einem schwärzlichen Lack überzogen wie alte Bilder. Die Bewohner dagegen sind viel robuster: Alle sind Heiden und Dolo-Trinker. Die Ausmaße ihrer landwirtschaftlichen Geräte sind beeindruckend. Der übliche Besuch von Dörfern, dann Übernachtung in Nyéna.

31. August

In Nkourala (159 km) stoßen wir bei der Besichtigung des Dorfes auf zwei Hütten des Fetischs *nya*, direkt am großen Dorfplatz. Das Portal einer der beiden Hütten ist mit dem Schädel eines Hornviehs geschmückt, das Dach der anderen mit den Schädeln der Hunde, die dem Fetisch geopfert wurden. Die beiden Hütten sind ziemlich klein, rund, niedrig und mit einem kegelförmigen Strohdach bedeckt. Sie sind aus Stampferde gebaut und stehen auf einem kleinen Hügel, ebenfalls aus Stampferde. Die Wände sind mit orangefarbenen, weißen und schwarzen Dreiecken verziert, die dem ganzen Bau etwas Harlekinhaftes verleihen. Aber die beiden sehr soliden und wie die Pfoten einer plumpen Sphinx aussehenden Blöcke aus Stampferde zu beiden Seiten der sehr kleinen Türöffnung schließen einen derartigen Vergleich von vornherein aus.

Mamadou Vad hatte uns erklärt, was es mit diesen Hütten auf sich hat, deshalb sind wir auch nicht überrascht über ihren – in Wirklichkeit ziemlich harmlosen – Anblick, aber es belebt sie in unseren Augen das sie umgebende Geheimnis.

Ich habe sofort Lust, den *nya* zu »sehen«. Ich bespreche mich mit Lutten und der ist einverstanden. Mamadou Vad richtet den Leuten aus, daß wir bereit sind, ein Opfer darzubringen. Vad übermittelt das, und die Männer deuten auf einen Greis, der unter einem Baum sitzt; er ist der Chef des *nya*, und man muß das mit ihm ausmachen. Sie gehen zu ihm hinüber, und der Greis sagt, es seien ein Hund, ein weißes Huhn und zwanzig Kolas erforderlich. Ich gebe 5 Francs für den Kauf des Hundes, zahle ein Huhn und begleiche den Preis für die 20 Kola. Der Chef des *nya* kommt herüber und setzt sich auf die rechte Pfote der Sphinx. Er hat gichtige Arme, einen dünnen weißen Bartkranz ohne Schnurrbart, Augen so schmal wie Schlitze und eine spitze Haube auf dem Kopf: alles in allem das Aussehen eines sehr durchtriebenen und sehr kräftigen Gnoms. Ein jüngerer Mann – der, den wir auch angesprochen hatten – setzt sich auf der anderen Seite der Tür nieder. Halbblaut miteinander redend warten sie auf das Eintreffen der Opfergaben. Ein Hund ist nicht zu finden (zumindest wird behauptet, es sei keiner zu finden), aber man bringt ein Huhn (ein geflecktes schwarzes, anstatt eines weißen) und zwanzig Kolanüsse.

Alle stehen vor dem Eingang der Hütte, der durch eine Reihe von Pfählen verschlossen ist. Der Gehilfe des Chefs und drei weitere Männer legen ihren Boubou ab und sind dann nur noch mit dem Bila bekleidet, der so winzig ist, daß man bei den meisten den Ansatz der Schamhaare sieht. Diese nackten, muskulösen Männer mit ihren Schnittnarben auf dem Gesicht sind in ihrer Haltung von einer Noblesse, wie man sie praktisch nur bei den Dolo-Trinkern, fast nie aber bei den Muselmanen findet.

Schnell werden die Pfähle beiseite geräumt, und der an der Decke seiner kleinen Hütte hängende Fetisch kommt zum Vorschein: Eine unförmige Masse, die sich, als die vier Männer sie vorsichtig aus ihrem Bau hervorgeholt haben, als ein gewöhnlicher grober und geflickter Leinensack herausstellt, bedeckt mit einer Art von Teerschicht, in Wirklichkeit geronnenem Blut, und innen mit Sachen vollgestopft, die man sich zusammengewürfelt und verstaubt vorstellt. An einem Ende des Sackes ist ein besonders teeriger Buckel und am anderen Ende hängt, wie ein kleiner Schwanz, ein Glöckchen. Große, gläubige Erregung: ein dreckiger, einfacher, elementarer Gegenstand, dessen Abscheulichkeit eine furchtbare Kraft innewohnt, denn in ihr verdichtet sich das Absolute dieser Männer, die darin zugleich ihre eigene Kraft ausgedrückt haben – wie das Kind in der kleinen Lehmkugel, die es beim Spielen im Schlamm zwischen den Fingern knetet.

Der Chef, der immer noch auf der Sphinxpfote sitzt, spricht jetzt mit lauter Stimme zum Opferleiter, der auf den Fersen hockt. Er gibt ihm das Huhn und die 5 Francs, die den Hund vertreten, der sich nicht hat auftreiben lassen. Zwischendurch antwortet der Opferleiter auf die Ratschläge, die ihm der Alte gibt, oder er spricht mit sanfter und vertraulicher, etwas ängstlicher Stimme, wie man zu einem zugleich geliebten und gefürchteten Ahnen spricht, zu seinem Fetisch.

Alle sind ernsthaft und gemessen, und ich bin sicher, daß niemand an den kleinen Schwindel denkt, der darin bestand, den Hund durch Geldstücke zu ersetzen, um nicht vor unseren Augen das eigentliche Opfer vollziehen zu müssen. Die Aussprache mit dem Unendlichen ist noch nicht beendet; der Opferleiter rupft den Hals des Huhns und wirft die Federn hinter sich; dann öffnet er ihm mit einem Schnitt seines Messers die Gurgel, läßt das Blut auf den scheußlichen Buckel des Fetischs rinnen und schleudert dann das Tier ein paar Schritte weit von sich.

Jetzt kommt es zum eigentlichen Höhepunkt: Der niedergestürzte Vogel steht auf, dreht sich im Kreise, taumelt ein paar Schritte weiter, fällt wieder hin, steht noch einmal auf, scheint auf den Rücken zu fallen (ein ungutes Zeichen, wenn er dort liegenbleiben sollte), aber er richtet sich noch einmal auf und fällt schließlich auf die rechte Seite, den Kopf nach Norden gewendet. Das Opfer ist gut: Die allgemeine Spannung läßt nach. Ich spreche in wenigen Worten meinen Dank aus, und die vier immer noch nackten Männer tragen den *nya* wieder hinein.

Ich steige mit Lutten, der die Szene gefilmt hat, wieder in den Lastwagen, und wir verlassen das Dorf.

Ein paar Kilometer weiter, in Kampyasso, steigen wir wieder aus und entdecken – neben einem Baum, einem grasbestandenen und mit umgedrehten Tonschalen bedeckten Hügel und einem Herd – eine weitere *nya*-Hütte. Ein bis auf einen Bila, der kaum breiter ist als ein Faden, vollständig nackter Mann mit roter Schechia und schwarzem Bärtchen erklärt mir in ziemlich korrektem Französisch, daß man auf diesem Herd die dem *nya* geopferten Tiere kocht, um sie zu essen. Auf einer Seite der Hütte hängt eine Traube von Halsbändern: die Bänder der geopferten Hunde wahrscheinlich.

Ankunft in Sikasso in der Nacht und sofortige Weiterfahrt nach Zignasso, wo seit dem Gelbfieber die Europäer übernachten. Kontaktaufnahme mit dem Verwalter, den wir zusammen mit den Europäern der Kolonie in einem vergitterten Käfig, einem Moskitoschutz von denkbar komischer Wirkung, beim Essen antreffen.

Da im Camp von Zignasso angeblich kein Platz mehr für uns ist, kampieren wir in der Markthalle (!).

1. September

Unruhige Nacht in der Markthalle; von Hunden gestört worden und dann, bei Morgengrauen, von den Rufen des Almani.
Morgentoilette, bevor die Menge zum Markt strömt, dann Arbeit. Unter anderem eine Befragung über die Exzision gleich neben der Auslage eines Schlachters.
Mittagessen beim Verwalter und, zusammen mit dem Dolmetscher, Besuch bei den Würdenträgern. Die beiden Kantonschefs haben einen regelrechten Hof, mit Frauen, Bediensteten und Günstlingen. Bei einem sehen wir eine prachtvolle holzgeschnitzte Tür, die er aber nicht verkaufen will. Wir können sie lediglich photographieren.
Als wir gegen Abend wieder wegfahren, sehen wir ihn neben der Tür seines im Djenné-Stil erbauten Hauses in einem großen Sessel sitzen, der fast wie ein Thron wirkt. Zu seinen Seiten zwei Frauen: Eine alte und, etwas weiter vorne, als gälte es, sie in die Auslage zu stellen, eine junge mit nackter Brust.
Die Günstlinge sitzen auf der anderen Seite der Tür. Zu Füßen des Kantonschefs hockt ein Griot und singt unablässig sein Lob. Der Kantonschef erscheint uns so als eine derart mächtige und bedeutende Persönlichkeit, daß ich überrascht bin, ihn bei unserer Abfahrt aufstehen zu sehen, um sich von uns zu verabschieden.
Übernachtung in Kyéla. Einfaches und angenehmes Camp mit nur ein paar runden Hütten.

2. September

Wir sind fast noch bei der Morgentoilette, als auch schon zwei alte Frauen zum Camp kommen. Sie tragen auf dem Kopf clownartige Quasten, um den Hals Ketten aus Körnern (untermischt bei der einen mit Streichholzstücken) und um die Hüften hübsche kleine Tücher, die ihre Bila bedecken. Sie singen und tanzen auf eine zugleich charmante und burleske Weise, schneiden ulkige Grimassen, werfen am Ende ihres Gesangs ihren Kopf zurück und stoßen einen kleinen Schrei aus. Es sind zwei *korodyouga*-Frauen (auf Sénoufo: *mpo*), eine Art von noblen Hanswursten, denen im sozialen Leben die verschiedensten Rollen zufallen, so z. B. die Rolle von Hebammen bei einer Geburt, oder von Botschafterinnen, wenn ein gerade beschnittenes Mädchen ihrer künftigen Schwiegermutter mitteilen soll, daß sie geheilt ist.

Arbeit und Filmaufnahmen mit diesen beiden Frauen, dann Abreise und weitere Besuche von Sénoufo-Dörfern.

Am Abend Ankunft in Sangasso, wo wir übernachten wollen. Auch hier gibt es einen schönen »Tata«[10], den der Kantonschef bewohnt. Er ist weniger stattlich als der der beiden Chefs von Sikasso, aber bei Sonnenuntergang verfehlt auch er nicht seinen schönen, kleinen Plakateffekt. Von der Terrasse herab schaut uns eine ganze Schar Kinder zu, als wir ins Dorf einfahren.

3. September

Wir sehen uns den Tata des Kantonschefs an. Der Potentatcharakter, den diese Leute haben, ist kaum vorstellbar. Die Macht eines jeden europäischen Staatsoberhauptes ist lächerlich im Vergleich zu dieser Feudalherrschaft. Die Zahl der Frauen, Diener und Protegés ist immer beeindruckend.

Mittagessen in Koutyala und Besuch beim Verwaltungschef, von dem wir außer einem Hinweis auf ein Dorf von Schmieden namens Bla (zwischen Koutyala und Ségou) nicht viel über die Gegend erfahren. Anödende Konversation. Schon am frühen Nachmittag verabschieden wir uns und nehmen den Vertreter des Kantonschefs von Bla mit, dank dessen Vermittlung wir bei den Schmieden das bekommen, was wir wollen.

4. September

Erst um Mitternacht ins Bett gekommen, weil ich vorher noch auf dem Tamtam war. Ich habe dort den eingeborenen Hilfsarzt von Koutyala getroffen, mit ihm lange über Dinge geplaudert, die mich interessierten, und bin in der Nähe einer der *nya*-Hütten vorbeigekommen, vor der – unter den Augen der Greise – Kinder tanzten.

Am Morgen nimmt der Doktor die ärztliche Reihenuntersuchung vor: Er hat sich neben einem Baum niedergelassen, wie der rechtsprechende heilige Ludwig, und das ganze Dorf, Männer, Frauen und Kinder, zieht an ihm vorüber.

Mittagessen in Bla. Wir gehen zu den Schmieden (die ihr Eisen selbst

---

10 Wohnhaus in Form einer kleinen Festung.

herstellen) und schauen uns ihre Hochöfen an. Wir kommen überein, daß sie am nächsten Tag Holz zusammentragen und uns dann, wenn wir übermorgen mit Griaule wieder vorbeikommen, zeigen, wie sie den Holzstoß aufschichten.

Nächtliche Überquerung des Banifing und Ankunft in Ségou, wo wir erst lange herumirren, bevor wir das Zigeunerlager entdecken, das Griaule und Larget neben den Kähnen aufgeschlagen haben.

Ihre Flußschiffahrt war anscheinend nicht frei von Unbilden. Eines Nachts fehlte nicht viel, und ihre Kähne wären auf den Grund gegangen. Sie hatten hintereinander zwei oder drei Tornados zu überstehen und mußten die Kähne, obwohl sie am Ufer vertäut waren, mit Pfählen abstützen, um sie vor dem Kentern zu bewahren.

5. September

In der brennenden Sonne, und umringt von unzähligen Menschen, die von Zeit zu Zeit von der »Polizei« zurückgeschoben werden, machen wir die Bestandsaufnahme und die provisorische Etikettierung der Sammlungen, die Lutten und ich mitgebracht haben. Auf eins der Boote müssen 350 Gegenstände verladen werden. Von einem Schiff in Schlepptau genommen, das um 2 Uhr nachmittags abfährt, und mit dem auch Larget und Moufle fahren, sollen die Kähne noch heute nach Mopti abgehen.

Abfahrt des Schiffes um 2 Uhr. Kurz darauf fahren auch Griaule, Mouchet, Lutten und ich mit den Lastwagen und dem Auto ab. Mit uns kommen Mamadou Vad, Makan Sissoko, Bandyougou Traoré (unser schieläugiger Dorftrottel, der uns auf der Reise Bamako-Bougouni-Sikasso-Koutyala-Ségou begleitet hat und der, wenn er an einer abschüssigen Stelle den Lastwagen verkeilen soll, den Keil immer unter die ansteigende Seite legt) und Mamadou Kèyta, der junge Entführte.

Die Überquerung des Banifing ist wegen des schlechten Wetters etwas prekär.

6. September

Arbeit mit den Schmieden in Bla. Eine weiträumige Anlage verschiedener Schmieden, die zusammen eine einzige Werkstätte bilden. An einer Wand ist ein Geier angenagelt. Mittagessen in Bla. Weiterfahrt.

In Kéméni (24 Kilometer von Bla entfernt) entdecken wir eine prachtvolle Hütte, diesmal keine *nya*-Hütte, sondern eine *Kono*-Hütte. Ich habe schon die von Mpésoba gesehen (bin sogar nachts in den Hof gegangen), aber diese hier ist bei weitem die schönere, mit ihren Nischen voller Schädel und Knochen geopferter Tiere, unter den spitzen Zierwerken aus getrocknetem Lehm im sudanesischen Stil. Wir brennen darauf, den *kono* zu sehen. Griaule läßt sagen, man solle ihn herausholen. Der Chef des *kono* läßt als Antwort übermitteln, daß wir ein Opfer darbringen können.

Die Verhandlungen ziehen sich in die Länge. Auch der Mann, der die Hühner holt, braucht ewig lange, kommt aber schließlich doch mit einem kleinen und einem großen Huhn und übergibt sie Griaule. Mamadou Vad geht ihm nicht von der Seite, denn er scheint uns jeden Augenblick sitzen lassen zu wollen. Noch etwas Neues: Das Opfer erlaubt es nur einem einzigen, die Hütte zu betreten. Um auch hineingehen zu dürfen, muß ich noch zwei weitere Hühner einkaufen lassen. Man bringt mir zwei winzige Tiere, wie sie sich offenbar schmalbrüstiger kaum hätten auftreiben lassen. Es dauert alles endlos lange, und jetzt ist wieder etwas anderes: Der Opferleiter kommt nicht. Wir entschließen uns, den Hof zu betreten: Die Hütte des *kono* ist ein kleiner Verschlag, der mit ein paar Brettern (eines davon in Form eines Menschenkopfes) verschlossen ist. Die Brettertür wird durch ein dikkes, gegabeltes Holz abgestützt, dessen anderes Ende auf dem Boden aufsteht. Griaule macht eine Aufnahme und nimmt die Bretter weg. Man sieht jetzt das Innere des Verschlags. Rechts undefinierbare Formen in einer Art von braunem Nougat, in Wirklichkeit geronnenem Blut. In der Mitte eine große Kürbisflasche, die mit dem verschiedensten Zeug angefüllt ist, darunter mehrere Flöten aus Holz, aus Horn, aus Eisen und aus Kupfer. Links an der Decke hängt zwischen zahlreichen Kürbisflaschen ein mit Federn verschiedener Vögel verklebter scheußlicher Packen, in dem Griaule beim Tasten eine Maske fühlt. Verärgert über das Hin und Her der Leute ist unsere Entscheidung schnell getroffen: Griaule nimmt zwei Flöten und schiebt sie in seine Stiefel. Wir bringen alles wieder in Ordnung und gehen hinaus.

Man erzählt uns jetzt wieder etwas anderes: Der Chef des *kono* hat gesagt, wir müßten den Opferleiter selbst wählen. Aber als wir diese Wahl dann treffen wollen, erklären sich natürlich alle für nicht zuständig. Wir fragen unsere eigenen Boys, ob *sie* nicht dieses Opfer durchführen könnten; aber die machen ebenfalls Ausflüchte und sind über dieses Ansinnen sichtlich entsetzt. Griaule verfügt dann, und läßt dem

Dorfältesten durch Mamadou Vad ausrichten, daß als Vergeltung dafür, daß man uns hier offensichtlich zum besten hält, der *kono* gegen ein Entgelt von 10 Francs auszuliefern sei, wenn der Dorfälteste und die Notabeln des Dorfes nicht von der angeblich im Lastwagen versteckten Polizei nach San abgeführt werden wollen, wo sie über ihr Verhalten Rechenschaft abzulegen haben. Entsetzliche Erpressung!

Gleichzeitig schickt Griaule Lutten zu den Autos, damit er alles für die Abfahrt vorbereitet und auf der Stelle Makan mit einem großen Stück Packleinen zum Einwickeln des *kono* zurückschickt (den bei Todesgefahr weder die Frauen, noch die Unbeschnittenen sehen dürfen) und mit zwei Regenmänteln für Griaule und mich, denn es beginnt zu regnen.

Wir warten vor dem Haus des *kono*. Der Dorfälteste ist am Boden zerstört. Der Chef des *kono* hat erklärt, daß wir unter solchen Umständen den Fetisch mitnehmen können. Aber die paar Männer, die dageblieben sind, scheinen derart fassungslos, daß uns jetzt wahrlich der Brodem des Sakrilegs in den Kopf steigt und wir uns auf einmal mit einer uns weit überlegenen Macht begabt sehen. Mit theatralischer Gebärde habe ich dem Dorfältesten das Huhn zurückgegeben, und da Makan gerade mit der Plane kommt, verlangen Griaule und ich, die Männer sollen den *kono* herausholen. Da sie aber alle ablehnen, gehen wir selbst hinein, wickeln den heiligen Gegenstand in die Plane und schleichen uns wie Diebe hinaus. Der entgeisterte Dorfälteste ergreift die Flucht und treibt nebenan seine Frau und seine Kinder mit gewaltigen Stockschlägen in die Hütte zurück. Wir gehen durch das jetzt vollkommen menschenleere Dorf, und in Totenstille erreichen wir die Fahrzeuge. Die Männer haben sich in einiger Entfernung zusammengeschart. Als wir auf dem Platz auftauchen, läuft einer in aller Eile zu den Feldern und treibt eine Gruppe von Jungen und Mädchen, die in diesem Augenblick zurückkommen, zu überstürzter Flucht an. Sie verschwinden in den Maisfeldern, noch schneller als vorhin das Mädchen, dem wir im Labyrinth der Gassen und der Wände aus Stampferde begegneten, und das mit seiner Kürbisflasche auf dem Kopf weinend kehrtum machte.

Dem Ältesten werden die 10 Francs überreicht, und dann machen wir, daß wir wegkommen, umgeben von einer Aura besonders mächtiger und unverfrorener Dämonen oder Schweinehunde und die Leute in ihrer Verblüffung zurücklassend.

Sobald wir an unserer Etappe (Dyabougou) angekommen sind, packen wir die Beute aus: Eine riesige Maske von unbestimmbarer Tierform, leider beschädigt, aber vollständig mit geronnenem Blut überkrustet, das ihr die Majestät verleiht, die das Blut allem verleiht.

7. September

Bevor wir Dyabougou wieder verlassen, gehen wir ins Dorf und entführen noch einen zweiten *kono*, den Griaule ausfindig gemacht hat, als er heimlich in die Fetisch-Hütte eindrang. Diesmal nehmen Lutten und ich die Angelegenheit in die Hand. Mein Herz klopft wie wild, denn seit dem Skandal von gestern ist mir mit größter Deutlichkeit die Ungeheuerlichkeit bewußt geworden, die wir hier begehen. Mit einem Jagdmesser trennt Lutten die Maske von ihrem federgeschmückten Kostüm ab, mit dem sie zusammenhängt, übergibt sie mir zum Einwickeln in das mitgebrachte Packleinen und reicht mir, auf meinen Wunsch, auch noch eins von den sonderbaren Gebilden, die uns gestern so neugierig gemacht hatten: Eine Art Spanferkel, ebenfalls aus braunem Nougat (d. h. geronnenem Blut), und mindestens 15 Kilo schwer. Ich wickle es zusammen mit der Maske ein. Die Beute ist schnell aus dem Dorf geschafft, und über die Felder kommen wir wieder zu den Wagen. Als wir abfahren, will der Dorfälteste Lutten die 20 Francs zurückgeben, die wir ihm zugesteckt haben. Lutten läßt sie ihm natürlich. Aber das macht die Sache auch nicht besser . . .
Im nächsten Dorf entdecke ich eine *kono*-Hütte mit eingefallener Tür. Ich zeige sie Griaule, und schon ist der Coup beschlossen. Wie beim letzten Mal kündigt Mamadou Vad dem Dorfältesten, den wir vor die Hütte geholt haben, unvermittelt an, daß wir vom Kommandanten der Expedition den Befehl erhalten haben, den *kono* zu beschlagnahmen und daß wir bereit sind, 20 Francs Entschädigung zu zahlen. Diesmal übernehme ich den Auftrag ganz allein. Ich dringe in den heiligen Verschlag ein und halte, um die Bänder der Maske durchzutrennen, Luttens Messer in der Hand. Als ich merke, daß zwei – sich in Wahrheit allerdings keineswegs drohend verhaltende Männer – hinter mir die Hütte betreten haben, stelle ich mit einer Bestürzung fest, die sich erst etwas später in Abscheu verwandelt, daß man sich doch ganz schön selbstsicher fühlt, wenn man ein Weißer ist und dazu noch ein Messer in der Hand hält.
Schon bald nach dem Raub Ankunft in San. Mittagessen, dann, in einem benachbarten Dorf, Kontaktaufnahme mit den *bobo oulé*, die

reizende Leute sind. Idyllische Nacktheit und Schmuck aus Stroh oder
Kauris, junge Leute mit sehr hübsch geflochtenen Haaren und Frauen
(zumal die alten) mit oft kahlgeschorenem Schädel: Mehr als genug,
um mich zu verführen, mich alle Freibeuterei vergessen zu machen und
nur noch an Szenen im Stil von Robinson Crusoe und »Paul et
Virginie« zu denken.

8. September

Grausige Müdigkeit, an der das Abendessen beim Verwaltungchef
schuld ist (die Sorte von Gastmählern, die ich jetzt immer weniger
verkrafte). Noch den ganzen Tag über schleppe ich mich mit dieser
erdrückenden Schlappheit durch die *bobo oulé*-Dörfer, die wir nach
der Abfahrt von San noch mitnehmen.
Am Abend, bevor wir im Camp sind, gewaltige Regenfälle. Wolken,
die uns gegen den Kopf stoßen, erschreckend wie Wogen oder überdimensionale Lawinen. Eine Wolke im Profil sehen, wie ein Heer in
Schlachtordnung. Und ich habe sie gesehen, diese Wolke.

9. September

Noch am Morgen Abfahrt aus Têné und den ganzen Tag über Besuch
von *bobo oulé*-Dörfern. Griaule und ich bedauern beide, daß es in
dieser Gegend keine *kono* mehr gibt. Aber nicht aus denselben Gründen; ausschlaggebend bei mir ist der Gedanke an die Entweihung ...
Mamadou Kèyta, der junge Entflohene, ist ein netter Kerl. Griaule hat
ihm gesagt, er wolle einen großen Ethnographen aus ihm machen, und
Mouchet hat ihm den Beinamen »Bobo« verliehen.
Abends Ankunft in Sofara, wo wir übernachten.

10. September

Besichtigung von Sofara, einem lamentablen Vorort von Djenné.
Dreckloch ohne Pittoreskes. Idiotische Moscheen, kein Vergleich zu
den dörflichen Moscheen und ihren Türmen mit den vielen Pfählen, die
wir bis jetzt gesehen haben. Schon früh am Morgen machen wir uns auf
den Weg nach interessanteren Orten.
Verregneter Tag – kein Tornado, aber Regen. Wie immer, seit wir
Bamako hinter uns gelassen haben, nehmen bei unserer Ankunft in
den Dörfern Kinder fluchtartig Reißaus. Viele fangen sogar wild zu

plärren an, wenn sie uns ihre Hütten betreten sehen. Und doch kommt das hier noch geradezu selten vor, im Vergleich zu den Dörfern der Bobo, wo wir gestern, beim Betreten eines Schuppens auf eine Frau gestoßen sind, die sich, mit dem Gesicht gegen die Wand gekehrt, hinter einem Silo verstecke und vor Angst wie bei einem Trauerritual aus voller Kehle zu singen begann, als wir näherkamen.

Gegen Abend in Mopti. Wir finden dort Larget und Moufle, die sich in einem geräumigen zweigeschössigen Laden, den von Larget angemieteten ehemaligen Geschäftsräumen eines bankrotten Syriers eingerichtet haben. Beide sind zerbissen von Ameisen und voller Moskitostiche. Die viele Post, die auf mich wartet, bringt mich wieder ins Gleichgewicht, denn ich war etwas mit den Nerven runter und außerdem müde.

11. September

Prächtig geschlafen. Aber wegen der einen Schale Kaffee heute früh habe ich den ganzen Morgen über Herzklopfen. Satanisches Klima; unerträgliche Feuchtigkeit.

Die Eingeborenenhose, die ich anziehen will, um mich gegen die Moskitos zu schützen, ist alles andere als praktisch. Sie hat keine Taschen, kann nicht mit Gürtel getragen werden, und ich weiß nicht einmal, wo ich meine Schlüssel hinstecken soll. Mir bleibt nichts anderes übrig, als meine Shorts wieder anzuziehen. Aber damit noch nicht genug: Ich habe mich in der Nähe eines Hühnerstalls, der zu den Sammlungen gehört, zum Schreiben niedergelassen und spüre auf einmal, wie ich von einer ganzen Schar Hühnerläuse aus dem besagten Stall überfallen werde. Ich lasse mich mit Fly Tox besprühen, aber um da Abhilfe zu schaffen, bräuchte es schon stärkere Mittel . . .

Eine Unmenge Moskitos heute abend. Larget hat hellrote Stiefel an. Mouchet wacht väterlich über den jungen Mamadou Kèyta und nimmt seine sprachliche und ethnographische Ausbildung in Angriff.

12. September

Den ganzen Tag über nicht ausgegangen, außer zur Post und gleich nach dem Mittagessen zum Kauf eines sehr mickrigen Holzstuhls, auf den uns Mamadou Vad aufmerksam gemacht hat.

Mopti erinnert mich stark an Griechenland, besonders an Missolonghi. Derselbe Sumpfgestank. Dieselbe Feuchtigkeit. Das gleiche ärmliche, bunte Durcheinander. Auf schmalen Pirogen leben ganze Familien von *bozo*-Fischern. Zur Nacht spannen sie (zumindest die reichsten von ihnen) ihre Moskitonetze auf der Uferböschung aus.

Makan hält mir eine Moralpredigt, weil ich, als Schutz gegen die Moskitos, abends meinen sudanesischen *koursi* angezogen habe: »Nix gut für die Weißen!«

13. September

Mit Mamadou Vad und einem seiner Freunde (?) zu einem *dyédou-nou*-Tamtam gegangen Die Kürbisflaschen werden hier nicht aufs Wasser gestülpt, sondern direkt auf den Boden gestellt. Wunderbar hartes Trommeln der Hände, vermehrt und variiert bisweilen durch Schläge mit kurzen Stöcken oder mit den Fingerringen. Ein großer, bärtiger Mann mit europäischer Hose und kauri-besetztem Ledergürtel und eine sehr schlanke Frau mit ganz nackten Beinen scheinen den Tanz anzuführen. Jeder von ihnen hält ein langes Tierhorn in der Hand, das er entweder wie einen Gehstock gebraucht, oder in der Luft schwingt. Die Tänzer tragen fußballerartige Trikots in den Farben ihrer Dämonen, blau und weiß. Andere Adepten haben ihre Gesichter mit Staub bedeckt. Alle aber tanzen mit geschlossenen Augen, mit Bewegungen bald von Larven, bald von Besessenen. Schauplatz ist der Raum zwischen zwei Häusern in einer engen Gasse. Fenster und Terrassen sind brechend voll von Menschen. Wenn die Tänzer müde sind, gehen sie in eines der Häuser, um sich auszuruhen, und Gott weiß, was dann in diesem Haus passiert! ... Kranke Frauen oder Männer kommen, um sich heilen zu lassen. Einer dicken, kranken Frau streicht einer der Tänzer vom Kopf bis zu den Füßen seine mit Speichel bedeckte Hand über den Körper. Anschließend kreuzen die beiden Anführer, der Mann und die Frau, ihre langen Hörner über ihrem Kopf. Von Zeit zu Zeit stellt sich der Bärtige, Gesicht an Gesicht, gegen die Frau und umschlingt mit einem angewinkelten Bein die beiden Beine der Frau. Leichte Wellenbewegungen des Unterleibes geben dieser Mimik ihre volle Bedeutung. Dasselbe macht er auch mit einem seiner Gefährten mit erdigem Gesicht, der seinerseits später einen Epilepsieanfall mimt und sich ein andermal auf ein herumlaufendes Zicklein stürzt, es hochhebt und brutal, mit viel Staub und Getöse, auf den Boden schleudert.

Eine fette und schöne Frau tanzt eine Viertelstunde lang wie in zwei

Hälften gebrochen vor den Trommlern – jedesmal, wenn sie sich vor Ermüdung aufrichten will, beugt die Prinzessinnenhand der Anführerin sie wieder hinunter – so lange, bis sie zu Boden bricht, ihren Boubou abwirft und dort mit nacktem Oberkörper weitertanzt, ja sich schließlich bewußt und ausgiebig im Staub wälzt und mit verdreckter Haut wieder aufsteht. Sie ist eine Triumphatorin, denn kurze Zeit später wird ihr ein langes Horn überreicht, auf das sie sich stützt, die Augen halb geschlossen und in ihrer Art zu gehen die Anführerin mit ihren prinzessinnenhaften Allüren imitierend. Sie erhält außerdem einen bunten Boubou (in schwarzen, weißen, roten, violetten Farben), den man ihr mit einem Band über den Brüsten zusammenknüpft: wahrscheinlich die Bluse des Dämons, dessen aufregender Jockey sie ist.

Als ich gehe, hat sich auch noch eine alte Frau mit zerrissenen Kleidern sabbernd und wimmernd im Staub gewälzt, ein Mann mit der Flöte eines der Musiker zwischen den Beinen tat als würde er onanieren, mehrere Mädchen sind wie verrückt herumgesprungen, und eine gewaltige Matrone mit Armen so schwer, daß sie fast schon zerfließen, hat den Kopf eines vor Erschöpfung wie erschlagen daliegenden Tänzers auf ihre Knie gezogen.

Manchmal setzte sich die Frau mit den nackten Beinen auf die Knie des bärtigen Mannes, der seinerseits auf einem umgestülpten Hirsemörser saß und auf seinen Schultern ein fast nacktes Baby trug, mit dem er auch von Zeit zu Zeit tanzte. Diese Frau mit ihren geschlossenen Lidern und den so eigenartigen Schenkeln hat mich an die ihrerseits schon faszinierenden Frauen erinnert, die ich zu Beginn meiner Beschäftigung mit den *dyédounou* zusammen mit Baba Kèyta in Bamako aufgesucht hatte. Höchste Noblesse der Ausschweifung, der Magie und des Scharlatanismus. All das ist religiös, und ich bin entschieden ein religiöser Mensch.

14. September

Beim Aufwachen fällt mir die gestrige Pyramide wieder ein: Der Hirsemörser, der daraufhockende Mann, die Frau, die seitlich auf seinen Knien saß (ihre Beine im rechten Winkel zu den seinen) und das Kind, das – auf die Schulter des Mannes gehoben – nach einer dritten Seite hin schaute.

Schlecht geschlafen. Geträumt, ich sei noch in Paris und die Trennung stehe mir noch bevor. Mit einem Lastwagen, den Moufle steuerte, mußten wir eine halsbrecherische Stelle passieren, wacklige Bohlen, die über einen Bach gelegt worden waren. Die Überquerung gelang uns aber doch, unter Bedingungen, unter denen im wirklichen Leben das Fahrzeug schon längst im Wasser gelegen hätte.

Der eingeborene Assistent des Arztes kommt zu uns, um Lutten zu untersuchen, und er befürchtet Gelbfieber. Es ist aber auch gut möglich, daß unser Freund von dem ganzen Stovarsol eine Vergiftung bekommen hat, denn in den letzten Tagen hat er, als Ersatz für das Chinoplasmin, ziemlich viel davon eingenommen.

Besuch vom Oberhaupt des *dyédounou* (der hier, in der Songhay-Sprache *ollé horé*, »Händetrommeln der Verrückten« heißt) und einigen seiner Adepten. Mienen von würdigen Schnapphähnen. Von dem alten Chef erfahre ich so gut wie nichts (weniger noch als von der verängstigten und listigen Alten aus dem Viertel Boulibana in Bamako); kaum daß er mir die einzelnen Namen der verschiedenen Dämonen angibt. Beiläufig läßt er aber durchblicken, er könne mit versammelter Mannschaft erscheinen, um vor uns den Tamtam zu machen. Er hat das schon für den Verwalter gemacht, und der hat ihm hundert Francs gegeben. Ich verstehe ... Da alle behaupten, anderwärts zu tun zu haben, sollen sie gehen. Ich lasse lediglich einen Sänger der Gesellschaft für morgen vorladen.

Ein paar Sekunden bleibe ich allein, dann aber kommt einer meiner Gesprächspartner wieder zurück. Erst erzählt er mir ein paar ziemlich belanglose Sachen über die Dämonen des *ollé horé*, aber dann auf einmal, als er auf der Theke unseres Ladens das seltsame Tier aus getrocknetem Blut erblickt, das wir zusammen mit dem *kono* entführt haben, kommt er auf den *koma* zu sprechen. Dieses Tier ist nichts anderes als ein *koma*, der stärkste aller Bambara-Fetische, viel stärker noch als selbst der *kono* und vielleicht sogar mächtiger als der *nama*! Durch die Öffnung, die einen Mund vorstellen soll, wird erst ein wenig von dem Opferfleisch eingeführt, und dann Wasser, das durch den nachgebildeten After am anderen Ende wieder ausfließt, wenn man den Fetisch auf die Seite neigt. Ich bewundere das kleine runde, stämmige Tier, ich streichle seinen Buckel und betaste begierig dessen harte Sprünge. Mir ist, als hätte ich das Feuer gestohlen ...

Gegen Abend mache ich mit Mamadou Vad einen Bummel in die Stadt. Wir kommen an dem Haus des Oberhauptes des *ollé horé* vorbei und gehen hinein. Vor diesem Haus hatte das Tamtam stattgefunden.

Drinnen sind eine Menge Zimmer, Terrassen, Treppen mit abgetrete-
nen Stufen aus Lehm, die wir in der schwärzesten Finsternis hinauf-
und hinuntersteigen, immer Gefahr laufend, uns dabei die Knochen zu
brechen, und eskortiert von Individuen (darunter einer der Epileptiker
von gestern), die trefflich in eine solche Mördergrube hineinpassen.
Wie wir nachher erfahren, werden die Zimmer an alleinstehende
Frauen vermietet ... Der Amtssitz des *ollé horé* ist ein gigantisches
Bordell.

15. September

Sehr schlecht geschlafen. Obwohl wir doch relativ spät zu Bett gegangen sind, bin ich schweißgebadet. Vor dem Schlafengehen hatten wir
mit Griaule noch einen Rundgang durch die Stadt gemacht und uns bei
einem Tamtam aufgehalten, das ganz nach einem Volksfest in Neuilly
aussah. Wir trafen dort auch Mamadou Vad, der mit seinem Kameraden gekommen war (meinem Informanten für den *koma*). Der Kamerad war total besoffen und konnte sich kaum auf den Beinen halten.
Die Nacht über redet Lutten laut oder redet im Fieber. »Zehn Francs
fünfzig das Glöckchen!« sagt er nachdenklich; sicher meint er, etwas
aus der Sammlung zu teuer bezahlt zu haben. Seit heute morgen fühlt
er sich besser. Das Fieber geht zurück.
Enttäuschung in Sachen *koma*: Nach Vad ist das kein *koma*, sondern
lediglich ein *kono*; ein Beweis dafür ist, daß wir nicht gestorben sind,
als wir ihn berührten. Der Kamerad hat sich also vergaloppiert. Eine
vertrackte Geschichte ...
Ich fahre den miesen Informanten an, den mir eben jener Kamerad
vermittelt hatte, und versuche dann mein Glück bei Bandyougou,
unserem Handlanger und Dorftrottel. Ohne großen Erfolg! Aber
jedenfalls ist erwiesen, daß das Ding kein *koma* ist.
Der Sänger des *ollé horé* ist nicht erschienen. Er singt ja allerdings auch
nur im Zustand der Besessenheit.

16. September

Besser geschlafen, aber nach einem neuerlichen Schweißbad bin ich
jetzt erkältet. Amoniakgeruch fauligen Urins.
Die Arbeit stockt. Ich stauche den Kameraden von Vad zusammen, der
zum ich-weiß-nicht-wievielten Mal seit zwei Tagen angeschissen
kommt und wissen möchte, wann der *ollé horé* mit seinem Tamtam

kommen kann. Keine Auskünfte, kein Tamtam, sage ich ihm. Und wenn er mir weiter den Nerv tötet, polier ich ihm die Fresse! An meiner eigenen Ungeduld mit den Schwarzen, die mich ärgern, ermesse ich, welchen Grad an Bestialität die erreichen mögen, die, vom Klima erschöpft, in ihrem Umgang mit den Eingeborenen von keiner Ideologie gebremst werden. Und die Liebhaber des Berger oder des Whisky erst!

Die schließliche Diagnose des Arztes, der Lutten untersucht, lautet: Malaria.

17. September

Vorstoß nach Bandiagara und Sanga, in 43 km Entfernung, auf der Straße nach Douentza, am Rand des Felsabfalls von Bandiagara. Erste Kontaktaufnahme mit den Habé: Erstaunliche Dörfer auf den Felsen der Nigerplatte. Hohe und schmale, dicht aneinandergedrängte Speicher mit spitzen Strohdächern. Gebäude mit Türmchen, durchbrochen von Nischen, in denen man alles mögliche findet: alte Werkzeuge, Opferschalen, Zaubergerätschaften.

Der Verwaltungschef von Bandiagara ist Schlangenliebhaber. Er zeigt uns eine ganze Reihe von Häuten, von denen einige gut und gern zwei bis drei Meter lang sind.

Junge Leute der Habé in kurzen Tuniken, mit Haarknoten und Kopfbändern aus Kauris. Fast kegelförmige Altare aus getrocknetem Lehm für die Opfergaben: Hirsebrei und Hühnerblut. Ein Altar sieht fast genauso aus wie der, den Seabrook aufgenommen und in den *Documents*[11] veröffentlicht hat. Der schwarze Grundschullehrer, vor dem ich mich hüten soll, wie Seabrook mir nahelegte, ist ein widerlicher Kerl: ein junger, nicht im geringsten wie ein Habé aussehender Typ mit langem, dunkelblauem, litzenbesetztem Kaftan, einem Fez und der Visage eines gekauften Zeugen. Dagegen ist der Bruder des Dorfältesten recht sympathisch.

Wir werden später noch einen ganzen Monat in Sanga verbringen, und ich bin davon ganz begeistert. Schöne Schattendächer für die Männer des Dorfes, dolmenartige Bauten mit Reisigbündeln anstelle der querliegenden oberen Steinplatte. Sonderbare Geschichten müssen da er-

---

11 Vgl.: *Documents*, 2. Jahrgang, Nr. 7.

zählt werden, wenn die Alten dort zusammenkommen und ihren Dolorausch abreagieren.

Viele von diesen jungen Leuten mit den geflochtenen Haarknoten werden zur Armee einberufen. Mir fällt ein, was der Verwaltungschef von Koutyala erzählt hatte: Um dem Militärdienst zu entkommen, gehen viele junge Sénoufo am Vortag der Einberufung in den Busch und beschneiden sich selbst . . .

18. September

Seit zwei Tagen nicht mehr den »Korporal«, einen verrückt gewordenen Ex-Schützen gesehen, der in seiner alten, halb kolonialen, halb eingeborenen Aufmachung, mit seinem struppigen Bart, seiner Feldflasche, seinem Bogen und einer mit Kauris verzierten Mütze betteln geht. Manchmal exerziert er ganz allein und kommandiert lautstark: »Vorwärts . . . arsch! Rechts . . . echts!«

Mitten am Nachmittag ein unerwarteter kleiner Rückschlag: Der Verwaltungschef unterrichtet uns von einem Telegramm des Gouverneurs, demzufolge wir ihm eine in San »requirierte« Maske aushändigen sollen, die der Eigentümer zurückfordert . . . Selbstverständlich wird die Maske sofort herausgegeben. Der Laden des bankrotten Syriers, in dem wir wohnen, mit dem Lastwagen, dem Auto und dem Anhänger daneben, direkt am Fluß, auf dem eine Motorpinasse döst, die wir einen Moment zu kaufen gedachten, sieht jetzt fast wie ein Schlupfwinkel von Alkoholschmugglern aus. Den Amtspersonen, die der Meinung sein mögen, daß wir bei unseren Transaktionen mit den Negern allzu zweifelhafte Methoden anwenden, ließe sich allerdings ohne weiteres entgegenhalten, daß es ihnen, solange Afrika einem derart ungerechten System wie dem der Steuern oder der Arbeits- und Militärdienste ohne Gegenleistung unterworfen bleibt, schlecht ansteht, über entwendete oder allzu billig erstandene Sachen die Nase zu rümpfen.

Heute ist Lutten heruntergekommen und hat am Tisch mitgegessen.

19. September

Tag der großen Projekte. Die Landkarten werden auseinandergefaltet und über einen ganzen Tisch ausgebreitet. Das Programm ist schnell aufgestellt: Wir fahren erst alle zusammen zu den Habé – außer Larget, der in Mopti bleibt. Dann stößt Moufle in Mopti wieder zu Larget, und beide setzen bis Ansongo und Niamey ihre Reise auf dem Niger fort,

während der Rest der Expedition nach Obervolta aufbricht. Sie durch-
quert Obervolta auf dem Landweg, berührt an größeren Ortschaften
Bobo-Dioulasso, Ouagadougou und Fada Ngourma, und trifft schließ-
lich in Niamey wieder auf das Expeditionsmaterial.
So können wir unsere jetzige Verspätung teilweise wieder aufholen.
Da außerdem morgen früh ein Dampfer der Kolonialverwaltung über
Djenné nach San abgeht, lassen wir uns selbstverständlich in den
Schlepp nehmen. Bevor wir ins *Kado*-Gebiet[12] kommen, haben wir
dann auch noch Djenné gesehen, das wir von Sofara aus verpaßt
hatten, weil die Straße abgeschnitten war.
Das Tamtam des *ollé horé* wird morgen ohne uns stattfinden, denn wir
sind dann auf dem Bani. Aber mitten auf dem Wasser sind wir den
Urhebern all jener Dyédounou, den Undinen, die man *dyidé* nennt,
ohne Zweifel noch näher.

20. September

Beim Morgengrauen staken die Laptos die Barke, auf der wir die
Nacht verbracht haben, zum Schlepper hinüber. Ein langer Zug von
Booten kommt so zusammen. Die kleinen sind an der Seite der großen
vertäut, und auch unser Kahn schmarotzt an einem größeren.
Der Schleppzug setzt sich in Bewegung, und es dauert lang, bis Mopti
außer Sicht kommt. Wir fahren stromaufwärts, und viel mehr als
5 Kilometer in der Stunde ist nicht drin.
Charmante Vergnügungsfahrt ... Zwischenhalt bei einem kleinen
Dorf, wo wir ein paar Gegenstände kaufen. Überflutete Gräser, in
Inseln verwandelte Karrees, bunte Vögel, kleine Termitenhügel mit
mehreren übereinandergetürmten Pilzhüten.
Das Boot gleitet jetzt ruhig über das Wasser. Ich steige auf das Dach,
auf dem wir uns vorhin eingerichtet hatten, und das wir wieder aufgeben mußten, weil die Sonne zu heiß wurde. Gegen Abend sind wir
sicher in Sofara, morgen früh erst in Djenné. Aber gleichviel. Der
langsam ziehende Rauch des Schleppers malt uns so ruhige Ferien ...
Angeblich ist ein Nilpferd gesichtet worden, aber das war so dahinge-
sagt. Man muß den Touristen schließlich etwas bieten!
Abendessen auf dem Schiffsdach. Ich versuche, dort auch zu schlafen,
aber die vielen Moskitos und der riesige Kakerlak, der mir über den

---

12 Singular von *habé*.

Schädel gekrochen ist, vertreiben mich dann doch. Ich steige in die Kabine hinunter und lege mich in die Koje.

21. September

Alarm kurz vor Tagesanbruch: Ein Wirbelsturm zieht auf. Der Dampfer legt an. Jeder Kahn wird einzeln für sich an der Seite, von der der Sturm herkommt, an der Uferböschung, vertäut, damit der Wind und die Wellen ihn nicht gegen das Ufer werfen. Dunstverhangener Sonnenaufgang, dann Abfahrt: Der Wirbelsturm ist in der Nähe vorbeigezogen.

Um 9 Uhr 30 wieder ein Halt: Wir sind jetzt bei dem Flußarm, der nach Djenné führt. Die Stadt selbst mit den drei Spitzen ihrer Moschee ist schon seit langem in Sicht. Der anderen Kähne entledigt, zieht uns der Schlepper, an den man uns jetzt direkt angehängt hat, mit voller Geschwindigkeit zur Stadt, wo wir mitten zwischen den waschenden oder badenden Männern, Kindern, Frauen und Mädchen anlegen.

Spaziergang zum Markt und Besichtigung der Moschee, eines gigantischen Gebäudes aus Stampferde nach Art einer Kathedrale. Bevor wir hineingehen, legen wir in einem speziellen umschlossenen Gehege als Opfergabe ein paar Münzen unter einen Stein. Wir haben kaum den Rücken gedreht, als Kinder in das Gehege eindringen und die Opfergabe wegstehlen. Das Innere des Gebäudes ist verpestet von Fledermäusen. Wir steigen zur Terrasse hinauf, von der aus man Zugang zu den Minaretten hat. Tontöpfe bedecken die Öffnungen der Luftlöcher, die mit dem unteren Raum in Verbindung stehen. Als Griaule sieht, daß einer davon zerbrochen ist, läßt er den Muezzin fragen, wieviel diese Tontöpfe kosten. »Zehn Sous.« – »Ich gebe ihm zwanzig.« Sobald er die 20 Sous erhalten hat, weist der Muezzin darauf hin, daß drei von den Töpfen zerbrochen sind und man ihm also noch 1,50 Francs schuldet.

Erkundung der ganzen Stadt. Wir laufen durch die engen Straßen und sehen uns die Häuser an, die außen so prächtige Fassaden haben und innen so erbärmlich sind. Eine alte Stadt, die so reizvoll ist wie ein »Theaterdekor«, aber zugleich auch so dürftig wie antike Kulissen oder die Requisitenkammer irgendeines kümmerlichen Cafétheaters weit ab vom Schuß.

Gegen Abend hören wir von dem französischen Grundschullehrer, daß die Moschee das Werk eines Europäers ist, des ehemaligen Verwal-

tungschefs. Um seine Pläne zur Ausführung zu bringen, hat er die alte
Moschee abreißen lassen. Den Eingeborenen ist das neue Gebäude
derart zuwider, daß man Gefängnisstrafen verhängen muß, ehe sie sich
dazu bequemen, sie auszufegen. Bei bestimmten Festen werden die
Gebete an der Stelle gesprochen, wo der alte Bau stand. Die Schule,
der alte Wohnsitz des Verwalters und manche andere Gebäude sind
auf analoge Weise im sudanesischen Stil errichtet worden. Welch ein
Kunstsinn! Djenné ist trotzdem recht sympathisch in dieser Regenzeit,
die die Stadt zur Insel werden läßt. Wo hier ohnehin alles aus den
Fugen ist, wo die Häuser, die ich mir einst voller Frauen, Besucher und
Günstlinge vorstelle, von den Würdenträgern verlassen worden sind,
und alles dem Ruin entgegentreibt, warum läßt man nicht auch die
Stadt in Ruhe verfaulen, anstatt mit diesem methodischen Vandalismus
à la Viollet-le-Duc über sie zu kommen?

22. September

Den ganzen Tag in der Piroge. Besuch von Dörfern, die seit der
Überschwemmung zu Inselchen geworden sind. Um das letzte Dorf zu
erreichen, verläßt die Piroge das stehende Gewässer und biegt direkt in
das Grasland ein. Das Boot scheint auf einer Wiese zu fahren. Mittagessen im Dorf, wo man uns dann einen Hammel mitgeben will. Es ist
nicht leicht, die Gabe abzulehnen, ohne unhöflich zu sein. Langes
Palaver auch, um als Bezahlung für das Mittagessen Geld geben zu
können, anstatt ein Geschenk zu überreichen, wie es eigentlich der
Brauch wäre.
Ohne dem stehenden Gewässer zu folgen, kehren wir durch die Gras-
landschaft zurück und fahren geradewegs auf Djenné zu. Auf dieser
Landpartie zu Wasser oder Wasserpartie zu Lande fühlt man sich
allmählich so klein werden wie eine Ameise.

23. September

Mitten in der Nacht wachen wir auf. Der Schlepper, den wir eigentlich
erst nächste Nacht erwartet hatten, ist soeben eingetroffen. Der
schwarze Bordkommissar, den wir um eine Erklärung für seine eilige
Rückkehr bitten, begnügt sich mit einer Bestätigung, daß er in der Tat
zu früh da ist. Angewidert von Djenné und seiner europäischen Moschee, sind wir mit der Abfahrt einverstanden. Aber das ganze Personal ist in die Stadt gegangen, um sich zu amüsieren. Die einen schlafen

auf der Terrasse eines Fährmanns, den wir in einem benachbarten Ort getroffen und nach Djenné mitgenommen haben, wo er die Leute dann zu sich eingeladen hat; andere haben eine galante Unterkunft für die Nacht gefunden. Zumal der Chef der Laptos ist nicht aufzufinden. Es ist die Rede davon, ohne ihn abzufahren. Aber die Mannschaft des Schleppers läßt sich Zeit bei ihren Manövern, damit die Leute, die nach ihm Ausschau halten, lange genug suchen können.

An der Einmündung eines Flußarmes, der nach Sofara führt (wo der Schlepper ohne seinen Schleppzug allein hinfährt): ein Dorf. Griaule will es sich ansehen und läßt eine Piroge heranrufen. Die Piroge legt auch neben uns an, aber sie ist so klein und schmal, daß sie für uns nicht in Frage kommt: Schon ein einziger zusätzlicher Insasse würde sicher ausreichen, um sie absacken zu lassen. Die Leute werden mit ihrer Piroge zum Dorf geschickt, um eine größere aufzutreiben, die dann auch schon bald ankommt. Wir machen aus, daß der Kahn nicht auf uns wartet, sondern sich an den Schlepper anhängen läßt, sobald der aus Sofara zurückkommt, und daß Griaule und ich in unserer Piroge bis zum nächsten Dorf fahren, es besichtigen und anschließend auf dem Fluß wieder zum Schlepper stoßen. Wir können uns so mehrere Dörfer ansehen, ohne den Kahn in seiner Fahrt aufzuhalten.

Wir verlassen das erste Dorf: Die Piroge ist so alt, daß Mamadou Vad und Mamadou Kèyta, die praktisch unablässig schöpfen, kaum des überall eindringenden Wassers Herr werden.

Wir kommen dann doch bis zum nächsten Dorf, aber als wir es später wieder verlassen, sehen wir, daß der Schlepper mit seinem ganzen Zug vorbeifährt, unseren Kahn aber abhängt. Ein Mißverständnis. Um Zeit zu gewinnen, sollte der Kahn ja gerade erst beim nächsten Dorf abgehängt werden; mit unserer schneller fahrenden Piroge hätten wir ihn unterwegs wieder eingeholt. Protestgeschrei. Der Chef des Kahns winkt den Schlepper heran, der eine weit ausholende Kehrtwendung macht und uns wieder anhängt.

Als wir im ersten Dorf, an dem wir vorbeikommen, Strohhütten mit großen Giebeln sehen, die mit so drolligen Henkeln und Fortsätzen versehen sind wie Kardinalswappen, hängen wir uns ab. Adieu Schlepper, adieu Steuermann. Heute Nacht, als man den verschwundenen Chef der Laptos suchte, wollte er die Sirene nicht länger ertönen lassen als schicklich war, und zwar aus dem einzigen Grund, weil der Chef sein großer Bruder war und es sich nicht gehört hätte, ihn mit lang anhaltenden Hornsignalen zu verständigen. Um zu dem Dorf zu kommen, überqueren wir den Fluß. Da wir keine Paddeln haben, müssen wir Stangen nehmen und alle zusammen mächtig staken, um das Ufer zu erreichen.

Wir machen uns mit unseren Hüttengiebeln (einer davon ist eine Art von Würstelbaum, mit einem Drehkreuz wie bei einer Wetterfahne) und verschiedenen Geräten wieder auf den Weg.

Ein Wirbelsturm bricht los und der Wind treibt uns gegen das Ufer. Da wir mitten in einem überschwemmten Gebiet sind, stoßen wir immer wieder gegen Bäume und bleiben zweimal sogar in den Wipfeln hängen. Sonderbares amphibisches Leben von fliegenden Fischen oder unterseeischen Vögeln. Um unsere Dachgiebel-Würstelbäume in Sicherheit zu bringen, schaffen wir sie ins Schiffsinnere und hängen sie waagerecht an der Decke auf. Da sehen sie dann wie Fischereizubehör oder Torpedos von Unterseebooten aus. Ein dritter steht in einer Ecke wie eine chinesische Porzellanvase.

Solange der Wind nicht abflaut, fassen alle mit an. Der eine nimmt sich eine Stange, der andere ein Brett, der dritte ein Paddel (wir haben jetzt mehr Männer, denn im letzten Dorf sind noch vier weitere engagiert worden). Zum Glück ist der Wind nicht allzu stark und legt sich dann doch ziemlich bald.

Griaule macht mich plötzlich darauf aufmerksam, daß dreizehn Leute an Bord sind, und das behagt mir gar nicht. Lutten kurbelt das Grammophon an und stellt ein Programm, von den *Wolgaschiffern* bis zum *Sacre du Printemps*, zusammen. Die Schiffer immerhin singen fröhlich mit.

Die Fahne, die wir gehißt haben, ist von den Baumästen ein wenig zerrissen worden, das WC aber ist intakt geblieben. Es besteht allerdings auch nur aus einer einfachen Matte, die als Schutzschirm und Nische vor einem der Fenster aufgehängt worden ist. Ein ausgeklügelteres System immerhin als dasjenige, das wir heute früh einen Lapto des Schleppzuges anwenden sahen: Der kletterte zum Steuerblatt hinunter, dessen obere waagerechte Kante sich in Wasserhöhe befand, und hockte sich seitlich zur Fahrtrichtung des Schiffes darauf nieder. Am Ende beugte er nur etwas weiter die Kniekehlen ab und ließ sich einfach vom Wasser des Flusses den Hintern abspülen.

24. September

Fortsetzung der Schiffahrt. Regnerisches Wetter, das allerdings am frühen Nachmittag aufklart. Meine Erkältung ist immer noch nicht ganz vorbei: Ich habe Kopfschmerzen und fühle mich lasch.

Bei unserem Rundgang durch Kouna (das Dorf, wo wir die Nacht verbracht haben) waren die Dorfbewohner verschreckt und kopflos. Diese Art von Panik, die in vielen Dörfern die Leute ergreift, sobald sie uns kommen sehen, erleben wir jetzt schon seit einiger Zeit. Offenbar erwarten die Leute in diesen Gegenden von den Weißen nichts Gutes . . .

Die Laptos paddeln mit aller Kraft. Der riesige Tyéna Kèyta, der mit seinen großen Händen und Füßen einem Bären gleicht, wenn er arbeitet, einem Straßenräuber, wenn er mit seinem Schlapphut und seinem europäischen Winter-Überzieher herummarschiert, Tyéna Kèyta macht mit seinem Ruder ganz gewaltige Schläge. Er hat übrigens eigenhändig zwei Ruder gebaut. Der Chef des Kahns und er legen sich vorne mächtig ins Zeug.

Es ist schon finstere Nacht, als wir bei einem Dorf haltmachen, von dem aus es dann nicht mehr weit ist bis Mopti. Arbeit beim Schein elektrischer Lampen, in fröhlichem Aufruhr. Es sind viele Fremde in Pirogen herbeigekommen, um ihre Waren zu verkaufen. Umzingelt von einer gewaltigen Menschenmenge, die das Schiff zu stürmen droht, wird der Kauf von Gegenständen in aller Eile aygewickelt. Ein ganz unglaubliches Charivari.

25. September

Gestern Abend bin ich erst um Mitternacht zu Bett gekommen. Ich war zusammen mit Lutten als Ausguckposten auf dem Dach des Kahns geblieben, um das nächste Dorf mit Hüttengiebeln auszumachen und das Schiff daraufzusteuern zu lassen.

Die Nacht über ankern wir vor diesem Dorf.

Arbeit am Morgen, in Sichtweite von Mopti, dann Abfahrt.

Mamadou Vad ist jetzt schon seit längerem ziemlich unleidlich. Er hört bei nichts mehr zu und ist fast immer schlechter Laune. Ich glaube, unser unstetes Leben gefällt ihm nicht, zum einen weil es ihm Enthaltsamkeit aufnötigt, zum anderen weil er sich jetzt weniger leicht Kolas verschaffen kann. Der Tardjouman, der seinen Glanzpunkt in Bamako erreicht hatte, ist jetzt merklich auf dem absteigenden Ast.

Um 9 Uhr Imbiß (eine Gewohnheit, die wir angenommen haben, seitdem wir auf dem Kahn sind) und langsame Weiterfahrt in Richtung Mopti. Ich bin immer noch wie betäubt von der Erkältung und leide an Kopfschmerzen.

Um 10 Uhr sind an der Uferböschung von Mopti die Lastwagen in Sicht.

Ende einer Bootsfahrt, die auf die Dauer genauso langweilig wurde wie alle unsere Unternehmungen, deren größter, ja vielleicht einziger Reiz darin besteht, daß sie abwechseln.

In Mopti angekommen, fühle ich mich besser, und ich denke, das wird anhalten.

Ermüdender Tag nach der Rückkehr von der Exkursion: Es sind so viele Dinge in Ordnung zu bringen und auch die persönlichen Sachen noch einmal umzuräumen. Man spürt hier schon die bevorstehende Trockenzeit. Die Sonne brennt voll in die Straßen hinein. Man sieht nur nackte Oberkörper, und viele kleine Mädchen haben wegen der Hitze sogar den schmalen Gürtel abgelegt, den sie in der kalten Jahreszeit um die Hüften tragen.

26. September

Entsetzlich schlecht geschlafen. Dermaßen geschwitzt, daß ich aufstehen und ein paar Schritte machen mußte, um Luft zu schnappen. Um zwei Uhr morgens 32°. Davon geträumt, daß Schaeffner, den wir in der Tat bald erwarten, mit einem zerlegbaren Tropenhelm ankommt, halb wie ein Seemannshut, halb wie der große, bei den Syriern so beliebte Helm aus Holundermark.

Tagsüber geht es besser. Auch Mouchet, den wir bei unserer Rückkehr krank angetroffen hatten, geht es besser. Aber die Arbeit ist uninteressant. Wir stecken bis über den Hals im Papierkram, der offiziellen Korrespondenz, den zu etikettierenden und einzupackenden Gegenständen.

Übermorgen fahren wir nach Sanga weiter. Umso besser. Morgen Nachmittag Tamtam des *ollé horé*.

27. September

Gestern, als ich die Briefe zur Post brachte, die Depeschen der Nachrichtenagentur Havas gelesen. Die Börsen mehrerer Hauptstädte sind geschlossen, England steht vor dem Ruin, fast überall Unruhen.

Der Bankrott des Westens zeichnet sich immer deutlicher ab. Das Ende des christlichen Zeitalters.

Soeben kommt eine Gruppe von *bozo*-Männern zu uns. Einer von ihnen ist ein Griot, der mit den Händen, den Ellbogen, den Füßen, den Knien auf Kalebassen spielt und so manche Kunststücke weiß, die er aber leider nicht erklärt . . . Vergleichbar darin all denen, die man nach dem Grund für ein symbolisches Ornament oder irgendeinen Ritus fragt und die in aller Ruhe zur Antwort geben: »Das macht man so!«

Irre Wut gegen einen Mann, der Amulette verkaufen kommt. Als ich ihn frage, welche magischen Formeln man bei ihrem Gebrauch aufsagen muß, gibt er jedesmal, wenn ich ihn eine dieser Formeln wiederholen lasse, um sie aufzuschreiben, eine andere Version, und jedesmal, wenn er sie übersetzen soll, wieder andere Versionen.

Es gibt so viel zu tun, um die morgige Abreise vorzubereiten, daß ich schon wieder den *ollé horé* verpasse. Ich bin so wütend wie die Seeleute des Odysseus es gewesen sein mußten, als sie mit ihrem Wachs in den Ohren die Sirenen nicht hören konnten.

Am Abend Mondfinsternis. Der Mond ist von der Katze gefressen worden, heißt es.

28. September

Abreise zu den Habé. Schon im ersten Dorf, das wir besuchen, Ärger. Die Habé sind aufrechte Leute, die fest auf beiden Beinen stehen und offenbar nicht gewillt sind, sich belästigen zu lassen. Wir versuchen, ein paar Türschlösser zu kaufen, kaufen sie sogar, aber die Leute protestieren und wollen den Handel wieder rückgängig machen. Wütend zerschlägt Griaule ein schon bezahltes *wasamba*[13] und läßt ausrichten, daß er das Dorf verwünscht. In einem anderen Dorf in der Nähe verläuft alles nach Wunsch, die Geschäfte lassen sich normal abwickeln.

Zwei prächtigen Leoparden begegnet, den ersten Raubtieren, die ich auf freier Wildbahn sehe. Lutten schießt auf einen und verfehlt ihn. Wir steigen aus, verfolgen die Tiere einen Augenblick und kehren, als wir sie nicht finden können, wieder um.

Mittagessen in Bandiagara, beim Verwaltungschef, einem dicken und lauten Neurastheniker mit dichten Augenbrauen und großem Schnurrbart. Er führt uns ein wenig durch die Stadt und zeigt uns eine Stelle im Fluß, die von lauter Kaimanen bevölkert ist. Die Leute respektieren

---

13 Musikinstrument der Beschnittenen.

die Kaimane und gehen ohne zu zögern in ihrer Nähe baden: Sie sind durch Totembande mit ihnen verbunden, und die Tiere im übrigen mit Fleisch gemästet, denn an der Stelle werden die Abfälle des Schlacht-hofs ins Wasser gekippt. Außerdem zeigt er uns seinen Garten. Auch ist er gegen die Einberufung der Schwarzen, die die Kolonie aussaugt, ohne dem Mutterland irgendwelche Dienste zu leisten. Während des Krieges befehligte er eine Kompanie Senegalesen. Die drei kältesten Wintermonate über waren sie in St. Raphael oder in Fréjus stationiert, damit die Schwarzen nicht gerade wie die Fliegen wegstarben. Angewi-dert erzählt er uns von den berühmten B.M.C., wo die Schützen wie bei der ärztlichen Routineuntersuchung durchgeschleust wurden und sich über die Frauen hermachten, ohne auch nur ihre Hosen auszuziehen, so daß die Ärmsten regelmäßig evakuiert werden mußten, weil sie auf die Dauer vom Reiben der Hosenknöpfe vollständig wundgescheuerte Schenkel bekamen.

Am Abend sensationelle Befragung Griaules mit einem jungen Kado, Schüler der Volksschule, aus einer Familie von Priestern oder *kadyèn*. Mit angenehmer, freundlicher Stimme und in fließendem Französisch erzählt das Kind von dem *pégou*-Ritus, der darin besteht, in einem Loch, das die jungen Leute ausheben, einen Freiwilligen (?) lebendig zu begraben – einen Mann, eine Frau oder ein Kind –, dem ein Nagel in den Schädel geschlagen wird und über dessen Grab man dann eine Terrasse errichtet und rund herum mit Bäumen bepflanzt. Auf der Terrasse werden in der Folge in regelmäßigen Abständen Tiere geop-fert, und der Überfluß herrscht im Dorf . . .

Triste Angelegenheit, ein Europäer zu sein.

29. September

Kühle Nacht in Bandiagara. Abfahrt. Fast eine Stunde lang im Schlamm festgefahren.

Der Chef Dounèyron Dolo empfängt uns herzlich. Auch andere Leute und eine Schar Kinder kommen herbei. Keine Spur mehr von der Unterwürfigkeit der meisten Männer, denen wir bis jetzt begegnet sind. Alles, was wir an Negern und Weißen kennen, kommt uns jetzt, neben diesen Leuten, wie eine Bande von Stromern, Flegeln oder düsteren Witzbolden vor.

Großartige Religiosität. Das Heilige webt in allen Ecken und Winkeln. Alles scheint weise und gewichtig. Das klassische Bild Asiens.

Ohne daß wir es ahnten, hat ganz in der Nähe des Camps, am Fuß eines
Affenbrotbaums, ein Hühner- und Rattenopfer stattgefunden. Heute
Abend erklingen Hörner, in der Ferne sind Gesänge zu hören, auch
Gebell (denn der Lärm regt die Hunde auf) und das harte Klopfen von
Trommelschlägen auf Holz, Kanister oder Kalebassen. Nichts hier
lacht mehr, die Natur nicht und auch die Menschen nicht. Viele
Schlangen; manche kommen sogar in die Häuser.

Wenn ich dann an die Gesichter meiner beiden Gesprächspartner von
vorhin zurückdenke, schäme ich mich bei der Vorstellung, daß viele
von diesen Kindern und jungen Leuten später Schützen werden
sollen.

30. September

Unruhige Nacht: Neben den Hörnerklängen am Abend schon vor
Morgengrauen viel Hin und Her. Vogelrufe, Eselsgeschrei.

Heute Nachmittag, nach der Beerdigung einer der ältesten Frauen aus
einem der verschiedenen Dörfer von Sanga: ein großes Fest. Ungefähr
500 Personen strömen herbei, ganze Familien kommen aus mehreren
Dörfern und halten Einzug wie auf der Bühne des Châtelet-Theaters:
Die ältesten Männer schwingen vor den ausgestellten Reichtümern der
Toten ihre Waffen und umschreiten feierlich einen Steinblock, um den
noch kleinere Steine herumliegen und der »Stein des Tapferen«[14]
genannt wird. Die Jüngsten einer Familie führen – jede Familie für sich
und eine nach der anderen – eine Art Ballett auf. Es regnet Händevoll
von Kauris, die überall herumgereicht werden und von den Familien zu
den Tänzern, von den Tänzern zu den Musikern gehen. Mit den Kauris
wird dann später Dolo gekauft, denn man muß sich schließlich anstän-
dig amüsieren. Wäre eine junge Frau, oder ein junger Mann gestorben,
man hätte geweint.

Außer sich, tanzt der Enkel der Alten, ein bärtiger Mann von ungefähr
40 Jahren ganz allein in einer Ecke, und die Frauen, die ihn erkennen,
schmieren ihm Hirsebrei übers Gesicht.[15] Breiverschmiert und dolo-

---

14 Ich habe seitdem erfahren, daß der Körper eines bei der Gründung des Viertels oder Dorfes
getöteten (oder geopferten) Mannes darunter beerdigt war.
15 Wie ich später erfahren habe, war dieser Mann nicht der Enkel, sondern ein *mangou*, eine Art
Blutsverwandter.

trunken tanzt er später auch auf dem Felsen, auf dem die Männer einen Teil ihrer Kleider ablegen, bevor sie ihr Familienballett aufführen.

Die reicheren Verwandten, die in der Goldküste gearbeitet haben, machen auf Snob. Sie stellen lange Schleppgewänder aus Seide, Regenschirme, karierte Schals und graue Melonen zur Schau, manchmal Strümpfe mit Troddeln und Schuhe mit überstehenden Sohlen. Männer tanzen mit nacktem Oberkörper, auf dem Kopf große Turbane, wie Radschahs.

Morgen bei Sonnenuntergang werden die Masken hervorgeholt. Ursprünglich, bevor sie dann von einer Frau entdeckt worden waren, hatten die Raubvögel die Masken, ihrer roten Farbe wegen, für Fleisch gehalten, dann aber, sobald sie ihres Irrtums gewahr wurden, von einem Baum herabfallen lassen ... Vor einiger Zeit ist ein Mann gestorben und im Andenken an ihn werden jetzt die Masken hervorgeholt. Angeblich hat heute nacht die »Mutter der Maske« geweint. Die Mutter der Maske: Ein kleines, eisernes Musikinstrument, das in einem Loch aufbewahrt wird. Das war ein Zeichen des Todes.

Am Abend hört man wieder die Hörner. Der unsichtbare Zug der Spieler kehrt in ein vom Hauptort ein wenig abgelegeneres Viertel zurück. Die Boys haben etwas Angst. Das sei der *koma*, sagen sie. Sehr wahrscheinlich werden wir nie erfahren, was das für Hörner sind und wer sie spielt.

1. Oktober

Von einer Erklärung zur nächsten. Die Mutter der Maske ist ein »bull-roarer«, ein Flügelblatt, das am Ende einer Schnur befestigt ist und zu dröhnen beginnt, wenn man sie kreisen läßt. »Man nennt sie die ›Mutter‹, weil sie die größte ist, weil sie das Blut der Frauen und der Kinder trinkt.« Die Hörner, die wir gestern Abend gehört haben, sind von jungen Leuten gespielt worden, die vom Fonio-Dreschen zurückkamen. Mein Informant ist ein gewisser Ambara Dolo, der Sohn von Dinkoroman und Yatimmé, ein ehemaliger Schüler der Volksschule, der zwei Jahre lang ausgerückt war und das Land verlassen hatte, weil der vorige Verwaltungschef ihn zwingen wollte, zur Bezirksschule in Bamako zu gehen, wo doch, wie er erklärt, seine Eltern schon so alt waren und ihn als Ernährer brauchten. In einer nicht sehr klaren Sprache, die ich aber förmlich in mich hineintrinke, entdeckt mir Ambara eine Unzahl von Dingen. Er hat ein kleines schwarzes Bärtchen und Ohrringe und trägt seit gestern Abend einen Gehrock mit sehr kantigen Schulterecken, nach der breitschultrigen Mode.

Gegen Mittag entschuldigt er sich, weil er zu einer Dolo-Versammlung muß, dem Resultat der gestrigen Kauri-Kollekte auf der Beerdigung und der Reichtümer zumal, die Griaule ausgeteilt hat.

Um halb drei kommt er zurück, offenkundig mit Schlagseite von dem Dolo, und jetzt trägt er zu seinem Gehrock auch noch eine weiße Hose. Er will einen Bummel auf den Markt machen und verspricht, später wiederzukommen und mich abzuholen. Wir haben nämlich vor, zur Maskenhöhle zu gehen, aus der heute abend die Masken hervorgeholt werden sollen, bevor sie dann morgen öffentlich tanzen. Als Ambara wiederkommt, ist er stockbesoffen und fast nicht mehr zu gebrauchen. Er kann sich kaum auf den Beinen halten, erklärt mir mit schwerer Zunge, es sei noch ein wenig zu früh, um die Masken zu sehen und muß im übrigen erst noch den Chef der Gesellschaft um die Erlaubnis bitten, der Versammlung überhaupt beiwohnen zu dürfen, denn er hat seine Maske in Bamako (?) gelassen und befürchtet, eine Buße zahlen zu müssen.

Ein paar Minuten später kommt der Neffe von Ambara, ein kleiner Junge, mit dem ich schon gearbeitet habe. Er richtet mir aus, sein Onkel warte auf mich. Ich folge dem Kind, aber Ambara bleibt unauffindbar. Zum Glück treffen wir den Bruder des Kantonschefs, der mich dann doch noch hinführt, nachdem er zuerst das Kind, das die Masken nicht sehen darf, heimgeschickt hat.

Es ist finstere Nacht, als ich mit meinem Führer das Dorf verlasse. In den benachbarten Felsen stoßen wir zu der Schar der Männer, die genauso angezogen sind wie gewöhnlich. Nur zwei junge Leute tragen Maskenkostüme aus Fasern, die ich bei der Dunkelheit schlecht ausmachen kann. Eine große Zahl von Trommeln ist da. Die Männer tragen Lanzen oder Hacken. Ich mische mich unter den Prozessionszug, der sich durch die Felsen und Gräser schlängelt und an bestimmten Orten haltmacht, um zu tanzen und zu singen. Die Waffen werden geschwungen, und mit Fistelstimme werden spitze Schreie ausgestoßen, als wolle man die wilden Tiere imitieren. Ich bin der einzige Zuschauer. Ambara, der sich schließlich zu mir gesellt hat, macht vor mir her Bocksprünge, und die Rockschöße seines Gehrocks flattern wie Elfenflügel. Bei einer Marschpause läßt er jemand aus seiner Familie seinen Gehrock halten und geht, in jeder Hand eine Sandale schwingend, in die Mitte des Kreises tanzen. Auch sonst noch viele

Männer, wenn nicht gar die meisten, sind betrunken; manche verlustieren sich in den Maisfeldern und stoßen im Falsett eine Art Gelächter aus. Den Hintergrund dazu bilden der Klang der Trommeln und die außergewöhnlich noblen Chöre.

Ambara, der nach dem Tanz noch trunkener ist, als er es ohnehin schon war, läßt mich jetzt im Stich: Er müsse zu seinem Schwiegervater, sagt er. Bevor er geht, vertraut er mich einem dicken Kerl an, der für ihn so etwas wie ein Bruder sei . . .

Große Ansprache des Oberhaupts der Masken in Geheimsprache. Alle setzen sich. Ich auch. Die sehr lange Rede wird vom Klang verschiedener Glöckchen punktiert. Es wird gesungen und noch einmal geschrieen, und anschließend kehren alle zum Dorf zurück, wo der Tanz auf einem öffentlichen Platz, um einen »Stein des Tapferen« (im hiesigen Dialekt *anakazé doumman*) herum wieder von neuem beginnt.

Schließlich wird ein riesiges Tongefäß mit Dolo herbeigeschafft. Die Männer setzen sich in kleinen Gruppen auf den Boden und fangen miteinander zu plaudern an.

Ich gehe. Im Augenblick passiert nichts mehr, aber ich nehme an, daß die eigentliche interne Versammlung erst jetzt beginnt. Beim Gehen treffe ich auf Mamadou Vad. Er ist in Begleitung der beiden Boys des amerikanischen Pastors, die auch ganz schön besoffen sind. Der Kamerad, in dessen Obhut man mich gestellt hat, geleitet mich zum Camp zurück, wo Griaule gerade mit dem Kantonschef, einem Notabeln und dem Chef eines benachbarten Viertels bei einer Befragung sitzt. Auch diese drei sind derart betrunken, daß einer von ihnen mit auf den Tisch gestützter Stirn auf alle Fragen antwortet und beim Hinausgehen die Tür nicht mehr findet.

2. Oktober

Sehr heißer Tag. Heute findet der öffentliche Maskenauszug für den verstorbenen Mann statt.

Gegen drei Uhr spielen zwei alte Männer zwischen Dorf und Hirsefeldern (in der Nähe der Stelle, wo die Hütten für die menstruierenden Frauen stehen) auf der Trommel, um den Masken kundzutun, daß man auf sie wartet. Als die erste Maske sich dann zwischen den Hirsehalmen versteckt, ruft einer der Alten in Geheimsprache: »Die Nacht ist gekommen, sie sollen nur kommen.«

Dann trommeln junge Männer, und die von ihrer Höhle herunterkommenden Masken schlagen ihre Lache an. Von der Steinmauer aus, die den Eingang zur Höhle versperrt, gelangen sie quer durch die Hirsefelder zum Dorf.

Die Masken steigen auf das Haus des Toten und tanzen auf der Terrasse. Eine trägt auf dem Kopf eine Art durchbrochener, biegsamer Klinge, die etwa vier Meter hoch und aus zusammengebundenen Halmen gefertigt ist. Sie tanzt als einzige Maske am Fuß der Terrasse. Auch die Mutter des Toten tanzt unten und hebt die Arme zu den Masken empor.

Tanz um den »Stein des Tapferen« herum. Auf dem Platz, dessen ungefähre Mitte der Stein bildet, steht das Schattendach für die Männer. In der Nähe sind mehrere große Gefäße mit Dolo aufgestellt worden, und neben dem Dach sitzen die Trommler. Rechts von ihnen ein Felsen. Links, als Fortsetzung des Kreises, die Erwachsenen und die Alten. Noch weiter links der Kantonschef und wir, an der Einmündung eines Gäßchens und ganz in der Nähe eines überhängenden Felsens, unter den man Tierknochen und Scherben zerbrochener Tongefäße (Überreste eines Männerfestes) geworfen hat und in dessen Schatten die ältesten Männer sitzen. Links von diesem Felsen, beinahe als Beschluß des Kreises, ist die Stelle, wo sich die Tänzer und die Masken ausruhen – mit Ausnahme der Maske mit dem gigantischen Helmschweif, die die ganze Zeit über, während der sie nicht tanzt, hinter der Gruppe der Erwachsenen und alten Leute sitzen bleibt.

Rund um den Platz, aber in gehöriger Entfernung vom eigentlichen Ort des Geschehens sind die zuschauenden Frauen und Kinder versammelt: Die Kinder oben auf den Felsen des Platzes, die Frauen mit den kleineren Kindern auf den Terrassen. Keine einzige Frau und kein einziges Kind ist unten auf dem Boden des Platzes, auf gleicher Ebene mit den Masken. Als dann die Maskengesellschaften anderer Viertel auf dem Platz ihren Einzug halten, sieht man die Kinder in den angrenzenden Straßen eiligst die Flucht ergreifen.

Bei ihrem Einzug und noch bevor die verschiedenen Plätze eingenommen wurden, ist die Gesellschaft des trauernden Viertels, in dem die Feier stattfindet, in Schlangenlinien über den Platz gezogen, die Trommler an der Spitze, die Masken am Ende. Entfesselter Marsch der Korybanten, durch dessen Schleifen wohl eine gewisse erste Ordnung in das Chaos kam.

Die nicht maskierten Adepten (Erwachsene, die schon seit langem eingeweiht sind,) tanzen zuerst im Gänsemarsch allein, machen hohe Luftsprünge und stampfen mit den Fersen fest auf die Erde.

Vor dem Chor der singenden alten Männer feuern alte Eingeweihte die schreienden, tanzenden oder singenden Männer an. In den Augenblicken des Paroxysmus werden Worte gewechselt und langeTiraden in der Geheimsprache gehalten.

Die Masken werden von den jungen Leuten getragen. Die hohe wird das »mehrstöckige Haus« genannt, eine andere stellt einen Marabut vor: Ihre langen, schwarzen, in der Mitte gescheitelten nachgemachten Haare fallen zu beiden Seiten des hinter einer Kaurimaske verborgenen Gesichts herab. Andere, zu deren Verkleidung falsche, mit Erde geschwärzte Brüste gehören, stellen junge Mädchen dar und werden von den jüngsten Knaben getragen. Die von den ältesten getragenen Masken sehen fast wie Helme aus: Oben auf den Helmen sind »Lothringer Kreuze«, die an Leguane erinnern. Abgerundet wird das Kostüm durch eine Waffe, einen Säbel z. B. oder eine Axt. Noch andere schließlich, die von jungen und erst vor kurzem eingeweihten Adepten getragen werden, sind lediglich aus geflochtenen, schwarzen Schnüren gemacht. Die Kostüme setzen sich aus einer Reihe von Röcken, von Arm- und Fußreifen und einem Halskragen zusammen (einem Flechtwerk, das auf den Nacken herabfällt und den von der Maske freigelassenen Hinterkopf bedeckt). Röcke, Reifen und Halskragen sind aus roten, gelben und schwarzen Fasern gefertigt. Die Tänzer, die keine weiblichen Gestalten darstellen, tragen mit Kauris geschmückte Brustlätze. Der Marabut hat einen Boubou an. All diese Männer haben das zwielichtige Gebaren von Hermaphroditen. Als sie nach dem Tanz den Platz verlassen, laufen sie schwerfällig, oder mit großen Schritten, nach vorne gebeugt und breitbeinig wie Männer, die unter ihren Füßen die Erde drehen wollen.

Der Tanz der Mädchenmasken besteht aus lasziven Bewegungen, Verrenkungen der Büste und des Unterleibs. Der der Masken mit großem Kreuz hauptsächlich aus einer unvermittelten Kopfbewegung, die die Spitze des Helmkreuzes einen beinahe lotrechten Kreis beschreiben läßt, der an seinem tiefsten Punkt die Erde berührt, so daß das Kreuzende mit einem Geräusch, das an ein stampfendes Pferd einnert, die Erde kräftig aufkratzt: Das brutale Kreisen des Antäus, der schnell die Berührung mit der Erde wieder aufnehmen will, gefolgt von einem momentanen Innehalten, während dem der Kopf leicht nach hinten und zur Seite geneigt ist.

136

Am bewundernswertesten aber ist der Tanz der mehrstöckigen Maske. Der Tänzer läßt zuerst beim Gehen seinen Kopfschmuck wie eine lange, rankende Schlange auf und ab wogen, und die Greise rufen ihm Worte in der Geheimsprache zu. Einer tanzt sogar enthusiastisch einen Augenblick neben ihm her. Die große Maske neigt langsam ihren Aufbau so weit herab, daß die Spitze den Boden berührt, weicht zurück und läßt den Mast sachte nachschleifen. Auch das erinnert wieder an eine Schlange. Diesen Gruß, den sie den Trommlern gegenüber ausgeführt hat, macht sie nun gegenüber den Masken, und dann kniet sie nieder. Die Arme im Rücken gekreuzt und immer sehr majestätisch, berührt der Tänzer mit seinem Helmschweif abwechselnd hinten und vorne den Boden. Jedesmal wenn er sich aufrichtet, scheint ein schlaffes Glied wieder steif zu werden. Zum Gebrüll der Leute dreht er sich schließlich mit geneigtem Kopf um seine eigene Achse, so daß das Ende seines langen Helms in horizontaler Ebene und mit der Schnelligkeit einer Steinschleuder einen Kreis beschreibt. Er richtet sich schließlich wieder auf und geht ab, gefolgt von einigen anderen Tänzern.

Die Vorstellung geht zwar weiter, aber der Höhepunkt ist überschritten. Wenn die Masken gut tanzen, schlagen die Alten als Zeichen ihres Beifalls mit Stöcken auf die Erde.

Aus anderen Vierteln kommen andere Masken mit anderen Trommlern und tanzen nach demselben Schlangenmarsch denselben Tanz.

Die jungen Männer erhalten Kauris. Manche spezielle Masken – die Marabutmaske, eine andere mit einer Lanze, einen feindlichen Fremden darstellend – tanzen erst und bitten anschließend einen Alten, der ehemals Fachmann für diese Maske war, ihnen den Tanz vorzutanzen, damit sie ihn besser lernen. Andere junge Tänzer machen es genauso.

Mein Freund Ambara, in der Zwickmühle zwischen verschiedenen Höflichkeitspflichten, seiner Rolle als Fremdenführer und seiner Kado-Frömmigkeit, verläßt uns von Zeit zu Zeit, um mit seinen Gefährten herumzuspringen – ohne Gehrock diesmal, in Kakihemd und ziegelroter Hose. Vorgestern hatte er mir Namen von Geistern genannt, die er, um sie nicht zu vergessen, in ein Heftchen der *Werke der Apostel* geschrieben hatte (weiß der Himmel, wo er das aufgetrieben, oder welcher katholische Missionar ihm das gegeben hat!). Heute Morgen erzählte er Griaule, daß er und seine Schulkameraden nach einer Astronomiestunde von den Alten verprügelt worden sind, weil sie ihnen sagten, die Erde sei rund. Am Abend gebe ich ihm eine Aspirintablette, denn er hat Kopfweh von dem Dolo gestern abend.

3. Oktober

Auf einmal stecken wir mitten in der Arbeit. Einzelheiten über die verschiedenen Maskenarten. Die Geheimsprache der Gesellschaft. Aber nichts will wirklich vorangehen, und auch wenn die Leute ein paar kleine Geheimnisse preisgeben, die Hauptsache verbergen sie doch.

Überhaupt nicht ausgegangen. Mit Ambara gearbeitet. Morgen will er mich zu einem Opfer mitnehmen, das Regen bringen soll. Ich habe ihn darum gebeten. Aber ob er es auch tun wird?

Nebenbei gesagt wäre ich gern ein katholischer Missionar. Ich würde die Prinzipien des reinsten Synkretismus anwenden, verkünden, daß Jesus Christus der Stifter des *pégou*-Ritus und die heilige Jungfrau die Mutter der Maske ist, und ich würde in der Gestalt des Hirsebreis und des Dolo kommunizieren.

4. Oktober

Am Morgen kommt fast niemand: Unsere Informanten lassen uns im Stich. Immerhin arbeiten wir mit dem alten Chef von Ogoldo[16] – der mich an Äsop erinnert – und noch ein paar anderen Greisen über die Geheimsprache der Masken. Mir gelingt es, ein paar Sätze davon zu sprechen, und das nacht die Alten überglücklich.

Nach dem Mitagessen warte ich auf Ambara, der mich zu dem Regenopfer mitnehmen soll. Er kommt natürlich nicht. Verärgert mache ich mich an irgendeine x-beliebige Arbeit, als wir ein Gelächter vernehmen, das sich wie die Lache der Masken anhört: Kein Zweifel, das Opfer hat angefangen. Zumal es gerade heftig geregnet hat und man daher annehmen darf, daß das Opfer gut geklappt hat. Mit Lutten und mit Mamadou Kèyta, der die Kamera und einen Photoapparat trägt, mache ich mich auf den Weg. Von den Stimmen geleitet, gelangen wir zu dem Karree, in dem die Zeremonie sich abspielt. Aber das Opfer ist schon vorbei, und sie sind schon beim Dolo. Trotz einer gewissen anfänglichen Verlegenheit bietet man uns einen Platz an. Auf unseren

---

16 Eines der Viertel oder Dörfer von Sanga.

Wunsch hin läßt man uns den Dolo kosten. Ambara ist da. Er habe nicht kommen können, weil ihn sein Vater zur Arbeit aufs Feld geschickt habe, erzählt er mir. Nach und nach tauen wir auf und tauschen jetzt weitläufige Komplimente aus. Die Greise heitern sich auf. Sie versichern uns ihrer friedfertigen Absichten, sagen, daß sie froh sind über unsere Anwesenheit und daß, wenn wir nur froh sind, auch sie froh sind. Ich antworte, daß wir froh sind und daß, wenn sie froh sind, wir noch froher sind. Die Kürbisflaschen mit Dolo gehen von Mund zu Mund. Zumal die Alten scheinen schon ziemlich angesäuselt zu sein. Ambara streitet sich mit einem seiner großen Brüder herum, der ihm vorhält, er solle aufhören zu trinken, weil er sonst noch vollständig besoffen werde. Ich mag diese brüderliche Hänselei sehr und bin auch empfänglich für das Patriarchalische in dieser ganzen Versammlung.

Lutten geht. Ambara und ich machen einen Spaziergang, auf dem wir fast seiner ganzen Verwandtschaft einen Besuch abstatten. Zunächst seinem Schwiegervater, in dessen Haus seine Schwiegermutter und seine Frau wohnen, denn da Ambara erst einen einzigen Sohn hat (den wir gegen Ende des Tages bei alten Leuten besuchen, die Ambara »Vater« und »Mutter« nennt, die aber weiß Gott wer sind, genau wie auch der Sohn, der sich schließlich als das Kind einer anderen Frau herausstellt) wohnt er allein: Jeden Abend geht er zum Haus seines Schwiegervaters hinüber und ruft heimlich seiner Frau, sie solle zu ihm schlafen kommen. Anschließend gehen wir zu einem Onkel. Aus Scham vor seinem Schwiegervater hatte mich Ambara aber vorher noch gebeten, allein noch einmal in das Haus zurückzugehen, in dem wir gerade waren und seiner Frau – einem Mädchen von ungefähr 15 bis 20 Jahren – einen Boubou zu geben, den sie für jemand aus einem anderen Viertel umarbeiten soll (auf Anraten Ambaras führe ich diesen Auftrag so aus, daß ich das Stück Stoff in die Hände des Mädchens lege und mehrmals mit dem rechten Zeigefinger in die Richtung des Viertels deute, in dem die betreffende Person wohnt), eine kuriose Komödie, die ich mit so manchen anderen Dingen in Vergleich setzen möchte, die ihrerseits sicher auch niemand hinters Licht führen: So z. B. die Unkenntnis der Identität der Maskentänzer, denn während des Tanzes soll angeblich niemand wissen, wer die verkleideten Tänzer sind; oder das Regenopfer, das zu einem Zeitpunkt stattfindet, wo der Himmel stark bedeckt ist und der bevorstehende Niederschlag für niemand in Zweifel stehen kann. Dann gehen wir wieder zum Haus des Opfers, wo ich noch einmal mit dem Vater (?) Ambaras Dolo trinke. Ambara streitet sich wieder mit seinem großen Bruder, aus demselben Grund wie vorhin, und alle Welt leert eine Kalebasse nach der anderen, sogar ein kleines Kind von ungefähr drei Jahren, das nur mit einem kleinen Halsband bekleidet ist, trinkt etwa eine Minute lang aus einer Kalebasse von knapp 50 cm Durchmesser, schwappt sich einen Teil der Flüssigkeit auf den Bauch und geht anschließend ohne zu wanken hinaus. Letzte Etappe ist das Haus von Ambara selbst.

Ich hoffe, dieser Rundgang wird seine Früchte tragen: Die überschwenglichsten Komplimente sind ausgetauscht worden. Mit etwas umnebeltem Kopf läßt mir der alte Vater (?) von Ambara bestellen: »Wir sind schwarz, ihr seid weiß. Aber wir alle zusammen, das ist, als wenn wir selben Vater und selbe Mutter hätten: das ist wie eine Familie.« Ich antworte mit derart lieblichen Reden, daß denen, die sie vernommen haben, noch immer die Ohren davon klingen müssen . . .

Recht besehen kommt mir das alles freilich ziemlich künstlich vor. Was für eine finstere Komödie haben wir da zusammen gespielt, diese alten Dogon[17] und ich! Scheinheiliger Europäer, ganz Zucker und Honig, scheinheiliger Dogon, so seicht, weil er der Schwächere ist – und im übrigen an Touristen gewöhnt –, das gegorene Getränk, das wir zusammen geleert haben, wird uns bestimmt nicht näherbringen. Alles was uns verbindet ist eine gemeinsame Falschheit. Der am wenigsten verlogene von uns allen ist sicher mein Freund, der Säufer Ambara, von dem ich annehme, daß er bei seiner Familie, bei der Familie seiner Frau und bei seiner ganzen Verwandtschaft im Ruf eines ausgemachten Faulenzers steht, den ich aber meinerseits für einen Luftgeist halte, seitdem ich gesehen habe, wie ihm die Rockschöße seines Gehrockes durch die stachligen Hecken nachflatterten . . .

Als er mich vorhin durch sein baufälliges Haus führte, kündigte er mir an, er werde es bald neu verputzen, und zwar so gut, daß die Margouillats[18] abrutschen und auf die Erde fallen, so glatt wären dann die Wände.

---

17 Der eigentliche Name der Habé. Das Wort Habé, das in der Sprache der Peul »Heiden« bedeutet, ist der Terminus, mit dem sie die Muselmanen bezeichnen.
18 Große, verschiedenfarbige Eidechsen.

5. Oktober

Ruhiger Tag. Moufle und Mouchet kommen aus Mopti zurück und bringen Post mit. Ich bin schwer enttäuscht, weil für mich nur ein einziger Brief dabei ist. Heute Nacht träumte mir, die Expedition käme durch Le Mans, und ich hätte keine Zeit, noch bis nach Paris zu fahren, bevor wir uns wieder nach Afrika auf den Weg machen. Von diesem Traum her bin ich den ganzen Morgen über ein unangenehmes Gefühl nicht losgeworden. Sicher ein böses Omen. Es nimmt mich auch gar nicht wunder, daß ich den erwarteten Brief nicht erhalten habe.

Vor dem Abendessen bin ich mit Griaule, mit Mamadou Vad (der auch wieder da ist), mit Ambara und einem seiner großen Brüder zu einem Felsen gegangen, um den herum mehrere Männer winzige Gärtchen in den Sand zeichnen, Gruppen von Vierecken, die mit den verschiedensten Figuren, mit Holzstücken, Kieselsteinen usw. ausgeschmückt werden. Um die kleinen Gärten herum werden Erdnüsse verstreut. Nachts kommen dann die *yourougou* (eine Art von Schakalen) und werfen alles durcheinander. Am Morgen gehen die Männer wieder hinaus und lesen aus den Verwüstungen, die die Tiere bewirkt haben, Prophezeiungen für die Zukunft heraus.

Ich verzweifle daran, daß ich in nichts wirklich bis auf den Grund einzudringen vermag. Es bringt mich in Rage, von so vielen Dingen immer nur Bruchstücke in den Händen zu halten.

6. Oktober

Heute Markt. Kauf eines großen Tongefäßes mit Dolo für die Besucher. Ambara trägt wieder seinen schönen Gehrock, seine weiße Hose, seine himmelblaue Feldmütze und seinen Regenschirm. Kurz nach dem Mittagessen komme ich ihm zum Markt nach. Mehrere Männer erkennen mich wieder und reichen mir Kürbisflaschen mit Dolo. Ich trinke ein paar Schlucke aus meiner Flasche und habe Mühe, Ambara von der seinigen abzubringen. Er soll den *hogon* »grüßen« gehen, von dessen Existenz ich jetzt zum ersten Mal erfahre, denn ich wußte nicht, daß es im Dorf einen gab. Der Hogon ist der älteste Mann der beiden großen Viertel von Sanga und der eigentliche Chef. Derjenige, der den Europäern gegenüber der Chef ist, ist nur sein Sachverwalter und eine Art Blitzableiter, dazu da, allen von der Kolonialverwaltung kommenden Ärger, alle Arbeitsverpflichtungen und Sanktionen auf sich zu vereinigen. Ich begleite Ambara zu dem Hogon, dem ich im Auftrag der Expedition ein Fläschchen Pfefferminzalkohol überbringe.

Kurz bevor wir ankommen, macht Ambara wieder einen seiner großen Umwege. Wie so oft zeigt er mir eine felsige Stelle und erklärt, daß er da nicht vorbeikann. Wegen dem, was er am rechten Handgelenk trägt, fügt er hinzu. Ich hake ein wenig nach, und er zeigt mir zwei Lederarmbänder: ein Amulett gegen die Hexer. In der Mitte der felsigen Stelle befindet sich ein Kegel aus getrocknetem Lehm, mit einem flachen Stein oben drauf. Ich frage Ambara, ob das ein Altar des Gottes Amma ist. Er verneint das ... Als wir im Haus des Hogon den Vorraum betreten, sehe ich einen Greis auf der Erde sitzen, der bis auf den um die Hüften gewundenen blauen Lappen nackt ist. Er ist blind, gebrechlich, armselig, sein Lächeln das Lächeln eines Idioten. Es ist der Hogon, der da mitten zwischen seinen Frauen und Töchtern sitzt, die mit dem Spinnen der Wolle beschäftigt sind. Auch sie sind fast nackt. Der Hogon verläßt sein Haus nie, außer zu ganz seltenen und fast immer rituellen Anlässen. Ich überreiche ihm den Pfefferminzalkohol – eine gute Medizin, die er in sein Wasser tun kann – und mache ihm ein Kompliment. Er erwidert es, und der Austausch von Höflichkeiten geht noch ein paar Minuten lang weiter. Dann, nachdem ich ihm alles erdenkbare Wohlergehen gewünscht habe und die Erfüllung all dessen, was die Leute des Dorfes nur immer erhoffen mögen, verabschiede ich mich.

Vor dem Altar aus getrocknetem Lehm sagt mir Ambara schließlich, es sei für den Hogon. Sonst könne er mir aber nichts darüber sagen, denn wenn man erführe, daß er gesprochen hat, würde man die Hexer schicken, um ihn zu töten.

Auf dem Rückweg zum Camp kommen wir bei den Schwiegereltern von Ambara vorbei, die beide über einen geschwollenen Bauch klagen. Mir fällt auf, daß Ambara seine Frau nicht begrüßt. Sie ihrerseits lächelt ihm lediglich beim Eintreten zu und hält dann die ganze Zeit über, die wir da sind, die Augen beharrlich gesenkt. Wir gehen wieder, ohne daß Ambara auch nur ein einziges Wort mit ihr gewechselt hätte. Kein Zweifel: »Das wäre Schande.«

7. Oktober

Schon am frühen Morgen lasse ich Ambara wissen, was ich von ihm erwarte. Wir gehen etwas weiter weg und setzen uns auf ein paar

Felsen. Und schon beginnen die Enthüllungen: Der Hogon wäscht sich nie; eine große Schlange kommt jede Nacht aus ihrer Höhle in sein Haus, um ihn zu lecken. Die Schlange ist niemand anders als der älteste aller Hogon, der nicht gestorben ist, sondern sich in eine Schlange verwandelt hat. Der Hogon scheint eine Art Demiurg zu sein, der durch seine bloße Anwesenheit den ordnungsgemäßen Gang der Weltendinge gewährleistet, angefangen vom Auskeimen der Samenkörner bis zum Fortgang des Kalenders, der hier auf der Abfolge der verschiedenen Märkte der Gegend beruht: Heute Markt in Tiréli, morgen Markt in Banani, übermorgen Markt in Sanga usw., die fünf Tage über, aus denen die Woche besteht. Zu jedem Markt in Sanga schickt der Hogon seine Vertreter, die verkünden, daß die Diebe von ihm gefressen werden und die Kürbisflasche des Betrügers zerbrechen wird . . .

Ambara hält im Gespräch inne, weil er in etwa 50 Meter Entfernung einen Greis sitzen sieht und befürchtet, von ihm gehört zu werden. Wir gehen noch viel weiter weg, bis in die Nähe der Maskenhöhle. Die Unterhaltung geht weiter und ich erfahre noch andere Dinge, die den quasi göttlichen Charakter des Hogon bestätigen. Ich zittere vor Rührung, wenn ich an den alten Mann von gestern und an seine Bettlermiene zurückdenke.

Rückkehr zum Camp. Zuvor werfe ich noch einen Blick in die Maskenhöhle – ohne Ambara, der Angst hat, gesehen zu werden. Unter diesem Felsvorsprung werden also die Masken verwahrt: Ein paar sind sorgfältig aufgereiht wie in einem Gewehrständer, andere liegen einfach auf dem Boden herum; die Faserröcke sehen wie alte, faulige Pflanzen aus.

Am Nachmittag gehen wir wieder an den selben Ort und setzen uns fast schon an den Fuß der Mauer aus Lehmziegeln, die den Blick ins Innere der Höhle versperrt. Wir nehmen unser Gespräch wieder auf. Zunächst ist von allem möglichen die Rede, von der Wut der elf von zwölf jungen Leuten, die man als Tänzer zur Kolonialausstellung geschickt hat (der zwölfte und einzig zufriedene ist Endyali, der Informant von Seabrook, ein ehemaliger Schüler der Volksschule und Ex-Vertreter seines Vaters, des Kantonschefs in Bandiagara), von den seltenen Visiten des Hilfsarztes (er ist seit ungefähr zwei Jahren nicht mehr gekommen), der gegenwärtigen Friedfertigkeit der Habé, die es für klüger erachten, nicht gegen die Franzosen zu kämpfen, denn die würden »mit ihnen Schlitten fahren«, von der Bosheit des eingeborenen Schullehrers, der

die Schüler wie »Sklaven« behandelt, von den eigenen Leiden Ambaras, als er nach Bamako zum Arbeitsdienst mußte.

Dann machen wir mit der Einweihung ins Sakrale weiter. Ambara legt
eine kleine Pause ein und sagt, er müsse »Klo machen«. Ich sehe ihn in
der Maskenhöhle verschwinden. Eine kurze Zeit verstreicht, dann
taucht er wieder auf, aber von einer anderen Seite her. Die Höhle hat
zwei Ausgänge, und er hat nicht innen drin exkrementiert, sondern
oben drüber, auf der Felsplatte, die den Vorsprung bildet. Dies gibt er
mir zur Antwort, als ich mich verwundere, daß er, der anscheinend so
fromme Ambara (ich sage »anscheinend«, denn vorhin erst hat er mir
gesagt, daß die Opfer von Hühnern und von Hirsebrei »viel Ermüdi-
gung« darstellen) solcherart einen heiligen Ort besudelt hat.

Nach beendeter Unterhaltung kehren wir ins Camp zurück. In ein paar
Minuten gehe ich zu Bett, aber der Mythus des Schlangenkönigs läßt
mir keine Ruhe: Eine große, weiß-gelbe, glänzende Schlange, deren
zwei Höhlen mir Ambara heute morgen gezeigt hat, die eine im Osten,
die andere im Westen von Ogoldo, in den Felsen, auf die das Dorf
gebaut ist. Vor eine dieser Höhlen hatte jemand den Kadaver einer
erlegten großen, schwarzgrauen Schlange geworfen.

8. Oktober

Unruhige Nacht. Die Hunde werden immer unverschämter. Angelockt
von dem Vorrat an Trockenfisch, den Griaule gekauft hat, um damit
Geschenke zu machen, kommen sie jetzt bis ins Camp und bellen sogar
schon unter unserer Veranda.

Fahrt hinunter zum Felsabfall, bis zu den Dörfern, die sich direkt an die
Steilwand anlehnen. Mächtiges Felsenchaos, Grabmäler zwischen
Himmel und Erde: Ziegel und Felsen, Reisigbündel, zerbrochene
Tongefäße. Die wie Kartenhäuser an die Wand geklebten Hütten
bilden ein Konglomerat von Türmchen und Glockentürmchen, im
Rückblick das Panorama eines Herrensitzes von Zwergen. Während in
Sanga das Heilige sich überall wie Pfützen ausbreitet, ist es hier an den
höchsten Punkt des Dorfes, in den Bereich unmittelbar an die Fels-
wand verwiesen: Hier sind die Speicher, die verschiedenen Verstecke,
die Toten, die mysteriösen kleinen Häuser der ehemaligen Bewohner
des Felsabfalls, all das, was man – wie man einen Dreck auf die
Müllhalde wirft – aus der profanen Welt verbannt.

Zur Mittagszeit wieder nach Sanga hinaufgefahren, bei so brennender

144

Hitze, daß Griaule die Nase davon blutet. Der Rest des Tages geht in der Arbeit unter. Zufällig erfahre ich – aus dem Mund eines Totemchefs, von dem ein Photo in den *Documents*[19] war – das Bild zeigt ihn unmittelbar vor der Opferung eines Zickleins auf der Hütte der Familienreliquien –, daß Seabrook in Sanga niemals bei dem Chef geschlafen hat (wie er mir das erzählte), sondern wie alle Welt im Camp gewohnt hat.

9. Oktober

Eine Enthüllung nach der anderen. Seit gestern habe ich gute Gründe anzunehmen, daß eine der Masken der besagten Gesellschaft nur eine Darstellung des Donners sein kann. Von einem Greis, der sagt, daß er einer der sieben Männer von Sanga ist, die die vollständige Initiation besitzen, höre ich heute abend, daß die Mutter der Maske und die Maske »mehrstöckiges Haus« ein und dasselbe sind: Die eine ist »diejenige, die man nicht sieht, die andere die, die man sieht; die eine die große Schwester, die andere der große Bruder«. Identisch sind sie in ihren Kreisen, denn die Mutter der Maske, der *bull-roarer*, ist etwas, das kreist, genau wie auch die Maske zu Ende ihres Tanzes.

10. Oktober

Ich bin nicht der einzige, der nur schwer den Schlaf findet: Wir sind von der Arbeit wie besessen. Die ganze Nacht von Totem-Verwicklungen und Familienstrukturen geträumt, unmöglich, mich gegen das Labyrinth von Straßen, Felsen und tabuisierten Orten zur Wehr zu setzen. Der Horror, so unmenschlich zu werden . . . Aber wie das abschütteln, wieder Beziehungen anknüpfen? Man müßte weg von hier, alles vergessen.
Unvermittelt geht mir auch ein Licht auf, warum Ambara neulich so verlegen war und mich seiner Frau ein Stück Stoff zum Nähen bringen ließ, anstatt es selbst hinzutragen. Lutten erklärt mir, daß in diesem Land keine Frau näht. Das Nähen ist eine Männerarbeit. Der Phantast Ambara ist so faul, daß er nicht einmal selber nähen kann. Und wenn er, anstatt selbst hinzugehen, mich hinschickte, so wollte er damit sicher umgehen, daß seine Faulheit seinen Schwiegervater skandalisierte.

---

19 2. Jahrgang, Nr. 7.

Der Greis, der mich seit vorgestern die Mysterien der Gesellschaft der Masken lehrt, teilt mir zum zweiten Mal seit gestern einen erstaunlichen Text in der Geheimsprache mit. Ich schreibe ihn auf, lese ihn laut und mit der entsprechenden Betonung vor, und der Alte steht entzückt auf, klatscht in die Hände und ruft: »Pay! Pay!« (Gut, gut). Aber wenn wir uns dann ans Übersetzen machen, geht alles wieder schief. Die Geheimsprache ist eine formelhafte Sprache, voller Rätsel, Gedankensprünge, Kalauer (?), stufenweise sich wiederholender Phoneme und einander gegenseitig durchdringender Symbole. Der Alte, der sich vorstellt, daß ich tatsächlich eingeweiht werden möchte, wendet seine üblichen Lehrmethoden an. Sobald ich nach der Übersetzung eines Wortes oder eines einzelnen Satzteiles frage, verliert er den Faden, muß seinen ganzen Text von A bis Z noch einmal von vorne aufnehmen, verhaspelt sich und gibt mir natürlich jedesmal wieder einen anderen Text. Ganz in seiner Rolle als Lehrer aufgehend, wird er wütend, sobald ich ihn unterbreche und brüllt: »Makou!« (Ruhe). Und da heute Markttag ist, ist er es leid und will spazierengehen. Ich lasse ihm ausrichten, er solle dableiben. Aber die Übersetzung wird auch jetzt nicht klarer. Vor Müdigkeit und Entnervung und auch, weil ich den Alten nicht einmal mordsmäßig anbrüllen kann – ich will ihn nicht beleidigen, und er ist ja im übrigen ein lieber Kerl –, bin ich jetzt den Tränen nahe, denn meine Stimmung ist nun in ihr Gegenteil umgeschlagen: Aus meiner Gereiztheit ist ein kindliches Sich-Gehenlassen geworden. Der alte, vom Verwaltungschef als Dolmetscher zu uns beorderte eingeborene Leutnant Douso Wologane ist überrascht, mich so niedergeschlagen zu sehen. Er spricht leise mit dem Alten und will ihn zur Vernunft bringen. Mehr schlecht als recht mache ich meine Übersetzung zu Ende.

Mit Peitschenhieben hat Griaule heute morgen einen Bambara-Händler verjagt, der einem unserer kleinen Informanten mit angedrohten Schlägen sein Essen hatte abluchsen wollen. Abara – so heißt der Kleine – hat aber nun wirklich kein Glück: Neulich hatte das Schaf seiner Eltern den für sein Essen zubereiteten Hirsebrei weggefressen, während er mit uns arbeitete.

Vom Markt bringt man uns ein grob zurechtgeschnittenes Stück Karton ohne jegliche Beschriftung mit: Die Quittung, die der Marktaufseher den Verkäufern als Beleg für die Entrichtung der Steuer gibt, die der Verwaltungschef von den Händlern erhebt. Schöne Kontrolle! Das ist hier bestimmt nicht das Land, wo die Maskenhöhle zugleich auch die Räuberhöhle wäre.

12. Oktober

Die Befragung mit dem Greis weitet sich aus. Gesenkten Kopfes dringe ich in die Tiefen und Abgründe vor. Ungefähr alle fünfzig Jahre erscheint weit im Osten ein großes rotes Zeichen, das der östlichsten Dorfgruppe der Gegend ankündigt, daß die Zeit der großen Einweihung gekommen ist. Ein paar Kinder aus diesen Dörfern verbringen dann drei Monate in der Höhle der Masken und lernen dort alle Geheimnisse kennen. Drei Jahre später ist die nächstliegende Gruppe an der Reihe (sie wird von einer Abordnung junger Leute aus der vorhergehenden Gruppe verständigt) und so fort während 48 Jahren, bis die westlichste Gegend erreicht ist. Man wartet dann, um wieder von vorne zu beginnen, bis ein neues Zeichen erscheint.

Von Zeit zu Zeit tanzt der Greis. Mit seinem kegelförmigen Strohhut nach der sudanesischen Mode, seinen Kleidern eines alten Säufers, bzw. alten Affen tanzt er göttlich: halb alter Bär, halb Wichtelmännchen. Die unnachahmliche Anmut eines etwas tapsigen, plumpen Gnoms.

Wenn er müde ist, läßt er manchmal seinen Kopf herabsinken, und dann sehe ich nur noch das Rund des Strohhutes vor mir, dessen vorderer Rand auf dem Tisch aufliegt, und der mir so das Gesicht meines Lehrers vollständig verbirgt. Seine Stimme kommt dann wie von weither, aus dem Innern einer Höhle, oder aus der Kehle einer blinden und tauben Gottheit.

Am Abend kommen Moufle und Larget mit der Post. Diesmal ist für Griaule kein Brief dabei.

13. Oktober

Bei jedem Schritt einer jeden Befragung wird wieder irgendeine neue Tür aufgestoßen. Aber meist gleicht die so geschaffene Bresche eher einem Abgrund oder einem Sumpfloch als einem gangbaren Weg. Und doch fügt sich alles immer mehr zusammen. Vielleicht kommen wir doch noch zu einem Ende?

Mein alter Informant leidet an einer Hodenentzündung, und wenn er eine Zeitlang auf seiner Kiste gesessen hat, bricht er mir buchstäblich entzwei. Morgen hole ich ihm die Chaiselongue von Mouchet.

Larget, gefolgt von Bandyougou – der mit ihm nach Sanga gekommen ist und als Mann seines Vertrauens seine Geräte trägt –, macht trigonometrische Vermessungen, um die sakrale Topographie eines Teils der Gegend festzulegen.

14. Oktober

Immer so weiter und weiter und weiter. Der Alte ist entzückt über seine Chaiselongue und bleibt jetzt viel länger.

Auf einem Spaziergang entdeckt Griaule hinter einem Baum, um den eine Unmenge von zerbrochenen Tongefäßen herumliegen, eine Felsspalte. In dieser Spalte muß die Mutter der Maske liegen.

15. Oktober

Seit gestern großer Aufruhr abends: Die Kinder spielen, schreien und singen. Die Esel schreien. Vom Dorf dringt Gelächter und Geplapper herüber. Im Viertel der Fremden hinter der Schule wird auf Kalebassen getrommelt und in die Hände geklatscht. Alle Welt scheint draußen zu sein. Die Ernte ist in vollem Gange.

Der Alte von der Maskengesellschaft fühlt sich jetzt so wohl in der Chaiselongue, daß er darin einnickt und man ihn von Zeit zu Zeit wieder wachrütteln muß.

Mich erschöpft diese Arbeit immer mehr. Sie hält mich derart in Bann, daß ich nachts nicht mehr schlafen kann, ohne davon zu träumen. Nach Sonnenuntergang setze ich mich auf einen Felsen und versuche, an nichts mehr zu denken. Das wäre nun ein Ausruhen, wenn nicht die Felsen von der tagsüber gespeicherten Sonne so heiß wären, wenn man nicht zum Camp zurück müßte und die genauso heißen Wände des Gästehauses nicht noch bis nach Mitternacht alles mit ihren erstickenden Armen umschlössen.

16. Oktober

Besuch des Hilfsarztes, der sich seit mehr als zwei Jahren nicht mehr in Sanga blicken ließ.

Großer Betrieb auf dem Markt. Die übliche Kundschaft von Dolotrinkern.

148

17. Oktober

Griaule, der immer noch mit den Kindern arbeitet, erfährt von einem interessanten Sachverhalt: Der schwarze Grundschullehrer von Sanga (in dieser Beziehung anscheinend nicht verschieden von seinen Kollegen der anderen Kantone) erpreßt die Eltern der Schüler mit der Drohung, er werde ihre Kinder zur Bezirksschule nach Bandiagara schicken. Um das zu verhindern, schenken ihm die Eltern Hirse. Die Tanten der Kinder, die nach Bandiagara müssen, bringen andererseits auf den Ahnenaltären Opfer dar, damit die Kinder wieder zurückkommen. Vielleicht wollen sie damit auch den Großvater um Verzeihung bitten, dem in Gestalt des Kindes, in dem seine Seele sich neu verkörpert hat, Gewalt angetan wurde.

18. Oktober

Telegramm von Schaeffner: Er kommt morgen. Der kleine Iréko, ein Schüler der Grundschule, dessen Eltern in Madougou wohnen, und der beim Chef von Ogoldo lebt, nimmt während des Abendessens bei uns Zuflucht. Der Chef von Ogoldo, dem der Kleine während der Schulzeit anvertraut worden ist, stibitzt ihm das ganze Geld, das er von uns bekommt, und gibt ihm bei manchen Mahlzeiten nichts zu essen. Heute abend ist Iréko vorsichtig geworden. Er ist nicht nach Hause gegangen, sondern hat sich Couscous gekauft, den er hier bei uns aufißt. Und bei uns schläft er auch, denn aus Angst vor Anwürfen wagt er sich jetzt nicht mehr zurück.

19. Oktober

Schaeffner kommt an und steckt voller Neuigkeiten. Seltsame Ungleichzeitigkeit . . .

20. Oktober

Nichts. Überall festgefahren. Allmählich kommen wir in die Nähe der Menschenopfer. Die uns umgebenden Steine und Mauern werden immer zwielichtiger. Bäche von Hirsebrei, sternförmige Lachen. Gibt es ein herrlicheres Fundament für eine Stadt, für ihre rituellen Moraste und Opferströme, als einen beinernen Menschenschädel?

Beerdigung eines Jägers: Am Nachmittag wird das Haus des Toten von den Verwandten und Freunden erstürmt, zunächst von denen aus dem Dorf, dann von denen aus den Nachbardörfern. Die allernächsten Verwandten rotten sich auf der Terrasse zusammen, geben Schüsse ab und mimen die Verteidigung gegen die das Haus erkletternden Angreifer, die Lanzen schwingen und ebenfalls schießen. Manche Krieger fordern sich zu Einzelkämpfen heraus, scheinen ihre Spieße abwerfen zu wollen und lassen ihre Gewehrkolben bedrohlich durch die Luft kreisen. Der Kampf tobt, um den Stein des Tapferen herum, auf dem großen Platz weiter. Unser Freund Apama, der Jäger, der Bruder von Ambara, feuert grimmige Schüsse ab. Er hat einen alten Helm aus den Schützengräben auf dem Kopf und ein weißes Hemd, bzw. eine weiße Jacke an, auf die niedere Verdienstabzeichen aufgenäht sind. Mein alter Informant Ambibè Babadyi steht mehrere Minuten lang ganz allein an einem Ende des Platzes und hält die ganzen Leute am anderen Ende in Schach. Er fällt in den Staub und deckt ein Schild über sich. Man wirft ihm Hände voll Staub ins Gesicht, tut so, als würde man ihn töten. Keiner, der nicht ein glänzender Schauspieler wäre.

Frauen klagen vor dem Haus des Toten, tauschen schluchzend Liebkosungen aus; andere wälzen sich im Staub, scharren mit ihrer Kalebasse die Erde auf. In der kleinen Straße vor dem Haus liefen zu Beginn des Kampfes manche Frauen hin und her und schwenkten abgebrochene Hirsestengel wie Waffen.

Die Brüder des Toten sind auf der Terrasse geblieben und bieten den neuerlichen Angreifern die Stirn. Ein paar Schüsse bleiben im Rohr stecken, andere krachen so laut wie Kanonenschläge. Im allgemeinen werden die Schüsse praktisch aus nächster Nähe abgegeben, aber niemand scheint sich um die möglichen Unfälle zu sorgen.

Nachts wird vom First des Totenhauses aus, vor den unten oder auf der Terrasse versammelten Zuhörern, eine große Leichenrede in der Geheimsprache gehalten. Noch ein jäher Überfall, diesmal mit Fackeln. Die Kinder an der Spitze, ersteigt ein prachtvoller Zug von Menschen die Terrasse. Die zuerst angekommenen tun als würden sie die nachdrängenden Zweiten zurückschlagen und steigen dann wieder hinunter; die Zweiten weisen die Dritten ab usw.

Alle Welt läuft zum Dorfplatz, wo ein Kreis gebildet wird und wo zum Klang der Trommeln und zum Händeklatschen und den Youyou-Rufen der Frauen Einzelkämpfe stattfinden. Die Kinder zuerst: Sie halten in der einen Hand die Gewehrkolben, in der anderen die flammenden Fackeln und fahren sich gegenseitig mit den Flammen an den Gesichtern vorbei, um den anderen zum Zurücktreten zu zwingen. Manchmal streuen sie ganze Funkengarben über die ersten Reihen der, allerdings keineswegs entsetzten, Zuschauer.

Von Zeit zu Zeit kommen Leute aus anderen Dörfern: Sie spielen zunächst die Einnahme des Totenhauses und besetzen dann, aus den Seitenstraßen anstürmend, den Platz. Es kommt zu einem kompletten Durcheinander von Fackeln, und jetzt wird überall gekämpft. Nach dem Handgemenge gehen die Einzelkämpfe noch heftiger weiter.

Die Jäger sind die Männer des Feuers, die Männer der Waffen und des Schießpulvers. Kein Zweifel, daß sie es auch waren, die das Schießpulver entdeckt haben. Die Nacht über – aber ich bin dann im Bett – machen sie tausend Kunststücke: Die einen treten ins Feuer, die anderen setzen sich hinein, wieder andere schlucken das Feuer, und später begrüßen sie die Morgenröte mit neuen dröhnenden Salven, die mich aufwecken, wie sie auch die Sonne aufwecken sollen, die wieder emporsteigt aus dem Friedhof der Nacht.

Alles in allem ein derartiger Höllenspektakel, daß die Toten davon aufwachen.

22. Oktober

Folge der »Vergnügungen«, wie unsere Dolmetscher sagen, um die mit den Beerdigungen einhergehenden Zeremonien zu bezeichnen. Eine so üppige und, bei den ohrenbetäubenden Schüssen so verwirrende Folge von Ereignissen (dicht neben Griaule zerplatzt der Lauf eines überladenen Gewehres und sieht auf einmal wie ein Fächer aus), daß ich in meiner Erinnerung nur ein kunterbuntes Durcheinander bewahre. Gegen Mittag oder ein Uhr, nach einem simulierten Kampf mit Lanzen, wird vor dem Dorf auf einer Felsenesplanade ein Feuer angezündet. Der vorbereitete Strohberg wird heimlich in Brand gesteckt: damit wird die Erfindung des Feuers dargestellt. Den ganzen Nachmittag über Wettkämpfe im Bogenschießen und Kämpfe mit Gewehrschüssen auf dem großen Platz. Die Frauen weinen oder klatschen in die Hände. Ein armseliges Bündel – die Kleider des Toten – macht so ziemlich die Runde: Entweder wird ein Kampfspiel um das Bündel herum aufgeführt (das am Ende des Tages von den Pulverblitzen größtenteils verbrannt ist), oder ein männliches Familienmitglied trägt es auf dem Kopf herum, oder es wird von der Truppe der Jäger heimgeholt, die außerdem noch ein großes Holzscheit nachschleifen: Eine Darstellung des Tieres, das den verstorbenen Jäger getötet (?) haben soll.

Mitten in dem Getümmel, das schließlich in ein gegenseitiges Niedertrampeln ausartet, tauchen plötzlich die Masken auf. Schreiend flüchten die Frauen vom Platz. Das »mehrstöckige Haus« erweist den Sachen des Toten seine Reverenz. Es neigt seinen hohen Aufbau, bis die Spitze die Kleider berührt, dann legt es die Maske neben dem unförmigen Ballen nieder und läßt sie in ihrer ganzen Länge daran entlanggleiten, indem es ganz allmählich zurückweicht und die überdimensionale Maske sachte auf dem Boden nachschleift. Zuerst kniete der Tänzer, jetzt richtet er sich auf und entfernt sich tänzelnd wie ein Pferd.

Eine Frau in Trance hat mit den Masken getanzt. Es ist die Schwester des Toten. Sie ist verrückt. Anscheinend hat »die Maske ihr den Kopf genommen«. Sie wird zur *ya siguiné* werden, zur Schwester der Masken, der einzigen Frau, die das Recht hat, sich ihnen zu nähern. Mein alter Freund Ambibè Babadyi beruhigt sie und führt sie weg, denn noch muß eine gewisse Zeit verstreichen, bis sie wieder geheilt ist.

Gleich nach dem Weggang der Masken kommt die Versammlung zu ihrem Paroxysmus: Ein Anwärter auf die Würde des Totemwächters fällt ebenfalls in Trance, schlägt Purzelbäume, wälzt sich im Staub, macht Kopfstände und wird in Konvulsionen weggetragen. Die Frauen klatschen weiter in die Hände oder lamentieren. Die Detonationen werden immer aufdringlicher, und bei hereinbrechender Nacht fahren riesige Flammen aus den Rohren. Aber bei der Opferung von Kauris und Wolle kommt bald alles wieder zur Ruhe, die Wogen der Erregung glätten sich zu sanftem Gemurmel, nachdem zuvor noch die Jäger, nach einem zuerst langsamen, dann frenetischen Tanz, in einem großen Crescendo von Explosionen die Rache für den Tod des Jägers dargestellt haben, indem sie sich über den Kadaver irgendeines unglücklichen Nagetieres hermachten, eines in den Felsen lebenden Tieres, das sie zusammen mit anderem Wild am Morgen auf der Jagd erlegt hatten.

Junge Mädchen in Kandyaora beim Zerstoßen der Erdnüsse (22. Juli).

Das »Spanferkel« von Dyabougou, aufgenommen in unserem Depot von Mopti (7. September).

Dorf am Fuß des Felsabfalls von Bandiagara (ab 28. September).

Yagoulé-*Maske* (*»junges Mädchen«* (2. Oktober).

Tanz der sirigué-*Maske (»mehrstöckiges Haus«) (2. Oktober).*

Blick von oben in die Speicher-Höhle (11. November).

Das Heiligtum in Form einer Vulva (18. November).

Felsmalereien in Songo (20. bis 25. November).

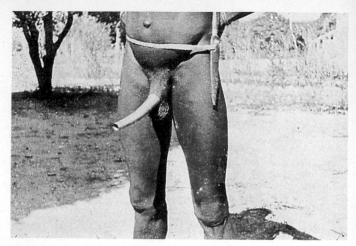

Penisfutteral der Somba (5. Dezember).

Die weibliche Figur des »Matchatin«-Heiligtums in Ouidah (11. Dezember).

Der Sohn des Sultans Boukar und seine Kameraden spielen Krieg mit Soldaten aus Mistkügelchen. Eine Dienerin bringt ein aus Resten zusammengebasteltes Gerät, das den Sonnenschirm des Sultans vorstellt (4. Januar 1932).

Junge Männer in Poli spinnen die Wolle und machen gleichzeitig den Frauen den Hof (25. Januar).

Abou Zeyd: Feluken fahren auf den Nil hinaus (16. April).

23. Oktober

Kleine Schießereien noch in der Nacht und bei Tagesanbruch. Aber jetzt ist es ruhig geworden. Nur manchmal steigt ein zu spät eingetroffener – weil aus einem weit entfernten Dorf kommender – Verwandter auf die Terrasse des Toten und hält eine Ansprache, die wir von hier aus hören.
Traurigkeit des Rummelplatzes, der Ritus löst sich letzten Endes im Jahrmarkt auf.
Gestern war ein sehr junges Mädchen, die Nichte des Kantonschefs, zu uns gekommen, um sich behandeln zu lassen. Sie wimmerte ein wenig, als Lutten ein Desinfektionsmittel in die gräßliche Wunde an ihrem Knöchel goß. Die Wundhöhle nahm schon fast das Grab voraus, das ich mir für dieses, vielleicht bald zu amputierende Glied vorstelle . . .

24. Oktober

Wieder Begräbnisfeierlichkeiten. Eine alte Frau aus Engueldognou ist gestorben. Wieder Schüsse, wieder schöne Gesänge zum Grollen der Trommeln und zum Takt der klatschenden Hände, die einen daran erinnern, daß es Frauen gibt. Schwarze Sylvie einer diamantenen Ile de France, eines erhängten, im Kohlenbunker erhängten Gérard de Nerval.

25. Oktober

Noch ein Trauerfall: In Bongo ist ein Zwilling gestorben. Aber kaum daß ein paar Schüsse abgegeben werden. Als gestern der Chef von Engueldognou bei uns auftauchte, wußten wir noch nichts vom Grund seines Kommens: Er wollte ausmachen, woher der Wind weht, bei uns gewissermaßen die Erlaubnis einholen, sich bei der Beerdigung vergnügen zu dürfen. Ein Verhalten von Leuten, die daran gewöhnt sind, in allem und jedem von den Miesmachern und Sittenwächtern schikaniert zu werden.

26. Oktober

Frappierendes Beispiel für die Art von Mißverständnissen, die die Untersuchung unweigerlich immer wieder durcheinanderbringen, sobald es um die Übersetzung geht. Als ich Ambibè Babadyi verständlich machen will, daß ich von den Texten, die er mir gibt, keine annähernden, sondern wörtliche Übersetzungen haben möchte, lese ich eine Handvoll Kieselsteine zusammen. Ich lege die Steine einen nach dem anderen in einer Reihe auf den Tisch und sage bei jedem Kieselstein: »Das ist jetzt das Wort, dieses Wort, jenes Wort.« Ich nehme anschließend eine zweite Handvoll Steine, ersetze die aufgereihten Steine nach dem anderen durch die neuen, sage dabei: »Das ist jetzt das französische Wort für dieses Wort, das französische Wort für jenes Wort . . .« und möchte dann, daß er mir erklärt, was der fragliche Satz bedeuten sollte, und zwar so, als wenn es darum ginge – einmal angenommen, das wäre möglich –, jedes Wort des Satzes in der Geheimsprache durch das entsprechende (vom Dolmetscher dann ins Französische übertragene) Dogonwort zu ersetzen, genau so wie ich es mit den Kieselsteinen gemacht hatte. Ambibè Babadyi nimmt den ersten Stein – der dem Wort »*Mann*« entsprach – und ich glaube, er hat verstanden, worum es geht. Aber er greift nach einem zweiten, legt ihn in die Nähe des ersten und sagt, das sei eine *Peul-Frau*. Dann zieht er mit seinem Finger auf dem Tisch eine Linie, nimmt den ersten Stein, läßt ihn diese Linie entlangwandern und erklärt, daß der Mann jetzt auf der Straße geht. Mein ganzer schöner Plan fällt in sich zusammen: Einmal mehr hat Ambibè die Sache mit dem Wort verwechselt, das Zeichen mit dem bezeichneten Gegenstand. Anstatt den Kieselstein als ein Wort zu behandeln, das den Mann bezeichnet, nimmt er ihn als den Mann selbst und bedient sich seiner, um die tatsächlichen Bewegungen dieses Mannes zu beschreiben. Das konkrete Beispiel, das ich herangezogen hatte, in dem Glauben, ihm damit besser verständlich machen zu können, was ich wollte, hat schließlich nur alles durcheinandergeworfen und dabei eine zwiefache Dummheit ans Licht gebracht: die Ambibès, der unfähig ist, sich einen klaren Begriff von der Sprache als solcher zu machen; meine eigene, der ich die Wörter eines Satzes wie abtrennbare Einheiten behandeln wollte.

Das rote Zeichen, das den *sigui* ankündigt, das anzeigt, daß die Zeit der Feste gekommen ist, die mit der großen Einweihung einhergehen, ist, wie ich jetzt erfahren habe, nichts weiter als »etwas das wächst«, und zwar an einem Ort unweit des Dorfes Yougo. Die Wartung des Platzes ist einem einzigen Mann anvertraut, und niemand sonst hat das Recht, sich dorthin zu begeben. Das erinnert mich an die Priester der Kybele, die Wachstumskulte . . .

Am Abend hält Ambibè Babadyi – langer Stab, über die Schulter geworfene Decke, bloßes Haupt, Auftreten eines Patriarchen – von der

Terrasse des verstorbenen Jägers aus eine Rede in Geheimsprache, während unten die *ya siguiné* tanzt, auf den Knien rutscht und, bei fast allgemeiner Teilnahmslosigkeit, die Lache der Masken anschlägt.

27. Oktober

Die Maske, die ich bei dem großen Auszug nach der Beerdigung für die »Marabut«-Maske gehalten hatte, ist nichts anderes als die Karikatur einer europäischen Frau. Mit ihren lang herabfallenden schwarzen Haaren, die auf der Schädelmitte durch einen tadellosen Scheitel aus Kauris geteilt sind, mit ihrer Kapuze aus schwarzen Fasern, ihrem blauen Boubou und ihrem Merkheft stellt sie eine begeisterte Touristin vor, die sich Notizen macht, an die Tänzer Banknoten verteilt, alle Ecken und Winkel durchstöbert, in Verzückung gerät usw. Zu Beginn unseres Aufenthalts in Sanga hatten die Leute uns das nicht zu sagen gewagt. Wo sie jetzt vertrauter mit uns sind, haben wir es erfahren.[20] Ambibè Babadyi trauert dem goldenen Zeitalter vor der französischen Besetzung nach, als es noch viel mehr Masken gab, und sie auch stärker und schöner waren.

28. Oktober

Man hat mich hinters Licht geführt. Die wirkliche Mutter der Maske ist nicht der bull-roarer, sondern ein gigantischer *sirigué* oder »mehrstök-kiges Haus«: Genau das, was wir vor drei Tagen beim Herumstöbern in einer Höhle in Engueldognou, am Abend der Begräbnisfeierlichkeiten für die alte Frau, gesehen und für einen 7,60 Meter langen *sirigué* gehalten hatten, wobei wir uns fragten, wie die Tänzer ihn denn zu tragen vermögen. Ein riesiges Holz dieser Art ist vorgestern Nacht zum Haus des toten Jägers getragen und gegen die Terrasse gelehnt worden: Von oben wurde an der Spitze ein lebendes Huhn angebunden und dann mit dem Holz zusammen zur Höhle zurückgebracht, wo das Huhn geschlachtet wurde. Ich erfahre das von Ambara. Der alte Ambibè hatte mir nichts davon gesagt. Ich bin wütend und gedemütigt, daß ich die beiden Mütter miteinander verwechselt habe, die eigent-liche Mutter mit dem Fürsprecher, den riesigen Baum mit dem Spielzeug.

---

20 Bei einer dritten Überprüfung hörten wir schließlich, die Maske sei wirklich die »Marabut«-Mas-ke und nicht die »europäische Frau«.

29. Oktober

Zwei, im übrigen erwartete Abdankungen: Moufle verträgt das Klima
überhaupt nicht mehr; er versinkt entschieden in Untätigkeit und jetzt
auch noch in Trübsinn. Mamadou Vads Beine, die schon seit langem
von Syphilis zerfressen waren, sind jetzt so geschwollen, daß er kaum
noch gehen kann. Larget ist sehr sehr müde und hütet das Bett. Wer
sich nicht zur Wehr setzt, muß dafür bezahlen . . .

30. Oktober

Ambibè Babadyi ist wirklich ein alter Schuft. Ein paar Stunden Arbeit
Griaules mit Tabyon, dem Säufer und Hundefleischesser, der in seinem
Viertel die ganz besonders schimpflichen Funktionen des Holzschnei-
ders für Katafalke und des Ausbesserers der Hütte der menstruierenden Frauen erfüllt (wenn er nicht selbst diese Arbeit verrichtet, so doch
jedenfalls jemand aus seiner Zunft) – kaum ein paar Stunden haben
genügt, um die wahren Riten des *sigui* bezüglich der Mutter der Maske
zu erfahren und klarzulegen, daß der alte Ambibè mich von Beginn
unserer Arbeit an belogen hat, daß er mir zwar eine Menge Einzelheiten preisgegeben, aber willentlich die Hauptsachen weggelassen hat.
Ich könnte ihn erwürgen.
Der Rest meines Tages ist ziemlich zusammenhanglos: Ich mache
kleine, immer wieder unterbrochene Arbeiten.
Nach einer Befragung mit Vad – obwohl der mich die ganze letzte Zeit
gewaltig aufgeregt hat mit seiner wirklich allzu hundsföttischen Art
– werde ich dann noch richtig traurig: Der Ärmste (ein Krüppel jetzt,
denn der Zustand seiner Beine erlaubt es ihm nur noch, auf einer Ferse
und mit der Spitze des anderen Fußes aufzutreten, wobei das Knie
dieses letzteren Beines angewinkelt bleibt) erzählt mir von den Kindergesellschaften von Rufisque, seiner Heimatstadt. Oberhaupt der Jungen seiner eigenen Gesellschaft war ein gewisser Boubakar, ein sehr
kräftiger Schlägertyp (der namentlich Mamadou Vad, bevor er zur
Gesellschaft gehörte, so manches Mal die Fresse poliert hatte), und
Oberhaupt der Mädchen eine gewisse Kadi Dyop, die Freundin Bou-
bakars. Mamadou Vad, der Frauenheld, wird mir morgen sicher von
ein paar Jugendlieben erzählen und sich dann wieder auf seiner Matte
ausstrecken, auf der er seine Beine mit den gräßlich geschwollenen
Venen so bequem wie möglich unterbringt.

156

31. Oktober

Besuch der Höhle von Barna, in der fünf gigantische Maskenmuttern
aufbewahrt werden. Die älteste, die fast vollständig von Termiten
zerfressen ist, mag zwei- oder dreihundert Jahre alt sein.[21] Wie eine
lange Schlange holen wir die größte aus der Höhle, um sie zu photographieren. All das heimlich.

In Bamba wird erzählt, daß die Schlange seit der französischen Besetzung den Hogon nicht mehr lecken kommt, denn es gibt keinen
wirklichen Hogon mehr. Der Mythos hat überlebt. Ein stupendes Ende
für eine mythische Schlange: Sie ist nicht gestorben und hat sich auch in
keinen Skeptizismus aufgelöst – sie hält sich lediglich verborgen, denn
die Zeiten sind nicht mehr günstig. Und wir stehen mitten in diesem
Entschwinden.

1. November

Wir haben Masken eingeladen, damit Schaeffner die Tänze aus der
Nähe studieren kann. Mißverständnis: Sie kommen alle am Morgen,
während wir sie für den Nachmittag erwartet hatten. Wir müssen sie
wieder wegschicken. Nachmittags kommen dann nur ein paar: Eine
europäische Frau, ein Lothringer Kreuz, ein junges Mädchen, eine
Schustersfrau. Die anderen Tänzer sind in den Busch gegangen, um zu
arbeiten. Die europäische Frau hat eine Art Haarknoten oder fin de
siècle-Hut mit hoch aufragendem Hinterteil auf dem Kopf, und wir
erkennen unter der schwarzen Kapuze unseren Freund, den großen
Jäger Akoundyo, Ambaras »großen Bruder«. Ambara hatte mich beim
nächtlichen Maskenauszug in seine Obhut gestellt. Die Schustersfrau
hat wunderschöne spitze und hohe Brüste aus Fruchthälften des Affenbrotbaums, die viel erregender sind als wirkliche Brüste. Die über und
über mit Kauris bedeckte Kapuze und die darüber getragene Kappe
mit den drei Ecken und Kanten verleihen dem Tänzer ein ausgesprochen verführerisches Mondgesicht. Während Lutten mit dem Kantonschef palavert und die Masken wieder wegschickt, weil es zu wenige
sind, kreuzt, mit einer Flasche in der Hand, der Verräter Ambibè
Babadyi auf. Wir haben ihn seit zwei Tagen nicht mehr gesehen, und er

---

21 Anläßlich der *sigui*-Feste alle 60 Jahre wird pro Dorf je eine »Mutter der Maske« geschnitzt. Sie
  werden durch ein Hundeopfer geweiht.

kommt nur, um sich die Arznei wieder nachfüllen zu lassen, die ihm Larget für seine Augen gegeben hat. Sein Zynismus verschlägt mir den Atem.

2. November

Nächtlicher Erguß, nach einem ganz vage erotischen Traum, der mit einer unwillkürlichen Ejakulation zu Ende ging. Gerade als ich es am weitesten weggerückt glaubte, bricht jäh das Sexuelle wieder hervor.
Die schwarzen Frauen sind mir gewöhnlich zu nackt, um wirklich erregend zu sein. Eine erotische Beziehung zu ihnen brächte nichts Soziales ins Spiel. Eine weiße Frau lieben heißt, sie einer großen Zahl von Konventionen zu entkleiden, sie sowohl körperlich, als auch den gesellschaftlichen Institutionen gegenüber zu entblößen. Nichts dergleichen ist möglich mit einer Frau, deren Institutionen von den unsrigen so sehr verschieden sind. In gewisser Hinsicht ist sie keine »Frau« im eigentlichen Sinne mehr.
Vollkommen mißratener Maskenauszug: Eine von diesen jämmerlichen Imitationen, auf die wir uns wohlweislich nicht eingelassen haben. Billige Maskerade von Saint-Cyr, Schaukasten eines Trödlerladens.
Tabyon, den wir später darum bitten, uns den Ablauf eines Hundeopfers vorzuführen und dem Griaule einen Europäer seiner Wahl anbietet, um die Menschenopfer zu demonstrieren, die seit der französischen Besetzung durch Hundeopfer ersetzt wurden – Tabyon wirft einen Blick in die Runde, mustert uns alle miteinander und zeigt dann auf Lutten, weil der, wie er angibt, »sein Kumpel ist« (Ambara *traduxit*).
Am späten Nachmittag beginnen wir mit einer ersten anthropometrischen Sitzung, zunächst mit zwei alten Schustersfrauen (wir hatten sie kommen lassen, um über die Exzision zu sprechen, aber nach ein paar ziemlich vagen Antworten stellte es sich heraus, daß sie in dieser Frage nicht die geringste Antwort zu geben imstande waren, und zwar aus dem einfachen Grund, weil sie als Angehörige der Schusterklasse nicht das Recht gehabt hatten, beschnitten zu werden), dann mit Apama (dem traurigen, ernsten Apama) und mit Akoundyo. Bei dem dicken Akoundyo müssen wir schon bald wieder aufhören, denn jedesmal, wenn man ihn anrührt, um irgendeinen anthropometrischen Punkt zu bestimmen, kitzelt ihn das, und er fängt an zu gickeln . . .
In der Zwischenzeit taucht Ambibè Babadyi mehrmals auf, aber immer

im unpassenden Moment, und es ist mir ein Genuß, ihn wieder wegzuschicken.

3. November

Beinahe zufällig mit Schaeffner und Griaule auf die Höhle eines Zauberers gestoßen.

Eine 25 bis 30 Meter lange Höhle, die sich längs einer Felswand hin erstreckt und manchmal so eng ist wie ein Schlauch. Mehrere zylindrische Speicher aus Banco[22] sind vollkommen leer. Nahe dem Eingang ist ein großes Bündel von Schädeln geopferter Ziegen aufgehängt. Weiter hinten Spuren von Feuer und große, mit Hühnerfedern bedeckte Stellen. In der Nähe eines der Speicher aus Banco eine ganze Reihe Kürbisflaschen und Tongefäße. In einem dieser letzteren ist Wasser, in dem Baumwurzeln auslaugen; in einem anderen: ebenfalls Wasser, aber voller faulender Hühnerkrallen.

Der Herr der Höhle ist da. Es ist Andyê, der Regenmacher, bei dem ich zu Beginn unseres Aufenthaltes in Sanga Dolo trinken war, Andyê, der Leutnant des Hogon, der Mann mit dem geplatzten Gewehr. Wir sind ihm schon kurz nach unserem Abmarsch begegnet und haben ihn dann hier wieder angetroffen: Als er uns überall herumstöbern sah, wußte er, wir würden kommen, und ist herbeigeeilt, seine Schätze zu bewachen.

Ihm gegenüber, an einem grob zurechtgehauenen und zwischen zwei Felsblöcke gekeilten Baumstamm aufgehängt, zwei große, ganze Kalebassen, ein paar Korbflechtereien und viel weiblicher Schmuck (eiserne Armreifen, Fußketten aus Aluminium, lange Kaurihalsbänder, bunter Glasschmuck), auf dem schon die Mörtelbienen ihre Eier ablegen. Dazu ein paar Fetzen von Tüchern. Andyê, der Regenmacher (der auch, was ich kaum glauben kann, der Vater des dicken Akoundyo ist) lächelt geheimnisvoll: sein kahlgeschorener Schädel, seine Schläfen, geädert wie eine vom Blitz aufgerissene Wand, sein graues Spitzbärtchen, seine Augen und sein Mund mit den nach oben gezogenen Winkeln, das große, zu weite und an einen Hund erinnernde Lederhalsband, sein ganzes Auftreten verleihen ihm (auch ohne die vielen eisernen Amulette, die gewöhnlich seine Brust bedecken) das klassische Aussehen des Zauberers oder des florentinischen Giftmischers.

---

22 Getrockneter Lehm.

Zu meiner großen Überraschung antwortet er ohne Umschweife auf unsere Fragen. An dem Ort, an dem wir uns befinden, und den – theoretisch – kein Dogon betreten kann, ohne verrückt zu werden, halten sich die Seelen der Fetusse auf, deren Mütter während der Schwangerschaft gestorben sind. Im Gegensatz zu den anderen Seelen nehmen diese nie wieder eine neue Gestalt an. Hier ist ihre Kultstätte, ihre Kapelle, oder der Vorhof ihres Paradieses, wohin man die Kleider und den Schmuck der Mütter gebracht hat. Kleine, beinahe unförmige Klumpen aus Banco, die in einem der großen Speicher aufbewahrt werden, stellen die Seelen der toten Fetusse vor, wie die größeren Klumpen daneben ihre Mütter. In der ganzen Höhle stinkt es gräßlich nach Fledermausexkrementen. Dazu der Duft eines Baumes, eher süßlich, aber mit einem Anflug von Scheiße oder Fäulnis. Diese Nekromantenhöhle erinnert mich an die allererste Höhle im Gebiet der Dogon, die wir gesehen haben: Eine riesige, tunnelförmige Grotte, durch die man hindurch mußte, wenn man nach Fiko wollte (zwischen Mopti und Bandiagara). Wie in einer richtigen Räuberhöhle ruhte sich eine Herde Esel darin aus, und mit ihren hohen Gewölben hätte sie selbst so archaischen Gestalten wie Ali Baba und seinen vierzig Räubern Unterschlupf gewähren können.

Der Aspekt der Räuberhöhle bestätigt sich noch am Ende des Tages. Nach einer mühsamen Befragung hat Griaule herausbekommen, daß Andyê der reichste und zugleich gefürchtetste Mann der Gegend ist. Er hat in der Tat in seiner Höhle einen aufgekauften Zauberfundus eingerichtet, mit Rezepten, Seelen vorzeitig verstorbener Kinder, Seelen gestorbener schwangerer Mütter und fester Kundschaft – die Hexenküche, in der er die Leute behext, um anschließend gegen Geld den Zauber wieder zu lösen, den er ausgesprochen hat.

Heute Morgen bei Andyê steckte ich meine Hand nach dem bunten Packen von Halsbändern aus (verlockend wie Gretchens Schmuck im *Faust*), wich aber zurück, als ich die Mörtelbienen bemerkte. »Das ist gut«, hatte Andyê von diesen Bienen gesagt. »Warum?« – »Weil man dann nicht hinfaßt.« Später war ich zu einem der zylindrischen Speicher aus Banco gegangen, dessen Eingang mit großen Steinen versperrt war. Andyê hatte mich ironisch fragen lassen, warum ich nicht hineinschaue. »Weil ich weiß, was drin ist«, hatte ich ihm als Antwort geben lassen, denn ich war darauf gefaßt, den Speicher, genau wie die vorhergehenden, auch wieder leer zu finden, wenn ich ihn öffnen würde. Ich werde nicht so bald das laute Lachen vergessen, mit dem Andyê meine Antwort quittierte ...

4. November

Meine Pinzette verloren. Der belanglose Zwischenfall ärgert mich mehr als nötig gewesen wäre.

Er ist außerdem von schlechter Vorbedeutung: Kein Brief von Zette bei der Post. Brief von K., aus dem ich erfahre, daß die surrealistische Abweichung auf dem Parteitag von Charkow formell verdammt worden ist.

Den neuesten Nachrichten zufolge soll Andyê seinen Fundus von Rezepten und Geistern mit etwa 30 000 Kauris bezahlt haben.

5. November

Moufle hat gestern seinen zweiten Kaiman erlegt, denn sein Gesundheitszustand, den er angeführt hat, um seine Abdankung zu motivieren, verbietet ihm keineswegs seine Tartarinaden.

Ein verspäteter Trauergast hat auf dem Haus des toten Jägers noch zwei oder drei Gewehrschüsse abgegeben.

Aus Iréli gekommenen Tänzern kaufen wir sehr schöne Masken ab. Da diese aber, rituell gesehen, unverkäuflich sind, wird eine Finte angewandt, die beide Seiten zufriedenstellt: Es wird ausgemacht, daß wir die Masken beschlagnahmen. Da die Tänzer von Iréli nun aber gute Freunde sind, versteht es sich, daß wir einem jeden von ihnen ein Geldgeschenk machen (diese beiden Operationen haben aber absolut nichts miteinander zu tun und dürfen auf keinen Fall mit einem geschäftlichen Akt verwechselt werden). Auf diese Weise der Verantwortung entbunden, sind die Tänzer sehr zufrieden. Allein der Kantonschef Dounèyron – der uns selbst Masken zu beschaffen gedachte und sie wahrscheinlich serienmäßig hätte herstellen lassen – ist wütend, daß ihm ein so schönes Geschäft durch die Lappen geht. Wir bieten ihm eine Kompensation an und bekunden den Wunsch, eine »Mutter der Maske« zu kaufen.

6. November

Schaeffner und ich werden zu einer Beinhöhle in der Nähe von Bara geschickt, um Schädel mitzubringen.

Besuch der Höhle von Andyê und Mitnahme eines Holzfigürchens aus dem Banco-Speicher, in dem er seine Seelen eingeschlossen hält. Die Tür ist so wurmstichig, daß sie Schaeffner fast in den Händen zerbröckelt, als er sie wieder zurückstellen will. Bei jedem abbröckelnden Stück ein Lachanfall . . .

Felsplateau, glatt abgeschnitten an der Schlucht, auf deren Grund der Wildbach fließt. Ein wechselvolles Plateau, durchsiebt von Löchern und Becken, bespickt mit breiten steinernen Pilzen.

Wir stoßen noch über Bara hinaus vor und finden in einem waagerechten Spalt (einer ehemaligen Maskenhöhle) ein sehr großes, zerfressenes und ausgewaschenes Holz: eine Mutter der Maske in Schlangenform, eine Maskenart, wie sie heute nicht mehr hergestellt wird, ohne Zweifel eine jener geheimnisvollen alten Masken, die die Ahnen ausrangiert und in den Grotten untergebracht haben, und von denen man erzählt, daß sie in bestimmten Abständen wieder den Kopf vorstrecken. In zwei Teile zerlegt, wird die Maske sorgfältig verpackt.

Der entlegenste Punkt unseres Ausflugs ist das ehemalige Dorf I, in klassischer Troglodytenform. Wir kriechen eine Zeitlang durch die Beinhöhlen und steigen dann nicht ohne Mühe in die Schlucht hinunter, auf deren Grund sich die Verstecke der *biniguédinè* befinden. Wenn die Wächter der Familientotems (die *biniguédinè*) in Trance verfallen – was das erste Anzeichen ihrer Berufung ist –, steigen sie dort hinunter, um den verlorenen (oder besser: von einem der Familienmitglieder beim Tod ihres Vorgängers versteckten) Ring oder das Halsband wiederzufinden.

Sehr nibelungenartige Landschaft, nur ohne Drachen. Als wir wieder hinaufsteigen, finde ich zwei eiserne Stäbe mit ziselierten Zweigen, die zu den von den *biniguédinè* gesuchten Gegenständen (oder *binou*) gehören. In einer Beinhöhle haben wir einen entsprechenden Armreif und einen Halsschmuck mitgehen lassen.

Letzter Lachanfall vor der Beinhöhle von Bara, in der ich mit einem Schienbein in der Hand herumstöbere.

7. November

Den ganzen Tag über große Bestandsaufnahme und Abklärung der Projekte: Morgen fährt Lutten mit dem Lastwagen nach Mopti und beginnt mit dem Abtransport des Materials. In zwei Wochen sind wir nicht mehr in Sanga. Ich fing an, mich hier zu langweilen, aber der Gedanke, wegzufahren, betrübt mich doch ein wenig. Die Leute in diesem Lande werden zwischen ihren Tabernakeln sachte älter werden. In nicht allzu langer Zeit sind die kleinen Abara, Binèm, Iréko, Amadignê Großväter geworden ... Komische Nichtigkeit unserer europäischen Gerätschaften!

Ich zeige Ambara die beiden gestern entdeckten Eisenstäbe. Um seine Verwirrung zu verbergen, lacht er hinter vorgehaltener Hand. Es sind die *binou* des Viertels von Sodamma und sie sind verschwägert mit dem Totem der Seekuh.

8. November

Den Müttern der Maske wurden früher Menschenopfer dargebracht, sagt Tabyon, der genauso verdutzt ist, als er die Stäbe mit ihren Anhängseln sieht.

Lutten holt noch eine weitere Mutter, die in der Höhle zurückgeblieben war, aus der ich die erste hatte abtransportieren lassen. Er verhandelt zugleich den Kauf der von Engueldognou. Und Griaule hat heute morgen bei einem Spaziergang mit Schaeffner eine entdeckt, die sorgfältig über eine Bettstatt aus menschlichen Schädeln gelegt worden war; sie war größer als alle anderen und erreichte eine Länge von 10 Metern.

In einem hügeligen Gelände, hinter der Maskenhöhle des Viertels Ogoldognou sollten wir am Abend eine zumindest genauso verwirrende Entdeckung machen: In einem, von einer Vertiefung im Felsen[23] gebildeten und mit ein paar Steinen verbarrikadierten Versteck finden wir zwei Schädel (einer davon noch ziemlich frisch) und ein Bündel Reisig. Um das Versteck herum liegen überall zerbrochene oder umgestülpte Tongefäße auf dem Boden verstreut, in weit größerer Anzahl als an allen anderen tabuisierten Orten. Es ist so ziemlich der einzige Ort, vor dem die Kinder wirklich entsetzliche Angst haben, und sie lassen sich unmöglich in seine Nähe bringen.

9. November

Rückkehr Luttens, der Moufle und Vad in Mopti abgesetzt hat. Ich habe immer noch kein Glück mit der Post. Hoffentlich ist diese Pechsträhne bald vorbei!

---

23 Die Felsspalte, die Griaule am 14. Oktober aufgefallen war.

Der Verdacht von Menschenopfern erhärtet sich zunehmend. Kein Zweifel mehr jetzt. Neben den materiellen Funden ergibt auch das flüchtige Mienenspiel von diesem oder von jenem zusammengenommen ein ganzes Bündel von Beweisen. Aber solche Praktiken werden nur für andere Dörfer oder für die »alte Welt« zugegeben.

Bei der Jugend sind wir sehr populär. Heute abend schlafen drei Kinder bei uns: Abara, Binèm, Amadignê. Sonst kam in der Regel nur einer.

10. November

Reise ans Ende der Welt, d. h. von Sanga aus ein paar Stunden Fußmarsch nach Yougo, eben dem Dorf, in dem der *sigui* seinen Anfang nimmt. Wir sind zu vielen: Mamadou Kèyta, Abara, Amadignê, ein anderes, Ana genanntes Kind, zwei kleine Jungen, die wir nicht kennen, Ambara, Apama, Akoundyo (der Sohn von Andyê, der dicke Schütze, der anscheinend später den Zauber-Fundus seines Vaters übernehmen soll), der Küchenjunge Fali und einer seiner Freunde, Makan und noch ein als Träger engagierter Unbekannter.

Wir gehen nach Banani hinunter und marschieren mehrere Stunden an dem Felsabfall entlang. Ambara mit seinen ewigen Ohrringen, seiner Feldmütze, seinen Kniehosen, dem schwarzen Gehrock mit den grünen Knöpfen auf dem Rücken und seinem Regenschirm – Ambara will nichts weiter tragen als unsere Sturmlampe und den großen Ballen mit seinen persönlichen Habseligkeiten, den er umgehängt trägt wie ein Bauer, der vom nächsten Marktflecken heimkehrt.

Am Fuße des Dorfes Yougo angelangt, in einer Landschaft, die in der Tat das Ende der Welt heraufbeschwört (ein Konglomerat von Häusern, heiligen Hütten, Höhlen und riesigen Geröllhalden), machen wir uns an den beschwerlichen Aufstieg, Pilger des *sigui*, Witze reißend und an Wagner denkend. Wir richten uns in dem höchstgelegenen *togouna*, oder ›Schattendach für Männer‹, ein, der an der höchsten Stelle im Dorf errichtet worden ist, fast mitten zwischen den Höhlen mit den Gebeinen und auf einem so steilen und schmalen Felsen, daß unsere Betten buchstäblich am Rand des Abgrundes stehen.

Beim Schreiben sehe ich die Sonne untergehen und die wie vom Blitz oder mit dem Messer zugeschnittenen Felsen allmählich ins Schwarze tauchen.

11. November

Von Felsen zu Felsen, von Höhle zu Höhle, von einem heiligen Ort zum anderen.

Unter unserem Schlaffelsen die Höhle, in der in mythischen Vorzeiten die ersten Masken gefunden wurden. Zwei Figuren aus getrockneter Erde – geschoßähnlich und mit einem übernatürlichen Menschenkopf – wird alle zwei Jahre Hahnen- und Hundeblut als Opfer dargebracht. Eine auf den Felsen geschmierte weiße Figur stellt ein Eröffnungszeichen dar, das bei jedem *sigui* mit Hirsebrei dorthin gemalt wird.

Offenen Mundes im Wind: der Felsvorsprung vor dem Dorf, unter dem die Greise alle zwei Jahre den Dolo trinken und bis an die dreißig Gelage hinter sich bringen, um auszumachen, wann die schicksalhafte Zeit gekommen ist. In einer prophetischen Gebärde, mit hochgehaltener Hand und nach hinten umgebogenen Fingern erklärt uns das der religiöse Chef des Dorfes, auch er ein Hundeesser wie Tabyon.

Hinter dem Dorf ist in der Steilwand eine schmale Bresche voller Speicher und Opferhütten, in denen lauter geschnitzte Hölzer und Statuetten stehen. Manche Speicher, in Form von Zuckerhüten oder Fabrikschloten, wachsen aus einer Art riesigem, an die Kohlenbunker eines Schiffes erinnernden Keller hervor, der aber nichts anderes ist als ein Haus – dessen Eigentümer übrigens da sind und arbeiten (es sind Weber). Die Zuckerhutschlote – Wehrtürme oder Stalagmiten – sind so hoch, daß sie fast das Felsgewölbe berühren, das die Decke des Kellers bildet.

Am Fuß des Felsens, auf dem wir kampieren, in einem engen Gäßchen ein orangefarbener Speicher, auf dem zwei Brüste knospen: zwei schwarzbemalte Halbkugeln in der rohen Holztür. In halber Höhe des im Helldunkel liegenden Ganges auf dem Grund der Bresche sind weitere zylindrische Speicher: Ihre Öffnungen sind vermauert, und sie scheinen hermetisch verschlossen.

Alles ist hier Abgrund, heller Himmel oder Tiefe.

Noch nie ist ein Europäer nach Yougo Dogolou hinaufgestiegen. Genau wie die Schuhsohlen versagen auch die Worte vor der Aufgabe, solche ewige und feenhafte Vermählung durchmessen zu wollen, so ungereimt wie die Liebe des Karpfens zum Hasen . . .

Zum Bock ebenfalls, den Griaule unseren Leuten stiftet und der, bevor sie sich zu Ehren des 11. November die Bäuche damit vollschlagen, auf unserem Felsen geschlachtet wird.

12. November

Abreise aus unserem mondgesichtigen Rom. Gestern hatte man uns voller Entsetzen die Mitnahme mehrerer Regenmacherfigürchen sowie einer Figur mit erhobenen Armen verweigert, die wir in einem anderen Heiligtum entdeckt hatten. Wenn wir diese Gegenstände mitgenommen hätten, hätten wir das Leben selbst des Landes mit uns genommen, sagte uns ein Junge, der zwar »Schütze gemacht« hatte, aber doch seinen Bräuchen so treu geblieben war, daß er beim Gedanken an das Unheil, das unsere Freveltat heraufbeschwören möchte, fast in Tränen ausbrach und – sich mit all seinen Kräften unserem üblen Vorhaben entgegenstemmend – die Greise zusammengetrommelt hatte. Im Herzen Freibeuter, nehmen wir heute morgen herzlich Abschied von den Greisen, die entzückt sind, daß wir sie doch noch verschont haben, und halten dabei den gewaltigen grünen Regenschirm im Auge, den wir gewöhnlich als Sonnenschutz aufspannen, der heute aber sorgfältig verschnürt bleibt. Von einer sonderbaren Geschwulst gebläht, gleich dem Schnabel eines Pelikans, enthält er jetzt die Statuette mit den erhobenen Armen, die ich höchstpersönlich vom Fuß des Erdhügels weggenommen habe, der ihren Altar und den Altar ähnlicher Figuren bildet. Ich habe sie zuerst in mein Hemd gesteckt, zusammen mit einer Miniaturleiter, auf der Gott herabsteigt. Dann, ganz oben auf dem großen Felsen, auf dem der *togouna* steht, neben dem wir schlafen, habe ich sie in den Regenschirm gesteckt und dabei, um die Aufmerksamkeit abzulenken, so getan, als sei ich pissen gegangen.

Heute abend in Touyogou – wo wir auf einem Dorfplatz in der Nähe eines anderen *togouna* (diesmal in Form einer Kosakenmütze) kampieren – ist meine Brust ganz erdverschmiert, denn mein Hemd hat diesmal einer Art von verrostetem Sägeblatt mit zwei scharfen Seiten – in Wirklichkeit ein eiserner bull-roarer – als Versteck gedient, als wir aus der Maskenhöhle dieses Dorfes kamen ...

13. November

Rückkehr nach Sanga oben auf der Steilwand. Wir bringen ein paar Masken mit, die wir in Touyogou erstanden haben, und unsere Träger, fröhlich gestimmt durch ein paar Geschenke in Naturalien und ziemlich aufgedreht, ob ihrer mythischen Last, stoßen von Zeit zu Zeit das »Ha...wu...hu...hu...hu...« der Masken aus. Voller Wut über dieses Benehmen von Wilden, das ihm Angst macht, beschimpft Ma-

166

kan Sissoko, der Kassonké, die anderen als »Lumpen«, »Arschlöcher«, »Idioten« oder »Drecksäcke«.

Es bleibt uns jetzt nur noch, Sanga wieder zu verlassen – die einzige Möglichkeit, die Leiter wieder einzuziehen nach diesen drei Tagen brennend heißen oder – wie man will – eiskalten Abenteuers.

Ein Land, das zu korrumpieren die Europäer alle Mühe haben werden, diese Nieten, die gerade noch dazu taugen, geschickte Politiker zu stellen, durchtriebene Financiers oder brauchbare Mechaniker . . .

14. November

In der Nacht wieder eine Pollution. Im übrigen geträumt, daß ich mich mit André Breton versöhne. Zum Teufel mit der Psychoanalyse: Ich werde mir nicht darüber den Kopf zerbrechen, ob zwischen diesen beiden Ereignissen eine momentane Verbindung bestehen mochte. Mir wäre lieber, Freud würde mir sagen, aus welchem solaren oder sonstigen Inzest die Masken hervorgegangen sind, jene Masken, die zwar von einer Frau entdeckt wurden (deren gegenwärtiger Schwester, der *ya siguiné*, ein wahrer Kult geweiht wird), deren Anblick aber allen anderen Frauen als etwas besonders Anrüchiges und Gefährliches kategorisch untersagt ist . . .

Daneben läuft der Raub von Gegenständen weiter, genau wie die ethnographischen Befragungen. Geweihte Stätten und Spalten, in die die alten Masken geworfen wurden, werden systematisch durchstöbert.

Der Kantonschef und all die Leute, die für den 11. November aufgeboten worden sind, kommen aus Bandiagara zurück. Eine beträchtliche Anzahl von Pferden und Männern, obwohl das jetzt erst eine harmlose Mobilmachung war und es bloß um eine Parade ging . . . Und die Verwaltung will immer noch behaupten, daß wir mit dem Land zu ungeniert umgingen. Der Abmarsch nach Bandiagara hat den Kreis eines großen Teils seiner männlichen Bevölkerung entleert, und das am Ende der Erntezeit, gerade wenn die Ernte eingebracht wird . . .

Mißmut gegen Frankreich, Gleichgültigkeit gegenüber Afrika, ungehalten über dieses Tagebuch, das viel zu weitschweifig ist, wo es doch gezielter, knapper Schläge bedürfte.

15. November

Unsere Freunde Apama und Ambara haben gestern heimlich Fasernkostüme für Masken herbeigeschafft, um die wir sie gebeten hatten. Sie legten uns ans Herz, sie nur ja gut zu verstecken. Heute mache ich mit ihnen die Karteikarten dafür. Apama und Ambara achten auf jedes kleinste Geräusch. Ein Kind, das hereinkommen will, wird zusammengestaucht.

Kein Zweifel: Unsere Praktiken haben Schule gemacht und die beiden braven Jungen haben die Fasernkostüme in der Maskenhöhle mitgehen lassen, in der sie versteckt waren. Der Einfluß des Europäers . . .

Immer noch niedergeschlagen. Manchmal habe ich Lust, alles kurz und klein zu schlagen, oder nach Paris zurückzukehren. Aber was soll ich in Paris?

16. November

Der vorvorige Tag unserer Abreise aus Sanga: Tonaufnahmen, letzte Photos, Überschlag, letzte ergänzende Befragungen, Korrekturen usw.

Der »kleine« Bruder von Apama, der die Maske »mehrstöckiges Haus« trägt, wollte sie nicht verkaufen, denn er hatte sie von seinem großen Bruder, dem toten Jäger vom 20. Oktober. Jetzt ist er aber doch einverstanden, unter der Bedingung, daß wir selbst hingehen und sie wegholen, damit er sagen kann, er sei genötigt worden. In unserer Nachfolge beschreiten nach und nach alle den Weg der frommen Lüge und des Arrangements mit dem Himmel.[24]

. . . .

Endlich ein Herz zu haben: Das hoffte ich, als ich nach Afrika aufbrach! Ich bin jetzt über dreißig, ich werde alt, und immer noch diese Intellektualität . . . Gibt es für mich je einen Weg zurück zur Frische?

---

24 Wir haben dann später gedacht, daß *wir* bei diesem Handel die Betrogenen waren. Als wir zu dem Felsloch kamen, in dem der betreffende *sirigué* versteckt war, stellten wir fest, daß er alt und fast verblichen war, während der, den wir kannten, glänzend und neu war. Apama und Ambara behaupteten allerdings immer wieder, daß es sich um denselben Gegenstand handle. Aber wahrscheinlich wollten sie unsere Aufmerksamkeit auf einen gebrauchten *sirigué* ablenken, aus Furcht, daß wir den neuen entdecken.

17. November

Ein Sonntag vor sechs Monaten, der 17. Mai. Der Tag, bevor ich abfahre. Ein ganzer Ruhetag nach so vielen Monaten ununterbrochener Arbeit. Die Ruhe des zum Tode Verurteilten. Ich bewahre an diesen Abschiedstag eine ganz und gar herzzerreißende Erinnerung. Und wenn ich zehn Jahre zurückdenke . . . Endlose Erwägungen über die Zeit und wie schnell sie vergeht. Meine Frau, meine Mutter. Ich selbst, wenn ich erst vierzig bin.

18. November

Traum: Meine Mutter wartet eines Abends an einer belebten Chaussee auf die Straßenbahn. Sie hat Durst und gießt ein Schöppchen Wein in eine Limonadenflasche ab; zur gleichen Zeit werden zweimal auf einem großen, weißen, mit Kerzen beleuchteten Katafalk zwei Opfer einer Schlägerei, die auf dem Rücken nebeneinanderliegen und Mützen auf dem Kopf haben, ins Krankenhaus gebracht. Ich schlafe dann noch auf einem Dampfer, in einem isoliert stehenden Bett in 10 Meter Höhe, und habe die vage Vorstellung von einem Flirt mit einer schwerreichen Holländerin mit farblosen Lippen, aschblonden Haaren, fahler Haut. Es ist die Tochter jüdischer Diamantenhändler aus Südafrika und sie ist mit einem ausgesprochen sympathischen, eleganten Mann im reifen Alter verheiratet. Ende der Seereise in einer gewundenen Förde, flankiert von hohen Felswänden. In einer Biegung taucht plötzlich die Freiheitsstatue auf, und wir wissen dann, daß wir soeben in die Hudsonbai eingelaufen sind.

. . . .

Immer noch keine Post. Aber eine neue Weihestätte, diesmal in Form einer Vulva, mit zwei Banco-Klumpen, die fast so etwas wie Schamlippen bilden, einer Glottis aus demselben Stoff etwas weiter hinten und schließlich – ganz hinten in dieser Matrix – ein riesiges Ei, ebenfalls aus Banco. Die Wände sind mit Rebhuhneiern ausgelegt. Das Heiligtum ist in Dyamini, neben der Höhle der *bazon*. In dieser Höhle (in der die *bazou* geweiht werden, verkohlt aussehende und in Hyänen(?)-Form behauene Baumstämme, die die Felder gegen die Diebe schützen sollen, indem sie den Blitz auf sie herablenken) erlauben uns die Leute, einen von den Stämmen mitzunehmen. Als wir ihn dann anpacken, wenden sich aber alle ab, aus Furcht vielleicht, wir möchten für dieses Sakrileg auf der Stelle schrecklich bestraft werden. Ein junger Erleuchteter – ein Totemwächter – lehnt beharrlich das Geldgeschenk ab, das wir ihm für das Dorf geben wollen . . .

In der rechten Mitte der Höhle steht in einem kleinen Heiligtum eine schöne Holzstatue. Wir schauen fast nicht hin, um keinen Verdacht zu erwecken; aber es ist ausgemacht, daß Schaeffner und ich uns ihrer heute nacht bemächtigen.

Unerwartete Ankunft eines Postboten zu Fuß. Er ist aus Bandiagara gekommen und unserem Abgesandten begegnet. Zwei Briefe: einer von Zette, einer von meiner Mutter. Larget hat seiner Frau geschrieben (jedenfalls hat die es so erzählt), er müsse, um sich gegen die Ameisen zu schützen, seine Füße sorgfältig mit Schüsseln voller Petroleum vom Boden isolieren, wenn er sich hinsetzt . . .

Aus dem Brief von Zette erfahre ich plötzlich den Tod von * * *, der sich von einem Felsen zu Tode gestürzt hat. Mehr noch als die Poeten sind die, die mit ihnen leben, von der Tragödie betroffen.

Morgen endgültige Abreise aus Sanga. Zur Stunde, wo ich dies schreibe – unmittelbar vor dem Zubettgehen – ist der letzte Raub vollbracht: Schaeffner und ich sind mit der Statue auf der Schulter zurückgekommen, nach anderthalb Stunden verschiedenster Listen und alternativer Versuche. Bei der Rückkehr zum Camp zählten wir genau 17 Kinder, die kunterbunt unter oder zwischen dem Lieferwagen und dem Personenwagen schliefen.

19. November

Abschied von all unseren Freunden, selbst von denen, die uns nicht mögen und die wir nicht mögen (dem Kantonschef, dem Chef von Ogolda). Dieser letztere, der sich zu diesem Anlaß in einen makellosen weißen Boubou geworfen hat, anstelle seiner üblichen Dogonkleidung, in der er wie Äsop aussieht, schlägt heute ins Genre »Gehrock, und frißt mit den Fingern«. Es sind Erwachsene und Kinder gekommen. Dazu der amerikanische Pastor. Als wir dann abfahren wollen, wundern wir uns, den kleinen Abara nicht gesehen zu haben, der mit seinen unaufhörlich rollenden Augen wie ein kleiner Gnom aussah und von den Kindern wohl noch unser bester Freund war. Wir fahren ab, etwas betrübt, ihn nicht noch gesehen zu haben. An einer Straßenbiegung in mehreren hundert Metern Entfernung vom Camp ruft plötzlich Mamadou Kèyta, der auf dem Trittbrett des Wagens steht: »Da ist er, Abara!« Wir halten an, winken dem Kind, es solle herankommen und es kommt herbeigelaufen. Griaule zieht eine Uhr aus der Tasche und gibt sie ihm. »Ich will mit ihnen kommen, Monsieur«, sagt Abara. Unmöglich, ihn mitzunehmen, er ist zu schmächtig und zu klein. Aber wir werden wiederkommen. Er soll nur gut Französisch lernen, dann wird er unser großer Dolmetscher werden. Das Kind bleibt wie angewurzelt stehen. Der Wagen fährt los. Wir drehen uns um und sehen den Kleinen, der nach kurzem Zögern kehrt gemacht hat und weinend nach Sanga zurückgeht.

20. November

Kori Kori: ehemals heidnische Maskenstadt, heute islamisiert. Ärmliche, langweilige Landgegend. Ein paar Kilometer weiter aber: Songo – das Jerusalem der Beschneidung, wie Yougo das Mekka der Masken war. Auf den Felsen sind Graffiti in Hülle und Fülle, in grellen roten, schwarzen und weißen Farben. Alle drei Jahre werden sie von den Vätern der beschnittenen Kinder, zwanzig Tage nach dem blutigen Opfer, mit rotem Stein, Vogeldreck und Kohle dort auf die Felsen gemalt.
Schaeffner und ich kommen etwas müde aus Songo zurück. Mouchet, der auf uns wartet, fährt morgen mit dem Wagen nach Mopti, um Griaule zu benachrichtigen: Er muß unbedingt diese neue Pilgerfahrt unternehmen.

21. November

Die Nacht über hat es genieselt. Anscheinend ein seltsames Wetter für November. Erneute Erkundung in Songo: Reichlich Felsüberhänge mit Graffiti und hölzerne bull-roarer. Wenn das so weiter geht, werden Schaeffner und ich bald unsere Schwirrholz-Produktion drosseln müssen.
Seit vorgestern abend sind wir zu dritt: Schöne Ruhe, Gelassenheit, kein soldatisches Getriebe mehr, keine Revolverblattwitze, kein paradoxes Geschwafel, kein Gezeter gegen die Herrn Boys – nichts von all dem Gehabe von Männern, die ein unausbleiblicher Korpsgeist wohl oder übel unter das Joch feixender Vulgarität beugt, sobald sie zu mehreren sind.

Heute nachmittag ganz allein: Mouchet ist in Mopti, Schaeffner im Dorf. Ich bin am Morgen nach Songo gegangen und habe mit sieben, an Ort und Stelle gedungenen Trägern eine ganze Ladung Steine mit Graffiti hergeschafft. Es sind die Steine, auf denen bei der Operation die Kinder gesessen haben, und auf die ihr Blut geflossen ist. Zwanzig Tage nach der Beschneidung, wenn die Wunden vernarbt sind, bemalen die Väter dann die Steine vor versammeltem Dorf (dem männlichen Bevölkerungsteil natürlich).

Auf dem Rückweg ist mir von einem Schuh die halbe Sohle abgegangen. Auf dem Hinweg hatte ich mich verlaufen, wenn auch nur für kurze Zeit und ohne wirklich gänzlich die Orientierung verloren zu haben.

Jetzt bin ich allein (wie schon seit gut sechs Monaten nicht mehr, zumindest nicht unter solchen Umständen) und denke über meine Arbeit hier nach. Eine unzureichende, traurige Schminke, mit der ich vor mir selbst mein anhaltendes (und zunehmendes) Grauen vor dem Tod, dem Altern, ja selbst vor dem Leben verbergen möchte. Aus dem asketischen Leben, das ich hier führe, ersteht mir kein kindliches Paradies. Es versteinert mich nicht und gibt mir keinen Halt im fauligen Zerfließen des Lebens. Mit meinem Tropenhelm, meinem Kakihemd, meiner Trapperhose, bin ich nach wie vor derselbe Mann der Angst, den manche für einen braven Kerl halten, gelassen und zugleich pittoresk (?), eine Art von Künstler und Bourgeois in einem. Nichts demütigt mich mehr als ein solches Urteil, und den Ansichten der anderen gegenüber bleibe ich blöde verletzlich.

Und doch verfüge ich über Tonnen von Verachtung! Mit einer Feder in der Hand mich zerstreuen, moralisieren, philosophieren, wissenschafteln, für mich läuft das alles aufs selbe hinaus, es ist ein und derselbe Mangel . . .

Wehe dem, der nicht das Unausdrückbare ausdrückt, nicht das Unverstehbare versteht . . .

Mir graut vor dieser Welt von Ästheten, Moralisten und Unteroffizieren. Weder das Abenteuer der Kolonien, noch die Hingabe an die »Wissenschaft« werden mich mit der einen oder anderen dieser Sparten je wieder versöhnen.

23. November

Mouchet, den wir gestern abend zurückerwartet haben, ist immer noch nicht da. Vielleicht ist er in Mopti aufgehalten worden, oder er hat eine Panne. Heute morgen hüte ich das Lager, während Schaeffner einen Steilhang untersucht. Die Einsamkeit und Niedergeschlagenheit von gestern schlägt in trüben Selbstgenuß um. Auch die Lektüre von Durkheim ändert da nichts. Aber als das gute Saumtier, das ich bin, wird schon die Heimkehr der Herde genügen, mich wieder ruhigzu-stellen.

Rückkehr Schaeffners, der außer sorgfältig unterhaltenen und vermau-erten, aber vollkommen leeren Verstecken auf seinem Rundgang nichts weiter entdeckt hat. Auch Mouchet kommt endlich zurück und bringt Post aus Mopti mit. Weil uns der Zucker ausgegangen ist, fährt er heute nachmittag nach Bandiagara, um neuen zu holen. Als er wiederkommt, hat er Fali bei sich, den dreißigjährigen Küchenjungen mit Jackett, der bis Sanga bei uns gewesen war und uns dann, auf eine ganz verrückte Geschichte mit einem Arschtritt hin, verlassen hatte, und den Mouchet jetzt auf der Straße nach Bandiagara wieder aufgele-sen hat, wo er sich einer Karawane von Eseltreibern auf dem Weg nach Mopti angeschlossen hatte.

Heute abend ist es kühl, so kühl, daß die Strickjacken wieder an Realität gewinnen und man ohne Ironie von der »kalten Jahreszeit« sprechen kann.

24. November

Wieder in Songo und Rückkehr mit einer weiteren Ladung von Stei-nen. Ich habe die kaputten Schuhe durch meine noch nie getragenen Stiefel ersetzen und anstelle der Shorts Reithosen anziehen müssen. Diese, das Werk eines eingeborenen Schneiders von Dakar, schnüren mir die Kniekehlen ab. Die Stiefel drücken, und mit den Nagelsohlen rutsche ich von den Felsen ab. Ergo sehr miserable Laune.

Fali, der noch etwas länger als wir in Sanga geblieben ist und dem zweiten Maskenauszug für den toten Jäger beigewohnt hat, erzählt, daß die *bèzé*-Masken, männliche Masken mit nur einer Faserkapuze, anstatt mit ihren Sandalen in der Hand zu tanzen, wie es sich gebührt, mit leeren, bei unserem Auszug im Camp aufgelesenen Sardinenbüch-sen getanzt haben.

Abendessen mit Griaule und Lutten, die aus Mopti zurück sind.

173

25. November

Letzte Exkursion nach Songo, zu photographischen Aufnahmen, dann Abfahrt in Richtung Mopti, mit Griaule, Schaeffner, Kèyta. Lutten und der Rest des Personals sind uns vorausgefahren. Der Wagen rollt über eine Schlange, die wir für tot halten. Die unmittelbare Nähe des Niger bringt uns auf den Gedanken, es könne sich auch um einen Fisch handeln. Schaeffner und Mouchet steigen aus, um nachzusehen, mit was genau wir es zu tun haben. Die Schlange ist aber quicklebendig und zwei Meter lang, und da sie auf einmal auf sie zuschnellt, machen Schaeffner und Mouchet, daß sie wieder in den Wagen kommen.
In Mopti das bürgerliche Gefühl, wieder zu Hause zu sein. Die Wehmut der Heimkehr aus den Ferien . . .

26. November

Aufwachen in der kalten Jahreszeit: Aus Pirogen, die von der Mitte des Flusses kommen, steigen vermummte Männer, die fast wie Tibetaner aussehen. Auf der Uferböschung Frauen und sogar kleine Mädchen in voller Bekleidung. Große Prachtentfaltung mit europäischen Wollsachen, als würden sie ihre Pelze zur Schau stellen.
In dem schon fast leeren Laden werden die letzten Kisten mit den Sammlungen vernagelt. Ich bin zwar schon wieder einmal erkältet, aber doch zufrieden, weil wir wegfahren. Die Auseinandersetzungen mit ein paar besonders unlauteren Schustern, die ich bestellt habe und die mir zu den unterschiedlichsten Preisen mehrere Paar Stiefel anbieten, die alle zu klein sind, verstimmen mich dann allerdings endgültig. Ich schenke unserem Boy Mamadou Bakèl ein zerrissenes Hemd. Griaule schenkt mir ein paar Shorts.

27. November

Das Material ist wieder in den Kisten. Larget hat meine abgerissene Sohle wieder angenagelt. Morgen brechen wir auf nach Obervolta. Erneuter Stimmungsumschwung. Gleichgültigkeit gegenüber dem Reisen, Absurdität, für ein Museum zu arbeiten. Wenn wir nur erst in . . . ja, wo denn wären? Das frage ich mich!
Bei Sonnenuntergang ein Gruppenausflug auf dem Bani und nach dem Abendessen Grammophonkonzert. Den ganzen Tag über den Wäscherinnen zugesehen. Die präzise Geste der Frauen, die nackt baden

gehen und in dem Augenblick, wo sie aus dem Wasser auftauchen, blitzschnell ihr Tuch wieder anlegen. Der verrückte Schütze, den alle Korporal nennen, hat vor den Bootsleuten ein bißchen exerziert. Nach dem Mittagessen ist ein ganz kleines Kind mit dickem Bauch erschienen und hat ein Stück Zucker gegessen. Seine ganze Kleidung bestand aus einem Halsband und aus Lederamuletten, die es ebenfalls um den Hals trug. Hier und da macht immer noch das Gelbfieber von sich reden.

28. November

Wirrer Traum: In einer Art von Sportschule weigere ich mich, einen Kopfsprung ins kalte Wasser zu machen. Ich gehe in einem Viertel wie der Umgebung des Gare de l'Est in Paris spazieren: Hübsche Klofrauen lächeln mir zu. Wieder in der Sportschule begegne ich einem Freund aus meiner Kinderzeit, der Sportler war und den ich aus den Augen verloren habe. Er hat Reitkleidung an. Ich will dann doch springen, aber das kalte Wasser ist versiegt, oder aus irgend sonst einem Grund mache ich den Kopfsprung doch nicht. Sirene: Ankunft des Schiffes, auf das die nicht gebrauchten Kisten verladen werden sollen. Eiliges Aufstehen, damit die Post fertig wird. In dem noch dunklen Laden stechen uns die Schnaken unter dem Tisch. Aber welche Seelenruhe, wenn ich daran denke, daß wir abreisen!

Griaule und Lutten bekommen von Mouchet die Haare geschnitten. Schaeffner läßt sich einen Stoppelschnitt machen. Ich lasse mir den Kopf kahlscheren. Wir verbrauchen dabei mehrere Klingen, so viel steiniger Staub hat sich beim Herumkriechen in den Höhlen in den Haaren angesammelt. Die Frau des Kochs kommt jetzt doch nicht mit. Sie sollte anfänglich auf dem Kahn Largets mitfahren, während ihr Mann die Reise mit uns auf der Straße machte. Der arme Aba wird demnach ganz allein sein. Aber das scheint ihn nicht übermäßig zu beunruhigen.

Heute übernachten wir in Bankassi, einem Dogon-Dorf der Ebene. Morgen früh fahren wir nach Kani-Kombolé, wo wir zum letzten Mal den Leuten des Felsabfalls begegnen werden.

29. November

Enttäuschung in Bankassi, Enttäuschung in Kani-Kombolé: kein Hogon, keine Masken, kein *sigui*. Die Leute von Bankassi machen sogar den »Salam«.

Nach einem eiligen Mittagessen fahren wir ab und werden auf den berühmten Rutschbahnen von Obervolta bald zu reinen Touristen.

Die Straßen sind nicht besser als ihr Ruf. Blühende bäuerliche Gegend im Genre Berry, Beauce oder sonst etwas ähnliches. Die Frauen sind hübsch, haben schöne, feste Brüste, herzliche Gebärden. Die Männer sehen froh und gesund aus. Doch welche ethnographische Armut im Vergleich zu den Dogon . . .

Von der Zivilisation angewidert, lassen wir Ouahigouya links liegen und kommen aus der Skylla in die Charybdis: Yako, wo wir übernachten, ist das häßlichste aller Verwaltungsnester, das man sich vorstellen kann: Es gibt dort nicht nur baumbestandene Alleen, sondern sogar hohe Marksteine mit schweren Ketten, die den Weg zum Wohnsitz des Verwalters zieren. Die 220 Kilometer heute reichen bei weitem nicht aus . . .

30. November

Am frühen Morgen Aufbruch in Richtung Ouagadougou. Noch plattere Gegend als gestern: Nicht einmal mehr Speicher wie chinesische Pagoden oder besoffene Mandarine, denen der Hut auf den Ohren sitzt. Keine Komparsen des Châtelet-Theaters mehr, mit Turbanen und weiten Hosen. Viel weniger schöne Mädchen.

Das Hotel in Ouagadougou, mit Bar und Wanddekoration im Stil »Tropischer Regenwald«, ist ziemlich perfekt auf »Spelunke von Singapur« getrimmt. Der Inhaber trägt ein kragenloses Hemd: Sein Schnurrbart scheint einem zu schwarz, sein Tropenhelm dagegen zu weiß. Auf dem Markt flanieren elegante eingeborene Frauen. Eine von ihnen – mit einem rot-weiß-karierten Sonnenschirm – geht geziert maunzend auf Anschaffe.

Abfahrt von Ouagadougou. Lutten und ich fahren voraus. Es ist abgemacht, daß die anderen im Personenwagen nachkommen und wir uns zur Übernachtung in Fada Ngourma wiedertreffen.

Große Etappe: 230 km an einem Nachmittag. Ankunft in Fada. Der vom Gouverneur verständigte Verwaltungschef – Griaule hatte gleich nach unserer Wegfahrt den Gouverneur in Ouagadougou aufgesucht – behält uns zum Abendessen da. Wir kündigen an, daß unsere Gefährten kaum vor zehn Uhr abends eintreffen werden, und fahren zum Camp, um uns ein wenig zurechtzumachen.

Wieder beim Verwalter. Erfrischungen. Der Verwalter wird von einer

Ordonnanz gerufen und läßt uns einen Moment mit der Hausherrin allein. Er kommt schon bald wieder und bittet uns, ohne weiter auf unsere Gefährten zu warten, zu Tisch. Wir sind verwundert, aber unser Gastgeber erklärt uns mit vollkommenem Gleichmut, er habe soeben telegraphisch Nachricht erhalten, daß Griaule, Mouchet und Schaeffner – die alle Karten dabei hatten – in Kaya sind, etwa 200 Kilometer von hier. Sie haben sich verfahren. Hoch leben die Kartographen!

1. Dezember

14 Uhr: Griaule, Mouchet, Schaeffner kommen gerade aus Kaya, als Lutten und ich mit dem Mittagessen fertig sind. Sie sind vom Verwaltungschef königlich empfangen worden und kommen jetzt zum Camp, um mit uns auf schnellstem Weg nach Dahomey aufzubrechen.

. . . .

2. Dezember

3 Uhr 45: Ankunft in Pama, mitten im Busch, nahe der dahomeyischen Grenze. Abgefahren waren wir am Nachmittag, um 16 Uhr, obwohl uns der Verwaltungschef den schlechten Zustand der Straße nicht verborgen und jede Verantwortung für eventuelle Zwischenfälle abgelehnt hatte. Um den Rest des Tages überhaupt weiterzukommen, mußten wir die Fahrdämme, die an den stehenden Gewässern zusammengesackt waren, mehrmals von einer Mannschaft unterwegs angeworbener Arbeiter wieder auffüllen lassen.

Es gibt große Wildtiere in der Gegend, und die meiste Zeit fahren wir durch ungefähr 1,50 m hohes Gras, das die Straße überwuchert hat, zwischen zwei undurchdringlichen Grasmauern, die eine Höhe von drei bis vier Metern erreichen.

Gegen 2 Uhr morgens, nach der Wiederinstandsetzung von 6 Fahrdämmen, lassen wir unsere Equipe von Hilfskräften zurück. Wir haben die hohen Gräser hinter uns gelassen und kommen jetzt zu einem großen Camp, in dem die Arbeiter dann zurückbleiben. Sie schneiden sofort Gräser ab, zünden sie an und fahren sich damit über den Körper: Die Flamme leckt ihre Haut und wärmt sie.

Der Kreiswachtmann, der uns begleitet, hat uns angekündigt, ab jetzt gebe es keine Schwierigkeiten mehr. Der Personenwagen fährt voraus. Die Straße ist von hier an grasfrei. Lutten und ich fahren im Lastwagen

hinterher. Nach ungefähr zehn Minuten ein heftiger Ruck: Wir sind an einem Felsen hängengeblieben und haben eine der großen Kisten eingedrückt, in denen unsere Benzinkanister verstaut sind. Mindestens ein Kanister ist hin – was unsere Reserve, die bereits durch den gestrigen Umweg über Kaya angebrochen worden ist, erheblich verringert.
Mir fällt die Fabel von der Mücke und dem Löwen ein.
Verärgert fahren wir weiter. Ein paar Minuten später halten wir vor einem Fahrdamm in Form einer kleinen Bogenbrücke an. Ich steige aus, um die Stabilität zu überprüfen und sage Lutten, er solle vorfahren. Er ist kaum über die Mitte der Brücke hinaus, als sie zu krachen anfängt. Ihr Holzgerüst war durch und durch von Termiten zerfressen. Wir entladen den Wagen und schicken den Kreiswachtmann, der mit uns gekommen war, nach Pama, um Griaule zu verständigen und Helfer herbeizuholen. Der ist entsetzt bei dem Gedanken, ganz allein dieses weite Buschland durchqueren zu müssen.
Wartezeit. Die Erwarteten kommen. Sie dachten, wir seien über eine andere – viel höhere und sehr lange – Brücke gefahren, die sich schon unter der Last ihres Personenwagens durchgebogen hatte. Reparaturarbeiten. Abfahrt, und Ankunft am Etappenziel um 3 Uhr 45 morgens. Den ganzen Tag über kaum Tiere: 2 große Hirschkühe, ein junger Löwe (von Griaule, Mouchet, Schaeffner gesehen).
Es ist 8 Uhr morgens. Ich bin gerade wachgeworden. Bei einem kleinen Morgenspaziergang vor das Camp fällt mir auf, daß man keinen einzigen menschlichen Laut vernimmt und der Ort von bezaubernder Wildheit ist.

3. Dezember

Gestern Ruhe- und Ausbesserungstag. Heute enormes Arbeitspensum: An der Grenze nach Dahomey ist die Straße von dem Pendjari-Fluß abgeschnitten, und wir werden jetzt zu Brückenbauern. Die wie gewöhnlich während der Winterzeit weggeschwemmte Brücke ist noch nicht wiederhergestellt worden. Zusammen mit den mit der Instandsetzung der Straße beauftragten Eingeborenen wird sie jetzt von uns wiederaufgebaut. Am Abend sind zwei Knüppeldämme fertiggestellt, die zwei der stehengebliebenen Pfeiler mit dem Ufer verbinden. Der Raum zwischen dem dritten und dem vierten Pfeiler ist mit den Steinblöcken aufgefüllt worden, die wir um die anderen, unnötig breiten Pfeiler herum abgetragen haben.

Dahomeyische Polizisten, die auf dem jenseitigen Ufer aufgetaucht sind, haben im nächstgelegenen Ort Leute rekrutiert, um die Arbeit von der anderen Seite her in Angriff zu nehmen.

Als erste kommen die Männer. Prächtige Gestalten: Sehr muskulös und fast vollständig nackt (Schnur zum Hochbinden des Gliedes, kleiner viereckiger Lendenschurz oder ein winziges Fellstück, je nachdem). Junge Mädchen folgen nach, die nur mit einem Büschel grüner Blätter bekleidet sind. Ihr Schädel ist kahlgeschoren. Diese reizenden Mädchen sind so angenehm anzusehen, und so ergreifend wie das schnell dahinschießende, zwischen den Brückenpfeilern durchgurgelnde Wasser.

Heute nacht kampieren wir in der Nähe des Flusses. Morgen früh bei Tagesanbruch werden die Arbeiten wieder aufgenommen. Im Vergleich zu dem, was noch zu tun übrigbleibt, sind die Schwierigkeiten von heute morgen gleich null: Durchqueren eines von Nilpferden zerstampften Terrains, Festfahren des Lastwagens . . . lauter belanglose Zwischenfälle! Griaule hat schon den Fuß aufs andere Ufer gesetzt. Der Steg, über den er gegangen ist, bestand aus einem einzigen, über zwei noch unverbundene Pfeiler gelegten Baumstamm, zwei Baumstämmen über zwei anderen Pfeilern und noch zwei Stämmen über weiteren Pfeilern und dem schon fertiggestellten Teil der Brücke. Während ich dies schreibe, laden Griaule und Lutten gerade ihre Gewehre, um auf die Jagd zu gehen. Die Boys schließen sich im Lastwagen ein, weil sie Angst haben vor den »Nillferden« und vor den Löwen.

Makan hat übrigens den Kabré gegenüber (den Leuten, die vom anderen Ufer gekommen sind) die größten Befürchtungen geäußert. »Das sind Banditen von Busch«, hat er erklärt. Mamadou Kèyta seinerseits war schockiert über ihre Nacktheit, um so mehr als einer der Arbeiter, als er von der Arbeit nach Hause ging, sein kleines Viereck abgenommen hatte.

4. Dezember

In den hohen Gräsern neulich, zwischen Fada und Pama, mußte man, weil der Fahrer keine Sicht hatte, wie tastend vorwärtsfahren. Griaule stand aufrecht auf der Sitzbank wie auf einer Kommandobrücke. Sein Oberkörper ragte aus der Öffnung, die – nicht zu diesem Zweck, sondern für die Jagd und für bestimmte photographische Aufnahmen

– im Dach gelassen worden ist. Er blickte über die Gräser und gab Mouchet, der am Steuer saß, die Wegroute an. Heute erwartet uns wieder ein neuer Sport: Die Überquerung der Pendjari auf unserer aufgeschütteten Dammbrücke.

Da wir zwischen mehreren Pfeilern die Lücken aufgefüllt haben, ist der Wasserspiegel gestiegen. Wir mußten daher auf der Seite nach Obervolta zu den Damm wieder öffnen, nachdem wir unser ganzes Material auf das von den Pfeilern und den zugeschütteten Passagen gebildete Inselchen geschafft hatten. Der Lastwagen und der Anhänger sind am weitesten zurück. Sie stehen noch vor dem ersten Knüppeldamm, und gerade hinter ihnen durchstechen wir den Damm. Obwohl das Wasser sturzbachartig durch diesen Kanal schießt (so reißend, daß selbst ein ungefähr 40 Kilo schwerer Stein, auch wenn man ihn behutsam aufsetzt, wie ein Strohhalm davongetragen wird), steigt der Wasserspiegel weiter an. Und wenn er zu hoch steigt, stürzen all unsere Dämme wieder ein.

Die Mehrzahl der Straßenarbeiter sind Kinder. Die kleinen tragen oft die größten Steine, denn die Größeren wissen es so einzurichten, daß sie nur kleine Lasten zu tragen bekommen. Griaule schreit sich die Lunge mit Befehlen aus dem Hals, die er von einer Seite des Flusses zur anderen brüllt. Um die Steine vom Durchstich zu einer anderen zu verstärkenden Stelle zu schaffen, läßt er die Leute Ketten bilden. Die nackten Dahomeyerinnen arbeiten da schon, aber sie werden von ihren Männern kaum unterstützt – die allerdings doch noch etwas tüchtiger sind als die Leute von Obervolta. Makan läuft auf der Chaussee hin und her und bringt uns in regelmäßigen Abständen Zitronenlimonade. Die meiste Zeit muß man alles selber machen. Die Hilfskräfte verstehen nicht, was man will, und es ist unmöglich, zwei zur gleichen Zeit zum Arbeiten zu bringen: Wenn man einem erklärt hat, was er machen soll und sich abwendet, um es dem anderen zu zeigen, macht der erste nichts mehr. Wir müssen schnellstens hinüber, bevor uns der Damm wieder weggeschwemmt wird. In einem jähen Anfall werde ich, nicht länger, als dieses blitzartige Aufflackern dauert, zum kolonialistischen Leuteschinder: Ich schlage auf einen großen Jungen ein, der in der Kette keinen Finger rührt, immer wieder die dicken Steine in den Händen der kleinsten läßt und sich nicht dazu aufraffen mag, sie ihnen abzunehmen. Aber so wie ich meinen Bizeps kenne, tut ihm der Schlag nicht sonderlich weh.

Kurz vor 2 Uhr nachmittags ist das ganze Material drüben. Der

Personenwagen ist mit dem Seil gezogen worden, der Lastwagen kam aus eigener Kraft hinüber, und den Anhänger haben die Männer geschoben. Dank der Geröllschicht in geringer Tiefe läßt sich der Rest des Flusses wie eine Furt überqueren, ohne daß wir von der Strömung erfaßt werden. Das Mittagessen ist schnell hinuntergeschlungen. Vergnügte Abfahrt. Die vielen Buschbrände, auf die wir stoßen, und von denen manche bis an die Straße herankommen, beschleunigen noch zusätzlich unsere Fahrt. Überquerung eines Bergpasses. Dörfer mit runden Hütten und Türmchen wie Zuckerhüte, kleine Bunker aus rotem Lehm, die einer einzigen Familie als Unterkunft dienen, erinnern uns an bestimmte Dörfer bei den Dogon. Die Straße zieht sich endlos. Wir befürchten schon eine Benzinpanne, erreichen dann aber bald Natitingou, den Hauptort des Kreises von Atacora, der als Versorgungsort überhaupt nicht vorgesehen war. Aber die Karten sind so ungenau und die in den Führern angegebenen Entfernungen derart aus der Luft gegriffen, daß die Vorausplanung in der Mehrzahl der Fälle ein recht nutzloses Unterfangen darstellt . . .

5. Dezember

Endlich fühlen wir uns im Süden. Rote Erde, die dazugehörige Vegetation, nackte Wilde wie in den Bilderbüchern, ein paar schwarze Hausfrauen mit Turban und kurzem Indianerröckchen. Viele verschiedene Sorten von Penisfutteralen: Die einen sind sehr lang und aus einem Kürbisrohr gefertigt, in das das Glied sich einpaßt, stehen vom Körper ab und mimen eine Erektion; andere, bescheidenere haben die Form eines kleinen Säckchens aus Ronier-Rinde, und manche Männer tragen das Geschlecht einfach in einem Leinensäckchen, das gleichzeitig als Tabaksbeutel dient, wobei die Hoden unbedeckt bleiben.

Der Verwalter und seine Mitarbeiter haben letztes Jahr nur drei oder vier Leute die Pendjari überqueren sehen, darunter ein General und ein Photograph.

Nach dem lang sich hinziehenden Mittagessen mit seinen unvermeidlichen Kolonialanekdoten, besuchen wir den Tata des Kantonschefs (ein paar Kilometer weiter, an derselben Straße). Eine jener backsteinfarbenen Banco-Burgen, wie wir sie gestern in den Bergen gesehen haben. Ein jeder Wachturm der Burg ist ein Speicher, bzw. eine Hütte, in der ein Familienmitglied – und das sind die nackt oben auf der Terrasse hockenden Personen – wohnt. Das Leben spielt sich auf der

Veranda ab, denn die Erdgeschosse dienen als Läden und Lager, wo alles sorgfältigst aufgestapelt wird. In jedem Tata eine Familie, und nie sind zwei Tatas mehr als einen Pfeilschuß voneinander entfernt . . . Einer der Söhne von Gbaguidi (so heißt der Kantonschef) macht vor, wie man das Glied in das Penisfutteral einführt. Er lacht bei seiner Darbietung und wendet aus Anstand den Kopf ab, während die ganze Familie (Männer, Frauen, Jungen, Mädchen) sich biegt vor Lachen über den gelungenen Witz.

Abreise Richtung Djougou. Ordentliche Straße. Noch ein paar Buschbrände. Wir überfahren eine 3,50 m lange Boa Constrictor (?). Griaule feuert zwei Schüsse auf die Schlange ab. Das Tier windet sich im Staub und verschwindet in einem Graben.

Übernachtung in Birni. Ich vergaß den schönen Vortrag der Schulkinder von heute morgen, die die französischen Sätze nachpsalmodierten, die ihnen der Lehrer vorsprach.

6. Dezember

Djougou: stark katholisiertes und anscheinend sehr verworfenes Landstädtchen. Von Zeit zu Zeit kommen die Kolonialbeamten von Atacora herunter nach Djougou, um sich zu amüsieren.

Mit dem Verwalter und seiner Frau Ausflug nach Tanéka-Koko, einem Dorf in den Bergen. Es gibt hier keine Banco-Burgen mehr, dafür aber runde Banco-Hütten mit Tongefäßen auf den Dächern und mit farbverschmierten Wänden. Der heute ganz friedfertige Dorfälteste hat vor noch nicht allzu langer Zeit einem Kreiswachtmann den Bauch aufgeschlitzt.

7. Dezember

Ein Tag in Basila. Ausflug nach Manigri, wo es viele Idole aus getrocknetem Lehm mit dickem Holzglied gibt. Bis hin zu Hausfrauenportemonnaies und in den harten Boden eingelegten Intarsien aus alten Flaschenhälsen und zerbrochenem Geschirr findet man in den Hütten alles mögliche. Die Opferhäuser, die noch greulicher sind als überall sonst, stinken wie schlecht unterhaltene Hühnerställe. Die Frauen sehen aus wie Hexen oder blatternarbige Küchenfeen. Der Tropencharakter der Landschaft tritt übrigens deutlicher hervor: Die stehenden Gewässer verlieren sich in den waldbestandenen Gründen und einen Augenblick vergißt man Plattheit und Staub der Ebenen.

»Sie sind jetzt im Zeitalter des Weißblechs«, sagte gestern der junge Verwalter. Und das trifft es genau, denn das bereits von Benzinkanistern übersäte Land ist reif für die Reklamewände, und die Zeit ist gekommen, daß alle Mythen in Kohlenstaub zerfallen.

Mit unserem Lastwagen fahren wir jetzt einen ganzen Hühnerhof spazieren: ein Schwein und Hühner, die uns der Kommandant des Kreises von Djougou geschenkt hat.

Idiotischer Zwischenfall, wegen dem wir erst später ins Bett kommen: Unmöglich, den leichten Wagen aufzubekommen, die Schlüssel sind im Auto geblieben und die Riegel eingerastet. Wir sind alle ausgestiegen, haben die Tür zugeworfen und nicht daran gedacht, die Schlüssel rauszunehmen. Erst wollen wir die Rückscheibe herausschneiden, entscheiden uns dann aber dafür, die Bolzen aus den Türangeln zu schlagen. Die Schläge bewirken schließlich, daß sich die Windschutzscheibe einen Spalt öffnen läßt und wir die Schlüssel herausfischen können. Resultat: Lutten geht später zur Jagd, als er wollte, und wir haben uns alle mehr aufgeregt als nötig war. Kleine Unfälle, die einen in Weißglut bringen, wo man doch z. B. das ganze Material unversehrt aus so verwickelten Affären gezogen hat wie der famosen Überquerung des Pendjari!

Der »Vaudou«-Charakter Dahomeys. Selbst die Klohütte des Camps sieht aus wie ein *houmfort*.

8. Dezember

Immer weiter nach Süden. Immer mehr *lègba* aus getrockneter Erde, mit erigiertem Holzglied. Das Martiniquanische tritt zunehmend deutlicher hervor. Ein alter Schwarzer mit nacktem Oberkörper und Jakkett fungiert als Concierge und Klatschbase. In Agwa, wo wir zu Mittag essen, schwebt über dem Ruhebett des Chefs ein großer Baldachin mit magischen Zeichen und Papieren mit daraufgemalten Gestalten; an der Wand hängen zwei Fetische, die mit ihren konzentrischen Kreisen an Zielscheiben erinnern und aus einem undefinierbaren Material gemacht sind, das unter anderem aus getrocknetem Palmenöl und geronnenem Blut zusammengesetzt scheint. Gepflegt angezogene eingeborene Maurer fahren auf Fahrrädern und ruhen sich im Camp aus. In Savalou stehen die erotischen Altäre direkt neben der Armenklinik und den Handelsniederlassungen. Um uns zu begrüßen, kommt ein Kantonschef im Auto angefahren. Der Typ des kolossalen chinesischen

Ringkämpfers, mit einem Einschlag von Caruso und Reklamebaby für Kinderpuder: eine zartgrün und rosa karierte, großgemusterte Atlas-Toga über dem zartgrünen Hemd mit großen, weißen Vogelmustern, in den Fingern ein runder Schlapphut nach Art des Sombrero, auf den Lippen ein schmeichlerisches Lächeln, in den Arschbacken ein provokantes (?) Wippen.

9. Dezember

Der besagte Provokateur kreuzt in einer Hängematte auf (ein großes, buntes Tuch, das an einem langen und starken, von zwei Männern waagerecht auf dem Kopf getragenen Mast hängt), als wir gerade in den Büros der Kolonialverwaltung sind und uns beim Kommandanten für den Empfang am Vorabend bedanken. Wir fahren zu ihm, um uns ein paar Sachen anzusehen. Eingeborenenhütten mit Strohdächern und Banco-Wänden, in Höfen mit Schuppen und Remisen voller verrosteter, mit Wellblech bedeckter Fässer. Vier *lègba* und verschiedene Altäre unter kleinen Strohunterständen im Hintergrund eines großen Hofes. Der Kantonschef führt uns in einen gräßlich verdreckten Schuppen: Er steht voller alter Holzthrone mit total verrosteten Eisenstangen, über denen so etwas wie Baldachine angebracht sind, ausgeschmückt mit einem ganzen Arsenal an Silhouetten; bedeckt mit Resten von Eigelb und Hühnerfedern, die auch überall auf dem Boden herumliegen. Es sind das die *assin* der Vorfahren, mit den Spuren der Opferhandlungen. Mörtelbienen überall. Der liebliche parfümierte junge Chef steuert da mitten durch, und sein Parfüm steigt uns in den Kopf. Schließlich nimmt er uns mit nach oben in einen kleinen, sehr sauberen, auf Pfählen gebauten Raum mit europäischen Möbeln. Eine Frau, die nur mit einem Tuch bekleidet ist, fegt, als wir den Raum betreten. Es kommen ein paar Vertraute und Verwandte des Chefs und setzen sich auf den Boden. Ihr Oberkörper ist unbedeckt. Der Chef und wir sitzen in Sesseln. Es werden drei Flaschen Bier gebracht und – in einem Waschbecken – große Gläser. Wir trinken davon eine Flasche und brechen eine zweite an, den Rest gibt der Chef seinen Vertrauten. Dann verlassen wir das Haus, steigen zusammen mit dem Chef wieder in den Wagen der Kolonialverwaltung und fahren zu den Büros zurück. Die unangebrochene Flasche Bier hat der Chef wieder mitgenommen. Bevor er uns in die Büros nachkommt, läßt er die Flasche – ohne im mindesten daran zu denken, sich dabei vor uns zu verbergen – vom Chauffeur wieder in die Faktorei zurückbringen, wo er sie erstanden hatte.

Wir empfehlen uns und fahren ab. Halt in Dasa Zoumé. Ozeanische Landschaft. Urwalddekor und große Felsen mit ganz sanft geschwungenen Rücken. Der von unserem Kommen unterrichtete Volksschullehrer, ein Halbblut, hat die Schüler, nach Mädchen und Jungen getrennt, in zwei Reihen antreten lassen. Gleich bei unserer Ankunft stimmen sie gemeinsam ein Lied an: »La France est belle ...«

Besuch beim Kantonschef, der den großen Potentaten spielt. Wir sehen uns seinen Frauen gegenüber. Eine ist sehr schön, von der Statur einer Löwin, mit schöngeschwungenen Lippen, immensen Augen, kurzen, gekräuselten Haaren. In allen Ecken stehen geschnitzte Pfosten und Fetische. Unter anderem ein großes Tongefäß, dessen Rand mit in ganz regelmäßigen Abständen aufgeklebten weißen Federn verziert ist. Eine schokoladenbraune Flüssigkeit mit einer helleren Schaumkrone brodelt darin. Auf zwei gegenüberliegenden Seiten schwimmt jeweils ein Schilfrohr schräg in der Flüssigkeit. An der Spitze des einen ist ein Viereck aus weißem Stoff, an der Spitze des anderen ein Viereck aus rotem Stoff angebracht. Das erinnert an gekreuzte Standarten. Wir kaufen ein paar Gegenstände, essen zu Mittag und fahren ab.

Tägliches Ausrücken der Hühner, denen die Boys nachlaufen. Da wir jetzt über köstliche Bananen, Orangen, Ananas und Papayas verfügen, schlagen wir uns alle die Bäuche mit Früchten voll.

Unterwegs nimmt das Exotische der Landschaft noch zu. Die Tropen, genau wie man sie sich vorstellt. Das Irritierende daran ist, daß die Landschaft gerade dem gleicht, was man erwarten konnte. Immer größere Palmenpflanzungen, je näher wir Abomey kommen. Eine Flut von Menschen, die Lasten tragen. Trotz der nahen Bahnlinie unzählige überdachte Altäre. Eindruck eines blühenden und starken Landes mit klugen Menschen, die in vielleicht nicht allzu langer Zeit der gegenwärtigen Besatzungsmacht einige Nüsse zu knacken geben könnten ...

Wir nähern uns der Sklavenküste.

10. Dezember

Abomey: Ruinen von Stadtmauern, mit Mörsern und Kanonen umstellter Verwaltungssitz. Viele Frauen rauchen kurze Pfeifen, genau wie die Soldaten. Der berühmte Königspalast: entstellt natürlich durch die Restaurierung. Die Strohdächer sind wohl deswegen so gestutzt worden, damit man die Reliefs besser sieht. Es ist alles neu angemalt, und unter das Strohdach hat man ein Blechdach gelegt. Zweiter Tod von Béhanzin. Im Museum schöne Fliegenwedel: Auf Menschenschädeln angebrachte Pferdeschwänze, mit einem Griff unter dem Kinn. Gestern abend zog das für den Besuch irgendeines Generals bestellte Tamtam unter unserem Fenster vorbei. Neger als Harlekine. Junge, buntgekleidete Tänzerinnen mit rollenden Hüften. Flitterkram vom Jahrmarkt. Eine grandiose Parade für den General! Fehlten nur noch Kreuze, Eichenlaub und Epauletten . . .

Abreise: Unterwegs an den Straßen stehen jetzt noch mehr *lègba* mit Blechdächern (anstelle der Strohdächer) als zuvor. Bananenhaine, Palmenhaine, natürliche Reichtümer aller Art. Zahlreiche laternenbeleuchtete Märkte in Ouidah, der alten portugiesischen Stadt, die wir nach Einbruch der Nacht erreichen. Wir sprechen beim Verwalter vor, einem ehemaligen Marineoffizier mit Bärtchen, der es fertig bringt, zugleich Léon-Paul Fargue und Napoleon III. ähnlich zu sehen. Wir tun seinem Champagner und seinem Whisky alle Ehre an. Als zukünftiger Kapitän für große Fahrt bürdet unser Gastgeber in Sachen Kolonialismus alle Verantwortung den Engländern auf. Er ist stocktaub und hat also bei unserer Vorstellung kein Wort verstanden. Aber er ist ein wackerer Mann und hat uns ausnehmend gut empfangen, auch ohne zu wissen, wer wir waren. Als Bewunderer von Madame Titayna hat er einen ausgezeichneten Tropfen kommen lassen, sowie er hörte, daß sie mehr oder weniger zu unserem Bekanntenkreis zählt. Als französischer Hurrapatriot hat er Champagner bestellt, als ihn das Amtsblatt, das wir ihm vorlegten, über die Wichtigkeit unserer Expedition aufklärte.

11. Dezember

Spaziergang durch die Stadt. Prächtige Villen mit Portalen wie Kasperltheaterfassaden in schwachroter Ziegelfarbe und mit Giebeln, die an beiden Enden wie schwere Haarknoten verdrillt sind. Ehemalige portugiesische Wohnsitze. Viele Schwarze heißen hier de Souza, da Costa, d'Albuquerque. In der Giebelmitte einer der Villen zwei skulptierte Anker, zwei Hähne und ein Kreuz. In Ouidah sind manche Häuser dem Einsturz nahe. Aber die Risse in ihren Wänden – reife, aufgeplatzte Fruchtnarben, Mäler von Erdbeben oder erloschene Flammenblitze einer langen Vergangenheit – machen sie noch schöner. Köstliche Lues! »Ich liebe die häßlichen Frauen, all die, die so überwältigend sind wie das Böse.«[25] Mein Freund Jacques, wie schön du das gesagt hast! Hier aber sind die Frauen schön, noch überwältigender als das Böse ...

Der alte, verfallene portugiesische Hafen ist noch immer eine territoriale Enklave. Der Kommandant, der auf dem betreffenden Gelände aus eigener Tasche mit dem Bau eines undefinierbaren Schuppens begonnen hatte, hat schließlich aufgegeben und ist wieder nach Portugal zurück. Seine Regierung hat ihm keinen Pfennig erstattet.

Grabmäler der brasilianischen Familie de Souza, ehemalige Könige und Sklavenhändler, 1820-1840; Porträt mit Frack, weißen Handschuhen und Brokatweste in einem Haus aus dem unvermeidlichen Wellblech. Weiße Parallelepipedon und Kreuze. Ein Halbblut und Nachfahre der de Souza ist der Wächter des Hauses. In seinem akkuraten Kakianzug sieht er aus wie ein Offizier im Ruhestand. Als wir abfahren, grüßen uns seine Frauen, die ganz Negerinnen sind, und singen etwas Drolliges, um Geld zu bekommen. Gegenüber der Kathedrale steht der Schlangen-Tempel: Zahlreiche Pythonschlangen nisten in den Dächern der Strohhütten. Die alte Magierin trägt ein paar Schlangen um ihren Hals geknotet. Auf dem Markt werden die Tierschädel und all das Eisenzeug und Tongeschirr verkauft, das man für die Fetische benötigt; dazu ein paar Nahrungsmittel. In einem Vorstadtviertel eine Baracke, auf deren Dach in der Mitte eine Figur aus Weißblech, an einem Ende ein kleiner Besen, am anderen ein Kreuz steht. Es ist eine Art von Peristyl, dessen Nischen an der Vorderseite mit blauen und roten Graffiti und mit bemalten Tierfiguren aus geschnitztem Holz ausgeschmückt sind. Vor die Nischen ist Maschendraht für Gartenzäune gespannt. Auf einem dunkelgrünen Schild steht in Schönschrift, erst auf französisch und dann in der *fon*-Sprache:

»MÉNODO«
HEILIGER BEZIRK DER »KHOUEN«, der gottgewordenen
Vorfahren 1931

Die Graffitit stellen Schlangen, Bäume und Figuren im Stil der Pinkelbuden vor. Rechts von dem Gebäude, auf einer schmalen Estrade ein kleiner Lehmaltar und ein Bund bemalte Hölzer. Wenn man das Peristyl betritt, geht man unter einer rot, schwarz und weiß getüpfelten »Markise« durch, die mit herabhängenden Faserfranzen bekränzt ist.

---

25 Jacques Baron, *L'Allure poétique*, Paris 1924.

Im Hintergrund des Peristyls eine Tür. Wie der Führer behauptet, ist nichts weiter hinter dieser Tür. Und sie führt auch tatsächlich nur zu einem offenen Gelände, dem Ort, wo sich die Adepten der Sekte versammeln.

Hinter dem Bahnhof, unter einem Strohunterstand, in dessen Nähe fromme Adepten die französische Fahne gehißt haben, sind zwei furchteinflößende Figuren aufgestellt: ein Mann und eine Frau. Der sitzende Mann ist in schwarzen, weißen und waschpulverblauen Farben angemalt und trägt einen echten Kneifer, der mich an meinen Vater erinnert. Die Frau hat ein weißes Gesicht, einen blauen Körper, schwarze Glieder. Sie hält ihre Brüste in beiden Händen und sitzt auf einem Tier, das ich erst für einen Bären halte, das aber ein Pferd vorstellen soll. Hinter ein paar kleinen, danebenstehenden Strohkegeln, die an der Spitze mit den verschiedensten Attributen versehen sind, sind weitere Altäre verborgen. Ich möchte niederknien vor diesen so blauen, so schwarzen, so wirklichen Gestalten. Beide Lehmfiguren tragen um die Hüften Tücher wie von Indianerfrauen.

Rückkehr zum Wohnsitz des Verwalters. Vorher sind wir noch bei einem mindestens drei Meter hohen *lègba* vorbeigekommen, einem gigantischen mistfarbenen Dreckhaufen, der von dem sonderbaren Dottergelb des geronnenen Palmenöls durchsetzt ist.

Abschied vom Verwaltungschef. Abschied von Ouidah, das mich an Santa Rosa di Lima erinnert.

Unterwegs nach Cotonou (wo wir zu Mittag essen und wieder auf das Meer stoßen). Überquerung der Lagune mit der Fähre. Ankunft in Porto-Novo, wo wir von einem jungen Beamten und Habitué des Trocadero erwartet werden.

Diner beim stellvertretenden Gouverneur. Weiße Anzüge. Whisky Soda. Diskussion über Ästhetik, bei der ich über Cocteau lästere.

12. Dezember

Besuch bei Aghébinto, dem König von Porto-Novo, der einen Richterstuhl innehat. Ein bartloser Junge von ungefähr dreißig Jahren: Grüne, goldbestickte Pantoffeln, Schleppmantel aus grauem Plüsch, goldbesticktes Samtkäppi mit an den Rändern kupferverstärktem Lederschild. Die Hofschranzen küssen vor ihm die Erde und schnalzen als Reverenz mit den Fingern. Der König bietet uns Bier an und führt uns dazu in das Sterbezimmer seines Vaters, des Königs Toffa, dessen lebensgroße Büste im Zimmer steht, mit einem echten Generalszweispitz auf dem Kopf, unten herum in einen violetten Stoff gehüllt und flankiert von zwei fränkischen oder gallischen Kriegern aus dem Hause Barbedienne und von zwei großen Vasen mit vergoldetem Rankenornament. Wenn man das Zimmer betritt, sieht man die mit dem Gesicht zum Fenster gewendete Büste im Profil. In einer Ecke steht ein eisernes Bett: das Sterbebett von Toffa.

Der junge König sieht aus wie ein Radrennfahrer bei einer Pause im Sechstagerennen. Seine prunkvollsten Möbel sind: ein paar barocke Kanapees (Erinnerungsstücke an die portugiesische Zeit) und zwei alte Kaleschen. Selbst die ältesten Hofschranzen entblößen ihren Oberkörper und machen fingerschnalzend vor ihm den Fußfall.

Anschließend gehen wir zum Markt und erstehen einen riesigen Vorrat an Töpferwaren und rituellem Eisenzeug. Unsere Dolmetscherin ist die Apfelsinenhändlerin Catherine, eine Schülerin der Schwesternschule. Sie läßt wie im Kreolischen die »r« aus, wenn sie französisch spricht, und trägt nach der Mode vieler Eingeborenen ihren Taufnamen in den Arm eintätowiert.

Nachmittags sind wir bei dem jungen Beamten, der uns empfangen hat. Wir werden zum reinsten Speditionsunternehmen. Er vermacht uns über fünfzig Objekte, die wir mit dem Zynismus von Geschäftsleuten oder Gerichtsvollziehern auf der Stelle abtransportieren. Der Stifter hat einen Tick. Er interessiert sich über alles für Phonetik und für die »musikalischen Tonhöhen«, die er überall nachzuweisen sucht. Um uns die besagten »musikalischen Tonhöhen« vorzuführen, läßt er seinen Dienstboten bestimmte *fon*-Wörter brüllen. Der deklamiert die verlangten Wörter auch, aber wir vernehmen keine »musikalischen Tonhöhen«. Unzufrieden läßt der Stifter seinen Bediensteten immer lauter schreien, in der Hoffnung sicher, er werde schließlich, laut brüllend, doch noch irgend etwas von sich geben, was sich wie musikalische Tonhöhen anhören möchte. In einem letzten, verzweifelten Versuch schließt er sich zuguterletzt am anderen Ende der Wohnung ins Badezimmer ein und läßt sich von seinem Diener, der im Salon geblieben ist, mit Donnerstimme die Wörter zurufen. Der Stifter hatte die Wörter immer wieder mit der gewollten Intonation vorgesprochen, und so gelang es dann auch schließlich seinem Bediensteten, ihn nachzuahmen . . .

Ein wenig traurig und müde heute abend. Zu viele Leute, zu viele

Empfänge, zu viel Pittoreskes. Den so bizarr aufgeputzten Herrschern ziehe ich doch letzten Endes Paul und Virginie bei den *somba* vor, mit dem Kürbisrohr oder dem Büschel grüner Blätter vor der braunen Nacktheit.

13. Dezember

Auf Anraten unseres Stifters machen wir eine Rundfahrt über Sakété, Pobé und Kétou. In Sakété verfehlen wir den Verwalter. Der von Pobé ist in Aba, und wir fahren ihm dorthin nach. Zu zehnt Mittagessen bei dem Oberfeldwebel, der den Militärposten befehligt. Aus Speditionsunternehmern sind wir nun zu Eindringlingen geworden. Nur Lutten ist in Porto-Novo geblieben. Aba liegt im Land der *oli*, einem noch kaum unterworfenen Gebiet. Wir begegnen nur ein paar alten Frauen. Die übrigen Dorfbewohner haben sich bei unserem Kommen in den Busch geflüchtet. Auf dem verlassenen Dorfplatz eine schmale, rechtwinklige Fetisch-Hütte mit Wänden aus Rind und einer kleinen, sehr niedrigen Tür. Über die Maßen spitzes und hohes Dach in Form eines V. Im Innern der übliche Unflat: Tongefäße mit faulenden Opfergaben. Am Dorfeingang haben wir einer alten Magierin ein Gefäß mit roter Schminke aus Eisenoxyd abgekauft.

Schon das Mittagessen war die reinste Völlerei (der Boy lief unablässig um den Tisch herum und schenkte die Gläser wieder voll); das Abendessen bei einem fast zwergenhaften elsässischen Sergeanten, der den Posten von Kétou befehligt, ist es nicht weniger. Die Wände sind bei ihm mit Farblithographien und Kalendern übersät. Dazu eine gemalte Wandinschrift: »Ehre und Ruhm«, oben drüber ein Anker und, über einem mit Nadeln angehefteten Stadtplan von Verdun, zwei ebenfalls gemalte, überkreuzte Fahnen. Als Beschluß des Abends ein Grammophonkonzert. *Les Noces d'Artémise* werden aufgelegt, und der Sergeant fordert sogar – allerdings ohne Erfolg – den ebenfalls anwesenden Verwaltungschef zu einem Tanz mit seiner Frau auf. Diese ist eher nett, aber der Zwerg ist potthäßlich. Seine fleischlosen Rattenzähne sind aus massivem Gold. »Dienst, Dienst und abermals Dienst.« Ich bedaure seine Schützen.

14. Dezember

Spaziergang zum Dorf. Wir begegnen einem Missionar, den man den »Vater Rabe« getauft hat. Dicker Bauch, gestreifte Hosen im Genre

Abteilungsleiter, an den Kniekehlen abgeschnitten, um als Shorts zu dienen, schwarze Wollstrümpfe, Flanellhemd, rote, pickelbesäte Haut, Bart, Brille.

Anscheinend hat man bei den Negern des Landes für die Opfer der Naturkatastrophe in Südfrankreich gesammelt. Auf Anraten des Paters setzen die Spender jetzt eine Petition auf, damit man ihnen zu Hilfe kommt, denn ihre Ernte ist von den Heuschrecken gefressen worden. Eigentlich findet das niemand weiter verwunderlich . . .

Besuch beim König von Kétou, der bei unserem Empfang nacheinander zwei Kopfbedeckungen aufsetzt: Die erste aus schwarzem Samt, mit Anhängseln und Silberschmuck; die zweite eine Art von flachem Hut, ganz aus Aluminium, mit Geldstücken, Anhängseln und einer Unmenge von ziselierten Figuren. Dabei ist er keineswegs lächerlich, sondern sogar ausgesprochen majestätisch. Mittagessen bei dem Zwerg und seiner Frau, noch ein Spaziergang zum Dorf und Rückkehr nach Aba. Um die Straße herum scheint alles absolut menschenleer, aber man braucht sich nur umzudrehen, um die ins Dickicht geflüchteten Leute wieder zum Vorschein kommen zu sehen, kaum daß der Wagen vorbei ist.

In Aba Aperitif und neuerliches Abendessen beim Oberfeldwebel. Gegen Ende der Mahlzeit tauchen noch vier weitere Personen auf (am Vorabend hatte man noch auf sie gewartet, aber jetzt rechnete niemand mehr mit ihnen): Der Kapitän, der zur Rekrutenaushebung aus Sakété herübergekommen ist, seine Frau, sein kleiner Junge und außerdem ein junger Militärarzt. Wir fühlen uns beim Oberfeldwebel schon so zu Hause, daß Griaule – als ein telephonischer Anruf die bevorstehende Ankunft des Kapitäns ankündigt – sich dabei ertappt, gegen die Unverfrorenheit der Eindringlinge zu wettern, die einfach so bei den Leuten hereinschneien und sich noch schnell im letzten Moment ankündigen lassen.

Der Oberfeldwebel, der natürlich auch Korse ist, erzählt großartige Geschichten von korsischen Banditen. Nachts, wenn sie essen wollen und eine Unterkunft für die Nacht suchen, klopfen die Banditen des Maquis mit der Gewehrmündung an die Türen der Häuser. In so mancher Hinsicht erinnern Reisende in den Kolonien an die korsischen Banditen.

Ein schwarzer Korporal, den wir fiebernd mitten auf der Straße liegend gefunden haben, ist von dem jungen Arzt untersucht worden. Um die Prozedur zu vereinfachen, wurde verfügt, daß besagter Korporal besoffen war ...

Fußwanderung zu mehreren Dörfern der Oli. Diese wilden und gefährlichen Leute (wie behauptet wird), die weglaufen, sobald man sich ihnen nähern will, sind liebenswürdige und freundliche Menschen. Niemand versucht übrigens zu leugnen, daß die paar Zwischenfälle neulich in der Gegend (die Oli teilten ein paar Stockschläge aus, und die verängstigten Schützen gaben ein paar voreilige Schüsse in die Luft ab) den Eintreibungen zuzuschreiben sind, die die Schützen bei der Bevölkerung durchgeführt haben. Der Oberfeldwebel erzählt, daß die Oli, nachdem sie die Schützen entwaffnet hatten, die in ihr Dorf gekommen waren, um durch Drohungen Nahrungsmittel zu erpressen, am drauffolgenden Tag die Waffen selbst wieder zum Militärposten gebracht haben.

Rechteckige Hütten aus Rinde. Große, aus immensen Bambusgarben gebildete Gewölbe. Man kommt sich vor wie in einem Treibhaus oder in einem Aquarium.

Mittagessen beim Obefeldwebel und seiner Frau (die im Grunde wirklich liebe Leute sind) und Rückkehr nach Porto-Novo in dem mit Sammlungsobjekten vollgestopften Wagen. Wie üblich hocken alle Insassen mehr oder weniger zusammengekauert im Auto und laufen beständig Gefahr, bei der kleinsten Bewegung alles zu zerdrücken.

Auf einem Oli-Pfad haben wir heute früh eine fadendünne grüne Schlange gesehen, die einer Liane zum Verwechseln ähnlich sah. Das Tier war zwar ungefährlich, hat aber trotzdem daran glauben müssen. Es ist so einfach, um der Sicherheit willen gleich zuzuschlagen ...

Etwas Lokalkolorit: Vorm Schlafengehen gehe ich noch einmal aufs Klo (in dem Garten unseres Wohnsitzes, des Gebäudes der Finanzverwaltung) und begegne, als ich rauskomme, der Frau des wachthabenden Polizisten, die mit ihrem Mann die Veranda des Erdgeschosses bewohnt. Die Frau ist wie gewöhnlich fast nackt und hat hängende Brüste. Gelassen raucht sie eine schöne gebogene Pfeife und wartet bis ich fertig bin, um dann anschließend dasselbe zu tun wie ich und ebenfalls zu Bett zu gehen ...

16. Dezember

Die Arbeit hält mich die ganze Zeit über in der Wohnung. Seit ein paar Tagen wachsen uns die skatologischen Späße über den Kopf: Manien von Klerikern oder Männern ohne Frauen.

Wir erholen uns allmählich wieder von all den Frühstücken, Imbissen, ausgiebigen Mittagessen, Abendessen, Aperitifs, Kaffees und Schnaps- kaffees der Herren Unteroffiziere.

Schaeffner ist zum Markt gefahren und hat unsere Freundin Catherine getroffen. Das Tippfräulein aus den Büros unter uns geht gegen 11 Uhr nach Hause, ganz schwarz unter ihrem europäischen Kleid und die nackte Schulter aus ihrem etwas verrutschten Aufschlag hervor- schauend.

17. Dezember

Wir legen letzte Hand an, um mit dem Verpacken der Sammlungen und des Gepäcks, mit den Einkäufen und den Besuchen fertig zu werden. Mittagessen im Hotel, gleich neben einer Weihestätte, deren Wände mit großen Menschenfiguren ausgemalt sind. Farbflächen und Zeichnung stimmen nicht überein. Das erinnert mich an manche Sachen von Picasso.

Abfahrt. Wir setzen mit derselben Fähre über wie bei der Hinfahrt. Überquerung der Lagune. Schlaf. Cotonou. Die Galerie von Käuzen, die wir in der Kolonialverwaltung bereits kennengelernt haben, be- kommt wieder neuen Zuwachs. Dieser hier ist Kreishauptmann, Ver- treter des Touring-Clubs sowie Sammler und Händler. Zusammen mit der Frau des Gerichtspräsidenten macht er Geschäfte mit Negerkunst. Kaufleute, die an der ganzen Küste bekannt sind . . .

Auto. Nacht. Schlaf. Endlich Allada, wo wir übernachten. Noch um 22 Uhr Abendessen bei dem ganz verstörten stellvertretenden Verwalter. Er ist gerade von einer Krankheit genesen. Zuerst hatte er uns schlecht aufgenommen; als er dann aber erfuhr, daß wir in amtlichem Auftrag hier sind, überschlug er sich vor Zuvorkommenheit. »Wenn sie mich nur vorher verständigt hätten, wirklich zu dumm . . .«, wiederholt er ein halbes Dutzend mal, um sich für das mittelmäßige Essen zu entschuldigen, und setzt seinem hageren Gesicht mit den tiefliegenden Augen und den roten Backenknochen ein Lächeln auf – das erleuchte- te Lächeln eines Idioten.

18. Dezember

Weit weg zu sein von einer Frau und in der Abwesenden zu leben, die
sich aufgelöst hat und wie zerronnen ist, als getrennter Körper nicht
mehr existiert, sondern zum Raum selbst geworden ist, dem gespenstischen Gerippe, durch das hindurch man sich fortbewegt. Bis zur
Ankunft in Kamerun keine Post . . .
Im Hofe unseres Wohnsitzes breitet ein »Baum des Reisenden« wie
wuchernde Muskeln seine Sonnenarme aus. In einem von einem Fahrrad gezogenen und von zwei weiteren Radfahrern eskortierten Korb
mit Gummirädern läßt sich ein Kantonschef beim Kreishauptmann
vorfahren.

. . . .

Bemerkungen von Verwaltern: Der Kreishauptmann, eine Art neurasthenischer Gendarm, entschuldigte sich in Bandiagara für den
schlechten Zustand der Straßen, indem er anführte: »Sie müssen
verstehen, das ist die Jahreszeit, wo wir den Eingeborenen respektieren . . .«; der Stellvertreter von gestern abend murmelte voller Bewunderung, als er Lutten mit unserem Boy herumbrüllen hörte: »Da wird
noch lauter gebrüllt als bei mir . . .«; der von heute nachmittag (den wir
bei der Hinfahrt in Savalou getroffen hatten und dem wir heute wieder
in Dasa Zoumé begegnen, wo wir auf der Rückfahrt vorbeikommen)
rief alte Erinnerungen wach und sagte mit stark ironisch gefärbter
Naivität: »Das war im Krieg. Als man die Freiwilligen mit dem Lasso
einfing . . .«

. . . .

Abendessen im Camp und Bahnhofsbuffet von Savé. Gästetafel. Drei
Männer und zwei Frauen. Schluß mit der Wildnis! Im Laufe der Reise
ist in meinem Brotbeutel die Tube mit Insektol zerdrückt worden und
die Schachtel meines Schleifsteins für Rasierklingen ist jetzt ganz von
einer Art kaltem, grünlichem Sperma überzogen.

19. Dezember

Rückfahrt gen Norden. Auf der Straße begegnen wir zwei Jungen mit
komischen Strohhüten in Form einer Mitra. Sie erinnern ein wenig an
die Somba. Aber man sieht keine von den schönen Jahrmarktszauberern der Kantone des Innern mehr, mit ihrer Plüsch- oder Samttoga,

ihrer geschnitzten Pfeife und dem bestickten Käppchen. Halt in der Landwirtschaftsschule von Ina, wo wir von lieben Leuten empfangen werden: einem europäischen Ehepaar und einem jungen Mann. Wir übernachten in einer weiträumigen Scheune. Der junge Mann und seine eingeborene Frau wünschen uns dort guten Abend. Nacheinander streckt jeder von uns seine rechte Hand aus dem Moskitonetz, um dem Mädchen die Hand zu drücken.

20. Dezember

Anfertigung und Verschluß einer riesigen Kiste für Kollektionsgegenstände in der Schreinerei des Hofes. Ein Arbeiter trommelt auf ein Ziegenfell, das über vier Bretter gespannt ist. Zwei weitere Männer klatschen in die Hände. Ein vierter, mit Hose und Schlapphut, deutet einen Tanzschritt an. Ganz New Orleans.
Abfahrt. Der Busch wird zivilisierter. Noch ein paar scharfe Gerüche und dann nichts mehr. Wir kommen bis Kandi, wo wir unter freiem Himmel, bzw. unter den Verstrebungen eines Dachgerüstes schlafen, denn das Camp wird gerade wiederaufgebaut.

21. Dezember

In einem Viertel von Kandi sind soeben die Kinder beschnitten worden. Die einen sind in etwa geheilt und laufen schon herum. Ihr Glied, das von einem, unter der Wurzel durchgeführten Strohtrapez hochgehalten wird, strotzt vor Fliegen. Ein anderer, ganz kleiner Junge blutet noch und schluchzt heftig auf den Knien seiner Mutter, die ihn wiegt und ihm die Brust gibt, damit er sich beruhigt. Ein weiterer, etwas größerer Junge, hockt unbeweglich, mit gespreizten Beinen und stumpfsinniger Miene auf der Erde, die Augen voller Tränen. Die Spitze seines Gliedes ist mit einer Kruste aus Blut, Fliegen und Staub bedeckt.
In Dosso, wo wir zu Mittag essen, ist der Verwalter krank; er hat gerade das Gelbfieber hinter sich.
Ebene, tödlich langweilige Strecke bis Niamey – *idem* die Stadt.
Wir stoßen wieder zu Larget, der mit der Verschiffung einigen Ärger hatte (kein Kahn rechtzeitig zu bekommen, schwierige Passagen), seinen Lastwagen festgefahren hat und erst seit gestern da ist. Keine Lust, in diesem dreckigen »Norden« zu bleiben.

22. Dezember

Wir richten uns in einem Haus mit Blick auf den Niger ein. Weiträumige Terrasse mit Bögen in halber Eiform. Sommerfrische zu Unsummen pro Tag. Irgend jemand aus meiner Familie hat mir die Adresse eines Freundes gegeben, den ich hier aufsuchen soll. Ich gehe bestimmt nicht hin. Ich möchte weder aus meinem Lebensrahmen hier heraustreten, noch mit anderen Weißen als denen Kontakt aufnehmen, mit denen es sich ohnehin nicht vermeiden läßt. Heute abend große Diskussion über die Leidenschaft. Ich frage mich, bis wohin die Wissenschaft mich noch bringen wird.

23. Dezember

Spaziergang zum Markt. Briefe. Auf der Post ist der Schlitz des inneren Briefkastens nicht die Öffnung eines auffangenden Behälters, sondern die Briefe fallen direkt auf den Fußboden.
Heute abend Diner beim Generalsekretär, der uns in Abwesenheit des Gouverneurs empfängt. Schöne Aussichten! Gestern habe ich allerdings mit Schaeffner einen schönen Abend in der Stadt verbracht, aber auch nur, weil wir den Zivilisierten den Rücken gekehrt haben . . .

24. Dezember

Das offizielle Diner ist recht amüsant gewesen. Mouchet und ein Tierarzt lassen eine Ungereimtheit nach der anderen vom Stapel. Sturzbäche von lebenden und toten Leuten, denen wir in den Kolonien begegnet sind, denen wir hätten begegnen können, oder mit deren Verwandten man fast auf demselben Dampfer gefahren wäre, ohne letzten Endes je die Person oder ihre Verwandten gekannt zu haben. Tolle Konstruktion von Beziehungen, die hätten zustandekommen können, von Überschneidungen möglicher Lebenswege, von imaginären menschlichen Gleichungen.
Noch eine Vaudevilleverwicklung: Larget, unser Alterspräsident, unterstützt von seinem getreuen Diener, der Niete Bandyougou (der jetzt einen Pyjama anhat und darin wie ein Lustspiellakai aussieht), hat die Frau eines schwarzen Straßenwärters von Mopti entführt. Da sie sich mittlerweile mit dem Ältesten zerstritten hatte, suchte sie vor ein paar Tagen bei der eingeborenen Frau eines jungen Mannes Zuflucht, der auch am Diner teilnimmt. Und dieser junge Mann ist eben der, den ich

im Auftrag meines Cousins hätte aufsuchen sollen. Das Gesicht unseres Ältesten! Griaule entdeckt andererseits, daß der getreue Bandyougou im Besitz einer entzückenden goldbestickten Kartentasche ist, die der Älteste eigenhändig, als Entgelt für seine Dienste, dem Plunder entnommen hatte, den mir Pariser Freunde kurz vor meiner Abreise geschenkt hatten.

25. Dezember

Trister Weihnachtsabend.
In einem himmelblauen Lieferwagen, in dem Schaeffner und ich gestern einen Mann und eine Frau gesehen haben, waren, wie es scheint, eine belgische Gräfin und zwei Geistliche. Der eine hatte eine Reithose an, der andere, der von der Wagenplane verdeckt wurde, eine Soutane. Sie kommen vom Cap zurück und reisen über den belgischen Kongo nach Algier.
Die Hungersnot vom letzten Jahr hat viele Opfer gefordert: Es ist von 20 000 in der ganzen Kolonie die Rede. Schaeffner und ich hatten bei unserem Marktspaziergang viele sehr magere Kinder gesehen. Der Tierarzt, mit dem zusammen wir neulich beim stellvertretenden Gouverneur zu Abend gegessen haben, erzählt eine Erinnerung aus Kamerun: Um sich sexuell zu beflügeln, ließ ein ihm bekanntes Ehepaar ein paar Negerinnen kommen, hieß sie vor sich niederhocken und dann alle miteinander auf Kommando pissen.

26. Dezember

Wir haben den Koch Aba, der dem heiligen Josef ähnlich sah, dankend entlassen. Der arme Bandyougou ist auch nicht mehr da. Wir konnten so viele Leute nicht brauchen. Unglücklicher Bandyougou, er hatte sich gerade bei der Frau, die ihm die Geliebte des Ältesten verschafft hatte, einen Tripper geholt. Der Unschuldsengel sagt uns Lebewohl. Es tut einem selbst weh, wenn man in seine schielenden Augen schaut.
Abfahrt unserer Karawane: Griaule, Mouchet und ich im leichten Wagen, Lutten und Schaeffner in dem einen Lastwagen; Larget und der neue schwarze Fahrer im anderen Lastwagen; die Boys auf alle Fahrzeuge verteilt.
Hungersnot in Dosso. 6000 Tote bei einer Gesamtbevölkerung des Bezirks von 80 000 Menschen. Während wir uns gerade anschicken, zu Mittag zu essen, warten vor der Tür des Verwaltungssitzes Männer auf

die Verteilung der Hirse, die aus anderen, weniger benachteiligten Gebieten herangeschafft wurde. Und all das wegen der Heuschrecken . . .

27. Dezember

Verschleierte Touareg-Sklaven, Esel, Kamele, Lastochsen, Karawanen.

Mittagessen, Nachmittag und Abendessen in Birmi Nkoni, denn die Gastgeber widersetzen sich quasi gewaltsam unserer Abreise. Neuer Typ kolonialen Verhaltens, das darin besteht, sich der Durchreisenden zu bemächtigen, sie zwangsweise zu mästen und als königliche Gefangene zu behandeln. Der stellvertretende Verwalter von Madouah, der als Nachbar zur Weihnachtsfeier herübergekommen war, ist noch da. Er erzählt, wie er bei einem Aufenthalt in Saint-Louis die Wahlen auf höhere Anordnung hin zugunsten von Blaise Diagne gefälscht hat. Eine Art Besessener, der Sonderbeauftragter ist und seine Tage damit zubringt, Hirsesäcke zu wiegen und an die Hungerleidenden zu verteilen, schnauzt Griaule an, nur weil der im amtlichen Auftrag hier ist. Als er dann erfährt, daß Griaule teilweise Auvergnate ist, entdeckt er in ihm einen Landsmann, beruhigt sich und fährt dafür den stellvertretenden Verwalter an.

Am Abend wird ein Tamtam veranstaltet, das die Gastgeber unbedingt in eine Orgie ausarten lassen wollen, aber ohne Erfolg. Frauen werden uns angeboten, »alle Kosten trägt die Verwaltung«, aber wir wollen sie nicht. Schlafengehen kurz vor Mitternacht.

Der in Niamey zusammen mit einer Gräfin in einem hellblauen Lieferwagen gesehene Priester ist niemand anders als eine hochgestellte Persönlichkeit der belgischen Spionageabwehr, und die Gräfin ist seine Nichte, seit kurzem Witwe und jetzt auf Reisen, um sich zu zerstreuen. Von den zwei weiteren, im Gepäck mitgeführten Priestern ist der eine Belgier und der andere Irländer (vom Stellvertreter aus Madaouah, bei dem sie anderthalb Tage abgestiegen sind, hinterbrachter Klatsch).

28. Dezember

Es geht darum, den unerwünschten stellvertretenden Verwalter abzuschütteln, der bis nach Madaouah mit uns kommt und den Statthalter des Nestes schon benachrichtigt hat, damit er ein üppiges Mittagsmahl, ein Tamtam und vielleicht sogar ein Abendessen veranstaltet. Lutten und ich fahren im Lastwagen voraus und – als hätten wir uns geirrt – geradewegs durch Madaouah durch. Die anderen kommen mit dem besagten Stellvertreter hinterher. Im Augenblick werden sie wohl in Madaouah gerade einen Drink zu sich nehmen. Ich wette, daß man sie trotzdem zum Mittagessen dabehält und diese Idioten werden es sich gefallen lassen . . . Das ist übrigens auch egal. Es ist schönes Wetter und außerdem kühl. Sanftes Licht, ein wenig Nebel, die Savanne ist in ihren gelben und grauen Farben von blendender Feinheit. Lutten hat eine prächtige Hirschkuh geschossen, die unser Boy Bakili gerade zerlegt. Nur schnell zu den Engländern, und von da schnell nach Kamerun. Genug Empfänge, genug von diesen dämlichen Typen, mit denen wir nichts anfangen können, egal ob sie nun unangenehm oder nett sind!

Nachmittag. – Sie sind natürlich zum Mittagessen geblieben. Unweit von dem Ort, wo sie zu Mittag gegessen haben, treffen wir wieder zusammen. Hirschkühe, Kaninchen, Perlhühner und sogar ein kleiner Affe. Literarische Diskussion mit Schaeffner über Sinn und Zweck persönlicher Tagebücher im allgemeinen und dieses Tagebuchs im besonderen. Er zweifelt es an, ich verteidige es natürlich. Soll man alles erzählen? Soll man eine Auswahl treffen? Soll man die Ereignisse verklären. Ich meine, man muß alles erzählen. Das Unglück will es, daß man dazu jedoch nicht genügend Zeit hat . . .

Angenehmer, sehr korrekter und vertraulicher Empfang in Maradi, wo wir über Nacht bleiben.

29. Dezember

In Maradi Kreuzgewölbe der Haoussa, Leute mit Sarazenenmienen, Reminiszenz der Kreuzzüge.

Gestern hatte man uns von dem Spiel französischer und englischer Kreiswachtleute erzählt, die die Heuschrecken von einem Land zum anderen wieder über die Grenzen zurücktreiben. Heute, um Mittag, betreten wir Nigeria. Dampfwalzen. Brücken im Bau. Fußballplätze. Wo wir vorbeifahren, knien die Eingeborenen nieder. Mouchet wird ganz zappelig, weil wir uns Kamerun nähern. Im übrigen ist auch Nigeria für ihn kein unbekanntes Land mehr. Katsina, erster englischer Grenzposten. Kühler Empfang durch einen jungen Beamten, der so gut angezogen ist, daß man sich schämt, Franzose zu sein.

Kano: Elektrisches Licht, gerade Straßen, Atmosphäre einer entlegenen Vorstadt mit Rangierbahnhof, schwarze Operetten-Beamte mit Schechias, Verschwörerumhang und lederumgürteten Waden. Das unerwartete Gefühl, im Ausland zu sein.

Abendessen gegen Mitternacht, weil die beiden Lastwagen mit Verspätung eingetroffen sind. Einer der beiden Wagen hatte eine Panne an der Lichtanlage. Das desolate französische Camp wird von einem Sergeanten unterhalten, der als Transithändler zwischen Lagos und Zinder fungiert. Man kommt sich wie in einem Altersheim vor und wundert sich noch, nicht im blauen Kittel herumzulaufen und seinen Tabak zusammenzubetteln. Schlecht unterhaltene Betten, durchlöcherte Moskitonetze. In puncto Repräsentation geht es steil bergab.

30. Dezember

Von einem jungen Haoussa-Barbier, der schon bis Khartoum und Mekka gekommen ist, lassen sich alle die Haare schneiden. Einkäufe in der Stadt. Ich muß mich mächtig bremsen, um nicht alles, was ich in den Geschäften sehe, auch zu kaufen. England ist das einzige westliche Land, dem es gelungen ist, einen gekonnten Formalismus auf die Beine zu stellen. Seinen symbolischen Ausdruck findet das in der Kleidung. Es gibt hier drei deutlich geschiedene Städte: Die *eingeborene Stadt* (von einem Verteidigungswall umschlossen wie Katsina), die *Verwaltungsstadt* (die Residenz – wo Griaule den Statthalter aufsucht und herzlich von ihm empfangen wird – erinnert trotz des Klimas irgendwie an den Londoner Tower), die *Geschäftsstadt*, die auch den eingeborenen Markt umfaßt, auf dem wir ein paar Nahrungsmittel erstehen. Eine mächtige Frau – nicht fett, aber wie ein Herkules gebaut: mit einem Hals wie ein Dampferschornstein und Waden wie Brückenpfeiler – verkauft uns Früchte und spricht mit uns Pidgin. Plötzlich stürzt sie, mit einer langen Stange in der Hand, auf Mouchet los. Aber nicht ihm will sie an den Kragen, sondern nur den Gaffern, die sich angesammelt haben. Etwas weiter weg habe ich mich mit Griaule in einen Kreis gestellt. Wir schauen bewundernd der Darbietung zweier Haoussa-»Komiker« zu, die sich rhythmisch Späße zurufen und einen wunderbar skandierten und von präzisen Gesten markierten Dialog führen. Untermalt wird ihre Vorstellung von dem gleichförmigen Gerassel der zwei eisernen, mit Sandkörnern gefüllten Instrumente, die die beiden in den Händen schütteln. Das Vergnügen währt nicht lange: Unvermutet taucht ein Policeman auf, der sich durch den Kreis schiebt und sich im Handumdrehen der beiden Instrumente bemächtigt. Die beiden Spaßvögel verschwinden, die Menge zerstreut sich augenblicklich. Allein Griaule und ich bleiben mit dem Polizisten, der die beiden Rasseln in der Hand hält, auf dem Platz zurück.

Ein alter Mann im französischen Camp, dessen Frau, gerade als sie nach Frankreich zurückkehrten, bei einem Autounfall tödlich verunglückt ist, will sich – mit dem kleinen Mamadou Kèyta plaudernd – auf andere Gedanken bringen, bricht aber dazwischen immer wieder in seine Lamentationen aus: »Du liebe Zeit, du liebe Zeit, oh mein Gott, mein Gott, mein Gott . . .«

Inspektion unseres Wagenparks in der Werkstatt und Abfahrt. Etappe in Gaya.

31. Dezember

Wir fahren. Karawanen von lanzenbewehrten Kamelreitern. Flußüberquerung auf einem Sekko-Damm.[26] Der Gebühreneinnehmer ist ein großer Haoussa mit speckigem Turban und einer Boubou-Uniform aus billardgrünem und rotem Wollstoff. Er sieht darin wie ein Hofnarr aus. Mittagessen wieder in einer befestigten Stadt.

Heute abend ist Silvester. Schon wieder ein verpaßtes Festessen. Mir fällt das Haus des Webers von Yougo ein, als wir noch bei den Dogon waren. Ich denke an den Stall in einer Höhle, unweit der Speicher, die wie Hochöfen aussahen, und sehe wieder den Fußboden vor mir, der mit einem so gelben Stroh bedeckt war, und die von Menschen und Tieren überladenen Stockwerke der Terrassen: Eine Krippe von Bethlehem, die zu Ehren von weiß Gott was oder wem in den Katakomben aufgestellt wurde.

Wir fahren. Karge, ewig gleiche Buschlandschaft. Weidende Kamele wie die ganzen letzten Tage. Wieder Erinnerungen an die Dogon: Das rote Licht, das ich beim Aufwachen in Yougo für das Zeichen des *sigui* gehalten hatte und das doch nichts weiter war als das Feuer, das unsere Boys für die Zubereitung des Frühstücks hinter dem *togouna* angezündet hatten.

Übernachtung in Damatoulou.

---

26 Strohgeflechte, aus denen die Wände der Strohhütten gefertigt sind.

Traum: Ein französischer Kreishauptmann, der einer mächtigen Sekte dahomeyischer Magier angehört, will mich im Schlaf erwürgen. Wahrscheinlich handelt es sich um ein Menschenopfer. Ich rufe Griaule zu Hilfe.

Auch heute nacht wieder nicht den Schrei der Hyäne gehört. Ob wir ihn überhaupt jemals hören werden? Der Sack mit Schaeffners Bettzeug reißt immer weiter aus. Er kann noch von Glück sagen, daß er ewig seine Pantoffeln an den Füßen trägt. Aus so einem verhexten Sack hätten sie schnell das Weite gesucht.

Maydougouri, letzter englischer Grenzposten. Wir zeigen einem schottischen Beamten mit blendend grauen Flanellhosen die Pässe vor. Kühles Bier, kleines Geplauder über Christmas und den Mistelschmuck.

Von der sehr trockenen Luft haben Griaule und ich aufgesprungene Lippen. Da meine Augen müde sind von all dem Sand, der Sonne und dem Fahrtwind, setze ich schließlich doch eine Sonnenbrille auf. Ihre dunkle Tönung schläfert mich ein und rückt mich von der Welt ab.

Angeschoben von eingeborenen Arbeitern wie gewöhnlich, durchqueren wir ein sandiges Flußbett. Händeklatschen, Youyou-Rufe der Frauen: Kamerun. Weite Ebene mit ein paar Hügeln, die wie ein Bühnenbild dastehen.

Ein großes Stück Schokolade, von Griaule im Gepäcknetz des Personenwagens verstaut, hat über der noch unbefleckten Weiße seines neuen Tropenhelms (wie der meine in Kano erstanden) einen langen Stalaktiten herabgezogen. Das ist jetzt die kalte Jahreszeit.

Erste Begegnung auf kamerunischem Gebiet: Ein Händler aus Maroua – ein alter Kamerad von Mouchet – der ein Kugellager seines Fords kaputtgefahren hat und eins von uns haben möchte. Wir schicken es ihm von Mora aus, wo wir zu übernachten gedenken.

Mora: Wieder schroffe Hügel und dahinter Buschbrände, die von den Leuten bei der Abfallverbrennung entfacht werden.

Auf Boys! Unsere Betten aufgeschlagen! Schluß jetzt mit den Posen von Gartennymphen, die ihr während der Fahrt hattet, nachlässig hingelagert auf den Kotflügeln und Trittbrettern unserer Lastwagen. Jetzt wird gearbeitet. Wir sind die Meister der Zivilisation (*da capo*).

Kontaktaufnahme mit den Kirdi, den heidnischen Bergvölkern, mit denen Mouchet einst beim Eintreiben der Steuer Unannehmlichkeiten bekam und auf deren Giftpfeile er mit Gewehrschüssen antworten mußten. Mit schweren Halsringen jeweils zu dritt aneinandergekettete Häftlinge bringen uns das Wasser für die Morgentoilette. Die Leute sollen gestohlen und zwischen den Dörfern Fehden ausgetragen haben. In Birni Koni hatte man uns die Stelle gewiesen, wo gerade ein Mann, der seine Mutter getötet hatte, standrechtlich erschossen worden war. Schon das hatte mich schlechtweg angewidert. Was soll man sagen angesichts dieser Gefangenen, die wir mit aller Gewalt in die Schablonen unserer Moral pressen wollen und denen wir letztlich die Ketten anlegen . . .

Mit dem Leutnant, der den Militärposten von Mora befehligt, machen wir einen Ausflug zum nächsten Bergdorf.

In den Kolonien ziehe ich vielleicht sogar die Soldaten den Zivilisten vor. Da ihr Beruf darin besteht, sich mit den Eingeborenen herumzuschlagen, stehen sie ihnen näher und sind ihnen ähnlicher.

Große Veranstaltung der Bergbewohner, die uns mit einem Kampfspiel und einem Tamtam beehren, bei dem auf einer großen Zahl verschiedener Instrumente (Trommeln und mehrere Arten von Hörnern) gespielt wird. Die fast nackten Krieger tragen Waffen. Einige Frauen haben anstelle von Lanzen Hirsestengel in der Hand. Eine hat eine Kürbisflasche. Mehrere Männer tragen an einem kleinen Stück Achselschnur ein Amulett um den Hals. Die Schnüre sind keine Achselschnüre getöteter Schützen, wie ich angenommen hatte, denn die Schützen haben überhaupt keine.

Vor dem Militärposten findet dann noch eine weitere Vorführung mit mehr Leuten sowie eine Reiterschau des muselmanischen Sultans der Mandara statt, dem im Prinzip einige Kirdi-Dörfer unterstellt sind.

Wir kaufen einem Kirdi-Krieger ein Wurfmesser ab. Als er uns zeigen soll, wie man es gebraucht, damit wir ein Photo machen können, lehnt er lachend ab, denn er meint, er solle nicht nur eine Pantomime aufführen, sondern wirklich jemand verletzen.

Wir machen heute nachmittag doch keinen Ausflug in die Berge. In den Dörfern wird gerade ein Fest gefeiert und »Pipi« (Hirsebier) getrunken – und wenn die Kirdi betrunken sind, werden sie gefährlich.

Wir steigen später zu ihnen hinauf, wenn das Gelage zu Ende ist, wahrscheinlich übermorgen.

3. Januar

Sonntag. Das Büro des Militärpostens von Mora: auf der hinteren Wand der große Anker der Marineinfanterie. Auf den zwei Flügeln der Eingangstür Reklameplakate für die französischen Staatsanleihen.
Wir sind zwei Minuten zu spät gekommen und haben den Fahnengruß verpaßt.
Gegen Sonnenuntergang hielten wir es nicht mehr aus, und ich machte mich mit Lutten auf den Weg in die Berge – hinter dem Rücken des Leutnants, der immer noch davon abriet. Mit mächtigem Geschrei werden wir von den pipi-trinkenden Männern, Frauen und Kindern empfangen. Alle schwingen Lanzenschäfte, Hirsestengel oder Wurfmesser. Die Leute sind alle nackt. Die Frauen tragen kaurigeschmückte Bändchen und manchmal ein Glöckchen an der rechten Seite; eine jede hat ein Band um die Stirn gewunden und einen einwandfrei glattrasierten Schädel. Man tanzt, man grüßt und man schwenkt die Lanzen, man stößt in die Hörner, man schreit, man umringt uns. Ein paar Alte machen die Gebärde des Halsabschneidens. Ich verstehe nicht, was sie damit wollen; aber es findet sich ein improvisierter Dolmetscher, der ein paar Brocken französisch kann: Es geht um einen Mann aus dem Dorf, der von jemand aus einem anderen Dorf getötet worden ist. Rache tut not, und man hofft, die Europäer möchten dem beleidigten Dorf Beistand leisten und das andere Dorf bestrafen. Ich lasse ausrichten, daß gleich morgen ein paar Männer zum Militärposten hinuntergehen sollen, um die Angelegenheit dem Leutnant zu unterbreiten, der »bestrafen wird und ins Gefängnis werfen, die Übles getan haben«. Das Ende der Rede geht im Beifall unter. Aber ein paar Männer geben keine Ruhe. Sie bestehen auf ihrem kleinen Massaker. Ich sage noch einmal dasselbe, und sie scheinen zufriedengestellt.
Verteilung von Gesichtspuder an die Frauen und Männer, die es sich von uns aufs Gesicht auftragen lassen. Wir haben Durst, man bringt uns Pipi und wir kosten: ein entsetzlich bitterer Dolo. Aber nichts kann die allgemeine Begeisterung trüben. Als wir wieder hinuntergehen, knien Frauen, die uns von einem anderen Viertel her entgegengekommen sind, am Rand des abschüssigen Pfades nieder. Die Puderquaste

wird über ihr Gesicht geführt und dann über die Gesichter von ein paar Männern. Die runde Quaste ist wie eine Hostie.

Im unteren Viertel ertrinken wir fast in der Menge. Ich mache die Gebärde des Lanzenschwenkens, um die Grüße zu beantworten. Von Zeit zu Zeit zanken sich zwei Männer und stoßen sich gegenseitig an. Aber sie werden schnell wieder zur Vernunft gebracht. Wenn wir nicht da wären, würde das vielleicht in eine Schlägerei ausarten.

Beim Abstieg schließlich werden wir von einem kleinen Gefolge begleitet, das unterwegs von selbst zusammengekommen ist. Unsere Führer sind Mandara aus dem Dorf in der Ebene, die gekommen sind, sich auf dem Fest der Kirdi zu amüsieren. Einer von ihnen – sicher ein ehemaliger deutscher Untertan – marschiert vor mir her und wiederholt unermüdlich bei jeder Unebenheit und beim kleinsten Umweg: »Achtung! Achtung!«*

Als wir unten ankommen, ist es finstere Nacht. Griaule hatte Wert darauf gelegt, daß Lutten einen Browningrevolver mitnimmt, aber er hat sich als ganz und gar überflüssig herausgestellt.

4. Januar

Die Kirdi, die ich dazu aufgefordert hatte, die Angelegenheit vor den Leutnant zu bringen, sind nicht gekommen. Es scheint übrigens, daß es in der Sache schon zu einem Urteil gekommen ist und es sich um eine alte Geschichte handelt. Aber wie schade, daß die Leute nicht trotzdem gekommen sind: Es fehlt uns an Dolmetschern, die Arbeit läßt sich ziemlich schlecht an, und diese Leute wären lauter Informanten für uns gewesen.

Da er bei den Kirdi nichts ausrichten kann, wendet Griaule sich jetzt den Mandara zu. Er begibt sich zum Sultan, um den gestern früh begonnenen Aufriß seines Hauses fertigzustellen. Einen Teil des Morgens verbringen wir in dem Hof, der für die Frauen reserviert ist. Dort hocken, wie Leibwächter des Sultans oder seiner Kinder, zwei Matronen und spielen Krieg mit Kugelfigürchen aus Pferdemist, die Soldaten vorstellen sollen. Auch ein Eunuche ist noch im Hof: eine junge, schmale Silhouette mit Brüsten und ziemlich weiblichem Hinterteil, leicht ergrauten Haaren. Eine große Hauttasche, wie bei einem Wid-

---

* Deutsch im Original.

der, hängt vorne an seinem Körper herunter, bis über die Hose. Er beaufsichtigt die Kinder oder beschäftigt sich mit Korbflechtereien.

Als wir dann gehen, wird ein kleines Tamtam improvisiert. Kinder von Leibeigenen tanzen unter der Leitung einer alten Griote, die sich, wie es heißt, bei manchen Festen zu Pferd sehen läßt. Ein alter Mann, der etwas dem Grafen Keyserling ähnlich sieht, führt einen Tanz mit einem alten europäischen Gewehr auf, in dessen Mündung eine Art von Staubwedel steckt. Auch die so freundlich und sanft ausschauenden alten Frauen oder Matronen sind da und stoßen Youyou-Schreie aus.

Nach dem Mittagessen steigen wir, diesmal mit Griaule, wieder zu den Kirdi hinauf. Die Leute sind noch betrunkener als gestern. Mit ihrem doppelten Gehänge aus Glasketten, das sie wie ein Andreaskreuz vor der Brust tragen mit den langen schwarzen Stöcken, die sie an einem Ende halten und in die Luft stoßen, führen die total besoffenen Frauen ein wildes Spektakel vor uns auf. Einige haben sich zwischen Hinterbacken und Schenkeln rot angemalt. Die Kaurigürtel und die winzigen Röcke verbergen nicht ihre Schamhaare. Sich gegenseitig um den Hals fassend, tanzen ein paar Frauen zu zweit. Eine Alte, die ganz allein auf einem der kleinen, terrassenförmigen Felder gestikuliert, wie sie sich die ganzen Berghänge entlangziehen, sackt plötzlich in einem Plumps auf den Hintern. Eine junge Frau kniet zum Gruß vor mir nieder, streckt mir eine Hand entgegen und umfaßt mit der anderen meine Wade. Genau wie die Männer, halten auch wir Hirsestengel in der Hand, die zugleich als Stöcke und als zeremonielle Waffen fungieren. Die großen Penisse der Kirdi mit ihren langen Vorhäuten von Unbeschnittenen hängen schnurgerade herab. Genau wie gestern hat sich auch jetzt ein improvisiertes Gefolge um uns versammelt, und einer unserer Männer schiebt einen Betrunkenen beiseite, der plötzlich dasteht, einen verrosteten Säbel über dem Kopf schwingt und uns den Weg verstellt. Schreie, Youyous, Getrommel, Gesang, Pfiffe – ein ohrenbetäubender Lärm. Zu wiederholten Malen hält man uns eine Kürbisflasche mit Pipi hin, aus der erst der Dorfälteste und ein paar Männer vor unseren Augen getrunken haben, damit wir sehen, daß der Pipi nicht vergiftet ist.

Die Frauen scheinen bei der Zeremonie eine vorrangige Rolle zu spielen. Eigentlich haben auch nur sie einen besonderen Schmuck. Sie sind noch betrunkener und noch lauter als die Männer. Viele sind hübsch und eher feingliedrig, keinesfalls das, was man gewöhnlich unter »Neger« versteht. Gerade ihre fehlende Zurückhaltung bewahrt sie vor allem Nuttenhaften und ihr fast vollständig glattgeschorener Schädel verleiht ihnen eine außerordentliche Vornehmheit.

Ein Großteil unserer Karawane ist beim Abstieg benebelt: Wir müssen auf die Photoapparate aufpassen, die die unmäßigen Pipitrinker, die uns begleiten, ohne weiteres gegen irgendeinen Felsen knallen könnten. Einer der aufgewühltesten ist der große Adama, der den Namen des Mannes der Schöpfungsgeschichte trägt. Mitten in der Nacht werden wir im Camp plötzlich wach, so laut sind die Kirdi in ihren Bergen geworden. Wie weit sie es in ihren fabelhaften Bacchanalen getrieben haben, werden wir nie erfahren . . .

5. Januar

Ein Arbeitskommando von Häftlingen fegt vor unserem Camp den Boden. Zwei der Angeketteten sind so ausgemergelt, daß sie kaum noch gehen, geschweige denn arbeiten können. Ein Alter hält sich an der Seite seines Kettengefährten, dem er wohl oder übel überallhin folgen muß, und hebt seine beiden umwickelten Arme in die Höhe, die von weiß Gott welchem Übel verkrüppelt sind.

Früh am Morgen schon gehen Griaule, Schaeffner und ich in die Kirdi-Berge hinauf, wo die Erregung sich jetzt gelegt hat. Die Frauen haben ihre Hexenaufmachung abgelegt und sind wieder zu geruhsamen Hausfrauen geworden. Man empfängt uns überall mit kleinen Tamtams und in jedem Dorf wird uns entweder ein Pipi-Umtrunk angeboten, oder – falls kein Pipi da ist – ein Brei, der wie Kot aussieht, aber vorzüglich nach Praliné schmeckt und nichts anderes ist als ein Gemisch aus zerstoßenen Erdnüssen und Honig. Ungeniert leeren die Männer ihre Blase. Bei einem der kleinen Begrüßungstänze für uns fällt mir ein Mann auf, der sich dabei nicht im mindesten abwendet, gleichzeitig weiter in sein Tierhorn stößt und dazu noch mit einer Frau diskutiert.

Griaule macht unendlich viele Photos. Und mir, der ich jetzt zum dritten Mal zu den Kirdi hinaufsteige, ist genauso freudig zumute, als wenn ich einen modischen Schuppen beträte und auf Anhieb vom Geschäftsführer oder vom Barkeeper wiedererkannt würde. Fast möchte ich mir die Pipi-Karte reichen und eine Spezialabfüllung reservieren lassen.

Ein Bote wird zum Camp hinuntergeschickt, um neue Filmrollen zu holen. Den kleinen, zusammengefalteten Brief an Larget rituell zwischen die Lippen eines am Ende gespaltenen kurzen Hirsestengels geklemmt, läuft er los und kommt eine knappe halbe Stunde später, immer noch laufend, wieder zurück. Er scheint nicht einmal sonderlich außer Atem zu sein.

Wir stoßen jetzt etwas weiter ins Gebirge vor. Ich habe unserem Führer eine Dose Puder gegeben. Gewissenhaft hält er allen Männern, die wir beim Einzug in die Dörfer begegnen, zum Schnuppern die Dose unter die Nase. Wir kommen schließlich zu einem Ort, den – wie die Gräber bezeugen – Deutsche und Alliierte 1915 heftig umkämpft haben. Von der Höhe eines Felsens aus gibt unser Führer unsere Ankunft bekannt. Er wendet sich an eine Dorfgemeinschaft, die in einer Art von Felsenarena angesiedelt ist: Die Felder liegen in der Mitte und die Häuser gegen die Peripherie zu. Genauso wurden auch in Yougo unsere Bedürfnisse an Wasser, Eiern, Hühnern von einem Mann ausgerufen, der, um seine Botschaft zu verkünden, ganz in der Nähe unseres *togouna*-Felsens auf einen fast gleichhohen Felsen kletterte.

Ankauf einiger kleiner Objekte. Geschenke: Geldstücke oder Gesichtspuder. Abmarsch. Wir werden nicht lange bei den Kirdi bleiben, denn in der Frage der Dolmetscher hat sich immer noch nichts ergeben. Ich bedaure das meinerseits, denn ich dachte schon, mich mit diesen Bergbewohnern so gut zu verstehen. Vor ein paar Wochen hat der Leutnant, der sich zur Wehr setzen mußte, einen von ihnen getötet. In einer Entfernung von zwei Tagesmärschen gibt es noch ganz unabhängige, nie unterworfene Dörfer.

6. *Januar*

Palaver auf dem Militärposten. Ein Rechtsstreit unter Kirdi: Körperverletzung und Rinderdiebstahl. Die Gefangenenbaracke wird noch ein paar weitere Insassen bekommen. Eine Frau, die ich bis jetzt für die Frau eines Schützen gehalten habe, ist auch nur eine Gefangene. Sie scheint weniger schlimm dran zu sein als die Männer; vielleicht hat sie die geeigneten Mittel, um ihre Gefängniswärter nachsichtig zu stimmen . . .

Griaule lernt fahren. Ich lerne schießen und mache mit Hilfe des offiziellen Dolmetschers, den mir der Leutnant zur Verfügung gestellt hat, ein paar Befragungen mit den Kirdi. Meine Informanten – die viel mehr »Neger« sind als die Dogon – sind prächtige Gestalten. Robust und prinzenhaft.

7. Januar

Lutten ist mit dem Wagen nach Maroua gefahren, um die Post wegzubringen. Griaule und Schaeffner sind in den Bergen. Nach den über 40 Grad in den letzten Tagen geht jetzt seit gestern abend ein kalter Wind. Die Kirdi-Informanten sind bei ihrer Ankunft in Decken gehüllt. Einer bringt uns ein Huhn, vier Eier und einen Holznapf voll jener Leckerei mit, die ich vor zwei Tagen für Erdnüsse mit Honig gehalten hatte und die nichts anderes ist als das Püree einer Art von Haselnuß. Ouraha (der Informant) schenkt mir das Mus und läßt mir durch den Dolmetscher ausrichten, seine Frau habe sich »sorgfältig die Hände und die Vorderarme gewaschen, bevor sie es zerstoßen hat«. Als Gegenleistung für das Huhn und die Eier, die wir in der Küche abgeben, schenkt Mouchet Ouraha eine Handvoll Salz. Ich meinerseits gebe ihm eine kleine Büchse Puder für seine Frau.

Dableiben. Nichts mehr tun. Sich in den Bergen niederlassen. Dort eine Frau nehmen und eine Familie gründen. Utopische Wünsche, die diese Leute und ihr bäuerliches Leben in mir aufkommen lassen.

Wieder Wind heute abend. Das Bett von Mouchet ist umgeflogen. Lutten ist noch nicht aus Maroua zurück.

Diplomatische Verwicklungen, über die uns der Leutnant aufklärt. Bei den Mandara geht das Gerücht um, eine Gruppe von Deutschen und Engländern habe sich unlängst in Mora festgesetzt, beherrsche schon das ganze Land und werde den Leutnant an die Luft setzen. Ein Dorf hat sich das sogar zunutze gemacht, um seine Steuerzahlungen einzustellen. Die fragliche Gruppe sind wir. Die Nachricht soll von muselmanischen Agitatoren verbreitet worden sein. Der Leutnant hat einen von ihnen verhaften lassen.

Der europäische Sergeant des Militärpostens erzählt, daß man vor ein paar Monaten einen festgenommenen Mann, der sich weigerte zu gehen, auf einer Sekko-Bahre herbeitransportieren mußte. In der Militärstation angekommen, hielt er seine Augen beharrlich geschlossen, »um den Weißen nicht zu sehen«.

Ankunft eines Hauptmanns auf Inspektionsreise. Alle Welt auf den Beinen: Der Sultan Boukar und die Bezirkschefs in prächtiger Aufmachung und eine ganze Kavallerie mit glänzenden Harnischen, Wehrgehängen und Schabracken. Mitten drin die wackeren Kirdi, die ganz nackt von ihren Bergen heruntergekommen sind, mit ihren Bogen, ihren Pfeilen, ihrer Lanze, ihrer Keule, ihrem kleinen Fell, das nichts verhüllt, ihrem rot angemalten Schild, ihrer Kappe mit den Hörnern oder Federn oben drauf. Sie sehen wie sympathische Satyre aus, oder wie Statisten, die man für irgendeine Teufelei zurechtgeschminkt hat. Ihr Kampfspiel ist viel weniger gelungen als das der Dogon. Aber gerade weil sie kriegerischer sind, sind sie auch nicht so gute Schauspieler. Bei den Mandara tanzen die Frauen des Sultans und die anderen in einem offenen Kreis um das Orchester herum. Im umgekehrten Sinn zu ihnen tanzt ein hübscher junger Mann. Er stachelt sie mit scherzhaften Zurufen an. Auf einmal hebt er, um sich Luft zuzufächeln, seine Bluse hoch, und es kommen zwei große Hängebrüste zum Vorschein. Der junge Mann ist eine Frau, eine Griote, die zum Haus des Sultans gehört.

Griaule und ich machen mit Ouraha einen Ausflug zu dessen Heimatdorf. Jede Gruppe von Hütten ist mit einem hohen Mauerring aus ungebrannten Lehmziegeln umgeben, der rund um die Speicher eine strohbedeckte Galerie bildet. Wenn man die Galerie betritt, steht man im Halbschatten, und die Pfeiler sehen dann wie Pfeiler einer Krypta aus. Bezaubernde Szene im Hausinnern: Zwischen zwei von diesen Speichern sind zwei Frauen bei der Toilette. Die eine ist groß, schlank, hat ein stark geschwungenes Kreuz, etwas welke, aber doch anmutige Brüste. Sie reibt sich erst den Körper und dann die sehr schmalen Lederriemen, aus denen ihr Gürtel, ihr einziges Kleidungsstück besteht, sorgsam mit Öl ein. Anschließend zerreibt sie ein rotes Pulver zwischen den Fingern (dasselbe, das auch zum Färben der Schilde verwandt wird) und streicht es sich praktisch über den ganzen Körper. Auf den Hinterkopf (der hintere Teil ihres Schädels ist vollständig kahlgeschoren, vorne trägt sie sehr kurze, gekräuselte Haare) malt sie mit demselben roten Puder vier Linien: Die eine läuft horizontal über den Nacken, von einem Ohr zum anderen, die drei anderen, vertikalen Linien gehen vom Hinterkopf aus, die erste zum Nacken, die beiden letzteren zu den Ohren. Graziöse Seidenbänder, wie um ein Osterei.

Das Schminken ist aber erst dann ganz zu Ende, als auch die Gefährtin der Frau etwas von dem roten Pulver nimmt und ihr auf die Stirn – direkt unter den Haaransatz – eine horizontale Linie zeichnet, die bis zu den beiden Ohren führt. Die beiden schönen Geschöpfe bleiben unbekümmert dort sitzen, während wir mit den Männern Pipi trinken.

Rückkehr zum Camp, wo wir die Post vorfinden, die Lutten aus Maroua mitgebracht hat. Ich verschlinge die vielen Briefe, eine Speise, auf die ich so lange habe verzichten müssen! Zette schickt mir eine neue Pinzette (als Ersatz für die verschlampte) und den in *Vu* veröffentlichten Artikel von Seabrook über die Habé. Ich finde kaum Übereinstimmungen zwischen dem, was er schreibt, und der Wirklichkeit.

9. Januar

Wir machen noch eine Exkursion in die Berge, zuerst im Auto, dann zu Fuß. Gewaltiger Konsum von Erdnüssen, Pipi und Nußpüree. Immer noch gutes Einvernehmen mit den Männern, Frauen und Kindern. Auf dem Rückweg steuere ich ein Stück weit das Auto und empfinde darüber eine kindliche Begeisterung.

Gestern ist für Griaule ein deprimierter Brief von Georges Monnet angekommen. »*Erzähl nur ja deinen Negern nichts, was sie an die Überlegenheit unserer Zivilisation glauben machen könnte.*« Die Reaktion herrscht in England, in Deutschland, in ganz Europa. Von hier aus gesehen scheint alles noch irrsinniger. Ich hätte große Lust, bei der Rückkehr alles kurz- und kleinzuschlagen oder wieder abzuhauen – um nicht mehr daran denken zu müssen. Wenn die Kolonisierten nur ein wenig stärker wären, um auf ihre Weise eine Lehre zu erteilen! Ich kann mir nichts Großartigeres vorstellen, als sich an ihre Spitze zu stellen – falls sie das überhaupt akzeptieren könnten . . .

10. Januar

Im Camp geblieben. Griaule, Larget, Schaeffner sind in den Bergen. Bei einem alten Chef, der sie auch zum Mittagessen dabehalten wollte, haben sie Hirsebier gegessen und Pipi getrunken. Um wieder wegzukommen, mußten sie vorschützen, noch anderweitig eingeladen zu sein. Und tatsächlich essen wir ja auch beim Leutnant zu Mittag. Am Nachmittag steigt Griaule wieder in die Berge hinauf. Als er nachts zurückkommt, hat er fast nichts ausrichten können, denn schon nach ein paar Kilometern ist er einem Zug von vier Männern mit einem Esel begegnet, auf dessen Rücken bäuchlings ein getöteter Kirdi festgebunden war. Mit Gebärden geben ihm die Männer (Kirdi oder Mandara) zu verstehen, daß der tote Mann eine Kugel im Rücken hat. Der Geleitzug bewegt sich auf das Mandara-Dorf zu, das Griaule gerade hinter sich gelassen hat.

Griaule macht eine Aufnahme von dem Toten. Wieder im Camp erzählt er die Geschichte dem Leutnant, der mit uns zu Abend essen soll, und erfährt, daß die Befehlshaber der Militärposten vom Kolonialministerium strikte Anweisung erhalten haben, das Photographieren von Leichen und Gefangenen zu unterbinden . . .

Der Leutnant, Griaule und ich machen uns auf den Weg zu dem Mandara-Dorf, in dem der Tote jetzt angekommen sein muß. Es ist Nacht. Im Dorf stoßen wir zunächst auf etwa dreißig Kirdi, die in kleinen Gruppen um mehrere Feuer herumsitzen. Es sind arbeitsverpflichtete Männer, die aus Mokolo kommen und Kalk transportiert haben. Sie sagen, der Leichnam sei ins Dorf gebracht worden.

Der Leutnant läßt den Dorfältesten rufen. Er kommt und wir gehen mit ihm zusammen auf die Häuser zu. Auf einem kleinen Platz direkt am Eingang des Dorfes liegt der Tote. Es ist ein hoch aufgeschossener, sehr schöner und ziemlich junger Mann. Die Kugel eines Lebel-Gewehres hat ihm in der Höhe des Herzens die Brust durchbohrt. Mund und Nase sind voller Blut. Stinkende Eingeweide. Der Leutnant macht sich Sorgen: Wenn dieser Kirdi von anderen Kirdi getötet worden ist, so bedeutet das, daß sie Gewehre haben . . . Es sei denn, der Tote ist ein gewisser Dzadé, ein Sklavenhändler aus einem Dorf in den Bergen. Der Leutnant hat ihn heute morgen, von zwei Milizsoldaten eskortiert, zur Aburteilung nach Mokolo bringen lassen. Er ist ein gefährlicher Mann, der schon mehrere Ausbruchsversuche unternommen hat.

Die Untersuchung des Leichnams bestätigt die zweite Hypothese: Er hat lange Narben auf dem Rücken, die Spuren der Peitschenhiebe nach seinem letzten Ausbruchsversuch. Der Strick, mit dem man ihn auf einen Esel gebunden hat, stammt außerdem vom Militärposten. Wir lassen den Leichnam da liegen. Wahrscheinlich werden ihn die Hyänen zerreißen.

Wir machen uns auf den Rückweg zum Camp. Wie wir hören, sind die beiden Milizsoldaten ebenfalls zurück. Sie sind es denn auch, die

Dzadé getötet haben: Er habe fliehen wollen. Sie zeigen eine Hand-
schelle vor, die der Gefangene in einer verzweifelten Anstrengung
zerbogen hat.
Ein Schuldiger ist bestraft worden: Eine kleine Genugtuung, die das
Schicksal von Zeit zu Zeit den Kolonisatoren zugesteht, um ihnen die
Illusion zu erhalten, sie täten ein gerechtes Werk.

11. Januar

An Dzadé gedacht. Geträumt, Lutten wolle mir ein langes Messer in
den Rücken stoßen. Die zwei Seiten der Affäre: Bevor man ihn nach
Mokolo brachte, hatte Dzadé skrupellos einen Komplizen verraten.
Aber Schaeffner, der die Handschellen gesehen hat, sagt, daß sie kaum
verbogen sind. Es ist ohnehin anzunehmen, daß ein so gewiefter Mann
wie Dzadé nicht versucht hätte, bei hellichtem Tag auszureißen. Die
Milizsoldaten erklären jetzt, Dzadé habe ein natürliches Bedürfnis
vorgeschützt, um sich aus dem Staub zu machen. Kein Zweifel, daß sie
sich lediglich einer unbequemen Last entledigen wollten . . .
Schaeffner hat übrigens gestern abend den Häftlingsappell gesehen.
Der Alte mit den verbundenen Händen soll angeblich von den Eingeborenen, die ihn festgenommen haben, so zugerichtet worden sein. Das
macht aber auch die Prügel nicht ungeschehen, die ihm der europäische
Sergeant bei seiner Ankunft auf dem Posten versetzt hat, weil er in
dem Büro (in dem man ihn einen Augenblick allein gelassen hatte) aus
Unwissenheit (?) oder Wut (?) gegen die Wand oder auf den Tisch
gepißt hatte. Auch gestern abend haben ihn die Milizsoldaten wieder
mit Faustschlägen traktiert, weil er beim Appell nicht schnell genug
antwortete.
Dzadé wird jetzt doch nicht von den Hyänen gefressen werden. Sein
Körper ist zum Posten zurückgebracht und auf dem Gefangenenfried-
hof beerdigt worden.
Während die Mandara ziemlich widerstandsfähig sind, siechen die
inhaftierten Kirdi schnell dahin. Nach der Zeit der Inspektionen und
wenn keine Komplikationen mehr zu befürchten sind, läßt der Leutnant diejenigen Sträflinge frei, deren Gesundheit zu sehr angegriffen
ist und die nur noch ein paar Monate abzubüßen haben. Eine menschliche Geste . . .
Trotzdem ist die altbewährte Strafmaßnahme gegen die Kirdi nach wie
vor das Inbrandstecken ihrer Dörfer. Sie lassen alles stehen und liegen,

ergreifen die Flucht – soweit sie dazu in der Lage sind – und bauen das Dorf woanders wieder auf.

12. Januar

Wir verlassen Mora noch am Morgen. Neue Aufteilung der Leute auf die verschiedenen Fahrzeuge: Griaule, Schaeffner und ich im Personenwagen (mit Griaule am Steuer); Lutten mit Mouchet; Larget mit Mamadou Kamara (genannt »Mamadou Chauffeur«).

Wieder Berge und immer noch ein paar ganz nackte Kirdi, aber vor allem muselmanische Foulbé. Schönes waldbestandenes Felsenland – ganz Fontainebleau – aber doch ziemlich trist. Man wird es schnell leid, so zu reisen wie wir es tun. Um auch nur ein bißchen den Eindruck von Exotik zu gewinnen, muß man schon auf ganz exzeptionelle Orte stoßen. Wir kommen durch Maroua und Guidder (den ehemaligen Unterbezirk von Mouchet). Zum Abendessen in Garoua.

Einer gestrigen Depesche zufolge sind abessinische Krieger und Somali-Stämme aneinandergeraten. Die Kamelreiter sollen eingegriffen und den Aggressoren hohe Verluste beigebracht haben. Das bleibt aber alles weit in der Ferne . . .

13. Januar

Wir sind auf der Suche nach Dolmetschern und Informanten, ohne die wir die Arbeit nicht beginnen können. Immer noch dieselben Schwierigkeiten mit den Kirdi. Sie sind noch so unberührt, daß sonst kaum Eingeborene ihre Sprache sprechen und es im Umkreis von 100 bis 200 Kilometern bestimmt keinen Dolmetscher gibt. Besuch beim *lamido* (Sultan) von Garoua. Er kommt gerade von der Kolonialausstellung zurück und ist mit einem Flugzeug geflogen. Am besten von allen Baudenkmälern gefällt ihm das Schloß von Versailles.

Bei den Foulbé von Garoua ging das Gerücht um, »Monsieur Mouchet« sei soeben »mit dem Flugzeug aus Djibouti eingetroffen«. Die Popularität unseres Freundes in Kamerun verleiht ihm die Kräfte eines Zauberers mit fliegendem Teppich.

Kein Gelbfieber hier, aber Rundschreiben betreffs Genickstarre.

14. Januar

Als Antwort auf unseren gestrigen Besuch schickt uns der Lamido ein prächtiges Geschenk in Naturalien. Als Dank läßt ihm Griaule – verbotenerweise – zwei schöne Flaschen Schnaps und eine Auswahl von Parfümen zukommen. Der Lamido freut sich dermaßen, daß er Mamadou Kèyta, der das Geschenk überbracht hat, 10 Francs Trinkgeld gibt.

Der Lamido hat sich im übrigen mit Erfolg für uns eingesetzt und uns schon heute morgen die Informanten geschickt, um die wir ihn gebeten hatten.

Mich erwartet allerdings wieder ein neuer Verdruß, der ärgerlichste seit der Affäre Ambibè Babadyi in Sanga. Griaule, der mit einem Kirdi-Kind über die Spiele arbeitet, erfährt, als er das Kind nach den verschiedenen Spielzeugen fragt, von der Existenz eines bull-roarers. Mehr noch: Der Gebrauch dieses bull-roarers ist Gegenstand einer Initiation, und das Ende der Einweihung fällt gerade mit dem Fest zusammen, an dem ich, zuerst mit Lutten, dann mit Griaule, in den Bergen von Mora Kirdi teilgenommen habe, und bei dem so viel Pipi getrunken worden war. Meine dortigen Informanten, die ich über das Fest ausfragte, hatten mir davon kein Wort gesagt. Zwar hatte ich andererseits herauszubekommen versucht, ob es eine Einweihung gebe, aber die direkten Fragen danach hatten nichts erbracht. Jetzt allerdings fällt mir ein, daß mehrere Jugendliche, denen ich beim Fest von Mora Kirdi begegnet bin, eiserne, an einem Ende wie ein Stoßhaken umgebogene Stäbchen trugen. Der kleine Informant Griaules, den ich danach frage, klärt mich darüber auf, daß die Träger dieser Stöckchen eben gerade die Eingeweihten sind. Wenn ich in Mora Kirdi daran gedacht hätte, Auskünfte über dieses unscheinbare Detail ihrer Ausstattung, nämlich das Tragen eines Eisenstabes einzuholen – die Informanten hätten mir alles gesagt und wären sicher auch auf den bull-roarer zu sprechen gekommen.

Ich lasse mir das eine Lehre sein. In Zukunft werde ich meine Befragungen noch direkter und noch weiter unten ansetzen.

Lutten hat in der Stadt gegessen. Angetan von Whisky und kolonialer Gastfreundschaft, liegt er jetzt unter seinem Moskitonetz (wie wir alle, denn es ist finstere Nacht) und entfaltet das Panorama seines Lebens. Wir sehen uns nach Südamerika versetzt, fahren auf mehreren Dampfern mit und gehen in ein deutsches Gymnasium. Der Ausflug endet in den Armen der Amme unseres Freundes, vor der Kirche St. Pierre in Montrouge.

15. Januar

Seit heute nacht schlafe ich wieder draußen, gut zugedeckt, denn es ist kalt. Im Augenblick ist es mir unmöglich, in einem auch nur irgendwie geschlossenen Raum zu schlafen.

Der Händler, den wir gleich nach dem Grenzübergang nach Kamerun auf der Straße getroffen haben, wo er mit seinem Auto nicht mehr weiterkam, war der Ansicht, wir hätten ihm nicht genügend geholfen. Wenn es nach ihm gegangen wäre, hätten wir ihm einen Wagen geliehen, mit dem er in Maroua ein Ersatzteil geholt hätte, denn unser Kugellager paßte nicht in seinen Wagen. Wütend über die abschlägige Antwort, die dadurch begründet war, daß wir das Fahrzeug keine Minute entbehren konnten, hat er uns jetzt brieflich in Kamerun derart schlechtgemacht, daß wir von jeder Art von Einladung freigestellt sind. Als ehemalige Kameruner fallen nur Lutten und Mouchet nicht unter diese Quarantäne. Griaule steht nur mit dem eingeborenen Lamido und mit dem Kapitän auf gutem Fuß. Ziemlich komische Situation von Aussätzigen. Um das Maß vollzumachen, ist jetzt auch noch unser Küchenjunge (der bis dahin immer in der Küche war und uns erst heute nachmittag zum ersten Mal zu Gesicht gekommen ist) von einem Europäer beim Stehlen von Holzkohle erwischt worden.

16. Januar

Gestern abend hat sich Griaule entschieden, Roux unverzüglich zum Tana-See zu beordern. Anstatt über Khartoum zu fahren, wie es ursprünglich vorgesehen war, soll er jetzt direkt nach Addis Abeba kommen, dort seine Karawane zusammenstellen und in Zaghié, am Südufer des Tana-Sees, zu uns stoßen. Eine ganze Reihe Briefe deswegen und auch wegen der Weiterbewilligung der Kredite.

Ich trage die Briefe zur Post und lese die Depeschen. In Europa scheint es immer steiler bergab zu gehen. Weltkriegsstimmung. Angewidert komme ich von der Post zurück. Dieser Jammer! Lieber zwanzigmal für etwas sterben, das man liebt, als für diesen Schwachsinn auch nur das geringste Leid auf sich zu nehmen! Stimmt, ich bin kein Patriot . . . Es kotzt mich an, durch so etwas wieder an mein verfluchtes Land erinnert zu werden.

17. Januar

Griaule, Larget und ich machen uns auf den Weg zum Logone, um eine Piroge zu kaufen. Ein paar Kilometer hinter Garoua wird ein Markt abgehalten, den auch die Kirdi der nahegelegenen Berge besuchen. Männer wie Frauen haben sich die Haare mit Eisenoxyd eingerieben, und mit den rötlichen Kraushaaren sehen ihre Köpfe wie Gummischwämme aus. Die Frauen haben einen sonderbaren Lendenschurz mit einem Lederanhängsel vorne, das nach oben steht wie ein männliches Glied.

In Léré besichtigen wir den Tata des Lamido der Moundang. Türme mit beinahe flachen Dächern, die so niedrig und platt sind wie die Ebene. Zwischen den Türmen eine verbindende Mauer, die die ganze Anlage umschließt. Terrassen voller Tongefäße. Das ganz polierte Innere der Hütten ist von unerhörter Sauberkeit.

In jeder Hütte steht – kurvig geschwungen – ein großer, viereckiger und in der Mitte schmal zulaufender Pfeiler. Gedämpftes Licht fällt durch eine einzige runde Öffnung oben in der Mitte. Es muß angenehm sein, sich unbekleidet da drinnen aufzuhalten.

Zum Glück können wir beim Verlassen des heidnischen Dorfes eine große Feldflasche mit Pipi erstehen. Makan, der sich dies eine Mal wie ein guter Muselmane verhält, lehnt es kategorisch ab, davon auch nur zu kosten. Morgen sind wir am Logone und werden die berühmten Hütten in Geschoßform und die nicht weniger berühmten Frauen mit Lippenplatten sehen.

Fehlanzeige! 14 Kilometer vor Léré reißt Griaule jäh das Lenkrad herum, um einem Loch in der Straße auszuweichen. Der Anhänger fliegt in den Graben, holpert wieder heraus, schwankt, stürzt um und streut seine ganze Ladung hinter sich aus (Betten, Kisten, Flaschen, Bastschuhe von Makan). Das Dach mit dem ganzen Aufbau bleibt zurück und der Anhänger schleift zuguterletzt, auf dem Rücken liegend und vollständig plattgehobelt, hinter dem Wagen her. Unmöglich weiterzufahren. Uns bleibt nichts anderes übrig als nach Garoua zurückzufahren und jetzt erst einmal an Ort und Stelle die Zelte aufzuschlagen. Wir stellen die Betten, die glücklicherweise heil geblieben sind, in einer Lichtung auf. Makan und Mamadou Kèyta haben Angst vor den Löwen und basteln sich aus den Trümmern des Unglücksgefährtes eine Art Hütte zusammen.

Ungefähre Wiederherstellung des Anhängers: Die Kisten werden direkt auf die Wagenfläche genagelt, die Betten oben drauf gelegt und das mit Eisendraht fest verzurrte Dach darübergedeckt. Gegen 9 Uhr fahren wir ab. Zuvor mußten wir noch einen kleinen Graben zwischen der Lichtung und der Straße mit Termitenhügeln zuschütten lassen. Man setzt mit der Spitzhacke rundherum an der Basis an und es braucht nicht viel, bis sich der ganze Hügel wie ein Kuchen vom Boden löst.

Wir kommen durch ein kleines Dorf in der Nähe von Léré – ein Moundang-Dorf wie Léré selbst – und sehen durch den Staub hindurch, der von den Schritten aufgewirbelt wird, eine Gruppe von Frauen, Mädchen und kleinen Mädchen, die sich bei der Hand halten und singend einen Reigen tanzen.

Wir kommen näher. Wie alle Moundang-Frauen sind auch diese Frauen und Mädchen bis auf einen winzigen Lendenschurz nackt. Auf ihren vor Erdnußöl glänzenden Körpern kleben Staubkörner und kleine Hälmchen.

Ein paar ältere Frauen tanzen in der Mitte der Runde, darunter eine sehr alte mit glattrasiertem Schädel. Sie sind auch nicht mehr bekleidet als die anderen, halten aber zusätzlich noch Blätterbüschel in der Hand, mit denen sie sich von Zeit zu Zeit geißeln. Auch ein junger Mann (kurzer Boubou, gewichtige Schultern, breites, viehisches Gesicht), der zusammen mit den Frauen tanzt, hat ein solches Blätterbüschel in der Hand.

Manchmal tritt eine Frau oder ein Mädchen aus dem Kreis heraus, wälzt sich in der Mitte der Runde auf dem Boden und wird lachend von einer der Frauen mit den Zweigen gegeißelt.

Oder es werfen sich gleich zwei, drei und mehr Frauen in wirrem Gekneuel übereinander auf den Boden und bewegen dabei immer weiter ihre Bäuche und Schenkel im Rhythmus des Tanzes, während eine andere sie in einem Aufwasch alle zusammen durchpeitscht. Gickeln kleiner, im Klosterhof spielender Mädchen.

Der Mann legt sich auf den Rücken und wird seinerseits von einer Frau durchgepeitscht. Alle amüsieren sich köstlich.

Wie ich höre, handelt es sich um ein Fest zu Ehren der erstmals menstruierenden Mädchen. Ich weiß auch, daß heute der dritte und letzte Tag des Festes ist, daß schon viel Pipi getrunken wurde und auch noch getrunken werden wird. Beim Besuch des Dorfes haben wir das Glück, auf eine alte Frau zu stoßen, die einen mysteriösen Stoffstreifen – in Wirklichkeit ein Stück Rinde – in der Hand hält. Es ist eine Monatsbinde. Wir erwerben sie für unsere Sammlungen.

Wieder in Garoua, erzählt mir Schaeffner, Lutten und er hätten gestern eine sehr schöne Tanzvorführung gesehen, bei der der Protagonist, nachdem er zuerst eine große Menge Wasser getrunken hatte, angeblich durch den Anus – und ohne seinen Tanz zu unterbrechen – einen Strahl quasi farbloser Flüssigkeit ausstieß.

19. Januar

Mouchet hat sich abgesetzt. Vorgestern hat ihn eine Cousine seiner ehemaligen eingeborenen Frau besucht, gestern ist er zum Mittagessen in die Stadt gegangen und heute früh noch nicht wieder aufgetaucht. Ein kleiner Taubstummer, den wir mehr oder weniger als Informanten gebrauchen, gibt uns durch Zeichen zu verstehen, »Monsieur Mouchet« sei nach Maroua gefahren.

Am Nachmittag treffen etwa dreißig durchreisende Krankenpfleger im Gästehaus ein und besetzen die freien Gebäude. Mit ihnen kommen auch ungefähr zehn Frauen. Voraus die Herren in ihrem europäischen Kakianzug. Hinterdrein die Damen: weiße, absatzlose Schuhe, kurzer, grellfarbener Rock oder Tuch, Pullover oder Strickjacken im Genre Sweater, Männerschlapphut. Einige haben Kreuze oder Medaillons um den Hals hängen. Den Beschluß machen fast nackte Kinder, die in Wannen oder Netzen das Gepäck auf dem Kopf tragen. Die ganze Mannschaft macht sich in den Hütten breit und zündet Feuer an.

Besuch Griaules beim Lamido, der für morgen eine Landpartie in die Kirdi-Berge vorschlägt. Griaule und ich holen den Lamido dann morgen im Auto ab und nehmen ihn bis zu einer ihm gehörigen Farm mit, wo wir dann auf Pferde umsatteln und in die Berge reiten. Bei Einbruch der Nacht taucht Mouchet wieder auf. Er hat Decken und ein Kopfkissen im Arm und führt als Entschuldigung für seine Verspätung eine Autopanne an.

Sein Bett ist leer heute abend. Gut möglich, daß er wieder weg ist.

20. Januar

Leicht enttäuschende Landpartie. Ich hatte zu Unrecht angenommen, der Lamido komme mit uns, aber dem ist nicht so. Zwar haben wir ihn abgeholt und sind mit ihm – vermummt, wie er ist, mit seinen Boubous, seiner Haube, dem wie aus Leichenbinden gewickelten Turban, seinen prachtvollen weißen Stiefeln und dem großen Degen – bis zu seiner Farm gefahren; aber er läßt uns dann allein losreiten und bleibt auf dem Gut zurück, um Bauarbeiten zu überwachen.

Enttäuschender Ritt: Die Pferde sind wahre Kälber und rechtfertigen in keiner Weise die vagen Befürchtungen, die ich vorher hegte, denn gegenüber allem, was nur irgendwie mit Reiten zu tun hat, habe ich schon immer nur blankes Entsetzen bekundet. Wir reiten in Karawanenordnung hintereinander. Die ganze erste Hälfte des Weges wird mein Pferd am Halfter geführt. Wenn es einmal aufhört zu furzen, so nur um zu husten. Der Rückweg wird ohne Halfter, aber im Schritt zurückgelegt. Mein Hintern ist trotzdem zerschunden.

Enttäuschung sogar bei den Kirdi. Das Dorf ist zwar hübsch, aber die Leute scheinen sehr verhunzt zu sein. Sogar der Pipi, den man uns vorsetzt, ist nicht richtig zubereitet und schmeckt, ehrlich gesagt, gräßlich ... Griaule und ich machen uns übermorgen auf den Weg ins Namchi-Massiv, wo wir dann hoffentlich für unsere Enttäuschungen entschädigt werden.

21. Januar

Normal verlaufende Arbeit. Ein paar Vorbereitungen für die Reise zu den Namchi. Post. Zwei Briefe von Zette, zwei Briefe von meiner Mutter. Ein Brief von Roux, der noch nichts davon weiß, daß er an den Tana-See beordert wurde. Er fragt sich, ob er trotz der Wirtschaftskrise zu uns stoßen kann. Ein Brief von einem Unbekannten: Eine Zuschrift auf meinen Artikel in den *Documents*[27], in dem ich über die von Seabrook erfundenen erotischen Ledermasken schreibe.

22. Januar

Unterwegs zu den Namchi. 100 Kilometer mit dem Auto, 50 zu Pferd. Kurz hinter Garoua heikle Überquerung der Bénoué, zunächst mit der Fähre und dann auf einem Sekko-Fahrdamm, der erst noch instandgesetzt werden muß, weil bei jeder Überquerung die untergelegten Matten wieder verrutschen.
Erst die schlechte Straße bis Garoua, dann die schlechten Pferde auf

---

27 2. Jahrgang, Nr. 7.

der Piste. Der Lamido hat uns wirklich die allerzahmsten Gäule geliehen.

Übernachtung in Wadjéré. Makan, der zum ersten Mal in seinem Leben auf einem Pferd sitzt, ist ein Ausbund an Würde und Erhabenheit.

Wir haben keine Betten mitgenommen, aber mit den – allerdings etwas harten – Liegen aus Stäben, auf denen wir schlafen, kommt man ohne weiteres aus.

23. Januar

Den ganzen Morgen auf den Pferden. Zwischenhalt in Hoy, einem Kirdi-Dorf auf der Paßhöhe, über die wir hinüber müssen. Als wir am Nachmittag in Poli ankommen, verhüllt der Nebel den weiten umgebenden Bergkessel. Griaule fühlt sich wohl, ich als Neuling habe einen etwas mitgenommenen Hintern. Der Leutnant, der uns willkommen heißt, ist ein Gnom mit lieblicher Stimme, Metallbügelbrille und – trotz seiner 27 Jahre – langem rotem Bart. Immerhin mag er die Eingeborenen ganz gern und spricht sympathisch von ihnen. Der ihm zur Seite stehende Sergeant ist natürlich Korse. Wir essen mit ihnen zu Abend und schlagen dann wieder unser Stabbettenlager auf.

24. Januar

Ausflug zum Kirdi-Dorf. Die Hütten sind so klein, daß man nur kriechend hineinkommt. Uns zu Ehren wird ein kleines Tamtam veranstaltet, das beim Dorfältesten im Eingangskral stattfindet, wo nachts die Rinder hineingetrieben werden.

Die Kinder, die ohne Zweifel in der Asche schlafen, sind grau von Kopf bis Fuß. Mit ihren schwarzen Mundwinkeln und Augenrändern – sie lecken sich sicher die Lippen und reiben sich die Augen – sehen sie wie Clowns aus. Die Frauen sind, bis auf zwei Blätterbüschel, nackt. Die Männer tragen eine Art kleiner Schürze, in deren Gürtel sie das Kürbisrohr mit ihrem Glied klemmen. Diese robusten und sympathischen Leute.

Auch vom Leutnant in Poli hören wir wieder, was uns schon der Leutnant in Mora gesagt hatte: Kirdi, die man ins Gefängnis wirft, kommen nicht wieder lebendig heraus. Leute, die sich eben nicht anpassen können . . .

Kurzer Ausritt auf die Berge zu und später Befragung. Als Dolmetscher dienen uns ein Sergeant der Miliz und ein bärtiger Toucouleur, offenbar ein Liebling und Liebhaber der Frauen, so anmutig wie eine Tänzerin.

Langes Palaver und Hin und Her mit unserem Personal, das sich nicht zu helfen weiß und nie zu seinen Rationen kommt. Unsere Leute fühlen sich eben immer fremder, je weiter sie kommen.

25. Januar

Neuerliche Exkursion zum Kirdi-Dorf. Unter einem Schattendach aus Rundhölzern und Hirsestengeln spinnen junge Leute neben den Frauen die Wolle. Vielleicht machen sie ihnen den Hof. Wir spendieren eine Runde Pipi und alle Männer, Frauen und Kinder trinken mit. Manche Frauen immerhin, zumal die jungen, zieren sich ein wenig. Ein paar alte dagegen sprechen dem Trunk tüchtig zu. Ein ganz kleines, wie ein Reliquienschrein mit Holzketten behängtes Mädchen, das sehr ernst dreinschaut, trinkt feierlich seinen Pipi. In einer Hütte fällt mir eine lange, schrägstehende Stange auf, um die an einem Ende ein rot-weißer Lappen gewickelt ist. Ich nehme an, daß es sich um irgendeinen magischen Gegenstand handelt und will wissen, was das ist. Es ist aber nur der Wimpel, den die Kolonialverwaltung dem Dorfältesten als Zeichen seiner Befehlsgewalt überreicht hat.

Auf dem Rückweg zum Militärposten wird ein kurzer Galopp eingelegt. Ich werde mich nie an dieses archaische Fortbewegungsmittel Pferd gewöhnen können. Absurd, da rittlings auf einem Tier zu hängen, das doch genausowenig dafür kann wie man selbst.

Der ausgesprochen joviale Schmied, den ich am Nachmittag über die Beschneidung befrage, zeigt mir auf einmal seinen Penis, der unten eine kleine, pigmentfreie weiße Stelle hat. Er führt mir vor, wie der Beschneider das Glied geschält hat: genau so wie man auch eine Banane schält. Später macht er mir auch noch vor, wie man das männliche Glied in das Penisfutteral einführt. Der Toucouleur-Dolmetscher amüsiert sich, als sei er nicht gescheit. Er selbst ist ein ganz Feiner, der jeden Tag seinen Salam macht und herumschwänzelt wie ein Lamido . . .

26. Januar

Zwei Stunden zu Pferd, die mich auch nicht mit dem Reiten versöhnen. Ich bin ohnehin seit ein paar Tagen nicht gerade gut aufgelegt. Man

wird des Reisens schnell müde, und bis auf Ausnahmen sind einem die vorbeidefilierenden Dinge und Ereignisse schon bald genauso lästig wie die ewiggleiche Umgebung, wenn man sich nie vom Fleck rührt Die Idee der Kolonisierung wird mir immer unerträglicher. Ist denn nicht das eigentliche Anliegen der Kolonisierung das Eintreiben der Steuern? Befriedung, ärztlicher Beistand usw. haben doch nur ein Ziel: Die Leute zu besänftigen, damit sie es mit sich geschehen lassen und nur ja Steuern zahlen. Was ist der Grund für die bisweilen blutigen militärischen Expeditionen, wenn nicht das Eintreiben der Steuern? Und warum wird ethnographische Forschung betrieben? Damit man eine geschicktere Politik machen kann, mit der sich eher die Steuern eintreiben lassen. Ich denke an die Schwarzen aus Französisch Westafrika, die im Krieg 14-18 für die weniger »Schwarzen« unter ihnen mit ihren Lungen und ihrem Blut das Recht erkauft haben, für Monsieur Diagne zu stimmen; ich denke an die von den großen Konzessionsfirmen ausgebeuteten Schwarzen aus Französisch Äquatorial-Afrika, an die Erbauer der Eisenbahn . . .
Die Frauen des Leutnants – zwei junge Foulbé – kreischen aufgeregt wie junge Mädchen und laufen fast ununterbrochen zwischen ihrer Hütte und der Küche hin und her.

27. Januar

Befragung im Camp. Nichts Neues zu vermelden. Schlecht geschlafen auf dem wirklich zu harten Bett. Bauch und Kreuz tun mir weh. Nichts, was nicht fade wäre . . . Die Jungen, denen man beim Beschneiden buchstäblich den Schwanz abschält, halten ein kleines Stück Fleisch zwischen den Zähnen, das sie nach der Operation ihrem Mentor wieder aushändigen müssen, um zu zeigen, daß sie keine Angst gehabt haben. Ihr Mentor ißt dann die Fleischstücke.

28. Januar

Wieder schlecht geschlafen und von Rückkehr geträumt. Der Arbeitsausflug zu Pferd kann mich auch nicht wieder aufrichten. Der Galopp schneidet mir den Atem ab und sägt mir das Herz entzwei. Ich bin beschämt darüber. Die Kirdi an den Straßen klatschen sich mit der flachen Hand auf die Schenkel und grüßen dann militärisch. Ihre Version des soldatischen Grußes der Schützen. Die Frauen der Milizsoldaten grüßen genauso . . .

Vorgestern hat eine Herde Elefanten ein Dorf verwüstet, das zwei Tagesmärsche von hier entfernt ist. Außerdem ist ein Häftling ausgebrochen und noch nicht wieder eingefangen worden.

Morgen machen wir uns auf den Rückweg. Heute nacht schlafe ich hoffentlich besser. Ich habe mir aus einem Blätterrock und einer Blättermaske, dem Kostüm, das die beschnittenen Namchi während den elf Monaten ihrer Zurückgezogenheit im Busch tragen, eine Matratze gefertigt.

Alles in allem werde ich an Poli hauptsächlich den Toucouleur-Dolmetscher vermissen, seine Gimpelmienen und Reiterstarts mit gefälteltem Boubou, die winzigen Füße in den gestickten Bordellinhaberpantoffeln, die Augenblicke, wenn er wie ein Klassenaufseher über die Faulpelze herzieht, oder den verärgerten Lamido spielt.

29. Januar

Griaule ist im Galopp vorausgeritten, um in Gouna den Wagen zu holen. Wir wußten nicht, daß die Piste teilweise befahrbar war und hatten ihn dort zurückgelassen. Jetzt soll Griaule so weit fahren wie er kommt, noch über Wadjéré hinaus. Mit etwas Glück sind wir so heute abend schon in Garoua. Für diesen langen Ritt hat Griaule mein Pferd genommen, das etwas besser ist, und mir das seine gelassen. Ich bin sehr froh darüber, und die paar Stunden auf diesem sympathischen Tier versöhnen mich wieder mit seiner Gattung. Sogar zwei oder drei ganz kurze Galopps verkrafte ich einigermaßen.

Ich treffe Griaule ein paar Kilometer vor Wadjéré bei der Überquerung eines stehenden Gewässers. Er hat fast den ganzen Weg im Galopp zurückgelegt und ist ziemlich müde. Aber die Rückkehr nach Garoua ist kein Problem, denn die Straße ist für den Besuch des Kommandanten, dem wir in Mora begegnet waren und der jetzt wieder auf dem Rückweg ist, extra instandgesetzt worden.

Zurück in Garoua, hören wir, daß Mouchet von einem Dieb, der sich nachts in das Camp eingeschlichen hat, um ein Hemd, einen Metallgürtel und 100 Francs erleichtert worden ist und daß er sich andererseits, wie er sich ausdrückt, von einer Freundin seiner ehemaligen eingeborenen Frau »die Klinke hat putzen lassen«. Nach Aussage der Klatschbase Schaeffner hatte die besagte Fellatorin wegen der Fastenzeit des Ramadan tagsüber nicht ans Werk gehen wollen ...

30. Januar

Die Sachen von Mouchet haben sich wiedergefunden. Er und Schaeffner haben während unserer Abwesenheit wie die Engel gearbeitet. Auch sie sind auf die von den Beschnittenen getragenen Blätterkostüme gestoßen. Griaule macht heute Photos davon.

Es geht ein verrückter, entschieden kalter Wind. Lutten und Larget, die ihrerseits nach Fort-Lamy gefahren sind, um die Piroge zu kaufen, sind von de Coppet aufs beste empfangen worden. Sie sind jetzt wegen einer Ventilatorpanne im Verzug.

Hornsignale, immer wieder Hornsignale: zum Wecken, zum Essen, zum Schlafengehen. Nie sind Schaeffner und ich so soldatisch gewesen . . .

31. Januar

Der ohnehin niedrige Pegel des Exotismus sinkt immer noch weiter ab. Gestern abend lange Unterhaltung über die Pariser Päderasten. Schaeffner und ich versuchen (allerdings vergeblich, denn ihrer sind zu viele) von denen, die wir kennen, eine Liste aufzustellen.

Heute Diskussion über das Bekleidungsritual. Ich plädiere für das Tragen eines Regenschirms.

Ich muß schon die Photos anschauen, die gerade entwickelt worden sind, um überhaupt gewahr zu werden, daß es hier wie Afrika aussieht. Wir sind mitten unter diesen nackten Leuten gestanden, die man auf den Photoplatten sieht. Sonderbares Trugbild. »Wir trinken, ihr trinkt, sie TRINKEN.Ich schaue mit meinen beiden Augen«, deklamierte der Chor der kleinen Schüler, denen unter der Veranda des Camps von Poli ein Schwarzer Französisch beibrachte.

1. Februar

Griaule arbeitet mit einem Jungen, der von seinen Kameraden *ba pétèl* genannt wird, was »kleiner Vater« bedeutet. So sonnig und gelassen, wie er ist, hat er seinen Namen durchaus verdient.

Byronsche Entdeckung Schaeffners. Beim Tod des Dorfältesten wird aus einem Totenschädel ein Umtrunk mit Pipi gehalten. Das hat ihm ein *bata*-Kind erzählt.

Keine Nachricht von unseren Freunden am Logone.

Schon wieder dieses träge Weiterwursteln.

Ich mache eine Befragung mit einem Gärtner, einem Jungen von etwa
15 bis 20 Jahren. Er ist ein Moundang aus Léré. Wir hatten dieses Dorf
an dem Tag gesehen, als wir den Anhänger ruiniert haben. Ich hätte
gern genauere Einkünfte als bisher über jene Geißelung der Frauen
eingeholt, der wir damals beigewohnt haben.
Ein paar harmlose Antworten zunächst. Aber dann erzählt der Gärtner
mit großer Jovialität, das vier Tage während Fest hebe mit der
Ermordung eines Jungen seines Alters an, der – wie es der Zufall der
Flucht gerade ergibt – bei den Verfolgungsjagden von einem rituellen Irren getötet wird. Dieser Irre ist mit einer Lanze und einem
Säbel bewaffnet und von Kopf bis Fuß in ein mit Lehm schwarzge-
färbtes Faserkostüm gekleidet. Es wundert mich etwas, daß ein Fest,
das mir so fröhlich vorgekommen war, auf solche Weise beginnen
sollte . . .[28]
Aber das lief zu gut. Schon am Nachmittag taucht der Informant nicht
wieder auf. Ich schicke jemand zu dem Hof, auf dem er arbeitet, um
ihn zu holen. Aber dort ist er auch nicht. Ohne Zweifel hat er da
erzählt, er komme zu uns, genau wie er bei uns erzählt hatte, als er weg
wollte, er habe auf dem Bauernhof zu tun. Er wird wohl spazierengehen.
Ob ich jetzt auch bald in den Chor mit einstimme, daß »die Neger alle
nichts taugen, einer wie der andere«, und es nur ein Mittel gibt, sie in
Gang zu bringen: den Stock? Aber zu viele Geschichten, in denen die
Weißen die ungute Rolle spielen, bleiben mir auf dem Magen liegen,
als daß es so weit kommen könnte.
Und wie sollte es auch anders sein bei Leuten, die man zwar anstellt,
aber ohne jede Anstellungsgewähr, denen man in einer Tour irgendwelche Bußen auferlegt, bei Bediensteten, denen man von einem Tag
auf den anderen den Laufpaß gibt und die man irgendwo auf der Straße
sitzen läßt: Jener Koch z. B. – der unsere, der gegenwärtig ganz
ausgezeichnet ist –, dem sein voriger Arbeitgeber, nur um etwas
Witziges aufs Papier zu bringen, ein so schlechtes Zeugnis ausgestellt
hatte, daß wir es uns erst reiflich überlegten, bevor wir ihn anstellten
(der Mann konnte nicht lesen und hatte uns das Zeugnis nichtsahnend

---

28 Zwei oder drei Tage später habe ich erfahren, daß dieser blutige Ritus in der Tat nichts mit der
   Geißelszene der Mädchen zu tun hatte, von der mir der Gärtner hätte erzählen sollen. Eine bei
   den Befragungen ziemlich häufige Art von Mißverständnis.

vorgelegt). Jener Angestellte, den sein Chef, ein Händler aus Garoua, auf der Durchreise durch Nigeria mit einem allzu heftigen Faustschlag (unfreiwillig) tötet, und dessen Leiche derselbe Chef, um allen Nachforschungen vorzubeugen, in die Bénoué wirft. Diese Leute, die man ausquetscht und schikaniert wo es geht und wie es geht: Durch die Steuern, durch den Arbeitsdienst (eine Pille, die man ihnen durch trügerische Versprechungen versüßt), den Militärdienst (der gerade nur Schützen aus ihnen macht, d. h. Männer, die zu allen Erpressungen fähig sind), durch das Gefängnis (oft, wie bei den Kirdi, für Verbrechen, die nur in unseren Augen Verbrechen sind), durch die Arbeitsverpflichtungen . . .

Ist es nicht eine himmelschreiende Schande, wie man – unter dem Deckmantel der Zivilisation – Menschen behandelt, die vielleicht nicht besonders sympathisch, aber doch jedenfalls weder dümmer noch schlechter sind als andere?

3. Februar

Der junge Ba Pétèl bastelt Beschneidungs-bull-roarer für unsere Sammlungen. Er bringt sie uns auch. Aber kaum haben wir den Rücken gekehrt, nimmt er sie wieder zurück, um damit zu spielen, läßt sie im Kreis schwirren und zerschlägt sie dabei irgendwo. Er muß schon vier oder fünf machen, damit wir ihm einen einzigen abluchsen und unversehrt bewahren können.

Wiederauftauchen des Moundang, der immer noch genauso faul ist. Nach der ersten halben Stunde Befragung erklärt er, daß er jetzt müde ist, und will wieder nach seinem Gemüsegärtnerschlapphut greifen. Ich habe alle Mühe, ihn etwas länger als eine Stunde dazubehalten.

Post. In Frankreich gibt es anscheinend immer weniger zu lachen. Schaeffner hat gestern die Antwort auf seine telegraphische Anfrage bekommen, wann die nächsten Dampfer von Douala abgehen. Am 20. fährt einer nach Bordeaux, und den will er nehmen.

4. Februar

Zum ersten Mal seit Sanga stecken wir wieder bis zum Hals in Befragungen. Aber die Patienten sind hier viel unverträglicher. Nicht so verschlagen wie die Leute aus Sanga, ja eigentlich überhaupt nicht verschlagen, aber furchtbar konfus. Ich verstehe mich überhaupt nicht mit meinem Moundang, der zwar ganz nett ist, aber blind drauflosredet und mich jeden Augenblick in nicht enden wollende Geschichten verwickelt, bei denen sich nur mit Mühe ausmachen läßt, daß sie eigentlich überhaupt nichts mit der Befragung zu tun haben. Dasselbe bei der Befragung über die Beschneidung mit einem Namchi-Krankenpfleger. Bestimmte Zeitangaben schwanken zwischen einem Tag, einer Woche, einem Monat und einem Jahr.

Wieder platzt mir der Kragen und ich schreie meine armen Leute zusammen.

5. Februar

Ein ganz kleines Kind, dem Griaule beim Lamido gestern im Vorbeigehen die Fußsohlen gekitzelt hat, ist der Sohn einer Kirdi-Frau, die ihr Gatte, ein in Garoua wohnender Kirdi, dem Lamido als Leibeigene verkauft hat. Griaule erfährt das von einem mit uns arbeitenden älteren Kind, das selbst Leibeigener des Lamido ist. Der Menschenhandel floriert also sogar mitten in Garoua. Zum Glück sind wir in einem Land, das unter Mandat steht!

Mouchet fragt die Moundang-Frau, mit der er sprachwissenschaftlich arbeitet: »Wie sagt man: ›Er hat gestohlen!‹« – »Dreckskerl«, läßt sie durch den Dolmetscher übermitteln. Und ist derjenige, der gestohlen hat, nicht auch tatsächlich ein »Dreckskerl«?

Der sonst so sanfte Schaeffner, der mit meinem Moundang arbeitet, ist schließlich so hochgradig gereizt, daß er ihm plötzlich androht, er werde ihn ins Gefängnis werfen lassen, wenn er weiter so unmögliche Antworten gibt.

Ich selbst werfe auf einmal meine Befragung mit dem Namchi-Krankenpfleger hin. Seine unaufhörlichen Widersprüche bringen mich an den Rand des Nervenzusammenbruchs.

Wir sitzen kaum am Mittagstisch, da kommen Lutten und Larget in ihrem Lastwagen, aber ohne Piroge. Lutten hat zudem einen Fieberanfall. Sie bringen Nachrichten aus Äquatorial-Afrika mit. Vor ein paar Jahren, als man Arbeitskräfte für den Bau der Kongo-Ozean-Bahn brauchte, hatte man Fort-Archambault vom Tschad abgetrennt und Oubangui-Chari zugeschlagen. Auf diese Weise konnte man aus dem Gebiet Arbeiter kommen lassen, ohne sie allzu offensichtlich von einer Kolonie in die andere zu verschieben, und dadurch einen Skandal vermeiden. Diese Beweggründe sind aber jetzt hinfällig geworden. Fort-Archambault soll dem Tschad zurückgegeben werden. Angeblich ist sogar die Rede davon, die Regierung von Fort-Lamy dorthin zu verlegen.

6. Februar

Krise mit meinem Moundang-Informanten: Als er in etwa zwanzig Meter Entfernung vom Camp einen Jungen vorbeigehen sieht, der ein Bündel Bananen auf dem Kopf trägt, will er sich aus dem Staub machen. Der Junge sei gekommen, ihm das Bündel Bananen zu übergeben; er seinerseits sei beauftragt, es zum Hauptmann zu bringen. Ich glaube, er sucht vor allen Dingen einen Vorwand, um spazierenzugehen. Vielleicht will er auch ein paar Bananen essen. Wie dem auch sei, ich bin es jedenfalls leid und setze ihn vor die Tür.
Am Nachmittag kommt er allerdings lächelnd und gefügig wieder zurück. Ich bekomme keinen neuen Anfall mehr.

7. Februar

Ein Tag im Schlaraffenland. Griaule und ich sind von Garoua aus 130 Kilometer nach Südosten gefahren, um den Lamido von Ray Bouba, der in seinem Unterbezirk unabhängig ist und nur dem Verwaltungsbezirk untersteht, einen Besuch abzustatten.
Kurvenreiche Piste, auf der es sich viel angenehmer fahren läßt, als auf einer Straße. Auf Sekko-Dämmen überqueren wir breite Flüsse und in kürzester Zeit begegnen wir nacheinander:
1 großen Herde Hundskopfaffen (die nach einem Schuß den geordneten Rückzug antreten, wobei die Weibchen ihre Kleinen wie einen Jockey auf dem Rücken tragen und die Späher zurückbleiben, um unsere Bewegungen zu beobachten);
2 weniger umfangreiche Herden von kleineren Affen;
2 Herden Warzenschweine;
1 weiteren Herde von Hundskopfaffen (zwei der größten sitzen wie Ölgötzen in einem Baum).
In der Nähe eines großen, mit weißen Blüten übersäten Teiches – die Blumen werden von im Wasser pantschenden Frauen als Nahrung gepflückt – erlegt Griaule mit einem einzigen Schuß sieben Enten. Aber damit noch nicht genug!
Kaum haben wir uns im Gästehaus eingerichtet, als der Sultan, dem wir unsere Grüße übermitteln ließen, uns auch schon folgende Geschenke bringen läßt:

Eine erste Sendung von:
 1 Kürbisflasche Hirsekugeln, die mit Honig geknetet sind (ungefähr 4 Kilo);
 1 Korb Erdnußkerne;
 1 große Kürbisflasche mit Milch;
 1 Tongefäß mit Honigwasser.
Eine zweite Sendung von:
 12 geflochtenen ovalen Matten in vier Farben (schwarz, rot, gelb, naturfarben);
 3 Hüte (Idem);
 6 Speiseglocken mit Griff (Idem);
 20 Speiseglocken ohne Griff;
 4 Paar Prunklanzen mit Kupferspitzen (2 Paar mit roter Kupferspitze, 2 Paar mit gelber Kupferspitze);
 2 Prunkköcher, geschmückt mit einem Schafsschwanz und kupfernen Flügelchen; beide Köcher zusammen enthalten 80 Pfeile.
Eine dritte Sendung von:
 2 Kürbisflaschen mit warmem Fleisch (das leider einen fauligen Geruch ausströmt);
 1 Kürbisflasche Hirsekuchen.
Wir revanchieren uns mit einer Sendung von:
 4 Fläschchen Parfüm, alle verschieden;
 12 Dosen Gesichtspuder, davon eine Dose mit konvexem Spiegel.
Der Sultan, der nicht hintanstehen will, läßt uns überbringen:
 1 Kürbisflasche mit warmem Fleisch;
 1 große Kürbisflasche mit Hirsekuchen, die wie ein Bau aufeinandergetürmt sind;
 1 Korb Reis;
 1 Topf Erdnußbutter;
 1 Topf Erdnußöl.
Am Nachmittag besuchen wir ihn. Die vor uns her gehenden Männer kriechen schon fast in den Hof und geben schmeichelnde Laute von sich, als beträten sie den Käfig eines wilden Tieres. Alles ist wunderbar sauber. Makelloser Kiesbelag. Unter einem Pavillon sind verschiedene Reichtümer ausgestellt: Hirsemörser und die dazugehörigen Stößel, Holzbänke, Kürbisflaschen, Tongefäße und verschiedene Sorten Behälter, z. B. alte Flaschen.
Rund um den Baldachin, unter dem der Sultan, ein majestätischer Koloß mit Socken und verschleiertem Mund, uns empfängt, sind in

kunstvoller Unordnung weitere Reichtümer angehäuft: Kaffeekannen, Regenschirme, marabutische Bücher, eine alte Thermosflasche, eine leere Keksschachtel, eine Streichholzschachtel, Waffen, Armbänder, ein paar Socken und, auf dem Ehrenplatz, unsere Parfümfläschchen.

Der Sultan begleitet uns nach draußen und sieht unseren Ford. Er will auch einen bestellen, um einen Ersatz zu schaffen für die drei Autos, die er hatte, die aber, wie sein Dolmetscher sagt, alle »hinüber« sind.

Um den Platz herum sitzen bewaffnete Höflinge und murmeln Schmeicheleien für den Sultan. Sie stehen bei unserer Abfahrt alle auf und gehen auf den Eingang zu, denn es ist Zeit für die Audienz. In der Nähe des Tores hocken bartlose, geschorene Männer mit runden Schenkeln: die Eunuchen . . .

Ich habe mir mit Hirsebällen und Entenfleisch den Bauch vollgeschlagen. Es ist so viel Honigwasser da, daß ich mir vor dem Schlafengehen die Zähne damit putze.

8. Februar

Zur Beendigung des Ramadan wird ein Fest gefeiert. Gestern hat der Sultan gesagt, er werde uns zum Fest abholen lassen. Wir warten, dem Sultan zu Ehren sauber gewaschen und frisch rasiert. Wir warten lange. Ja, wir haben sogar Zeit genug, zu einer Töpferin zu gehen, bei der wir uns, weil wir ihr bei der Arbeit zusehen wollten, schon angekündigt hatten. Bei der Rückkehr erfahren wir zufällig, daß das Fest erst morgen stattfindet. Zeit gibt es hier nicht . . .

Es werden uns wieder Speisen geschickt, und schon am frühen Morgen kommen Wasserträgerinnen. Heute gibt es:
einen großen Behälter in Kalebassenform, enthaltend:
1 kleine Kürbisflasche mit warmem Fisch,
1 kleine Kürbisflasche mit Ragout,
1 kleine Kürbisflasche mit Hirsekuchen;
einen großen Behälter mit Brühe, die nach Indigo riecht;
einen großen Behälter mit aufgetürmten Hirsekuchen.
Dazu liefert uns der Chef des Camps die beiden bei ihm bestellten Hühner und die Kürbisflasche mit Zitronen.

Bevor wir den Lamido besuchen, schicken wir erst eine Sendung von 5 Apollo-Rasiermessern voraus. Wir finden den kiesbelegten Hof diesmal mit einem gewaltigen Ramsch an Teppichen und schimmernden Stoffen vollgestopft, und mitten darin schwimmt ein riesiger, wie eine Seekiste aussehender Reisekoffer. Der Sultan läßt uns ausrichten, ein Freund habe ihm diese Stoffe geschickt, damit er davon zum Kauf auswähle, was ihm gefällt. Nicht weit vom königlichen Baldachin, zwischen zwei Paaren von weißen Tennisschuhen, die zusammen mit anderen Reichtümern ausgestellt sind, fällt mir ein Umschlag mit dem Briefkopf des Hauses Adams Brothers ins Auge. Das wird wohl der besagte Freund sein. Diese Kauf-Vorführung sollte wahrscheinlich nur Eindruck schinden ...

Griaule macht Photos, aber der Lamido ist nicht sonderlich erbaut darüber und legt auch keinen Wert darauf, daß wir die anderen, an den Innenhof angrenzenden Höfe und Räume betreten. Grund dafür ist wohl einesteils die Serail-Etikette, aber sicher liegt ihm auch nicht daran, daß wir andere, weniger prachtvolle Räumlichkeiten zu Gesicht bekommen als die, in denen er empfängt.

Als wir wieder im Camp sind, legt sich Griaule mit ein wenig Fieber ins Bett. Ich esse allein zu Mittag, verdrücke einen Hirsekuchen und Huhn mit Reis und trinke Honigwasser mit Zitrone. Aber jetzt habe ich allmählich genug von dem ganzen Zuckerzeug.

Griaule bleibt den ganzen Tag über im Bett liegen. Malaria? Oder kommt das von den Speisen? Auf jeden Fall werden wir nicht bis zum Fest warten und schon morgen früh aufbrechen. Griaule läßt das dem Lamido übermitteln.

Gegen Abend erkundigt der sich nach unserem Befinden und läßt bei der Gelegenheit nachfragen, ob wir nicht ein paar Reserveklingen für seine Apollo-Rasiermesser hätten. Ich lasse ausrichten, daß wir in Garoua danach sehen werden und daß Griaule immer noch die Absicht hat, schon morgen früh die Stadt zu verlassen.

Auf meinem Stroh-*tara* unter dem von vier Hirsestengeln getragenen Moskitonetz richte ich mich zur Nacht ein. Ich habe mein Lager in dem kleinen, schlauchengen Hof hinter dem Camp aufgeschlagen, der mit ein paar Sträuchern bepflanzt und von einer Palisade umgeben ist, so hoch wie eine Serailmauer. Es verdrießt mich, daß ich morgen das Fest nicht sehen soll.

Ich liege kaum auf meinem Bett und schaue zu den Sternen hinauf, als der Dolmetscher des Sultans wieder auftaucht und mit gedämpfter Stimme anfragen läßt, ob ich ihn empfangen könne. Unter meinem Moskitonetz hervor antworte ich: Ja!, und er kommt näher. Der Lamido ist immer noch besorgt um Griaule. Ich erkläre dem Dolmetscher, daß wir sehr früh aufbrechen müssen, um nicht zu lange in der glühenden Sonne zu fahren. Wir danken dem Lamido für die Geschenke, die in Paris in einem der Paläste der Regierung ausgestellt werden, zusammen mit den Photos, die wir bei ihm gemacht haben. Sehr früh am Morgen, bevor wir abfahren, werden wir dem Lamido unsere Aufwartung machen, wenn er nichts dagegen hat. Der Botschafter holt, bevor er geht, noch die Erlaubnis ein, wiederkommen zu dürfen, falls der Lamido noch etwas ausrichten lassen möchte.

Ich döse und träume schon, da kommt noch einmal der Dolmetscher des Sultans. Ich sage ihm wieder, er solle näherkommen. Der Lamido will jetzt den Beginn der Zeremonie vorverlegen. Es wird sehr schöne Dinge zu sehen geben: Tanzende Krieger mit Köchern, wie er uns welche geschenkt hat, lanzenbewehrte Krieger zu Pferd und, als Krönung des Ganzen, zwei Kalebassen, in denen die Speisen herbeigeschafft werden: gigantische Behälter, so groß wie »Pirogen«. Ich erwidere, daß ich Herrn Griaule morgen früh, sobald er aufwacht, von all dem unterrichten werde. Geht es ihm besser, kommen wir zum Fest, geht es ihm nicht besser, wird der Lamido uns entschuldigen müssen. Abgang des Botschafters, diesmal endgültig.

Die Sterne blitzen. Ich schlafe ein.

9. Februar

Am Morgen geht es Griaule besser. Wir bleiben also zum Fest. Ein Botschafter übermittelt dem Sultan die Nachricht. Der hat bestimmt gelogen. Er wird den Beginn nicht vorverlegen lassen. Ein sonderbarer Mann, dieser Lamido, der sich hinter den hohen Mauern seines Palastes verschanzt und in einem Hof empfängt, der ringsum von Mauern und schlösserbehängten Toren umgeben ist, dessen Wohnpavillon (man fragt sich warum?) eine vergitterte Veranda hat, in dessen Empfangssaal neben dem Baldachin und dem verkupferten Eisenbett nach Art von Portierspritschen auch eine große, massiv eiserne und aus einem Stück geschmiedete Tür zu sehen ist. Vielleicht hat er gute Gründe, uns seinen Palast nicht besichtigen zu lassen? Bei den vielen Eunuchen, die er hat, und seinem Ruf, auch jetzt noch welche zu fabrizieren, warum sollte es da nicht auch gar sonderbare Verliese hinter seinen Mauern geben?

Das erinnert mich daran, daß Silèy, der Toucouleur-Dolmetscher des Militärpostens von Poli, vor einigen Jahren in Ray Bouba, als er ein Karree der Kirdi betrat, die männlichen Familienmitglieder beim Zer-

legen eines Mannes überraschte. Der arme Toucouleur wäre vor
Schreck fast in Ohnmacht gefallen. Nun gut, das ist bei den Kirdi
passiert, aber ich bezweifle, ob ein Lamido der Foulbé viel weniger
weit gehen würde, wenn man ihn nur machen ließe, wie er wollte . . .

Ziemlich spät am Morgen werden wir von einem bewaffneten, in
hellrote Gewänder gekleideten Abgesandten des Sultan und dem auf
einem Pferd reitenden Dolmetscher abgeholt. Sie geleiten uns zu dem
Platz vor dem Palast. Der Sultan sitzt in dem Käfig mit den dicken
Pfosten, der das Peristyl bildet, und läßt uns zu seinen Seiten Platz
nehmen. Außerhalb des Käfigs hocken die Höflinge und die Eunuchen
auf ihren Fersen. Die letzteren, die genauso bartlos sind wie immer,
sind mit dem Höschen aus weißem Fell bekleidet, das sie als Eunuchen
kenntlich macht.

Ausgesprochen gelungene Kriegerparade. Kostümierte Pferde. Bogen-
schützen, die wie Karobuben gekleidet sind. Große, zwei Meter lange
Trompeten, mit denen die Spieler die Erde fegen, oder die sie in den
Augenblicken der höchsten Erregung beim Blasen senkrecht in die
Höhe recken. Von Männern waagerecht auf dem Kopf getragene
Trommeln werden von je einem dahinterstehenden zweiten Mann
gespielt. Bei jedem Schlag wankt der Träger ein wenig unter dem Stoß,
als würde eine Kanone abgeschossen. Die einzelnen Schläge folgen
immer schneller aufeinander, und mit dem Tempo nimmt auch die
Lautstärke stetig zu. Wie eine anfahrende Lokomotive.

Wer zu Fuß ist, tanzt zu Fuß, wer zu Pferd ist, tanzt zu Pferd. Ältere
Frauen bringen immer wieder die ganz durcheinandergeschüttelten
Kostüme ihrer Männer in Ordnung, oder sie tanzen ebenfalls. Endlose
Ketten von Wasserträgerinnen ziehen in den Palast ein.

Plötzlich kommt rückwärts eine Schar Frauen aus dem käfigförmigen
Peristyl herausgeschoben. Sie schleifen mit großer Mühe etwas hinter
sich her. Nach vielen Püffen und Stößen sind sie dann alle draußen im
Freien, aber es ist immer noch nichts zu sehen, denn die Frauen stehen
als dichte Gruppe darum herum. Erst als sie dann weggehen, erkenne
ich die versprochene »Piroge«, eine kolossale Halbkugel aus schwarzem Holz. Sie ist zum Schleppen mit schweren Ketten versehen und bis
an den Rand mit Hirsekuchen gefüllt, die mit einer dreifarbigen ovalen
Matte bedeckt werden. Mit großen burlesken Gebärden und sich auf
den Bauch klopfend akklamieren die Griots begeistert die Speisen.

Andere leibeigene Frauen kommen mit fleischgefüllten Kalebassen
und weiteren Schüsseln voller Hirsekuchen. Eine zweite »Piroge« wird

234

herbeigeschleppt, auf dieselbe Weise wie die erste. Der Chor des Beifalls schwillt noch einmal so laut an, angesichts dieser Speisen, deren Ausstellung jetzt den ganzen Platz einnimmt.

Verherrlichung des Reichtums in seinem realsten Aspekt: dem Bauch.

Kurz nach diesem Höhepunkt beglückwünschen wir den Sultan für sein Fest und nehmen Abschied. Er legt sicher keinen Wert darauf, daß wir der nun folgenden Verteilung der Speisen beiwohnen, bei der sich viel weniger Pracht entfalten läßt; denn bei der Masse der anwesenden Menschen könnte es sich gut herausstellen, daß die Speisen in weniger königlichem Überfluß vorhanden sind, als es den Anschein hatte. Kurz, wir fahren . . .

Auf der Rückfahrt sehen wir wieder Affen, Warzenschweine und Gänse (oder Wildenten). Von diesen schießt Griaule heute nur vier. Zwei davon können allerdings entwischen und einem unserer Bediensteten gehen die beiden anderen während der Fahrt verloren.

10. Februar

Arbeit in Garoua. All unsere Leute, Europäer wie Eingeborene, sind mehr oder weniger unpäßlich. Wir gehen der Trockenzeit entgegen. Sonst weiter nichts Neues.

11. Februar

Morgen fahren wir nach Yaoundé weiter. Das übliche Durcheinander.

12. Februar

Lutten macht seine Besuche der letzten Minute. Er bekommt zwei Gaben für das Museum: 1 Warzenschwein vom Bezirkschef und einen schon ausgewachsenen Löwen, der einem Händler gehört. Das Warzenschwein ist so dumm wie ein Hund und hat nichts anderes im Sinn als Fressen und sich umschmeicheln lassen. Es läuft frei in den Straßen von Garoua herum, und als wir seine Bekanntschaft machen, kniet es vor einem Abfallkübel und stößt darin herum.

Bei der Abfahrt beschließt Griaule, sich noch schnell selbst zu bedanken, als er vor dem Hause des Stifters, noch vor der Fähre, den Lastwagen von Lutten sieht, der uns vorausgefahren war. Ich sehe, daß

Mouchet und Lutten in einem Hof mit dem Stifter sprechen, und wir gehen auf sie zu. Plötzlich dann der rätselhafte Ausspruch von Lutten: »Geht auf Kettenlänge!«, und eine schwere Masse springt auf mich zu. Ich hatte den Löwen nicht gesehen. Gerade Zeit genug, fünf Meter zu galoppieren, ein paar Zentimeter hinter meinen Schuhen eine ausgestreckte Tatze wahrzunehmen, den Besitzer zu begrüßen und sehr über diesen köstlichen Scherz zu lachen. Lutten seinerseits, der mit dem Tier hatte spielen wollen, hat ein ganz zerfetztes Hemd. Aber daran ist der Besitzer gewöhnt. Das wäre nicht das erste Hemd, noch der erste Pyjama, den ihm der zahme Löwe zerreißt.
Wir trinken auf die schnelle einen Whisky. Verabschiedung. Abfahrt.
Ärger mit den Reifen, die unfehlbar immer wieder kaputtgehen. Keine einzige Luftpumpe funktioniert gut genug, daß wir damit die Schläuche wieder aufpumpen könnten. In der Nähe einer Brückenbaustelle, wo christliche Arbeiter eingesetzt sind, bekommen wir sogar eine geliehen. Einer von den Arbeitern hat ein weißes Kreuz um den Hals, dreimal so groß wie ein Orden der Ehrenlegion. Über dem weißen Kreuz ist noch eins aus Gold. Auch auf jeder Backe hat er ein Kreuz eintätowiert. Außerdem Lendenschurz, Schirmmütze, europäisches Jackett.
Schwierige Straße. Wir kommen spät zum Etappenziel. Müde. Angst, Fieber zu bekommen.

13. Februar

Karba-Ngaoundéré: Schöne Strecke, fast immer in den Bergen. Weite Täler. Hochebenen. Vereinzelt stehende, pyramidenförmige Felsspitzen. Welch eine Schönheit des Raums! Manchmal Affen und ulkig stelzende Vögel. Hier und da zirpen Grillen im Grünen, in den Steinen, in der Hitze.
Ngaoundéré: 1200 Meter hoch. Keine Kirdi, sondern ausschließlich Foulbé. Verwaltungschef mit heiser versoffener Stimme und von Pöbellastern gezeichneter Visage.
Heute nacht auf einer nahegelegenen Anhöhe, die wandernde Flammengrenze eines großen Buschbrandes.

14. Februar

Abfahrt nach dem Mittagessen, denn Lutten hat den ganzen Vormittag gebraucht, um die Ventile seines Lastwagens auszuwechseln. Immer

236

europäischere Landschaft, bis auf die pilzförmigen Termitenhügel und den Glanz der roten Erde unter den schwarz verbrannten Bäumen. Weite Ausblicke über die Laubdächer.

Weil wir als erste losgefahren sind, kommen wir auch als erste an der Etappe an und warten lange auf Larget, in dessen Lastwagen unser Abendessen ist, noch länger aber auf Lutten, der überhaupt nicht kommt, was uns um unsere Schlafstätten bringt.

Wir sind im Gebiet der *mboum*. Ich frage den Wärter des Camps über die Beschneidung aus und will wissen, wo man das Messer versteckt, »mit dem man die Jungen schneidet«. Da er nicht versteht, daß es mir um das Beschneidungsmesser zu tun ist, gibt er mir zur Antwort: »Manche machten es vor der Ankunft der Franzosen, aber jetzt macht man das nicht mehr«!!

Mehr schlecht als recht richten wir uns auf den einheimischen *tara* ein. Die staubigen Planen, die Larget aus seinem Lastwagen holt, dienen uns als Decken. Griaule und er können sich ein einzelnes Bett teilen, denn Larget hat seins immer im Lastwagen. Aber da wir noch ungefähr 1200 Meter hoch sind, wird es ziemlich kalt.

15. Februar

Wir haben alle mehr oder weniger erotische Träume gehabt. Vielleicht ist die Kälte daran schuld oder die Härte des Lagers. Sonderbare Mechanik der Liebesorgane . . . Da Lutten und Mouchet immer noch nicht da sind, fahren Griaule, Schaeffner und ich wieder nach Ngaoundéré zurück.

Früher habe ich Gide immer vorgeworfen, im Bericht seiner Afrikareise zu häufig von seinen Lektüren, von Bossuet oder Milton z. B. zu sprechen. Ich merke jetzt, daß das ganz natürlich ist. Die Reise verändert einen nur momentan. Die meiste Zeit bleibt man auf triste Weise dem gleich, was man schon immer gewesen ist. Mir ist das aufgegangen, als ich gewahr wurde, daß ich mich mit Schaeffner immer wieder über literarische oder ästhetische Dinge unterhalte.

Nach einer Stunde Fahrt sind Lutten und Mouchet wiedergefunden. Sie sind wegen ihrer neuen Ventile, die nicht eingefahren waren, auf der Strecke geblieben. Alle zwei Kilometer mußten sie wieder anhalten. Da sie die Betten dabeihatten, konnten sie zwar übernachten, aber sie haben nichts zu Abend gegessen.

Mittagessen. Einfahren der Ventile. Weiterfahrt.

Den Namen des Dorfes, in dem wir übernachten, werden wir nie erfahren, denn wir haben nicht danach gefragt ...

16. Februar

Schlecht geschlafen. Magenbrände, die ich der gegessenen Konservenmarmelade verdanke. In einem Traum sind mir diese Magenbrände wie eine besondere Art von Geschenk erschienen, das von ganz bestimmten Würdenträgern und zu ganz bestimmten Anlässen dem Erbprinzen von Abessinien überreicht wird. Der Name dieses Geschenks läßt sich nur sehr schwer in Lautschrift wiedergeben. Vielleicht ist das der Grund für die Schmerzen? Sogar in wachem Zustand geht die Halluzination abgeschwächt weiter ... bis ich mich dann besser fühle und wieder einschlafe.
Herrliche Straße: Das Grün wird dichter, die Laubdächer treten zusammen. Reiche Täler und zahllose, feuergerötete Bergrücken in Katarakten von Wald und Erde. Wir fahren durch Yolo. Die Religion hat ihr Gutes: Die jungen Christen mit den meist hellgrünen Schoßblusen sind faszinierende Mädchen! Welche erotische Kraft doch das christliche Äußere diesem Land verleiht, das ohnehin schon so schmuck war mit seinen großen Bäumen, seinen Bananenhainen in den Mulden, seinen von schwarzem Musselin bewachsenen Ästen vor der rosigen Brust der sinkenden Sonne.
Ein Land, in dem man leben müßte. Eins mehr. Aber allzu viele gibt es denn auch wieder nicht!
Seit gestern am späten Nachmittag sehen wir viele von diesen seltsamen Vögeln, die zusätzlich zu ihren eigentlichen Flügeln noch ein Paar kleiner Flügelchen haben, die am Ende eines langen Stengels oder Fädchens sitzen. Ein mißgestalteter Krüppelflug. Unbeholfen sind sie in ihre eigene Anmut verstrickt und ergreifen linkisch vor den Scheinwerfern des Wagens die Flucht.

17. Februar

Beim Aufwachen stellt Mamadou Bakéli fest, daß man ihm 20 Francs gestohlen hat. Es leben die Christen!
Je tiefer wir kommen, desto größer werden die Pflanzen. Viele Palmen, herunterhängende Lianen hier und da. Es riecht gut.
Halbnackte schwarze Hausfrauen mit Gesichtern von Conciergen gehen mit ihren Kiepen auf dem Rücken am Straßenrand entlang.

Milizsoldaten ziehen vorbei. Manche tragen eine Bananenstaude, andere haben einen Hund dabei. Das ist sicher ihre Wegzehrung. In der Ferne tollen, wie auf einer Weide, Hunde und Ziegen miteinander herum.

Yaoundé: Dämliche Verwaltungsstadt, Europäer mit einfältigen Mienen. Es ist nirgends sonst Platz für uns, als in einer Art einstöckiger »Villa« für Ruheständler. Zwischen der Villa und der Straße ist ein Graben, in den wir mit den Hinterrädern eines Lastwagens hineinsakken, weil der Steg nicht stabil genug ist.

Aber wir sind am Rand des tropischen Regenwaldes. Schon glaubt man seinen Pestatem zu spüren. Zunehmende Erschlaffung und Weichheit.

18. Februar

Das WC unserer Villa, das von uns und einem Negerehepaar, das eine ganz ähnliche Villa bewohnt, gemeinsam benutzt wird, steht in einem Bananenhain hinter den beiden Häusern, nur ein paar Schritte von einer Reihe von Gräbern entfernt, auf denen weiße Kreuze stehen. Ganz in der Nähe ein mysteriöses Gebäude, das wie ein Verbrennungsofen aussieht.

Schaeffner wird uns verlassen. Obwohl er nichts davon verlauten läßt, kommt er mir doch etwas melancholisch vor. Wir sollen ihn in Abessinien ja wiedersehen. Aber trotzdem, für die Gefährten, die zurückbleiben, wird der heimfahrende Reisende unweigerlich fast zum Fremden. Man geht schnell in der Nacht grauer Vorzeiten verloren, wenn man erst einmal seinen Fuß auf einen Dampfer gesetzt hat.

Außerdem soll das eingeborene Personal entlassen und wieder nach Hause geschickt werden. Auch der kleine Kèyta, der entschieden nicht das Zeug zu einem Ethnographen hat und im übrigen keinen Finger rührt. Sie werden gehen. Haben wir den armen Leuten hart genug zugesetzt? Sie waren, glaube ich, trotzdem glücklich, in unserem Dienst zu stehen und zum Haus von anscheinend so reichen Leuten zu gehören. Im übrigen schoben sie eine ziemlich ruhige Kugel und brauchten keine schwere Arbeit zu machen – was die Anstrengung der Reisen und den gelben Staub wieder ausgleichen mochte, mit dem sie von Kopf bis Fuß bedeckt waren, wenn sie bei den Halten wie komische, dem Grab entsteigende Lazarusse aus den Lastwagen kletterten.

239

19. Februar

Schaeffner ist heute morgen in den Zug gestiegen und hat Mamadou Kèyta mitgenommen. Trotz der Vorhaltungen und Warnungen, die ihm seit einiger Zeit kaum jemand von uns ersparte, war er doch sicher nicht darauf gefaßt, daß die Drohung, ihn nach Bamako zurückzuschicken, in die Tat umgesetzt werden könnte.

Merklicher Umschwung nach dieser doppelten Abreise und der bevorstehenden Heimkehr der Boys. Schluß mit dem Tourismus. Jetzt werden wir wirklich reisen, viel näher an die Dinge und Menschen herankommen. Es ist schwül hier. Ewig gewitterschwerer Himmel. Wind. Die Eingeborenen sind hier weder nackt noch so pittoresk aufgeputzt, wie man es in den schönen Bilderbüchern sieht. Männer wie Frauen – egal ob europäisch gekleidet oder nicht – sind die meiste Zeit verdreckt und schäbig. Der Gouverneur macht kein Geheimnis daraus, daß in seinem Gebiet viele Leute Hunger leiden. Er muß erst noch Straßen anlegen lassen, sagt er, um sie ernähren zu können.

Ihr alle aber: Junge Frauen mit den Schlapphüten, oder ihr, arme Alte mit dem wabernden Hintern unter dem Baströckchen, und ihr, junge, gutgewachsene Kerle mit der Charleston-Hose und dem Danton-Kragen, wer wird euch heraushelfen aus diesem Elend, in dem ihr verkommt, und euch vor dem unaufhaltsamen Untergang bewahren, gebeugt, wie ihr seid, unter der Last eurer körperlichen Gebrechen, dem Unverständnis der Weißen und eurem eigenen Nichtstun . . .?

Ich werde heute schwülstig. Einfluß des Südens. Aufscheinende Schwelle der Schwüle, wie das Licht des kupfernen Knopfs an der Tür oder des Vogels Auge in seinem Nest.

20. Februar

Gestern abend großer Aufruhr rund um das Haus: Frauen streichen herum, Negernutten in weißen Kleidern, Männer gehen vorbei, lachen lauthals, zwei Jungen gehen auf und ab, der eine trägt einen Lendenschurz und spielt Gitarre. Als ich vor dem Zubettgehen mein Fenster aufmachen will, streckt der Polizist, der das Camp bewacht, seinen Kopf durch die Öffnung. Er fordert mich auf, Türen und Fenster zu verriegeln. Diebe gehen um.

Die Nacht über hat Griaule wegen eines verdächtigen Kommens und Gehens mehrmals aufstehen müssen. Es ist aber letztlich nichts gestohlen worden. Ich habe den wackeren Polizisten im Verdacht, entweder

240

willentlich übertrieben zu haben, um seine Nützlichkeit herauszustreichen, oder selbst die ganze zwielichtige Gesellschaft zu sich in seine Schlafstube eingeladen zu haben, um sich nicht so sehr zu langweilen.

Theatercoup – oder auch nicht, eher ein vorhersehbarer Streich, denn es stand geschrieben, daß Mouchet, als eine stehende Einrichtung Kameruns, auch nicht über Kamerun hinauskommen sollte: Mouchet demissioniert und tritt in Yaoundé wieder in den Kolonialdienst.

Es fahren jetzt also nur noch vier von uns bis zum Nil weiter.

21. Februar

Unterwegs nach Gabun. Keine Ahnung, ob wir durchkommen werden. Die Straße ist nicht ganz bis zum Ende des Territoriums fertiggestellt. Aber wir fahren trotzdem.

Der von mir lang erwartete Regenwald. Ich bin verliebt in den Anblick der Bäume. Aber die Straße ist zu glatt. Die seit ihrer Fertigstellung dort angesiedelten Dörfer sind zu zivilisiert. Nichts ist wild und zerzaust, außer vielleicht ein paar entfernt torkelnden grünen Baumkronen auf den Bergkämmen.

Ein böses Omen: Der erste Vogel, den ich sehe, gerade als wir in den Wald einfahren, fliegt nach links weg. Er zögert einen Augenblick, flattert ein Stück nach rechts zurück und verschwindet dann doch endgültig nach links.

Wir kommen durch Mbalmayo: Imbiß bei einem französischen Händler, der neben den Nahrungsmitteln, die er verkauft, immer noch eine Flasche Whisky und Bier für »die Kameraden« bereitstehen hat. Um drei essen wir die Austern, die soeben per Schiff mit der *S.S. Hoggar* in Douala angekommen sind, dazu Roqucfort, Schweizer Käse und Äpfel. Kostenpunkt: 90 Francs.

Bei der Ankunft in Ebolowa, unserem Etappenziel, fahren wir vor der amerikanischen Mission vorbei, die über riesige Baustellen und Werkstätten für Eisen- und Holzarbeiten verfügt und für die bekehrten Täuflinge zu beiden Seiten der Straße eine lange Reihe elektrisch beleuchteter Standardwohnungen aus Backsteinen im Stil der Reihenhäuser für Bergarbeiter errichten ließ.

Abendessen und Übernachtung bei griechischen Händlern und Freunden von Lutten, zwei Brüdern, die sogar einen sehr behaglichen Pavillon bewohnen – und das ist selten in den Kolonien.

22. Februar

Reparatur der heißlaufenden Wagenbremsen und Besuch beim Verwalter, um genaueres über die Straße nach Gabun zu erfahren. Unmöglich durchzukommen. Wir müßten ungefähr zwanzig Kilometer in der Sänfte zurücklegen, bevor wir auf der gabunischen Seite wieder auf die Straße stoßen. Aber einmal dort angelangt, hätten wir ja keinen Wagen mehr. Das kommt also nicht in Frage. Andererseits ist das Land so weitgehend christianisiert, daß wir erst nach tagelangen Fußmärschen mitten im Urwald zu noch nicht infizierten Gegenden kämen. Die amerikanische Mission ist sehr mächtig: Sie zahlt die Steuern all ihrer Katecheten und kauft ihre Arbeitsverpflichtungen zurück. Die katholische Mission dagegen hat zwar in Yaoundé letztes Jahr die Steuern entgegengenommen, sie aber nicht an die Regierung ausgezahlt, weil sie das Geld ganz einfach selbst brauchte.

Missionare und Händler geben sich einträchtig alle Mühe, das Land zu zersetzen. Niemand, keine einzige Frau und kein einziger Mann, der nicht europäisch gekleidet wäre. Alle Dächer der Stadt sind aus Wellblech. Pastoren und Pfaffen stellen speihäßliche Vollmondgesichter zur Ansicht. Von der letzteren Sorte sehen wir nur einen, der in seiner ganzen Pracht fast vor unseren Augen auf die Nase geflogen wäre, weil er zu brüsk auf die Bremsen seines Motorrades gestiegen war. Ihn schmückt ein Bart wie blond verrinnende Kotze. Er erkundigt sich nach dem Ziel unserer Expedition und läßt sich erklären, wo Djibouti liegt. Er hat keine Ahnung, wo das sein könnte. Die amerikanischen Pastoren sehen zwar etwas menschlicher aus, schauen aber durchweg wie Buchmacher drein.

Wenn das Auto repariert ist, kein Kilometer mehr in dieser verheerten Gegend. Rückkehr nach Yaoundé, wo wir abends spät eintreffen.

23. Februar

Niedergeschlagen. Düstere Vorahnungen über den bevorstehenden Krieg. Ob ich den Mut haben werde, die Rolle eines *conscience objectors* konsequent bis zum Ende zu spielen? Im Augenblick wäre es mir lieber, ich könnte mich nach der Rückkehr nach Frankreich ausruhen und bräuchte mich nicht einer solchen Eventualität zu stellen . . .

24. Februar

Bildung des neuen Ministeriums, das nichts als ein schäbiger Witz ist. Tardieu tritt an die Stelle von Laval, der übrigens auch dranbleibt, genau wie die anderen Köpfe der Reaktion. Und ich glaubte unschuldigerweise, Frankreich habe den Kelch seiner Scham schon bis zur bitteren Neige geleert!

Brief von Schaeffner, aus Douala. Er schickt uns ein paar Nummern von *Lu*, der neuen Wochenzeitschrift, die seit unserer Abreise erscheint. Aus einer entnehme ich, daß Aragon als Autor des Gedichtes »Rot Front« der Anstiftung von Militärpersonen zur Gehorsamsverweigerung und der Aufhetzung zum Mord angeklagt ist. Diese Schweine!

Seit einigen Tagen geht regelmäßig am Abend ein Gewitterregen nieder. Sollte die schöne Jahreszeit schon zu Ende sein? Aber noch immer ist es eher kühl, ja eigentlich kühler als man denkt. Die Pantoffel- und Kaminfeuermentalität, die man sich auf Reisen zulegt.

25. Februar

Seltsamer Umschwung! Vor meiner Abreise las ich schon seit Monaten praktisch keine Zeitung mehr. Heute warte ich mit solch fiebernder Ungeduld auf die Nachrichten, daß ich darüber sogar vergesse, daß ich in Afrika bin. Unmöglich, mir den Gedanken an einen Krieg aus dem Kopf zu schlagen. Abwechselnd Wutausbrüche und totale Entmutigung. Was auch immer mir in Afrika oder auf einer möglichen späteren Reise zustoßen mag, ich sehe ihm mit Gleichmut entgegen. Die Vorstellung aber, auch nur das kleinste Übel für mein Vaterland auf mich zu nehmen, mit dem ich mich immer weniger solidarisch fühle, empört mich. Und ich möchte auch nicht in das Mörderspiel hineingezogen werden. Daran zu denken, daß ich nach der Rückkehr von dieser Reise – die mein Wunsch und meine freie Entscheidung war – vielleicht wieder weg muß, daß ich aus schmierigen ökonomischen Beweggründen zwangsweise ausgehoben werden kann von Leuten, mit denen ich nichts gemein habe, das löst in mir eine solche Wut aus, daß ich fast stehenden Fußes zurückfahren möchte, nur um etwas zu tun, um jedenfalls nicht abseits zu stehen und von Ereignissen gleichsam unbeteiligt zu bleiben, die mich eines schönen Tages, wenn ich am wenigsten darauf gefaßt bin, wieder unter ihr brutales Joch zwingen werden.

Ich spreche hier nur für mich. Aber wenn ich an die anderen denke, dann bestärkt mich das nur in dem Gedanken, daß bei der gegenwärtigen schandbaren Lage der Dinge nicht das geringste Opfer gebracht werden darf (und das ist eine Minimalforderung), um den Leitworten und Weisungen Folge zu leisten, deren greifbarste Konsequenz das Elend der meisten und die – vielleicht nicht sehr gelungene, aber dennoch effektive – Ausbeutung von Millionen von Kolonisierten ist.

Den ganzen Tag über habe ich Trübsal geblasen. Jetzt, am Abend bin ich wütend, und das ist mir lieber!

Heute morgen habe ich eine komische Szene gesehen: Zwei Schwarze rissen einem Träger sein Tuch vom Leib, weil er mit den Lasten, die sie ihm aufgebürdet hatten, keinen Schritt weiter machen wollte und sich auch weigerte, ihnen das Geld zurückzugeben. Der Mann bleibt einen Augenblick ganz nackt mitten auf der Straße stehen und zieht sich dann gemächlich wieder an. Der Vorfall hat eine ganze Runde schwarzer Zuschauer zum Lachen gebracht, und das scheint eben der Höhepunkt des schon lange andauernden Streites gewesen zu sein. Die Aufmerksamkeit läßt nach. Die allgemeine Zerstreuung ausnutzend, macht sich der Mann plötzlich aus dem Staub und läuft mit weit ausgreifenden Schritten von den Frauen weg, die offenen Mundes dastehen bleiben. Meine ganze Sympathie begleitet den Deserteur.

26. Februar

Traum: Ich mache eine Befragung mit den Kindern von Garoua. Es geht um Sammlungsobjekte, unter anderem um eine Maske, die den Kopf und einen Teil des Oberkörpers bedeckt und in einem Stück aus einer Art Efeublatt herausgeschnitten ist. Die Befragung hat außerdem mit einer Zeremonie zu tun, die sich dann vor meinen Augen abrollt: In einem von Pferden gezogenen Landauer, der ganz am Ende eines Zuges fährt, betätscheln zwei Negerinnen einen vollkommen bartlosen Eunuchen und Albino (mehr als Albino: alabasterweiß), aus dessen Körper wie Lymphknoten Köpfe von Silbernägeln knospen. Der Eunuche ist nur diesen einen Tag weiß; nur an diesem Tag fährt er in seinem Landauer aus und stellt seine Silberknöpfe zur Schau, nur an diesem Tag, dem Tag, »an dem man ins Haus zurückkehrt«. Unter der Liebkosung der Frauen, die seine Knöpfe berühren, schmilzt er hin, seine Brust bäumt sich auf, sein Bauch wölbt sich über der gepolsterten Wagenbank hoch in die Luft und sein zurückgeworfener Schädel gräbt sich in die offene Wagenplane. Diese Bewegung läßt seine Brüste hervortreten, die Frauenbrüste sind.

Den ganzen Tag über war es mir unmöglich, und sei es auch nur für eine Sekunde, aus meiner Niedergeschlagenheit herauszukommen. Nach der Rückkehr nicht in Frankreich bleiben. Auswandern. Diesem ganzen Schwachsinn den Rücken kehren. Aber wohin? Kein Ort der Welt, wo es nicht zum Himmel stänke, oder der nicht zumindest unter dem Einfluß der maroden Nationen stünde. Mechanik, Waffen und Haudegen überall.

Ich bedaure, daß Schaeffner nicht mehr da ist, der in diesen Fragen ziemlich ähnlich denkt wie ich. Er allerdings hat christliche Tendenzen. Und dazwischen liegt ein Abgrund!

Zugegeben: Es ist viel Schwäche in meiner Haltung. Ich bekümmere mich eigentlich nur dann um diese Dinge, wenn mir bewußt wird, daß ich selbst ganz unmittelbar bedroht bin.

Ich bin heute ins Zimmer von Griaule umgezogen, der für das Museum zwei weibliche Hyänen-Hunde angekauft hat, die wir im mittleren Zimmer untergebracht haben, wo ich vorher war. Die beiden Tiere riechen stark nach Wild. Ich bin sehr einsam.

27. Februar

Noch ein Wechsel in der Perspektive. Als ich Paris verließ, ist mein Wunsch, mit dem seichten Leben dort zu brechen, der stärkste Anreiz für diese Reise nach Afrika gewesen. Jetzt hingegen kommt mir das Leben hier nichtig vor, im Vergleich zu den Entscheidungen, die in Europa fallen. Einer alten Nummer des *Excelsior* vom 24. Januar entnehme ich, daß den Chiappe-Statistiken zufolge im letzten Jahr die Zahl der Selbstmorde erheblich angestiegen ist. Die Einweisungen in psychiatrische Anstalten ebenfalls. Parallel dazu geht aus dem Interview mit irgendeinem Colonel hervor, daß die Zahl der Meldungen und Rückmeldungen zur Armee in beträchtlichem Maße zugenommen hat. Zeichen der Zeit . . .

Um 7 Uhr abends Post. Liebe, zarte Briefe, und das tut mir endlich gut.

28. Februar

Sonntag morgen: An den anderen Tagen heult die Sirene, um den Kaufleuten anzuzeigen, daß es Zeit ist zu verkaufen. Heute schweigt, sie und Neger und Negerinnen gehen im Sonntagsstaat brav zur Messe.

Gestern ist Larget abgereist. Er ist uns zum Nil vorausgefahren, um dort das Boot zusammenzubauen. Mouchet läßt sich nicht mehr blik-ken. Außer zu den Mahlzeiten am Mittag und am Abend verläßt er sein Zimmer überhaupt nicht mehr. Und auch die nimmt er übrigens nicht mit uns, sondern mit zwei Kollegen ein, seinen Tischgenossen seit seiner Wiederanstellung. Immer noch dasselbe trübe Wetter, aber kein Regen mehr, wie in den letzten Tagen. Vielleicht kommen noch ein paar schöne Tage, bevor die großen Regenfälle wieder einsetzen.

Die Hunde-Hyänen stinken immer mehr. Der Zoogeruch verpestet derart die Luft des Zimmers, das ich mit Griaule teile, daß dem geträumt hat, sein Bett sei voller Schlangen (Assoziation mit dem Geruch in der Reptilienhalle im Pariser Jardin des Plantes). Eins der beiden Tiere scheint ziemlich sanft zu sein, das andere heimtückisch und bösartig. Gestern winselten sie oft und versuchten auszubrechen. Jetzt sind sie, glaube ich, ruhiger geworden.

Die Pariser Börse hat sich anscheinend etwas erholt. Bizarre Unbe-wußtheit der Leute.

Wenn wir erst einmal aus Yaoundé heraus sind und diese »zivilisier-ten« Fressen nicht mehr sehen, wird sich auch sicher meine finstere Laune wieder aufhellen. Aber der zäh dahinfließende Sonntag scheint heute kein Ende nehmen zu wollen mit seinen Kirchenliedern, seinen schmucken kleinen Negermädchen mit hellem Kleid und modischem Pariser Hütchen, mit den so eleganten älteren Mädchen in schönen Sommerkleidern, Rollstrümpfen und weißen Schuhen mit hohen Ab-sätzen.

29. Februar

Eine schlechte Nacht verbracht. Die Hunde-Hyänen haben die hölzer-ne Schiebetür umgeschmissen, die den Durchgang zwischen ihrem Käfig und dem Zimmer versperrt, in dem wir sie gefangen halten. Mit ihren kräftigen Zähnen zerbeißen sie das Holz der Tür. Damit sie sie nicht ganz zerreißen, muß Lutten mit einem langen Holzstab, den er durch die Gitter des Käfigs steckt, die Holzplatte wieder angeln. Ein heikles und umständliches Unterfangen, das eines Dompteurs würdig wäre. Und warum das ganze? Weil Makan, der besoffen vom Vögeln kam, die Tür nicht richtig festgemacht hat.

Regnerischer Tag. Eigentlich sollten wir heute schon abfahren, aber der Personenwagen ist noch nicht fertig. In Douala muß erst noch telegraphisch ein Ersatzteil bestellt werden. Lutten und ich fahren morgen allein mit dem Lastwagen los, während Griaule in Yaoundé wartet ...

Lutten ist kürzlich in einem Geschäft Zeuge der folgenden Geschichte geworden: Ein Schwarzer betritt den Laden und hat 20 Francs dabei, für die er sicher lange gespart hat. Er kauft ein Akkordeon und blättert dafür seine zwanzig Francs auf den Tisch. Als er sein Instrument ausprobieren will, bevor er das Geschäft verläßt, bringt er nur mißtönende Klänge heraus und merkt, daß es gar nicht spielt. Er will es zurückgeben, aber der Verkäufer gibt ihm zur Antwort: »Glaubst du etwa, für 20 Francs bekommst du ein Akkordeon, das spielt?« Mit seinem Kauf unter dem Arm, verläßt der Mann wieder den Laden ...

1. März

Rückfahrt mit Lutten, Richtung Fähre von Sanaga. Kurz vor der Fähre nehmen wir dann später die Abzweigung nach Bangui.

Halt bei Kilometer 40, in Ebola. Wir machen einen Besuch beim obersten Chef, der uns in einem mit Andachtsbildchen und Agrardiplomen austapezierten europäischen Haus empfängt. Bei ihm sind zwei europäisch gekleidete Vertraute, seine Frau, mit Morgenrock und Kopftuch, seine fast nackte Schwester, die einem Kind die Brust gibt. Er stellt uns einen Dolmetscher zur Verfügung, damit wir nach Saa fahren können, in 40 Kilometer Entfernung von der Hauptstraße. Wir sollen dort über den *swo*- oder Antilopen-Ritus arbeiten. Schwierige Straße, beständiges Auf und Ab.

Der Chef von Saa ist ein wackerer Mann mit weißem Anzug und Offizierswaffenrock, auf dem er eine Art Kommunikantenarmbinde trägt, die aus einem Fellriemen besteht und mit ein paar Raubtierzähnen geschmückt ist. Wir verstehen uns sehr gut mit dem Chef, der ganz entzückt ist, uns von dem *swo*-Ritus erzählen zu können (der mittlerweile von der Verwaltung verboten worden ist: wegen der damit einhergehenden Palmenweingelage, wie es heißt), entzückt auch über die paar gestrichen vollen Gläser Cognac, die wir ihm anbieten, obwohl das gegen die Vorschriften verstößt. Der Küchenjunge Joseph, der einzige Dienstbote, den wir mitgenommen haben, kellnert wie ein Engel und macht die rührendsten Versuche, sich stilvoll zu zeigen!

Griaule, der allein in Yaoundé geblieben ist, um auf das Ersatzteil aus Douala zu warten, wird sich wohl kaum sonderlich amüsieren bei seinem Tête-à-tête mit den vier Wänden seiner Quartierhütte und ihrem tollen WC. Das Klo steht über einer Grube, in der sich, gerade unterhalb der Öffnung, ein dekorativer und von Tag zu Tag größer werdender Haufen krabbelnder Fleischmaden ansammelt!

2. März

Als ich aufwache, liegt ein halbtoter Fisch neben meinen Pantoffeln. Aber die Hütte ist erhöht gebaut und die Veranda, in der ich schlafe, ungefähr so hoch wie ein erster Stock. Der rätselhafte Eindringling ist – erregt vielleicht von dem Tornado heute nacht – aus einem Tongefäß herausgesprungen, das zu den Geschenken des Chefs gehörte und mehrere von diesen Tieren von der Gattung der sogenannten »Scheiß-wühler« enthielt.

Das Wetter ist unvorstellbar trist heute morgen.

Anmerkungen zum Erotischen: Man denkt nicht einmal daran, wenn man so reist wie wir. Seltsam sogar, wie leicht man darauf verzichtet. Selbst zu onanieren wird überflüssig. Es ist gar nicht so einfach, wie man denkt, Paul und Virginie zu spielen. Und bei den gewöhnlichen Frauen würde die prophylaktische Alchimie, die man aufzuwenden hätte, es selbst den Mutigsten verleiden ...

Als ich die Reise antrat, hatte mein Aberglaube sich gelegt. Angesta-chelt von den Ereignissen, macht er sich jetzt wieder breit. Kein Tag vergeht, an dem ich nicht auf Holz klopfe, wenn von irgend etwas Militärischem die Rede ist (oder sogar um einen meiner eigenen Gedanken abzuwehren), kein Abend, an dem ich nicht auf dem Weg über die Sterne zu der Frau spräche, die ich zurückgelassen habe.

Neuerliche Unterhaltung mit dem obersten Chef. In der dunkelblauen Uniform, die er diesmal angelegt hat, sieht er teils wie ein Bahnhofs-vorsteher, teils wie ein Pilot oder Hotelportier aus. Am linken Arm trägt er eine ganze Reihe Agrarmedaillen und eine Trikolorenarmbin-de. Seine Mutter kommt uns begrüßen, eine alte Frau mit kupfernen Fußringen, langem Stock, Blätterrock und um die Stirn gewickeltem greulichen Stoffetzen nach Art einer Gemüsefrau. Als sie die Cognac-flasche auf dem Tisch sieht, will sie unbedingt kosten. Gleich nach dem ersten Schluck zieht sie aber eine entsetzliche Grimasse und muß, um wieder zu sich zu kommen, erst einen tüchtigen Schluck Rotwein nachgießen.

Mittagessen und Abfahrt. In Ebola, dem Ort, wo die Straße nach Saa von der Hauptstraße abzweigt, hören wir, daß Griaule schon um 11 Uhr morgens durchgekommen ist. Wir fahren ihm nach und treffen ihn nachts in Nanga Eboko, das an der Straße nach Bangui liegt. Die Unterkunftshütten sind gerammelt voll. In einer Hütte sitzen sogar ein oder zwei komplette Familien um einen runden Tisch herum – darunter zwei bis drei Soldaten, Frauen, Kinder und sonstige, undefinierbare Leute – und essen zu Abend.

Griaule hat das Auflager für seine Handbremse nicht bekommen, ist aber trotzdem losgefahren, weil er es in Yaoundé vor Langeweile nicht mehr ausgehalten hat. Das Teil wird uns nach Batouri nachgeschickt. Ein paar Minuten vor seiner Abfahrt hat er aus einem Brief des Gouverneurs, den dieser durch einen Träger überbringen ließ, erfahren, daß die Kolonialverwaltung von Kamerun in Anbetracht der Krise und unter Aufkündigung der Vereinbarungen bei der Vorbereitung der Expedition, nicht für den Transport der Sammlungen aufkommen wird. Reizender Abend!

3. *März*

Abschied von den Wäldern! Weites, grasbestandenes Hügelland, hie und da kleine Baumgruppen mit knorrigen, weißlichen Stämmen: Auf Hochplateaus an manchen vereinzelten Stellen ein Stück Hochwald. Längs der Straße stellen sich Familien zum Photographiertwerden vor den Fassaden der Hütten auf. Fröhliche Gören klatschen uns Beifall. Hin und wieder sehen wir einen Kranken (einen Mann, eine Frau oder ein Kind), der, um zu gesunden, von Kopf bis Fuß hellrot angemalt worden ist.

In Bertoua stiften uns zwei Europäer auf die schnelle einen Pernod und erzählen, daß in der Gegend von Batouri verschiedene *baya*-Dörfer abgefallen sind und sich sowohl den Steuern als auch den Arbeitsverpflichtungen widersetzen. Bis das Ersatzteil des Ford, auf das wir warten, in Batouri eingetroffen ist, fahren wir zu diesen Leuten.

Weniger rechteckige Hütten – und so kümmerlich trotz der Graffiti, mit denen in dieser Gegend ganze Wände bedeckt sind –, aber wieder runde Hütten, deren Türen mit prachtvollen geometrischen oder symbolischen Motiven verziert sind.

In dem Dorf noch vor der Fähre von Batouri finden Totentänze statt. Die Tänzer werden von den Trommeln begleitet. Auf der Straße überholen wir eine Trauernde mit weiß angemaltem Körper, die wie ein Gespenst aussieht und die wir erst für eine mit Porzellanerde beschmierte Töpferin halten.

4. März

Unmöglich, die abtrünnigen Dörfer zu sehen. Die ersten eigentlichen *baya*-Dörfer der Gegend sind vier Tagesmärsche von hier entfernt. Aber auf einer mit dem Auto befahrbaren Piste können wir zu anderen *baya*- oder *kaka*-Dörfern kommen, die etwas mehr als 50 Kilometer entfernt sind. Wir fahren also dort hin.
Bei einer Schmetterlingsjagd am Ufer eines stehenden Gewässers stört Griaule Frauen und Kinder beim Baden auf. In den Dörfern schöne Mädchen mit zinnoberroten Füßen und Waden. In welcher Weinlese Bottich mögen sie gekeltert haben?
Am Ende der Straße, auf der wir fahren, wird der Fahrdamm von im Takt der Trommel stampfenden jungen Leuten wieder instand gesetzt. Ihre Arbeit mit der Handramme ist wie eine Art von Ballett arrangiert, das verschiedene choreographische Stellungen und den französischen Militärgruß umfaßt. Die Vorstellung – mit Gesang außerdem – wird sicher uns zu Ehren veranstaltet.
In einer Baya-Ortschaft, wo wir auf dem Rückweg Halt machen, ist alle Welt draußen. Lachend und kreischend spielen an die hundert Kinder mit spitzen Ruten, die sie wie Wurfspeere handhaben. Sie haben sich in zwei, einander gegenüberstehenden Reihen aufgestellt. Ein Lastring aus Gräsern (wie man sie zum Tragen von Lasten auf den Kopf legt) wird wie ein Reifen zwischen die beiden Reihen von Spielern geworfen. Er muß mit den Wurfspeeren durchstoßen werden. Alles geschieht mit großer Fröhlichkeit. Unsere Anwesenheit steigert noch die Erregung. Die Menge drängt sich um uns und schubst uns schon fast herum. Man versteht sein eigenes Wort nicht mehr. Als wir abfahren, begutachtet ein doppeltes Spalier von Zuschauern, wie der Wagen auf die Straße biegt und davonbraust. Was für ein fabelhaftes Gaudi müssen doch die Touristen für diese Leute darstellen! Wir müssen ihnen in der Tat wie ganz besonders ulkige Tiere vorkommen, mit unseren Tropenhelmen, unseren kurzen Hosen und der ganzen ausgefallenen Aufmachung – so absonderlich unter diesem Himmel, auf dieser roten Erde, mitten in diesen Gräsern und Pflanzen.

250

5. März

Sterbenslangweiliger Wartetag, fast nichts zu tun. Griaule und ich gehen zu einer Töpferin, um ihr bei der Arbeit zuzusehen. Mehrere Frauen aus ihrer Familie sind pickelig und voller Schwären. Nur wenige haben einen ganz heilen Körper.

Wir bleiben den Tag über im Camp: Lutten richtet die Autos her, Griaule und ich führen pessimistische Reden über die zweifelhaften Chancen, in Oubangui-Chari Sammlungen zu erwerben. Aber wie auch immer, wir werden uns dafür in Abessinien schadlos halten.

Meine Niedergeschlagenheit klingt auch allmählich ab. Weit weg von den Zeitungen, den Nachrichten, der Verwaltungsathmosphäre von Yaoundé, vergesse ich nach und nach, daß es ein Europa gibt, ökonomisch rivalisierende Völker, Rentner, die sich um ihren Geldbeutel Sorgen machen, Fabrikanten, die ihre Kanonen und Gewehre an den Mann bringen wollen, direkt oder indirekt entlohnte politische Sachwalter, Strohmänner . . .

6. März

Von Z. geträumt. Wir liebten uns. Nachher eine ziemlich vage Träumerei über Paris, die Boulevards, die Metrostationen – und zumal über eine Station in einem Nuttenviertel, die den Namen »Postérieur«, »Hinterteil«, trägt. Ich sehe anschließend die großen Hauptstraßen der Anschaffe, die äußeren Boulevards vor mir und bilde den Ausdruck: *Boulevard Postérieur*.

Vom Schlaf bin ich in Halbschlaf hinübergeglitten. Der Tornado bricht los, nicht sehr heftig, aber mit genügend Regengetrommel, um mich bis zum Morgen wachzuhalten.

Im Liegen lasse ich mir noch den Mechanismus meines Traumes durch den Kopf gehen, als ich den Fensterladen knarren höre. Ich schaue hin und sehe einen struppigen Kopf im Fensterrahmen auftauchen: Der Schimpanse des Nachbarn, der sicher friert und ins Zimmer möchte, um sich aufzuwärmen, ja der vielleicht sogar in mein Bett will. Als ich aufstehe, nimmt der Affe reißaus. Ich schließe die Läden, gehe aber nicht wieder ins Bett, denn es ist Zeit fürs Frühstück.

Der kleine Junge des Campwärters flennt und geifert. Dasselbe Theater macht er ungefähr zehnmal am Tag. Er ist nur zufrieden, wenn seine Mutter zum Markt geht oder vom Markt zurückkommt und ihm Früchte des Papayabaumes mitbringt. Lutten hat ihm gestern Zucker gegeben.

251

Ein Mittagessen beim Verwalter zieht sich bis gegen Ende des Nach-
mittags hin. Der Sonderbeauftragte ist auch da, mit seinem kleinen
Mestizenjungen, den er selbst großzieht. Rare Rechtschaffenheit für
einen Kolonisten, die nur allzuoft wenig Hemmungen haben, die
Waisenhäuser mit ihren Bankerten zu bevölkern . . .
Der Lieferwagen der Post ist noch nicht da, und wir haben unser
Ersatzteil immer noch nicht.
Um nicht gestört zu werden, richtet sich Lutten (der sich durch
Vermittlung des Camp-Wärters für die Nacht der Gesellschaft einer
Stummen versichert hat) nach dem Abendessen im Duschraum ein.
Seelenruhig erledigt er die laufenden Geschäfte und trifft seine Vorbe-
reitungen.

7. März

Der Lieferwagen der Post ist angekommen, aber ohne das Ersatzteil.
Wir fahren also ohne Handbremse ab. Wenn wir an Steigungen halten,
müssen wir eben weiter Keile unterlegen.
Die Straße ist immer noch genauso langweilig. Lauter Dörfer mit
vollständig verdorbener Bevölkerung.
In Berbérati, im Camp, wo jetzt immer auch noch andere Reisende
sind – daran haben wir uns seit ein paar Tagen gewöhnen müssen –,
begegnen wir einem dicken Belgier, der Diamantensucher ist.

8. März

Seltsam: Seitdem wir nicht mehr in Kamerun sind, hat sich die Landschaft stark verändert. Die – übrigens schlechte – Straße ist angenehm
ländlich. Sympathische Hütten mit bogenförmigen Eingängen.
Im Wald von Brocéliande begegnen wir vielen Männern und Kindern,
die Fischnetze[29] auf dem Kopf tragen und mich an den Fischerkönig
erinnern. Sehr feuchte Luft, zahllose stehende Gewässer.
Ein beim Baden überraschtes kleines Mädchen hält seine linke Hand
vor sein Geschlecht und legt mit der Rechten einen Soldatengruß hin.
Fast an jedem Gewässer erfrischen sich Kinder – oder Frauen, die vom
Lasttragen müde sind – und steigen ins Wasser.
Große Hitze. Es wimmelt von Schmetterlingen und Insekten. Drei
schöne Schmetterlinge an der Fähre der Sanga scheinen unwiderruflich

---

29 In Wirklichkeit Jagdnetze.

verloren zu sein: Von den Ameisen angegriffen, können sie nicht mehr auffliegen und werden schon bei lebendigem Leib gefressen.

Carnot: Dem Namen nach (»Fleischen«) war ich auf eine greuliche Stadt gefaßt, aber sie erweist sich im Gegenteil als angenehm, sehr ländlich und keineswegs kolonialistisch.

Auch das Heilige, dessen wir so lange entwöhnt worden sind, kommt nach Carnot wieder zum Vorschein. Keine Holzkruzifixe mehr wie im Süden von Kamerun, sondern in jedem Dorf, in der Nähe der Türen, an Pfahlgerüsten aufgehängte Holzbündel, wie wir sie in Dahomey gesehen hatten. Dann wieder kleine Bögen aus Blattwerk, die wie Tore aussehen, eine große ausgeästete Stange (senkrecht aufgepflanzt und mit Tievkiefern behängt) oder ein Querholz, das auf zwei weiteren, gegabelten Hölzern aufliegt. Die heiligen Dinge stehen entweder zusammen an einem Ort, oder einzeln, je nachdem.

Ich gehe in einem Dorf spazieren. Wie gewöhnlich läuft mir ein großer Teil der Bevölkerung nach. Alle lachen laut heraus, als ein Mädchen einen Furz läßt. In einer Ecke liegt ein nur noch halbwacher Mann, schläfrig schon von einem anderen Schlaf, auf einer Ruhematte. Er ist rot geschminkt, in ein Fell gehüllt und macht nur ganz kleine, kraftlose Bewegungen. Die Leute geben mir zu verstehen, ich möge ihn heilen, aber was tun?

Auf der Straße fängt Griaule Schmetterlinge.

Zweimal sehe ich unterwegs alte Frauen, die Kupferringe um ihre rot angemalten Beine tragen. In ihren Nasenlöchern stecken wie Walroßzähne zwei Metallstifte.

Prächtige Hochöfen aus gebrannter Tonerde. In einem Gehege, in das gleich nach der Metallgewinnung die Eisenschwämme geschafft werden, schlachten die Schmiede ein Huhn.

Metallreligion. Diese wundersamen roten Steine, aus denen man das Metall gewinnt und die, zerstoßen, das wirksamste Medikament darstellen . . .

Übernachtung in Golongo, wo ein großer Teil der Dorfbevölkerung – Männer, Frauen, Kinder – sich um unser Feuer herumdrängt.

9. März

Beim Schlafengehen gestern abend habe ich meinen Pyjama nicht wiedergefunden. Ich hatte vorher das Bett aufgeschlagen und ihn obendrauf gelegt. Ich habe nackt schlafen müssen, denn der andere

253

Pyjama, den ich dabeihatte, ziert jetzt den Oberkörper von Makan und die Beine von Joseph, dem Küchenjungen, bevor er sich endgültig in Fetzen auflöst. Meine anderen Schlafanzüge sind mit Larget unterwegs; der hat zwei von meinen Kisten in seinem Lastwagen. Keine Hoffnung, vor Bangassou wieder dranzukommen. Ich bin entzückt, gleichsam im Naturzustand schlafen zu müssen ...

Auch heute morgen meinen Pyjama nicht wiedergefunden und daraus geschlossen, daß man ihn mir gestohlen hat. Ob die große Geschäftigkeit der Männer und Frauen gestern abend nicht etwas damit zu tun hat?

Unterwegs begegnen wir einer ganzen Schar von Leuten, die wahrscheinlich die Straße reparieren gehen. Sie sind genauso rot bemalt wie die Leute gestern. Einige Männer und sogar ein paar von den Frauen tragen das Fell eines Affen (oder irgend sonst eines Tieres) auf dem Kopf.

Grüne, englische Landschaft, ausgesprochen bewaldet. Überraschende Kleidung: Ein Knabe trägt z. B. eine Frauenbluse, und ein junger Mann mit grob-blauen Shorts, die unten mit zwei weißen Knöpfen verziert sind, sieht trotz Tropenhelm und schwarzem Gesicht ganz wie ein »Dorfbräutigam« aus.

Keine Holzbündel mehr vor den Türen, sondern große, vollständig abgenutzte Holztrommeln in Kuhform.

Die Frauen und die Kinder machen immer noch ihre schönen Soldatengrüße, wenn wir vorbeifahren. Fast alle Frauen und Mädchen tragen ihre Lasten mit Hilfe eines Bandes, das sie um die Stirn legen. Im Unterholz, neben einem großen Termitenhügel und in dem grünen Licht, sehen sie wie Nonnen oder Feen aus.

Bangui. Alles Gift der Zivilisation. Ein schönes Haus wird uns zur Verfügung gestellt, so sauber und schön, daß alles gleich furchtbar kompliziert wird und ich erst nach langem Zaudern und Hin und Her eine Ecke für mich finde, wo ich halbwegs zur Ruhe komme.

10. März

Noch in der Nacht setzt ein heftiger Wirbelsturm ein und hört nicht mehr auf. Sturzbäche von Wasser, die heute morgen in Sprühregen übergehen. Ich gewöhne mich an die Villa und finde es sogar ganz angenehm, über einen Wandschrank zu verfügen, in dem ich alle herumliegenden Sachen verstauen kann. Ich habe schon immer viel

Sinn für Ordnung gehabt. Das ist übrigens mit einer der Gründe für mein Gefallen am sogenannten »Wilden«: An der so korrekten Ausrüstung der Somba, an den schönen Speichern der Kirdi in ihrer kreisrunden Umfassungsmauer, an den glasierten Hütten der Moundang. Bewundernswerte Deutlichkeit der nackten Menschen. Absolute Korrektheit ihrer Haltung. Daneben schaut alles Angezogene wie Geschmier und Lümmelei aus. Ein gräßliches Durcheinander, unsere Zivilisationen!

Die üblichen Besuche bei der Regierung. Ein paar Neuigkeiten, wie z. B. der Skandal der Tripanosomiasis-Station, deren Direktor vor eine Untersuchungskommission gestellt wird, wo er sich für die zahlreichen Fälle von Erblindung zu verantworten hat, die durch seine Behandlung hervorgerufen wurden; die bevorstehende Rückgabe von Fort-Archambault an den Tschad (die Strecke Brazzaville-Pointe Noire ist fertiggestellt, und es besteht jetzt kein Bedarf an Arbeitskräften mehr). Als Leuten vom Fach vertraut man uns an, daß sich in Französisch Äquatorial-Afrika die Straßen einfacher bauen lassen als in Kamerun, denn in Französisch Äquatorial-Afrika gibt es keinen Völkerbund und die Arbeitseinsätze von regulär zwei Wochen können ohne weiteres ausgedehnt werden.

Eine fast zwei Seiten lange Depesche meldet den Tod von Briand, der als »Apostel des Friedens« apostrophiert wird.

Besuch beim Schwiegersohn eines Bekannten (eines durch die Revolution ruinierten russischen Sammlers). Ich habe ihm durch Larget, als der durch Bangui kam, einen Brief übermitteln lassen, den mir seine Mutter anvertraut hatte. Ziemlicher Schlägertyp, aber sympathisch. Er lebt ganz allein in seiner Konzession, mehrere Kilometer vom Zentrum entfernt. Schon seit fünf Jahren ist er jetzt nicht mehr in Frankreich gewesen und hat auch wenig Lust dazu. »Wenn ich zurückginge, wäre ich ein Bettler, hier bin ich ein Sultan«, sagt er. Er ist es auch, der den Transport unseres Schiffes übernommen hat. Larget wird in Bangassou auf das Schiff warten müssen, denn es ist anscheinend immer noch in Archambault.

11. März

Mittagessen am Flußufer, bei dem besagten Schwiegersohn. Auf der anderen Seite Belgisch Kongo und sehr dichter Urwald, d. h. eigentlich ist gerade an dieser Stelle eine internationale Insel, die weder den

Franzosen noch den Belgiern gehört und auf der vor ein oder zwei Jahren ein wegen Mordes an einem Europäer gesuchter Engländer ein ganzes Jahr lang (durch Jagd und nächtliche Versorgung) überleben konnte, bevor er schließlich doch gefaßt wurde.

Der Herr des Hauses besitzt ein Sägewerk, metallene Schaluppen, einen ganzen Stall voll Autos und Lastwagen. Unter seiner blechüberdachten Veranda wird mächtig ins Glas geschaut. Seine gelb aussehende, fiebrige Frau, eine Araberin aus dem Tschad, ist sehr hübsch. Ihr schwarzes Tuch aus Importsamt sieht an ihr wie ein Abendkleid aus. Vor dem Eingang einer Hütte hockt sie mit einer anderen Frau beim Essen. Um uns zu begrüßen, steht sie auf und hält uns – weil sie uns nicht die »vom Fraß besudelte« Hand reichen will – das Handgelenk hin.

Der Amphitryon ißt morgen bei uns zu Abend.

12. März

Schlecht geschlafen, immer noch ohne Pyjama. Doch sehr aufreibendes Klima. Es ist hier sicher noch leichter als anderswo, zu einem dieser dickbäuchigen oder mageren, blassen Kolonialherren zu werden, wie man sie zu Fuß oder als lasche Säcke in einer Rikscha hängend auf den Straßen trifft.

Ich habe mich kaum angezogen, da erscheint der Amphitryon von gestern. Er entschuldigt sich und führt als Grund seines Kommens den kolonialen Gedächtnisschwund an, jenen Gedächtnisschwund, den wir nach neun Monaten Chiningenuß schon am eigenen Leib erproben können. Er kann heute abend nicht kommen, denn er ist schon anderweitig eingeladen. Er hatte das bloß vergessen. Im übrigen ist beim Transport unseres Bootes schon wieder etwas schiefgelaufen: Zwischen Archambault und Bangui ist die Straße abgeschnitten; unser Amphitryon hat gerade die Nachricht erhalten: Einer seiner eigenen Lastwagen hat eine Brücke zusammengefahren. Auch wir sitzen dadurch fest, denn der Unfall ist zwischen Bangui und Sibut passiert, auf einem Streckenabschnitt, den wir auf der Fahrt nach Bangui unmöglich umgehen können.

Improvisiertes Mittagessen. Als ehemaliger Berufsjäger kennt unser Gast alle »*Desperados*« der Gegend. Immer wieder neue Namen und Geschichten, in denen die, die nach der Norm leben, nicht immer am vorteilhaftesten wegkommen. Mit Interesse, ja fast liebevoll werden unsere Waffen begutachtet. Vorhin hat unser Mittagsgast (Lutten und ich sind zu ihm nach Hause gegangen, um ihm unsere unvermittelt beschlossene morgige Abfahrt anzukündigen) auch einen amerikanischen Katalog von Angelgeräten kommentiert. Beim Mittagessen hatten wir ihm außer den Waffen auch noch den Bauplan unseres Bootes gezeigt. Seine arabische Frau lief bei ihm heute im Unterrock herum. Sie hatte das Samttuch um ihren Unterleib geschnürt und suchte überall im Haus nach einem Jackett. Des Jackettdiebstahls angeklagt, zitterte der Boy vor den Fäusten des Herrn . . .

Mir ist nie eindringlicher die tiefe Menschlichkeit der Bücher von Joseph Conrad und zumal des *Herz der Finsternis* aufgegangen.

13. März

Abfahrt heute morgen. Aus einer Zehe des rechten Fußes pule ich ein seltsames Eitergeschwür heraus. Erst nachher merke ich, daß es sich lediglich um eine Milbe handelt. Assistiert vom Küchenjungen, hole ich aus derselben Zehe noch eine heraus.

Abschied von unserem Freund, dem Jäger, der mir einen Brief für seine Mutter mitgibt. Das Schreiben wird erst in etwa zehn Monaten ankommen. Aber wenn Reisende untereinander solche Botendienste übernehmen, so hat das seinen eigenen Wert, obwohl die Briefe viel länger unterwegs sind als die normalen Postsendungen. Ein Brief, den man einem Überbringer anvertraut, ist viel lebendiger. Es ist, als hätte der Schreiber den Brief dem Empfänger persönlich in die Hand gegeben.

Wir fahren Richtung Fort-Sibut. Ärmliches Land, kaum Dörfer, arme, kränklich aussehende Leute. Zwei Pannen: Ein kaputter Stoßdämpfer blockiert schlagartig eine der Bremsen, und der rechte Vorderreifen platzt. Aber das hält uns nicht weiter auf, und wir kommen trotzdem bis nach Fort-Sibut.

14. März

Fort-Sibut: Eine triste, zu regelmäßig angelegte Stadt, deren Namen zudem an »Skorbut« erinnert.

Längs der Straße ziemlich viele verlassene Dörfer. An manchen Orten ist die Mehrzahl der Hütten zerstört und nur zwei oder drei sind noch bewohnt. Danach eine etwas reichere Gegend. Überall angeschnittene Bäume. Es sind Gummibäume.

Kurz hinter Bambari überholen wir, ohne anzuhalten, zwei feiste Weiber (eine Alte und eine Junge). Sie sitzen in einer Rikscha und werden von Trägern begleitet. Wir tippen auf amerikanische Missionarinnen, die einen Ausflug machen.

Es ist schon finstere Nacht, als wir auf eine Schar tanzender und heulender Menschen stoßen. Ich steige aus, um zuzuschauen. Griaule bleibt im Wagen, der sofort umringt ist. Ein paar Minuten lang rühren wir uns nicht vom Fleck, betrachten die Leute und warten auf den Lastwagen von Lutten.

Das Licht der Scheinwerfer, dann Lutten. Nicht nur Lutten sitzt im Lastwagen, sondern auch die zwei Frauen, die wir überholt haben. Es sind keine Ausflüglerinnen, sondern Missionarinnen, die aus Fort-Sibut kommen und von der Stelle aus, wo wir ihnen begegnet sind, noch gut 150 Kilometer in der Rikscha zurücklegen wollten. Da das aber vier oder fünf Tagesmärsche sind, hat Lutten beschlossen, sie mitzunehmen. Das trägt uns nun die Gastfreundschaft ihrer Mission ein, die aus einem Schweizer Ehepaar besteht. Zu traurig, daß die Killer der Bartholomäusnacht so schlechte Arbeit geleistet haben! Da unsere Gastgeber allerdings Schweizer sind, wären ihre Vorfahren auf jeden Fall um das Massaker herumgekommen. Die Frau: Fleischlos verknöchert, ohne auch nur die geringste Spur von Brüsten, Lächeln einer Giftmischerin. Der Mann: Sehr jung, schmächtiges Baby mit Schnurrbart und Anflug von Glatze. Nach dem Abendessen erbaut er uns mit einer Marseillaise auf dem Grammophon und mit ein paar Kirchenliedern. Die zwei Amerikanerinnen haben Hüften wie Kühe und nicht ein Stäubchen Puder aufgelegt. Das Haus riecht nach Wollfett . . .

15. März

Breakfast in der Mission. Nicht übel. Wir werfen noch schnell einen Blick hinter das Missionsgebäude: Eine palmenbestandene Schlucht, zwei oder drei Strohhütten. Unter dem Regen, der seit heute morgen niedergeht, sieht das – obwohl wir doch etwas weiter nach Norden gefahren sind – noch wie ein Stück Urwald aus. Wir bedanken uns bei unseren Gastgebern und fahren ab.

Ein anderer Dorftypus: Kegelförmige Hütten mit sehr großen Strohdächern, zwiebeldächrig wie Kuppeln russischer Kirchen. Manche Frauen haben sich die Stirn blau gefärbt. Aber es wird alles zivilisierter . . . Die Kinder sagen nicht nur »Bonjour«, oft reichen sie einem jetzt auch die Hand. Sicher haben ihnen Touristen Geld gegeben.

Wieder Ärger mit den Bremsen: Eine Verbindungsstange ist gebrochen und die Fußbremse des rechten Hinterrades fällt aus. Wir fahren trotzdem bis nach Bangassou, wo Larget schon auf das legendäre Boot wartet, wo ich wieder an meine Kisten in Largets Lastwagen komme und heute nacht zum ersten Mal wieder einen Pyjama anziehen kann.

16. März

Gut geschlafen, ohne Moskitonetz, auf dem Diwan im Salon unseres Wohnsitzes.

Kordiales Mittagessen beim Verwalter, an dem auch Saint-Floris, der Preisträger für Literatur in den Kolonien, Jagdinspektor und Schriftsteller, teilnimmt. Er ist der Ansicht, das Leben eines Elephanten wiege gut und gern das Leben eines Menschen auf. Unterhaltung mit der Frau des Verwalters, die Baskin ist, über den Stierkampf. Ein Aquarell in einer Ecke des Salons stellt eine *mariposa* des berühmten Belmonte vor. Ich freue mich, in Afrika von Tauromachie reden zu können, einem der wenigen Dinge, die in Europa noch der Mühe wert sind.

Morgen fahren wir mit Saint-Floris nach Ouango, das man uns als die »Perle von Französisch Äquatorial-Afrika« ankündigt.

Neuigkeiten: Tod des Ökonomen Charles Gide, Wahl Hindenburgs zum Reichspräsidenten. Der Papa Joffre von jenseits des Rheins als Bollwerk gegen die Linke!

17. März

Wie ein Bannkreis rund um unser Haus die starken Gerüche der Orangenblüten. Griaule, Lutten, Saint-Floris und ich fahren im Personenwagen los. Auf dem Markt erstehen wir ein paar wunderliche Messer, verschiedene Lanzen und sonstige Gegenstände. Unwahrscheinlicher Ansturm von Leuten, die sich wild um uns herum stoßen: Die in der letzten Reihe heben die Sachen, die sie verkaufen wollen, über ihre Köpfe hoch.

Zwischen Bangassou und Ouango halten wir mehrmals an, um Schmetterlinge zu fangen. Mit Pirouetten einer Tänzerin und dem schlängelnden Vorschnellen eines Fechters fängt der bastbeschuhte Saint-Floris eine ganze Menge. Eine erstaunliche Geschicklichkeit übrigens.

Kurz vor Ouango treffen wir den Bezirkschef. Er kampiert seit drei

Tagen auf der Straße, um die Bauarbeiten für einen Flugplatz zu beaufsichtigen. Wir eisen ihn von seinem Mittagessen los, das man ihm gerade aufgetischt hat, bringen ihn nach Ouango zurück, und der Ärmste ordnet mit dem besten Willen von der Welt die Zubereitung eines Mittagsmahls für fünf Personen an.

Der Militärposten von Ouango liegt auf einem Hügel, der auf der Seite zum Fluß hin steil abfällt und das Wasser um 100 Meter überragt. Auf der anderen Seite des sehr breiten Flußarmes, jenseits der zahllosen bewaldeten Inselchen und Felsen an der Wasseroberfläche: Belgisch Kongo, das einem mit seinen Palmen, den ineinander verschlungenen Pflanzen und den Prärien wie ein Niemandsland vorkommt. Im Haus hängen zwei Bilder von ein und derselben Frau: blond, sehr hübsch, englischer Typ. Auf einem der beiden Photos hat sie lange Haare. Es ist die Frau des Verwalters. Als sie noch in Ouango war, hätten die Eingeborenen Angst vor ihr gehabt, erzählt er uns. Sie hielten sie für einen *mamatingou*, ein Fabeltier oder Dämon, das im Wasser lebt und die Leute ertränkt, indem es sie im allgemeinen in die Nasenflügel oder in die Kehle beißt.

Der Gastgeber stiftet uns eine sehr schöne Sammlung Lanzen und Messer. Nachdem wir alles auf Karteikarten aufgenommen haben: Tamtam. Die Leute haben sich schon zusammengefunden, aber wir gehen noch nicht hin, denn bei dem Regen lassen sich schwerlich Filmaufnahmen machen.

Eine ziemlich feiste Frau von hellbrauner Hautfarbe – verzogener Mund, ungleiche Augen – dringt in den Garten ein und kommt humpelnd auf den Posten zu. In der einen Leistenfurche quillt unter dem handgroßen Stoffviereck, ihrem einzigen Kleidungsstück, ein großer, syphilitischer Lymphknoten. Unser Gastgeber schickt die Irre weg, sagt ihr, sie solle ins Krankenhaus gehen, und sie verzieht sich weinend. Sie heult immer noch, als dann ein Kreiswachtmann dazukommt, sie beim Arm packt und versucht, sie mitzunehmen. Ihre Taktik besteht darin, sich wie ein Sack auf die Erde rutschen zu lassen und da liegen zu bleiben. Des Gezerres müde, gibt der Kreiswachtmann schließlich auf.

Die Hauptattraktion der Vorstellung, die man für uns gibt, sind drei kleine Tänzerinnen, von denen die älteste dreizehn ist. Die Mädchen haben bunte Sachen an, und ihre Gesichter sind dekorativ mit Holzkohle und weißem Lehm bemalt. Sie tanzen zur Begleitung eines Chores, in dem fast nur Mädchen ihres Alters sind, und werden angefeuert von den Älteren (auch sie professionelle Tänzerinnen), die als Tanzmeisterinnen, wenn nicht gar als Kuppelmütter fungieren. Es sind ausnahmslos ziemlich junge Frauen da. Bei einem der Tänze heben sechs Männer ein Bett wie ein Schild hoch, und eine der jungen Protagonistinnen tanzt, nachdem sie sich der Stabilität ihrer improvisierten Bühne versichert und ein wenig mit den sechs Trägern geschäkert hat, oben auf diesem Bett. Mit einer unten tanzenden Gefährtin tauscht sie Herausforderungen und Seitenblicke aus und die beiden Mädchen strecken sich gegenseitig die Zunge heraus. Die oben tut auch so, als würde sie sich mit einem imaginären Schild gegen die unten schützen. Am Ende des Tanzes schlägt sie wie erschöpft der Länge nach auf das Bett hin, und die sechs Träger versetzen ihr einer nach dem anderen leichte Schläge auf den Hintern. Sie richtet sich wieder auf, die Träger stellen das Bett ab, und sie springt – begrüßt von einem »Ah!« des ganzen Chores – mit geschlossenen Füßen herunter.

Der immer stetiger niedergehende Regen macht es leider fast unmöglich, diese Szenen zu filmen.

Wir sind erst spät wieder in Bangassou und verpassen den Empfang beim Verwalter, an dem wir teilzunehmen versprochen hatten. Wir haben gerade noch Zeit, vorbeizufahren, um uns schnell vor der Tür zu entschuldigen, denn so wie wir aussehen, wagen wir uns nicht in den Salon.

18. März

Jetzt bin ich 10 Monate unterwegs! Wie immer, wenn wir zwei, drei Tage in einer größeren Stadt verbringen, bin ich auch jetzt wieder depressiv gestimmt. Und so bald werden wir hier nicht wegkommen, denn das Boot ist immer noch nicht da. Telegramm an den Schwiegersohn des Sammlers, der uns versprochen hatte, den Transport zu beschleunigen.

Interessante Arbeit. Wieder eine Beschneidung, mit vielen skatologischen Schikanen. Morgen mache ich mit dem älteren Bruder meines heutigen Informanten die Initiation. Es geht um die Banda. Ich weiß schon, daß sie den bull-roarer haben und daß der, wider alles Erwarten, den Frauen nicht vollständig untersagt zu sein scheint. Griaule packt Kisten und setzt unbeirrbar seine Insektenjagd fort.

Seit gestern Diskussion über die afrikanischen Tagebücher von Gide, die der Verwalter uns hatte leihen wollen. Aus Prinzip verteidige ich sie, denn das Buch hat doch immerhin so manche Schweinerei an den Tag gebracht. Aber all diese Beschreibungen sind einfach leer, so kurz sie auch sein mögen. Eine Landschaft kann man nicht wiedergeben, sondern höchstens neu schaffen; dann allerdings unter der Bedingung, daß man in keiner Weise zu beschreiben versucht. Außerdem bin ich gegen seine Einschätzung von Léré: »Anhäufung von Haushaltsutensilien, Staub, Unordnung«, wo doch diese Stadt (zumindest das Innere ihrer Hütten) so wunderbar sauber ist, und ich bin auch nicht mit seinem Urteil über Ray Bouba einverstanden, der doch nun wirklich der Archetyp eines Tyrannen ist: »Sicher möchte er nicht so sehr gefürchtet, als vielmehr geliebt werden«.

Aber ist es denn nicht in jedem Fall ein absurdes Glücksspiel, ein Buch über eine Reise zu schreiben, ganz gleich, wie man sich dabei anstellt, ganz gleich, wo man ansetzt?

Die zwei Informanten, auf die ich gewartet habe, sind nicht gekommen. Gerade dann, wenn es wie am Schnürchen zu laufen scheint, zerrinnt einem alles zwischen den Fingern.

Lutten lädt schon seinen Lastwagen voll, damit wir abfahren können, sobald das Boot kommt. Aber wann es kommt, steht noch in den Sternen! Und wir müßten auch jetzt bald das Lagermaterial zugestellt bekommen, das wir bei der Durchreise in Kano zurückgelassen hatten.

Larget hat alle Hände voll zu tun mit zwei kleinen Tieren: Einem kleinen Buschhund, den er schon bei unserer Ankunft hatte und der wie ein winziger grauer Fuchs aussieht, und einem Schuppentier, das man uns gestern gegeben hat, ein bizarres Wesen, das zugleich etwas von einem Säugetier und von einer Eidechse hat und sich dazu wie ein Igel oder eine Schlange zur Kugel zusammenrollt.

Ich kann meine beiden Informanten schließlich doch noch auftreiben, aber es kostet mich viel Überredung, sie dazu zu bewegen, morgen früh wiederzukommen. Morgen ist Sonntag und der eine muß zur katholischen Mission . . . Lohnendes Thema, von den bull-roarern zu sprechen, nicht wahr?

Ich vergaß eine Neuigkeit: Ein Telegramm des Commmissaire de la République widerruft das Schreiben, das man Griaule bei seiner Abfahrt aus Yaoundé ausgehändigt hat, und meldet, daß Kamerun doch für den Transport aufkommt.

Gestern ist der Küchenjunge, der keinen Finger mehr rührte, seitdem er sich zum Haus gehörig fühlte, vor die Tür gesetzt worden. *Sic transit* . . . (Klassischer Witz).

20. März

Endlich Nachrichten vom Boot: Der Lastwagen, der unser Boot transportierte, ist ins Wasser abgerutscht, als er etwa 500 Kilometer von hier auf eine Fähre fahren wollte. Er ist nicht bis auf den Grund gegangen, und bis Verstärkung kommt, liegen die Blechteile des Bootes jetzt auf der Uferböschung. Wir hören das von einem Lastwagenfahrer, der uns ein paar zurückgelassene Kisten und das besagte Handbremsenauflager mitbringt. Aber zum Teufel damit! Griaule, Larget und ich machen uns jetzt allein auf den Weg zum Nil, und Lutten holt die Schiffsteile ab. Wir trennen uns.

Lutten hatte gestern das Schuppentier in einer üblen Verfassung angetroffen und geglaubt, es liege im Sterben. Er hatte es vor die Tür gebracht, damit es zumindest in Frieden verenden könne, und heute morgen ist es nicht mehr da. Es hat sich sicher aus dem Staub gemacht.

Als Erweiterung unseres Tierbestandes erwerben wir zwei Zibetkatzen.

21. März

Die Kolonien bleiben sich gleich, auch nach einer Grenze. Die ersten Leute, denen wir in Monga, der belgischen Grenzstation begegnen, sind Sträflinge, angekettet wie überall sonst. Wir sollen zudem eine Kaution von 27,5% des Materialwertes hinterlegen (mit Ausnahme der Fahrzeuge, die nur mit 5% taxiert werden), was für das ganze Material, das wir transportieren, zusammengenommen eine Auslage von 20 bis 25 000 Francs bedeutet. Kein einziger französischer Verwalter hatte uns von dieser Formalität etwas gesagt. Da es in Monga kein Telegraphenamt gibt, muß Griaule mit dem Wagen nach Bondo fahren (125 km) und telegraphisch den Generalgouverneur in Léopoldville darum ersuchen, uns die Kaution zu erlassen. Wenn er ablehnt, müssen wir wieder umkehren.

Ich bleibe mit Larget und den Boys zurück. Ganz in unserer Nähe sind riesige Wasserfälle. Der belgische Zöllner hat Griaule, Larget und mich zum Mittagessen eingeladen. Aber Larget und ich sind kaum wieder im Camp, da machen wir, um die Zeit totzuschlagen, auch schon eine Flasche Wein auf und trinken sie, Kekse knabbernd, auch leer. Larget, der durch die Vertraulichkeit dieser Situation in Fahrt gerät, läßt seiner Anlage zum alten Brummbären freien Lauf: Die

Reise ist schlecht organisiert, keine Planung, zu viel Transporte, Griaule hätte dies tun, hätte jenes lassen sollen ... Er erinnert sich auch mit Wehmut an sein Casanova-Abenteuer auf dem Niger und erzählt mir die wichtigsten Episoden: Polizeiliche Hausdurchsuchung in der Mission, auf Verlangen des betrogenen Straßenwärters (die Frau lacht sich in ihrem Versteck ins Fäustchen, während die Polizisten das Haus durchstöbern), ihre Flucht mit Bandyougou bis zum nächsten Holzlager am Fluß, wo Larget wieder zu ihnen stoßen soll, der Honigmond auf dem Niger, bevor es dann später zu heftigen Szenen kommt. Die Feldbetten sind aufgeschlagen. Man braucht sich nur mit Geduld zu wappnen.

. . . .

Mit dem stellvertretenden Zollinspektor, der uns gerade einen Korb Mandarinen hat bringen lassen, machen wir einen Besuch in der Wollfabrik. Und ich dachte tatsächlich, im Land der Azandé noch eine Spur des Wilden zu finden! Als Ersatz für das Wilde Ärger mit dem Zoll. Aber hatte man uns denn nicht schon in Bangui gesagt, daß es viele Azandé (oder »Niam Niam«, Fachleute im Menschenfressen) seit einigen Jahren durchaus nicht verschmähen, eine Melone zu tragen, bzw. einen »Kugel-Hut«, wie es in Belgien heißt?

22. März

Larget und ich schwätzten gestern nach dem Abendessen miteinander, und gerade als wir am wenigsten darauf gefaßt waren, kam überraschend Lutten mit seinem Lastwagen: Das Boot war gegen zwei Uhr in Bangassou eingetroffen.
Aber nichts Neues vom Zoll: Griaule ist immer noch nicht zurück.
Unser Zoo ist um eine der Zibetkatzen (oder Steinmarder?) ärmer geworden, die heute nacht gestorben ist.
Noch einmal das Buch von Seabrook[30] gelesen, das letzten Endes doch nicht so übel ist. Es wimmelt von Ungenauigkeiten (Irrtümern, Lükken, Ausschmückungen), aber sie werden durch einen echten Humor aufgewogen. Das Werk ist im großen und ganzen sogar von recht blühender Phantasie, und der Teil über die Elfenbeinküste (eine

---

30 *Les Secrets de la Jungle*, Paris 1931.

Gegend, die ich nicht kenne), mag überzeugend wirken. Ich habe jedenfalls Spaß an der Lektüre dieses Buches, des einzigen Schmökers, den wir in unserer Bibliothek haben ...

Damit ist es allerdings auch nicht getan. Der Boß ist nicht da, und die Folge davon ist: Untätigkeit (von der ich nicht weiß, ob sie jetzt angenehm oder nervend ist), Passivität, Faulenzen, Laschheit, FERIEN ...

23. März

Bis Griaule wieder zurück ist, füllen wir jetzt seit gestern nachmittag schon einmal die Zollerklärungen des stellvertretenden Inspektors aus. Dieser brave Mann hat die außerordentliche Freundlichkeit besessen, alle Formalitäten auf ein Mindestmaß an Prozeduren zu reduzieren, anstatt (wie das ein Chefinspektor von einer Expedition des British Museum verlangt hatte, die übrigens, weil sie die Kaution nicht bezahlen konnte, in Richtung Anglo-Ägyptischer Sudan wieder abgeschoben wurde) die genaue Auflistung unseres Materials und unserer persönlichen Habseligkeiten bis hin zur kleinsten Lesefibel und jeder einzelnen Schallplatte zu fordern.

Um Insekten einzusammeln, machen wir bei Vollmond einen Spaziergang in die Nähe der Wasserfälle und kommen durch verschiedene Gruppen von Eingeborenenhütten. Die wandernden Lichtstreifen unserer elektrischen Lampe amüsieren die Leute sehr.

Traum: Ich schreibe einen kritischen Artikel über Botticelli (einen Maler, den ich noch nie ausstehen konnte). Es erscheint ein Sonderdruck davon. Anstatt gedruckter Exemplare verschicke ich Manuskripte (?) an die Presse. Als mir dann die Manuskripte ausgehen, beende ich meinen Pressedienst mit den Drucken. Ich nehme ein Exemplar in die Hand. Auf dem Umschlag ist ein Gemälde wiedergegeben: Vor einem sehr noblen Palastdekor (Terrassen, Bogenfenster, Säulengänge, breite Treppen) bedrängt ein im Profil gezeigter griechischer oder römischer Held in Kämpferpose einen zurücktaumelnden Mann. Der hat dasselbe akademische Kriegerkostüm an wie sein Widersacher, aber er hat keinen Kopf. Auf seinen Schultern sitzt eine bizarre Form, ziemlich hoch, aber weich und abgerundet wie bestimmte in der Chemie verwandte Gerätschaften, und anscheinend aus einer weißlichen Substanz gefertigt: ein Chef der Wilden, dessen Kopf zweifellos durch eine rituelle Maske ersetzt worden ist.

Heute morgen wird unser Zoo wirklich lästig. Gestern früh war der kleine Buschhund verschwunden, und Larget hatte ihn erst am Abend, und übrigens ganz zufällig, wiedergefunden; heute ist er eingesperrt und jault. Die beiden Zibetkatzen sind in einer Kiste, aber wo sie jetzt größer geworden sind, springen sie in einer Tour heraus, und beim Herumlaufen muß man aufpassen, daß sie einem nicht unter die Füße kommen und man sie zu Brei zertritt.

Angenehmes Bierbesäufnis bei den belgischen Beamten, die sich im Leeren von Flaschen auskennen. Anwesend sind: der Verwalter (ein fideler Bursche, ganz »Marseiller aus dem Norden«), der stellvertretende Zollinspektor, der uns am Morgen ein paar Sachen für das Museum am Trocadero gegeben hat und uns am Nachmittag noch weitere mitbringen will, ein ziemlich nichtssagender Portugiese, ein holländischer Kaufmann (ein magerer Sturkopf, der sich auf die Kunst, Neger bis aufs Blut auszusaugen, bestens zu verstehen scheint), die Frau des jungen Zollinspektors, die klassische weiße Gans, mattblond und fahl. Vom Verwalter, der den Chef des Bezirks Ouango kennt (eines Abends, nach einem üppigen Mahl ist er tatsächlich – rückwärtsgehend, weil er irgend etwas erklären wollte – von des letzteren Terrasse gestürzt und hat nicht den geringsten Schaden genommen), vom Verwalter hören wir beiläufig, daß die Frau, deren Porträt wir in Ouango gesehen haben, anscheinend das Land verlassen hat und nach Europa zurückgekehrt ist, weil sie es vor Langeweile nicht mehr aushielt . . .

Larget, der ganz in seinem Element ist, hängt seinen Erinnerungen an seine verwöhnte Jugendzeit nach: seinen Feten in Brüssel, seinen Beziehungen zu Léopold.

Nachdem Lutten und ich erst zum Wasserfall gegangen waren, um ein Bad zu nehmen, bekommen wir gegen Abend einen Brief, den Griaule einem bei uns vorbeifahrenden Wagen mitgegeben hat. Er hat auf seine Telegramme immer noch keine Antwort erhalten.

24. März

Rückkehr Griaules, der noch keine endgültige Antwort erhalten hat. Wir bezahlen die Kaution, die letzten Endes doch nicht so hoch ist, wie wir gedacht hatten, und fahren ab.

Im Vorbeifahren noch schnell einen Blick auf den Friedhof, der mir schon früher aufgefallen war. Zwei Gräber von Männern (kurz vor dem Krieg, bei der militärischen Besetzung der Gegend getöteten Offizieren), ein Grab mit der Inschrift »Charlotte« (das Grab eines kleinen Mestizenmädchens). Wir haben gehört, daß unter diesen Hügeln nicht mehr viel übriggeblieben ist, höchstens ein Arm oder eine Hand. Denn vor noch gar nicht allzu langer Zeit hielten die Bewohner des Landes, heute liebenswürdige Katholiken, noch das Banner der alten Bräuche hoch: Wie andere Frösche essen, haben sie den Friedhof aufgegessen.

Wir fahren über Bondo, wo wir bei einem Händler und seiner Frau eingeladen sind (fast die einzigen Franzosen an diesem Ort). Griaule war schon bei ihnen. Sie sind während der Telegrammaffäre sehr nett gewesen.

Wieder ein neuer Typus von Hütten: rund oder länglich (rechteckig und mit einem Halbkreis an einem Ende, der die Veranda darstellt). Die Hüttendächer sind aus Blattwerk, das von der Sonneneinstrahlung ganz grau geworden ist. Seltsames Papiergekräusel oder Bäckerhauben – alles, nur keine Dächer.

Wir müssen ein oder zwei Flußläufe auf Fähren überqueren. In den Pirogen wird getrommelt und gesungen. Die Kinder am anderen Ufer tauchen oder tanzen, als sie die Musik hören.

Die Gastgeber von Bondo sind charmant. Kategorie: Die keine Mühe scheuen . . .

25. März

Wegen der nicht gescheuten Mühe kommen wir erst nach einem ausgiebigen Breakfast weg, das so ausgiebig war, daß ich noch den ganzen Tag über voll bin.

Gigantische Bambusgewölbe. Steigendes Gesproß der Kathedralen. Wieder einmal ist der Wald, der Urwald, nicht nur ein bloßes Wort.

Die Zivilisation dagegen ist wieder einmal bloß ein Wort. Das Hotel von Bouta, in dem wir übernachten (wir haben keine andere Wahl, denn es gibt kein Camp) ist ein freudloses Loch: prätenziöse Dürftigkeit, gepanschter Wein, Grammophon.

Heute morgen meldet ein Telegramm, das wir beim belgischen Verwalter von Bondo eingesehen haben, daß sich die Regierung dazu entschlossen hat, uns die Kaution zu erlassen. Hoffentlich sind wir bald am Nil!

26. März

Den Eingeborenen von Monga gegenüber bin ich ungerecht gewesen. Lutten und Larget erklären mir, daß ich die Geschichte mit dem Friedhof falsch verstanden habe. Weniger Toten-Esser, als ich glaubte, haben die Leute die Kadaver nicht wieder ausgebuddelt. Sie haben die beiden massakrierten Offiziere vom Fleck weg verspeist, und die Überreste sind beerdigt worden.

Fast alle Männer, denen wir auf der Straße begegnen, tragen eine Lanze, auch die, die europäisch gekleidet sind. Einige – aber nicht dieselben immerhin – haben Akkordeons.

Die »Königsstraße«, die aus Bouta hinausführt und die man uns als so gut in Schuß gepriesen hatte, ist nicht berühmt. Wirklich miserabel sogar, denn ein Lastwagen nach dem anderen hat sie durchgeackert und wie ein Wellblech verformt.

Festmahl in einem kleinen Dorf, dessen Namen nicht herauszubekommen ist. Als Nachtisch eine Ananas, größer als ein Menschenkopf, und für mich Palmenwein, der vortrefflich nach Pflanzlichem schmeckt, leicht säuerlich und ein bißchen wie Sperma. Wir kaufen ein paar Sachen (mehrere Messer, zwei schöne Mörser). Man bietet uns Mörser aller Art an und will uns sogar einen alten Smoking (Jacke und Hose) verkaufen. Am Nachmittag begegnen wir einem Eingeborenenchef, der sich in einer Sänfte tragen läßt. Vor ihm her marschiert eine Wache mit der belgischen Flagge und hinter ihm eine Reihe Träger, von denen einer einen rotangestrichenen metallenen Gartenklapptisch schleppt.

Außer ein paar schönen Punkten ist alles jämmerlich abgeholzt. Etappenhalt in etwa 300 Kilometer Entfernung von Bouta. Wir richten uns in der total leerstehenden Armenklinik ein.

Erst eine, dann noch zwei weitere Frauen vom Metier bieten uns ihre Dienste an. Sie werden von ein, zwei Ehemännern begleitet, der eine mit Radrennfahrerstrümpfen, der andere in Uniform. Wir weisen die Frauen ab, aber jede bekommt 10 Sous geschenkt. Sie wollten wohl auch kaum mehr haben.

27. März

Erste Kontaktaufnahme mit den Mangbétou, legendären Menschenfressern. Die Männer haben verzwickte Messer und kleine, geflochtene Mützen in Form von Richterbaretten, die durch ein oder zwei Federn (oder sonstige Verzierungen) zu Mützen von Renaissancepagen werden. Die Leute haben schöne Pfeifen. Sie sind große Hanfraucher, und der Verwalter läßt sie damit nicht in Frieden. Die meisten tragen kurze Rindenhosen, die um die Hüften herum wie die Halskrause eines Harlekins aufgebauscht sind.

Die Frauen haben gefältelte Blätterröcke an. Auf dem Hintern tragen sie einen ovalen, geflochtenen Korbteller und vorne eine kleine, vom Gürtel gehaltene Walze. Einige haben statt des Blätterrockes vorne ein großes rechteckiges Tuch aus Rindenstoff. Im Laufe des Tages fallen mir zwei Frauen von idealer Schönheit auf. Die eine: ziemlich klein, mit schwarzen Motiven bemaltes Gesicht (wie bei vielen anderen auch), Hängebrüste wie Feldflaschen, aber feine und reizende Züge. Das schwarze Dreieck in der Mitte ihres Mundes – die beiden mittleren oberen Schneidezähne sind schräg abgefeilt – macht ihr Lächeln noch freundlicher. Diese erste Frau hatte ein Baby auf dem Arm und war auf dem Weg zum Markt. Wie viele erwachsene Mangbétou hatte auch das Baby einen länglichen (absichtlich länglich gedrückten) Schädel.

Diesem langen Schädel und einem Körper von unmenschlicher Schönheit verdankte das zweite der beiden Mädchen (in der Nähe einer Fähre getroffen und bestimmt noch nicht Mutter) seine umwerfende Noblesse. Die beiden Frauen schienen mir weniger widerspenstig als andere, die sich nicht einmal photographieren lassen wollten (die waren dann allerdings auch alt und häßlich).

Sobald der Wagen irgendwo anhält, ergreifen viele Männer oder Frauen die Flucht. Ein Kind, dem wir eine Ananas abkaufen, wagt es fast nicht, sie mir hinzuhalten. Ich muß ihm das Geld zuwerfen, solche Angst hat es, meine Hand könne an seine kommen.

Starker Wirbelsturm gleich nach unserem Mittagessen am Rand eines stehenden Gewässers, das sich, obwohl wir in der Savanne sind, in feenhaften Waldtiefen verliert. Griaule will einem Baum ausweichen, den der Wind quer über die Straße geworfen hat, und fährt den Personenwagen in den Schlamm. Wir müssen ihn und den sehr schwer beladenen Anhänger zu zweit wieder flott kriegen. Larget ist hinter uns. Auf eine irreführende Auskunft hin und wie blind hinter der Wassergardine des Tornado schlägt er einen falschen Weg ein und kommt erst anderthalb Stunden später an. Lutten ist vor uns. Erst nachts finden wir ihn mitten in einem Ort in einer strohgedeckten Holzkirche wieder, in der wir unser Lager aufschlagen.

Wenn es nicht gerade regnete unterwegs und wir schnell fahren konnten, jubelten die Leute uns Vorüberbrausenden anerkennend zu. Zur Zeit der Stammeskriege und der ausgiebigen Massaker müssen sie ähnlich erregt gewesen sein. Wenn es aber regnete und wir sie ganz gräßlich vollspritzten, machten sie anscheinend manchmal feindliche Gesten. Ein paar Leute hielten als Regenschirm ein langes Bananenblatt in der Hand.

Entscheidende geographische Veränderung: Wir haben das Gebiet der M.A.C.O. hinter uns gelassen, einer belgischen Transportfirma, bei der wir uns bis jetzt mit Benzin versorgt haben, und kommen in den Bezirk der S.H.U.N., einer ähnlichen Firma, die von einem Griechen geleitet wird.

Erst jetzt wird mir bewußt, daß heute Ostern ist und wir Anstalten machen, in einer Kirche zu übernachten.

Hauptsächliche Dekoration: ein Kruzifix, ein Altar aus getrocknetem Lehm, der Kreuzweg aus Farblithographien, eine Abc-Fibel.

28. März

Verspätete Abfahrt heute morgen. Wegen eines Wackelkontakts sprang der Wagen nicht an. Wir nähern uns trotzdem allmählich dem anglo-ägyptischen Sudan.

Mittagessen in einer ähnlichen Kirche wie die gestern abend. Neben dem Eingang eine Wandtafel, auf der das Muster für eine schriftliche Aufgabe gekritzelt ist. Links vom Altar der Beichtstuhl: Eine geflochtene Wand mit einem Guckfenster in der Mitte, hinter der der Beichtvater sitzt. Ein Weidenvorhang ist parallel zu der geflochtenen Wand an der Decke aufgehängt und schließt den Beichtenden ab, der sich zwischen diesem Vorhang und der Wand befindet. Mit einem kleineren, an der Flechtwand angebrachten Vorhang läßt sich das Guckfenster zuziehen.

Keine Frauen mehr, die auf dem Hintern ovale Korbteller tragen wie venezianische Augenlarven. Manchmal tragen sie Blätterbündel, chemisch grün wie Bäume vorm Sturmhimmel. Auch mal ein bloßes Fasern- oder Haarbüschel, das wie ein kleiner Besen von der Scham absteht. Manchmal, aber selten, ein bis zwei Strohgürtel. Sind es zwei, scheint die nackte Haut zwischen ihnen durch.

Selbst die Landschaft wird anders. Neben der üblichen Vegetation sehen wir jetzt kurze Sträucher wie Sonnenschirme, Papyrus, Bäume mit roten Blüten, ähnlich den Flammenakazien.

270

Wir kommen ganz knapp um zwei aufziehende Wirbelstürme herum. Einer Bresche klaren Himmels folgend, führt die Straße geradenwegs zwischen den beiden durch.

Auf dem höchsten Punkt einer weiten, kahlen Hochebene liegt Aba, der belgische Grenzposten und die Hauptstadt der S.H.U.N. Fast nur Bürobauten, riesige Garagen und Lager, ein Hotel. Dank der Freundlichkeit der belgischen Zöllner sehr einfache Erledigung der Formalitäten. Nach einem Halt von anderthalb Stunden fahren wir weiter. Am Horizont Hügel und vereinzelte Felsenformen. Ein Grenzschild an der Straße: Wir sind im anglo-ägyptischen Sudan.

Ankunft in Yey vor Einbruch der Nacht. Am Grenzposten flattern die beiden Fahnen (Großbritannien, Ägypten). Die Schildwache geht auf und ab: Ein bewaffneter Schwarzer in Kakiuniform und hoch auf dem Schädel reitendem Tropenhelm mit grünem Federbusch und flachen Rändern.

Übernachtung im Camp. Ein anderer bewaffneter Schwarzer beaufsichtigt das Wasserschleppen. Morgen früh treten wir mit dem *district commissioner* in Verbindung.

29. März

Der district commissioner ist auf Inspektionsreise und wir müssen mit einem ägyptischen Kassierer vorlieb nehmen, der die Einreisegebühr für die Kraftfahrzeuge entgegennimmt.

Unterwegs zum Nil. In einem Traum heute nacht war unser Boot schon zusammengebaut. Ich sollte damit – als rein sportliche Leistung – einen drei bis vier Meter hohen Wasserfall hinunterfahren und ein paar Meter weiter an einer genauso steilen Kaskade wieder bis zur Ausgangshöhe hinaufkommen. Es bestand keine Gefahr zu ertrinken (trotz der Felsen, die den Schiffsrumpf aufreißen könnten), es sei denn, die Aufschläge bei den beiden Sprüngen schleudern mich aus dem Boot. Um dem vorzubeugen, brauche ich mich aber nur fest anzuklammern und mich so hinzusetzen, daß ich mir an der blechernen Bootswand den Kopf nicht zerschmettere. Aber die bevorstehende Großtat macht mich kleinmütig. Griaules Kommentar: Ich würde ja wohl jetzt »den Schwanz einziehen«. Der Traum steht, glaube ich, im Zusammenhang mit der Demütigung gestern im Auto, als mir eine riesige Heuschrecke auf die Knie sprang und ich mich vor Ekel nicht mehr zu halten wußte. Ich werde meine Angst vor Insekten einfach nicht los . . .

Wenn ich daran denke, daß ich schon bald den Nil sehen soll, kommen mir Befürchtungen. Ich habe den Strom von meiner früheren Reise nach Ägypten her in so starker Erinnerung.

Junge und alte Frauen, Mädchen, junge Männer, Kinder, Erwachsene, aber fast keine Greise. Wieso nicht? Wo mögen sie sein? Viele Frauen tragen ein zugespitztes Eisen an der Unterlippe. Viele stützten sich auf Stöcke und ausnahmslos alle haben einen einwandfrei glattgeschorenen Schädel.

Ein Hügel nach dem anderen. Endlos weite Savanne. Weißbewölkter Himmel. Nichtendenwollende Serpentinen. Am Horizont Berge. Nach rechts führt eine verlassene Straße: Die Piste nach Rejaf, der ehemaligen Kopfstation der Schiffahrtslinie. Der Endpunkt ist jetzt nach Juba verlegt worden, denn zwischen diesen beiden Städten war der Fluß nicht sicher genug.

Mächtige Hundskopfaffen überqueren die Straße. Aber nicht einer von den versprochenen Elefanten. Das Wilde an dem Land verliert sich immer mehr.

Plötzlich – wir warteten schon nicht einmal mehr darauf – taucht zwischen zwei Gebirgszügen eine grünende Ebene auf: das Niltal. Näher gekommen, stellt sich der Strom als nicht imposanter heraus als irgendein ordinärer Kanal in Frankreich. Ich wage nicht, mir meine Enttäuschung einzugestehen.

Verwaltungsformalitäten. Wir machen einen Besuch beim Gouverneur und fahren beim Postamt vorbei, um die Briefe abzuholen, die dort auf uns warten. Roux ist anscheinend unterwegs nach Djibouti, zusammen mit Fräulein Lifszyc. Es war aber doch ausgemacht, daß die Lifszyc in Khartoum zu uns stoßen sollte. Unsere Pariser Korrespondenten sind nicht ganz richtig im Kopf!

Auch Juba ist eine große Stadt der S.H.U.N., genau wie Aba. Unweit von den Büros der Gesellschaft steht ein riesiger Erdöltank. Im übrigen Verwaltungsgebäude, Läden, die Eingeborenenviertel, die strohgedeckten Hütten der Europäer. Alles wirkt sehr sauber und sehr rustikal.

Die Frauen und Mädchen, die wir in der Nähe der Handelsniederlassungen sehen, sind schwarz wie Pech. Ihr Schädel ist glattgeschoren, und in ihren romantischen Tüchern, die genauso schwarz sind wie ihre Haut, sehen sie wie kalabresische Straßenräuber aus. Sehr große, ranke Gestalten. Wenn sie gehen, schaut man ihnen von der Seite her auf den bräunlichen Lendenschurz mit den weißen Rändern. Außerdem ein

paar Leute semitischen Typs, mit weißem Kleid und Turban, sowie
»Effendis« in europäischen Anzügen, einen Fez auf dem Kopf
tragend.

Das erinnert mich ein wenig an Kairo. Nur kommen hier noch die
Schwarzen hinzu.

Gegen Abend landen drei Militärflugzeuge. In einem sitzt der belgische König.

Kurz danach landet auch das Postflugzeug, das Briefe für uns mitbringt. Einem Brief von K. entnehme ich, daß die Börsenwerte nach
der Wahl Hindenburgs wieder gestiegen und nach dem Selbstmord des
Streichholzkönigs wieder gefallen sind. Der Prozeß gegen Aragon hat
zu einer neuerlichen Spaltung innerhalb der Gruppe der Surrealisten
geführt. Picasso hat herrliche Bilder gemalt.

30. März

Morgendliches Erwachen in der vergitterten Laube, in der Lutten und
ich unsere Betten aufgeschlagen haben. Es ist eine Art Veranda, die in
der moskitoreichen Jahreszeit als Eßzimmer benutzt wird.

Erinnerungen an gestern: der Gouverneur, groß, dick, jovial, der
klassische Engländer, mit Kleidern, wie nur Engländer sie zu tragen
wissen; der stellvertretende District Commissioner, der sich wie ein
Unteroffizier gebärdet; die beiden gekreuzten Lanzen (mit den Fahnen
der beiden Länder) an der Wand hinter dem Schreibtisch des Gouverneurs; die reißende Strömung dieses Kanals, der der Nil sein soll und
der doch viel weniger kanalhaft ist, als man denkt, denn was man für
Uferböschung hält, sind oft nur kleine Grasinseln; der Himmel, der
tagsüber zerrissener ist und nachts strahlender als überall sonst; die
Sterne, deren magische Bedeutung ich am besten verstanden habe, als
ich sie in geometrischen Konfigurationen über den geometrischen
Massen der Pyramiden stehen sah; – großes Ägypten, dein Herz werde
ich nie gesehen haben, immer habe ich entweder zu tief, oder zu hoch
gegriffen!

Lutten entlädt seinen Lastwagen, bevor er nach Bangassou zurückfährt, um das restliche Material zu holen. Wir legen die Teile der
Schaluppe einzeln auf das Gras, und sie werden in der Sonne allmählich heiß. Wir beginnen jetzt unverzüglich mit dem Zusammenbau. Das
Boot hat unter seinem vorzeitigen Schiffbruch nicht gelitten.

Große Gewissensprüfung: Wie ich es auch anstelle, ich werde nie ein

Abenteurer sein. Alles in allem ist unsere Reise bis jetzt nur ein Touristentrip gewesen, und so bald wird sich das auch nicht ändern. Es ist unverzeilich, daß ich jetzt in Afrika bin, wo in Europa so dringende, unaufschiebbare Aktionen durchzuführen sind. Kommt es schließlich noch so weit, daß ich dahinlebe, als wäre die »Revolution« nur ein leeres Wort? Und läuft nicht alles, was ich in diesen ganzen Monaten gemacht habe, im Grunde nur darauf hinaus, daß ich eine literarische gegen eine wissenschaftliche Haltung eingetauscht habe, was, menschlich gesehen, auch nicht mehr taugt? Werde ich denn je einmal endgültig mit den intellektuellen Spielen und artifiziellen Ränken der Rede brechen? Alles Fragen, die ich mir stelle, ohne große Hoffnung – noch vielleicht große Lust – mich reinzuwaschen . . . Wieder einmal hat mich das Unbehagen der großen Städte überkommen, das ich in Yaoundé so stark verspürt habe.

31. März

Bei Morgengrauen aufgestanden, denn die Zibetkatze (Lutten ist gestern abgefahren und hat sie dagelassen) war außer Rand und Band. Sie kletterte u. a. auf das Dach meines Moskitonetzes und maunzte, um ins Bett zu kommen. Ich werde jetzt wirklich trübsinnig.
Ich bin dicker geworden. Widerliches Gefühl eigenmächtiger Umrisse. Und ich hatte mit dem verlebten Gesicht eines prächtigen Korsaren aus Afrika zurückkommen wollen. Kein faderes, bürgerlicheres Leben als das unsere! Und die Arbeit unterscheidet sich auch nicht wesentlich von irgendeiner Fabrik-, Büro- oder Schreibarbeit. Warum hat mich denn die ethnographische Befragung immer wieder an ein Polizeiverhör erinnert? Man kommt wohl den Gebräuchen der Menschen näher, aber den Menschen selbst . . .? Sie bleiben genauso unwiderruflich verschlossen nach der Befragung wie vor der Befragung. Ambara z. B. war mein Freund, aber könnte ich mir etwa schmeicheln, gewußt zu haben, was er dachte? Ich habe nie mit einer schwarzen Frau geschlafen. Wie sehr bin ich doch Europäer geblieben!
Griaule kommt von einer Untersuchung zurück, bei der er mit dem Gouverneur über unsere Reise auf dem Nil diskutiert hat. Dem Gouverneur zufolge scheint Khartoum nichts daran zu liegen, daß wir die Fahrt mit unserem eigenen Schiff machen. In Juba ist kein Lotse, und wir bräuchten unbedingt einen, denn der Nil soll trotz seiner anscheinenden Friedfertigkeit bis 500 Meilen stromabwärts von Juba gefähr-

lich sein. Er steckt voller irreführender Verzweigungen, unerwarteter Flußarme, wandernder Grasinselchen, die einen vom Weg abbringen, auf falsche Straßen locken – und schon ist man mitten in den Sümpfen!

Schon vorgestern haben wir auf unser Vorhaben verzichten müssen, nach Turkwana zu fahren (an der Westküste des Rudolfsees). Der Gouverneur setzte uns davon in Kenntnis, daß man – weil keine Straße hinführt und die Gegend »nicht verwaltungsmäßig erfaßt« ist – einer Sondergenehmigung der Regierung von Uganda bedarf.

Ich frage mich, ob unser »Tourismus«, über den ich mich heute Morgen beklagt habe, nicht doch nur vermeintlich ist. Außerhalb der von der Schiffahrtslinie angelaufenen Punkte ist das Land sicherlich weniger friedlich als es den Anschein hat. Denn man ist ja gerade ausdrücklich darauf bedacht, daß uns nichts zustößt. Noch gebe ich die Hoffnung nicht auf, daß wir uns wenigstens in Abessinien ein bißchen amüsieren können . . .

Morgen früh geht Griaule wieder zum Gouverneur: Unterredung mit dem Direktor der Schiffahrtslinie, der uns vielleicht besondere Ermäßigungen zugesteht, so daß wir mit dem regulären Linienschiff fahren können. Khartoum hat das Telegramm des Gouverneurs, in dem er unsere Ankunft in Juba meldete, noch nicht beantwortet. Bis zur endgültigen Entscheidung, und bis Lutten wieder da ist, machen wir vielleicht – als Ausflügler – eine Spazierfahrt zum Viktoriasee.

1. April

Ich bin wütend. Schon wieder bin ich in diesen Anfall von Pessimismus nur so hineingeschlittert. Man muß Widerpart bieten, sich von seinen Obsessionen nicht unterkriegen lassen, all die sterilen Selbstanklagen zum Teufel jagen. Ich beklage mich darüber, daß ich kein Abenteuer erlebe, auch wenn das gar nicht von mir abhängt; und das vielleicht nicht einmal, weil ich auf Abenteuer versessen bin, sondern weil ich in meiner Geruhsamkeit nicht nur die Langeweile und den Mißmut empfinde – die, wo nichts sich verändert, unvermeidlich sind –, sondern obendrein noch ein Gefühl der Schuld. Denn irgendwie war ich im Grunde immer davon überzeugt, daß ein Mensch für sein Schicksal verantwortlich sei. Wie er z. B. schön ist, oder häßlich, und infolgedessen auch geliebt wird, oder gehaßt. Es liegt darin eine ganze Mystik beschlossen, die es zu entwurzeln gälte.

Khartoum hat immer noch keine auf uns bezüglichen Instruktionen geschickt. Ausflug im Auto. Auf der Piste nach Rejaf kommen wir bis zu einem Posten der Europäer, der aufgegeben wurde, seitdem der Endpunkt der Schiffahrtslinie verlegt worden ist. Die Avenuen werden unkenntlich, die Häuser zerfallen.

Heute sollen wir beim Gouverneur zu Abend essen. Ein Diner unter Männern, glaube ich, denn meines Wissens gibt es in Juba keine einzige europäische Frau.

2. April

Die Ruinenstadt gestern ist wirklich Rejaf gewesen. Sie lag allerdings näher an Juba, als wir geglaubt hatten. Noch drei weitere Posten sind so nacheinander aus verschiedenen Gründen (aus Schiffahrtsbelangen, oder weil der Ort ungesund war) aufgegeben worden. Der stellvertretende District Commissioner erzählt mir das beim Gouverneursdiner, bei dem, meinen Erwartungen zum Trotz, eine Dame des Hauses im Abendkleid den Vorsitz führt. Der Gouverneur – hemdsärmelig, schwarzer Seidengürtel über der Smokinghose, Pfeife im Mund – läßt sich über Ethnographie und Kolonialismus aus, zeigt uns Kunstgegenstände und erzählt joviale Stories. Unmöglich, am Ufer des Nil Gärten anzulegen, weil sie immer wieder von den Elefanten verwüstet werden. Auch bei den Telegraphenverbindungen große Störungen, denn die Elefanten werfen die Masten um, wenn sie sich daran den Rücken reiben, oder die Giraffen reißen die Drähte mit ihrem Hals durch. Manche Elefanten lassen einen so dicht herankommen, daß ein Engländer – ein Fachmann für Tierphotos – einmal zurücktreten mußte, weil er außer einer einförmigen Fläche – der Haut des Elefanten – nichts weiter in seinen Sucher bekam.[31]

Vielleicht können wir etwa 100 Meilen weiter südlich von hier selbst viele Elefanten sehen.

Dieses sympathische Diner hat mich doch sehr aufgeheitert. Wie wenig ich hier auch Wert darauf lege, Europäer zu sehen, es freut mich doch, Leute zu treffen, mit denen man (endlich!) einmal wirklich verkehren kann.

---

31 Der Mann, dem dieses angeblich wahre Abenteuer zugestoßen sein soll, ist ein Kapitän der Lanzenreiter, ein ehemaliger Jagdinspektor im Anglo-Ägyptischen Sudan. Zu Beginn der Reise sind wir ihm in Tamba Counda begegnet, als er, aus Khartoum kommend, zur Küste fuhr, um sich nach England einzuschiffen.

3. April

Gestern ist die Antwort aus Khartoum gekommen, die uns eine Ermä-
ßigung auf dem regulären Linienschiff und bestimmte Erleichterungen
zugesteht. Unsere Akte war unauffindlich gewesen, weil man sie aus
Versehen unter der Rubrik »Jagd« abgelegt hatte.
Ausflug zu einem Dorf auf der anderen Seite des Flusses. In dem Ort
tagt ein Eingeborenengericht. Der Führer, den uns der stellvertretende
District Commissioner zugeteilt hat, ist eine Art Sbirre in englischer
Uniform, aber mit dem Kopf eines Morgenländers. Er trägt aus alten
Breeches zurechtgeschneiderte Shorts, ein Busch-Hemd und den Kaki-
helm mit Federwisch. Die Feder ist durch eine Metallplakette, in die
ein Rhinozeros eingraviert ist, am Helm befestigt. In diesem speziellen
Fall erweckt aber weniger die Plakette als vielmehr ihr Träger selbst
die Vorstellung eines Rhinozeros. Er ist untersetzt, dick, behaart. Sein
Gesicht mit der Adlernase in der Mitte ist mit einem großen Schnurrbart versehen, wie der Filmkomiker Dudule einen hat. Als Jäger ist er
unter aller Kritik: Aus einem Zug von Wildenten, die zu Tausenden, in
einem praktisch unendlichen Band über einer Sandbank in der Mitte
eines Flußarmes schwirren, tötet er mit mehreren Schüssen nur eine
einzige. Schon beim ersten Knall sind die Vögel wie in einem immen-
sem Blätterrauschen aufgeflogen und lange kreisend am selben Ort
geblieben. Ein paar haben sich in kleinen Gruppen etwas weiter weg
wieder niedergelassen. Weitere Tiere, die wir gesehen haben: Ein
water buck (ein prachtvolles Tier, das ein wenig an die Pferdeantilope
erinnert, aber allerdings sehr lange Hörner hat; sein Galopp ist sehr
langsam und leicht zugleich, und obwohl es seiner Statur nach eher
schwer und mächtig ist, scheint es doch beim Laufen den Boden nicht
zu berühren) und eine Herde Antilopen, die vor dem Wagen die Flucht
ergreifen.
Das Ältestengericht, das in erster Instanz in den Streitigkeiten zwischen Eingeborenen befindet, befaßt sich mit Scheidungen, Entführun-
gen, Mitgiftzwistigkeiten usw., verhandelt diese Affären jedoch in dem
solchen Themen gegenüber universellen Geist der Verspottung, den
das französische Vaudeville so trefflich symbolisiert. Die Richter sind
eingeborene, fast ausnahmslos sehr elegant gekleidete Dorfälteste:
durchbrochene Halbschuhe, englische Strümpfe, Shorts und weiße
Hemden; auf dem Kopf eine komische weiße Haube, die an eine
Bäckermütze erinnert. Sie sind alle sehr schwarz, sehr groß und sehr

mager. Unter ihnen tagt auch ein alter Veteran, der noch gegen Emin
Pascha gedient hat. Er trägt eine arabische Hose, eine alte Uniform-
jacke und auf dem Kopf einen Fez, der fast so hoch ist wie früher die
Zylinderhüte.

4. April

Seit gestern arbeite ich an einem Entwurf zu einem »Vorwort« für die
eventuelle Veröffentlichung dieser Aufzeichnungen. These: Objektivität erreicht man durch (bis zum Paroxysmus gesteigerte) Subjektivität.
Einfacher gesagt: Wenn ich subjektiv schreibe, erhöhe ich insofern den
Wert meiner Aussage, als ich zu erkennen gebe, daß ich mir jederzeit
bewußt bin, was ich von meinem Wert als Zeuge zu halten habe. (In
diesem Entwurf zu einem »Vorwort« ist es mir nicht gelungen, gerade
diesen Punkt deutlich genug zum Ausdruck zu bringen.) Der gegen-
wärtige Stand des Entwurfes ist folgender:

VORWORT

Das vorliegende Tagebuch ist weder eine Chronik der Expedition Dakar-Djibouti noch
das, was man gemeinhin unter einer »Reiseerzählung« versteht. Ich sehe mich weder
berufen noch in der Lage, von dieser offiziellen wissenschaftlichen Expedition einen
zusammenfassenden Bericht zu geben.
(Hier als Anmerkung Angaben zur Expedition.) Die Gefahr mag unerheblich und nur
sehr indirekt gegeben sein: aber mir liegt jedenfalls auch nichts daran, für das Reisebüro
Cook und andere Touristikfirmen Reklame zu machen, denn was sind solche Firmen
anderes als gegen diese Länder gerichtete Sabotageunternehmen.
Ich könnte dem Publikum auch einen, dann allerdings ziemlich trübseligen Abenteuerroman vorsetzen (wir leben nicht mehr zur Zeit Livingstones oder Stanleys, und mir steht
der Sinn nicht nach Schönfärben), oder einen mehr oder weniger brillanten populärwis-
senschaftlichen Essay über Ethnographie (diese Aufgabe überlasse ich den Technikern
des Unterrichtswesens, das nie eigentlich mein Fach gewesen ist). Ich ziehe es vor, diese
Aufzeichnungen herauszubringen.
Wohl findet man darin den ganzen Plan der Reise ausgebreitet, manche Reflexe unserer
Forschungsarbeiten und die markantesten Kalamitäten, die wir durchzustehen hatten,
aber dennoch sind diese Aufzeichnungen nichts weiter als eine *persönliche* Chronik, ein
Tagebuch, das statt auf einer Reise nach Afrika, wie es hier nun einmal der Fall ist,
genausogut in Paris hätte geschrieben werden können.
Manch einer wird mir vorhalten, daß ich MEINER Individualität zu viel Bedeutung
beimesse, daß ich – als fleißiger Kleingärtner des Ich – alles tue, um MEINE Eindrücke
ins Kraut schießen zu lassen und nicht einmal ein Mindestmaß an erforderlicher
Objektivität aufbringe.
Sicher, ich berichte praktisch nur von den Wechselfällen der Reise, an denen ich
persönlich beteiligt war. Ich erzähle nur die Ereignisse, die ich selbst miterlebt habe. Ich
beschreibe wenig. Ich notiere Einzelheiten, und jedem steht es frei, sie für deplaziert

278

oder nichtssagend zu erklären. Ich vernachlässige andere Dinge, die man für wichtiger halten mag, und wenn ich im nachhinein gewissermaßen nichts getan habe, um das allzu Individuelle an diesem Text zu berichten, so ebenfalls aus demselben Grunde: *das Höchstmaß an Wahrheit zu erreichen*. Denn allein das Konkrete ist wahr. Das Besondere auf die äußerste Spitze treibend, rührt man noch am ehesten ans Allgemeine: Nur wenn man den persönlichen Anteil offenlegt, vermag man das Ausmaß der Fehler richtig einzuschätzen, und man erreicht gerade dann die Objektivität, wenn man die Subjektivität bis zum höchsten steigert.

Meine Reisegefährten – *meine Freunde* – mögen mir verzeihen, wenn ich an manchen Stellen dieses Tagebuches Urteile fälle, Bewertungen ausspreche, die mit den ihrigen nicht ganz übereinstimmen mögen – wenn ich bisweilen den kollektiven Charakter eines Unternehmens zu verkennen scheine, an dem sie genauso großen oder größeren Anteil hatten als ich, wenn ich Fakten aus ihrem Leben genau wie sonst irgendein äußeres und von meinem eigenen Standpunkt aus betrachtetes Vorkommnis anführe. Ich bin weder dazu aufgelegt, noch dazu befähigt, von dem zu sprechen, was ich nicht weiß. Nun gibt es aber logischerweise nichts, was ein Mensch mit besserem Recht zu wissen und zu formulieren beanspruchen könnte, als sich selbst: als die Schattenrisse der Dinge und Menschen dieser Welt, wie sie in seinem Geiste sich abspiegeln. – M.L.

Titel des Buches: *Der Schatten des Abenteuers.*

Während ich diese Zeilen abschrieb, ist ein Heuschreckenschwarm vorbeigezogen.

Das Vorwort ist pedantisch. Zumal das pseudophilosophische Ende ist anmaßend und leer. Es bleibt alles noch genauso konfus.

Morgen fahren Griaule und ich gen Süden, Elefanten photographieren.

Der Buschhund und die Zibetkatze liegen übereinander und schlafen.

. . . .

Ich mache mich wieder an mein Vorwort und überlese – im WC – die gestern geschriebene Version. Vielleicht war sie doch besser? Ich schreibe sie hier ab. Sie ist jedenfalls nicht so geschwollen:

Das vorliegende Tagebuch ist weder eine Chronik der Expedition Dakar-Djibouti noch das, was man gemeinhin als »Reiseerzählung« bezeichnet. Unter der Schirmherrschaft von . . . und organisiert von . . . hat die ethnographische und sprachwissenschaftliche Expedition D. D. unter der Leitung meines Freundes M. Griaule . . . etc . . . etc . . . durchquert. Ihr Personal bestand aus . . . und mir selbst, dem Sekretär und Archivar. An verschiedenen Punkten unserer Reiseroute sind zeitweilige Mitarbeiter zu uns gestoßen: . . .

Abgesehen davon, daß ich weder berufen noch befähigt bin, privat oder offiziell einen zusammenfassenden Bericht dieses Unternehmens zu geben, haben die hier veröffentlichten Aufzeichnungen – das tagtägliche Logbuch der Reise – einen ausschließlich persönlichen Charakter. Nicht daß ich dem, was manche »ihre Individualität« nennen, eine große Bedeutung beimäße, daß ich, als fleißiger Kleingärtner des Ich, alles darangesetzt hätte, MEINE Eindrücke ins Kraut schießen zu lassen:

Wenn ich mich in meinem Bericht dieser Reise fast ausschließlich auf diejenigen Ereignisse beschränkt habe, an denen ich persönlich beteiligt war (denn ich möchte nichts erzählen, was ich womöglich unfreiwillig entstellt habe), wenn ich mich unbedenklich *subjektiv* ausdrücke, so geschieht das vielmehr aus dem Willen heraus, diesen Aufzeichnungen ein Höchstmaß an Wahrheit zu verleihen.

Denn allein das Konkrete ist wahr. Das Besondere aufs Äußerste steigernd, erreicht man das Allgemeine, und durch ein Höchstmaß an Subjektivität kommt man an die Objektivität heran. Ich präzisiere:

Manch einer wird einwenden, wenn ich über Afrika spreche, brauche ich nicht zu erwähnen, ob ich an diesem oder jenem Tag guter Laune war oder nicht, oder gar wie ich exkrementiert habe. Aber obwohl ich nicht zu denen gehöre, die vor ihren eigenen Werken auf die Knie fallen (seien es nun Bücher oder Kinder, zwei spezielle Arten von Exkrementen), möchte ich doch zurückfragen, warum ich denn im gegebenen Fall ein solches Ereignis verschweigen sollte? Denn an sich selbst es ist nicht nur genauso wichtig wie die Tatsache, daß wir diesen Baum, jenen so und so gekleideten Eingeborenen oder ein ganz bestimmtes Tier gerade jetzt an der Straße gesehen haben, es *muß* vielmehr von diesem Phänomen der Ausscheidung berichtet werden, denn im Hinblick auf die Authentizität des Erzählten hat es seinen eigenen Wert.

Nicht daß die Erzählung dadurch lückenlos werden sollte – von Vollständigkeit kann keine Rede sein, denn wo soll der Tagebuchschreiber die dafür nötige Zeit hernehmen (und doch: wie interessant wäre es, in einem Tagebuch nicht nur die flüchtigsten Gedanken aufzuzeichnen, sondern alle organischen Zustände zu den verschiedensten Zeitpunkten des Tages, wie man gegessen hat, wie man geliebt hat, wie man gepißt hat . . .) – aber die Offenlegung des persönlichen Anteils ermöglicht erst die genaue Einschätzung des Fehlerausmaßes – und das ist die bestmögliche Garantie der Objektivität.

Ich möchte gleichfalls erwidern (und das bringt uns zum zweiten Punkt), daß ich nicht einen Augenblick versucht war, eine *Reiseerzählung* zu schreiben. Ich meine, es gibt heute dringendere Aufgaben, als Liebhabern touristische Gefühle einzuflößen. Die schon vor Jahren in Mode gekommene »Reiseerzählung« ist ein literarisches Genre, das darauf abzielt, aus dem Lesenden einen Zimmer-Reisenden zu machen, oder, falls er anbeißt und die Mittel dazu hat, einen Touristen. Kurz, eine Produktion für Bahnhofsbuchhandlungen und für das Reisebüro Cook, eine Produktion zudem, deren Reklamewirksamkeit sicher weit hinter der eines schönen Dokumentarfilms im Kino zurückbleibt. Im übrigen von der erweckten Gemütsbewegung her lächerlich im Vergleich zu einem nur einigermaßen gekonnten Abenteuerroman. Wir leben eben nicht mehr zur Zeit Stanleys oder Livingstones . . .

Ich hätte dem Publikum auch einen ziemlich faden Abenteuerroman vorsetzen können (der jedenfalls bar jeder Notwendigkeit gewesen wäre, denn wenn ich schon zugestehe, daß man durchaus auf meine Eindrücke und zufälligen Erlebnisse pfeifen mag, so frage ich mich, welches zusätzliche Interesse denn die Bedrängnisse nicht eines einzigen, sondern von *vier* heute durch Afrika reisenden Europäern erwecken mögen), oder ein populärwissenschaftliches Werk (eine Aufgabe, die nicht in mein Fach schlägt, denn ich hatte nie viel von einem Schüler, und noch weniger von einem Lehrer).[32]

Ich habe es vorgezogen, diese im Laufe unserer Fahrten und Forschungen niedergeschriebenen Aufzeichnungen zu publizieren, die, obwohl man den gesamten Plan der Reise darin ausgebreitet findet sowie Reflexe unserer Arbeiten und die markantesten Zwischenfälle oder Anekdoten, doch nichts weiter als ein persönliches Tagebuch vorstellen, das ich genausogut in Paris hätte schreiben können, das ich aber nun einmal auf einer Fahrt durch Afrika geschrieben habe.

Meine Gefährten mögen mir verzeihen, wenn ich mich um eine Aufgabe herumgedrückt zu haben scheine, die sie vielleicht mit einigem Recht für die meinige hielten: der Chronist der Expedition zu sein.

Ich bin weder dazu aufgelegt, noch befähigt, von dem zu sprechen, was ich nicht weiß und nicht kenne, und wirklich kennen tue ich nur mich selbst.

Anderer Titel des Buches: *Der Krebsgänger.*

Widmungsentwurf: »Meinem Freund Marcel Griaule, ohne den dieses Buch nicht geschrieben worden wäre.«[33]

. . . .

Von Anfang an habe ich beim Schreiben dieses Tagebuches gegen ein ganz bestimmtes Gift angekämpft: den Gedanken an seine Veröffentlichung.

Schluß mit der Haarspalterei. Morgen: der Busch.

5. April

Heute ist morgen: Wir sind unterwegs zu den Elefanten.

Nach drei Stunden Fahrt durch eine verlassene Buschlandschaft sind wir in Opari. Wir übergeben das Empfehlungsschreiben des Gouverneurs einem etwa fünfzigjährigen Captain, der Statur nach ganz Lord Kitchener (von dem ich übrigens meiner Erinnerung nach noch nie ein Bild gesehen habe). Er verspricht uns Elefanten. Vielleicht können wir zwei sofort sehen; heute morgen waren sie da. Psst! Ordonnanz! Aber der meldet, daß die Elefanten den Hügel hoch sind, vor morgen früh bestimmt nicht wieder herunterkommen. Gedulden wir uns. Heute

---

32 Ich hätte allerdings beinahe doch einen abgegeben. Im Sommer 1928, als ich während eines Aufenthaltes in Ägypten in Geldnöten war, habe ich als Prüfer für Französisch an der mündlichen Abiturprüfung in Assiut teilgenommen.

33 In mancher Hinsicht stehen diese beiden Entwürfe zu einem Vorwort im Widerspruch zu meinem gegenwärtigen Standpunkt. Sagen wir – *grosso modo* –, daß ich mich darin zu individualistisch zeige und zugleich allzu sehr zum Zweifel, ja zum *mea culpa* neige. Ich lasse die beiden Entwürfe aber trotz ihrer Unhaltbarkeit bestehen, weil ich einesteils nichts von diesem Tagebuch unterdrücken will, und ich ihnen andererseits ein gewisses psychologisches Interesse zuschreibe. (März 1933).

abend essen wir beim Captain und werden dann ausführlicher von den Elefanten reden. Erledigen wir inzwischen die offenstehende Frage von gestern.

Es kommt mir immer deutlicher zum Bewußtsein, daß ich es müde werde, diese Aufzeichnungen Tag für Tag auf den neuesten Stand zu bringen. Wenn ich etwas unternehme, geht es, denn dann treten sie in den Hintergrund, und ich habe im übrigen kaum Zeit, sie aufzuschreiben. Tue ich nichts, ist es schlimmer, denn dann langweile ich mich und möchte mich durch das Schreiben des Tagebuchs zerstreuen, das dann zu meinem hauptsächlichen Zeitvertreib wird. Fast sieht es dann so aus, als sei ich nur deshalb auf diese Reise verfallen, um dieses Tagebuch schreiben zu können. Da ich allerdings nichts tue, habe ich auch nicht viel zu sagen. Bleibt die Selbstbetrachtung, die Durchsicht meiner Reisemotive und meiner Gründe zu schreiben. Und von dieser Untätigkeit aus ist es dann nicht mehr weit bis zum ärgsten Weltschmerz und zum Ende von allem, wo nichts mehr geht; denn der muß erst noch geboren werden – ob nun Schriftsteller oder nicht –, der aufrichtig in sich hineinschaut und nicht schon nach kürzester Zeit im furchtbarsten Nihilismus ertrinkt. Und mein Fall hat dazu noch seine eigenen Komplikationen, weil er, wenn man so will, ein »literarischer« ist. Denn der (mehr oder weniger gute, mehr oder weniger gut verborgene) Grund zu schreiben, der sich gegebenenfalls – wenn ich suchte – auch finden ließe, wird daran auch nichts ändern, ganz im Gegenteil!

Wo es, anstatt ein bloßer Widerschein meines Lebens zu sein, derart in den Vordergrund tritt, daß es mir zeitweilig vorkommt, ich lebe für diese Aufzeichnungen, wird mir das Tagebuch zum verhaßtesten Joch, von dem ich nicht weiß, wie ich es loswerden soll, denn ich bin doch auch wieder durch so manchen Aberglauben daran gebunden.

Ich müßte mich endlich dazu durchringen, es beiseitezulegen, auch wenn ich es dann später, wenn sich alles ein wenig abgeklärt hat, doch wieder aufnehmen sollte.

Und je mehr das Schreiben des Tagebuches selbst mich anödet, desto eher bin ich zudem versucht – wie um meinen Appetit wieder anzuregen –, es mit literarischem Ramsch auszustaffieren.

Aber jetzt genug davon. Zwei Tagebücher sind noch unerträglicher als ein Tagebuch. Unnötig, den Ärger mit dem einen noch durch den Ärger mit dem »Tagebuch des Tagebuchs« zu vermehren.

6. April

Das Diner gestern war sehr gelungen. Da waren: Der Captain, seine Frau (nicht sehr hübsch, aber feingliedrig und charmant in ihrem so langen schwarzen Paillettenkleid . . .) und ein kleiner, ganz rundlicher Major, der aus Khartoum angereist ist (wo er die zoologische Abteilung leitet) und ebenfalls die Elefanten sehen möchte.

Es wird von allem möglichen geredet: von einem Straußenvogel, den wir heute nachmittag gesehen haben und den sein eingeborener Besitzer gerupft hatte, um die Federn zu verkaufen, dann aber mit roten Lehm einrieb, damit er wieder verheilte; das Resultat: Eine Theaterpute aus Pappmaché, die auf Stelzen in der Gegend herumläuft; – von zwei belgischen Beamten, die in Abwesenheit des Gouverneurs in Juba eintreffen, den Verwaltungssitz für ein Hotel halten und dort auch essen und übernachten, denn die Dienstboten verstehen kein Wort von dem, was sie sagen und antworten auf alles mit »Yes, Sir!«; – von dem Aberglauben der drei Zigaretten, der auf den Transvaalkrieg zurückgeht usw. Es ist sogar von den Elefanten die Rede: Zwei sind heute nachmittag zum Garten des Kapitäns gekommen: Die Boys haben sie, auf leere Kanister trommelnd, in die Flucht geschlagen. Tischtennis nach dem Essen: Die Hausherrin gegen mich, der Captain gegen Griaule.

Heute morgen mit Kopfweh aufgewacht. Ich bin den Whisky nicht mehr gewohnt.

Die Elefanten sind ein bißchen weit den Hügel hinauf. Der Polizist, der uns hinführen sollte, ist ein bißchen spät im *rest-house*[34] eingetroffen. Für heute können wir die Elefanten vergessen. Aber wir werden in Kiripi (wo wir schon von Juba aus durchgekommen sind) andere sehen. Dem syrischen Arzt, der dort die ärztliche Station leitet, wird es ein Vergnügen sein, uns willkommen zu heißen. Der Major soll uns am Nachmittag nachkommen.

Abfahrt.

Ankunft in Kiripi. Besuch beim Arzt, der uns schon gestern bei der Durchfahrt aufgefallen war. Imbiß im rest-house, verlängerte Siesta, bis endlich der Major ankommt, der bei Tage besehen eher groß und

---

34 In den englischen Kolonien der Name für das Gebäude, das man den Reisenden zur Verfügung stellt. Es bezeichnet dasselbe wie im französischen »case de passage« (Absteigequartier, Gästehaus) oder »campement« (Camp).

stark aussieht. Tee bei dem syrischen Arzt, *who is very clever with elephants* (Captain *dixit*).

Cocktail bei demselben. Auch der Major ist da, der wegen der Moskitos hohe Seeräuberstiefel anhat. Abendessen. Ägypto-sudanesische Unterhaltung. Wie schon beim gestrigen Diner ist auch heute die Rede von Emil Ludwig, der vor einiger Zeit durch Gallabat gekommen ist, nach Abessinien wollte und dann doch dageblieben ist. Die Reise wäre übrigens nichts für ihn gewesen, denn *he is too soft* (Major *dixit*). Man meldet, daß eine ganze Reihe weiblicher Elefanten am Ufer des Nils gesichtet worden ist, zweieinhalb Stunden zu Fuß von hier. Aber morgen früh gehen wir mit dem Major die männlichen beobachten, denn anscheinend empfiehlt es sich, die weiblichen Tiere unbehelligt zu lassen, die wegen ihrer Jungen sehr bösartig werden können.

7. April

Natürlich keine Elefanten gesehen. Schon vor sechs Uhr früh sind wir mit dem Major (der keine Seeräuberstiefel mehr anhatte, sondern beige Gamaschen) und mit einer ganzen Karawane aufgebrochen. Zahlreiche Spuren von Elefanten und sonstigen Tieren: Büffeln, *waterbucks*, »heurtebises«. Die Elefanten bleiben vor dem Wind. Es ist deshalb nicht einfach, an sie heranzukommen, denn der Wind trägt ihnen unsere Witterung zu. Und wenn auch sicher jeder entzückt wäre, endlich die Elefanten zu Gesicht zu bekommen, so hat doch auch wieder keiner derart unbezähmbare Jagdinstinkte, daß er, um welche zu sehen, zu allem bereit wäre. Zweieinhalb Stunden Marsch mit den verschiedensten Alternativen: Der Chef der Führer behauptet bald, er höre den Magen eines Elefanten blubbern, bald daß die Tiere zwei Stunden von uns entfernt sind; einmal soll sich etwas weiter weg eine ganze Herde weiblicher Elefanten mit ihren Jungen und ein mächtiges männliches Tier aufhalten, ein andermal sollen die weiblichen Tiere und die Jungen in den hohen Gräsern verschwunden sein, wohinein wir ihnen unmöglich folgen können, oder es sind nur zwei Elefanten, bzw. in der näheren Umgebung überhaupt keine Elefanten zu finden. Der sympathetisch-magischen Operation (ein Strauch wird auf den Boden gebogen und durch auf die Blätter gelegte Steine in dieser Stellung niedergehalten), die der alte Führer durchführt, damit in der Nähe Elefanten seien, ist nicht der geringste Erfolg beschieden. Und in puncto Filmaufnahmen muß sich Griaule schließlich damit begnügen, die Karawane zu filmen und die verschiedenen Arten von Spuren zu photographieren, auf die wir unterwegs gestoßen sind, sowie einen enormen – und ganz frischen – Haufen Elefantendreck.

Nach insgesamt sechs Stunden, d. h. ungefähr 25 Kilometern Fußmarsch in der prallen Sonne, sind wir mit einem höllischen Durst wieder zurück in Kiripi. Wir verlassen die Stadt und den Major. Er kommt erst morgen nach Juba, denn er will es mit den Elefanten noch einmal versuchen.

8. April

Gestern abend Post vorgefunden. Zwei Briefe von meiner Mutter, aber nichts von Z. Ich nehme mir jetzt meine pessimistischen Auslassungen von Yaoundé und anderswo übel. Was ich da gesagt habe, habe Z. sehr betroffen gemacht, schreibt meine Mutter. Das bestärkt mich in meinem in Opari gefaßten Entschluß, mich nicht mehr von dieser Art von Anwandlungen unterkriegen zu lassen, ganz bei der Reise zu bleiben, keine feinsinnigen Bedenklichkeiten mehr zu kultivieren, weder mit den Dingen noch mit mir selbst. In Yaoundé muß mich der koloniale Trübsinn ganz schön gepackt haben. Ich hätte die Dinge viel schwerwiegender gemacht, als sie es sind, wird mir vorgehalten. Aber ob nun schwerwiegend oder nicht – ich muß immerhin zugeben, daß ich mich nicht so vollständig davon hätte überfluten lassen sollen und jedenfalls nicht dieser ungerechtfertigten Mutlosigkeit hätte nachgeben sollen. Aber wer kann sich auch schon einen Begriff machen von der Trübsinnigkeit der meisten Orte, durch die wir gekommen sind . . . Nieder mit den Straßen! Wir sind jetzt schon lange genug darauf herumgefahren.

An unseren Schwabenstreich von gestern morgen gedacht und übereinstimmend mit Griaule zu folgendem Schluß gekommen: Mit seiner Korpulenz und seinen großen Füßen (wegen der beigen Gamaschen), dem rechteckigen Blechschäufelchen, mit dem er sich – um die Fliegen zu erschlagen – wie mit einem Schwanz auf den Rücken klatschte, ist der verehrte Major der Elefant gewesen.

9. April

. . . .

Endlich: sengende Hitze.

Im Laderaum der Barke, in der unsere Sachen verstaut werden, – wir gehen heute an Bord – ist es so heiß, daß ich vor Kälte fast mit den Zähnen klappere, wenn ich wieder zur prallen Sonne hinaufsteige. Ich gefalle mir in der Rolle des wackeren Kapitäns auf großer Fahrt, der nach vollbrachtem Tagwerk – sein Frachter voll beladen – aufatmend ein bißchen verschnauft.

Aber wieso erscheint mir der Nil auch auf dieser Reise, bei dieser zweiten Berührung, wieder als Symbol des Lebens in seiner höchsten Pracht und zugleich seiner ärgsten Trübsal?

Mußte ich dazu – dem Auswanderer gleich, der unter seinen Füßen den Aufruhr des Meeres spürt – immer erst auf den Planken eines Schiffes stehen, wie geruhsam und dösig das dann auch sei?

Überzeugung von der Großartigkeit dieses Aufbruchs. Ein Gefühl heftiger Trauer, von dem ich nicht zu sagen weiß, wie weit ich es erfinde, wie weit ich von ihm erfunden werde. Erinnerungsbilder: abgenagte Knochen.

. . . .

10. April

»Die Schönheit von Juba!« sagt unser Freund, der Major, der auf dem Weg nach Khartoum ein Stück mit uns reist, und zeigt in der Gruppe von Menschen, die uns vom Kai aus Lebewohl sagen, auf die weiße Dogge des District Commissioners. Der Major ist bestimmt ein Lästermaul und ein undankbarer Patron . . .

Abfahrt des Schiffes – der *S.S. Gedid* –, im Gewölk seiner weißen Vögel.

Merkwürdige Fahrweise, nach folgender Methode: In den gewundenen, engen Fahrrinnen läßt man das Schiff in der Strömung abtreiben, so daß die eine oder andere der zu seinen Seiten festgetäuten Barken mit mehr oder weniger großer Wucht gegen das Ufer stößt und das Schiff wieder in die gewünschte Richtung bringt. An den Stellen, wo Sandbänke sind, sondiert ein Mann vorne am Bug mit einer Stange den Grund.

286

Beim ersten Halt wird der Major von englischen Kolonialbeamten umringt, die auf ein Glas Bier oder einen Whisky an Bord kommen. Eine ähnliche Popularität besitzt er zweifellos im ganzen Sudan.

Ein Mann, der seine Jugend in Deutschland verbracht, in Südamerika gelebt und als englischer Prospektor gerade eine Reise in den Sudan gemacht hat, brachte gestern zur gleichen Zeit wie wir sein Material an Bord. Heute morgen, als er sich beim Rasieren geschnitten hatte, habe ich ihm meinen blutstillenden Stift gegeben. Heute nachmittag gibt er mir Auskünfte über ein paar Leute an Bord: Der *engineer on charge* (praktisch der Kommandant) ist verlobt mit der Schwägerin eines ehemaligen englischen Polit-Agenten im Sudan, dem Autor eines Hand-Vokabulars mehrerer Sprachen der Gegend und inzwischen Bolschewik. Wenn ich das richtig verstanden habe, ist die fragliche Schwägerin meine Kajütennachbarin. Heute früh war mir aufgefallen, daß sie, um ihre Kajüte ganz als »home« aufzumachen, ein gesticktes rosarotes Kißchen auf das Kopfkissen ihrer Pritsche plaziert hatte.

An manchen Stellen, wo die Ufer steil abfallen, leben Kolonien von roten Vögeln in den Löchern, die sie überall in die Böschung gepickt haben.

Die Fahrweise des Schiffes ist manchmal so launisch, daß seine horizontalen Schwankungen fast genauso wirken wie die vertikalen, von denen man seekrank wird, so daß einem der Magen schon fast am Hals steht.

11. April

Dampferdasein: Müßiggang, leichtes Leben.

Meine Nachbarin ist nicht die Schwägerin, wie ich gemeint hatte, sondern eher der Flirt des Mannes, der sich geschnitten hat.

Weil es weniger heiß war, habe ich besser geschlafen als die letzte Nacht.

Unglaubliche Karambolagen des Schiffes. Es scheint jetzt nur noch im Billardspiel zwischen den Ufern weiterfahren zu wollen. Dafür ist es allerdings auch ausgerüstet: Schwere waagerechte Bohlen vorne am Bug jeder Barke und am Schiff selbst dienen als Prellböcke. Tagsüber benimmt es sich etwas ordentlicher.

Noch immer fühle ich mich ganz eigenartig nach diesem seltsamen Traum heute nacht: Ein Maultier streckt seinen Kopf über die Mauer und preßt mir den Schädel gegen den Boden. Es drückt ihn lange mit seinem Maul herunter und schlägt mir sogar leicht die Zähne in die Kopfhaut. Eine Kutsche kam auch noch vor.

Eine Anlegestelle heute morgen und dann nichts mehr. Kaum daß man hin und wieder eine ärmliche Ansammlung von Hütten sieht, die sicher nur von einer einzigen Familie bewohnt werden. Wenn die Leute das Schiff vorbeifahren sehen, winken sie.

Trotz ihrer Windungen ist die Fahrrinne immer deutlich markiert. Nach dem, was man uns in Juba gesagt hatte, hatten wir uns das ganz anders vorgestellt.

Endlos flache grüne Decken, fast keine Bäume. Hohe Gräser, Papyrus. Bei zu heftigen Karambolagen kommt es vor, daß das Schiff auf die Gräser aufläuft. Kleine treibende Grasinseln.

Unzählige Tiere: Reiher, Silberreiher, Enten, »Rinderjucker«, Sattelstörche, Nilpferde, von denen man nichts als den rosaroten Kopf sieht, denn sie tauchen unter, sobald das Schiff näher kommt, große Krokodile, ja sogar eine ganze Reihe Elefanten (einzeln oder in Gruppen): Eine Herde von weiblichen Tieren blattert Lawinen von Kot auf die Erde, während zugleich die Jungen an den Müttern trinken; zwei Tiere reiben sich an einem Baum, auf dem lauter Vögel sitzen; einzelne tragen einen Vogel auf ihrem Rücken (durch diese weißen Vögel wird man vielfach erst auf die Elefanten aufmerksam) und die ganze Gesellschaft klappt ausgiebig mit den Ohren und trompetet manchmal.

Von diesen Tieren entdeckt der Major natürlich viele zuerst. Wir verbringen mit ihm einen Teil des Tages auf dem Dach des Lotsenhäuschens wie auf einer Deckskajüte. Der Major ist entzückt, ja gerührt, wenn er die Jungen trinken sieht. Gegen die Mitte des Nachmittags legt er sich dann allein im Speisesaal Patiencen.

12. April

Am Morgen begegnen wir dem Schiff, das nilaufwärts nach Juba fährt. Anlegen, Austausch von Liebenswürdigkeiten, gegenseitige Besuche. Der Major hat Freunde auf der *Omdurman* und ist als erster an Bord des anderen Schiffes. Die *Omdurman* tritt der *Gedid* eine Barke der ersten Klasse ab, sicher für die Passagiere, die in Malakal an Bord kommen sollen.

Der Papyrus ist noch höher als gestern: Wälder von Quasten, deren obere Enden einen flacheren Teppich bilden, als jede vorstellbare Steppe oder Ebene es sein könnte.

Mit samtweichen Rucken federn wir in den Papyrus, wenn eine der Barken – nach der üblichen Methode – an den Rand stößt. Die Pflanzen an der Stelle bleiben zerdrückt.

Kein einziger Mensch, kein einziges Dorf. Hier und da markieren Pfähle die Einmündung irgendeines Nebenflusses. Die einzige Spur von Menschen sind in der Ferne die Rauchsäulen riesiger Buschbrände. Ich bin überrascht zu hören, daß wir im Augenblick auf einem künstlich angelegten Kanal fahren, d. h. einem Grabendurchstich durch den Papyrus.

Keine Tiere, außer ein paar Kaimanen und immer noch vielen Vögeln. Weiße oder mattgraue Reiher. Auf den Grasinseln treibende Vögel. Tauchervögel lavieren zwischen Wasser und Luft, nur den Hals aus dem Wasser gereckt wie gereizte Schlangen. An den Ufern, in der Höhe des Wassers, sitzen im Schatten der Gewölbe aus Halmen gewöhnlich Vögel verschiedener Arten: So vertraut wie die Zunge im Mund, zwischen den Zähnen und dem Gaumen.

Die Fahrt ist jetzt ruhiger geworden. Trotzdem tritt an einem der Steuerruder ein Schaden auf, und nach dem Abendessen bleiben wir mit einer Panne liegen. Als ich ins Bett gehe, wird draußen noch repariert. Von Zeit zu Zeit müssen die Motoren wieder volle Kraft geben, um das Schiff – und die Barke mit den reparierenden Arbeitern – aus den Papyrusstauden zu befreien, in die sie hineingetrieben sind.

13. April

Wieder steht, als ich aufwache, der Tee neben meinem Bett. Genau wie gestern habe ich auch heute den arabischen Bediensteten nicht hereinkommen hören. Bemerkenswerte Befähigung dieser Leute für den Beruf des Hoteldiebs . . .

Der Major hat uns gestern erzählt, daß er im Krieg Orter bei der Luftwaffe war. »Das ist sauberer als die Schützengräben . . .« Während der Panne nach dem Abendessen hat er sich gestern wieder Patiencen gelegt. Heute spielt er Karten mit einem englischen Offizier, der nach Schambé hinaufgefahren war. Er hat kleine, blaue Augen, sehr kleine, ganz weiße und regelmäßige Zähne, einen stattlichen Wanst, den er des Abends über seinen Siebenmeilenstiefeln spazierenträgt.

Immer wieder dieselben Papyrusquasten, etwas niedriger als gestern. Ein paar Stellen festen Landes, einige, im allgemeinen rötliche Bäume. Regenwetter. Die Fahrrinne ist sogar noch kurvenreicher als zuvor.

Unerwartet wie ein Theatereffekt ein einzelnes kleines Dorf: Ein von den Hütten begrenzter Halbkreis aus Lehm. Die Uferlinie des Landungsplatzes stellt den Durchmesser dar, und der halbe Kreisumfang wird durch eine Hecke grüner Pflanzen mit roten Blättern markiert. Ein paar vor Staub graue Jungen und einige vollständig nackte Männer stehen in einer Reihe vor Bergen von getrockneten Fellen. Wahrscheinlich ein für die Verladung dieser Produkte künstlich angelegter Ort.

Noch ein ganz ähnliches Dorf etwas weiter unten. Sonst nichts. Am Nachmittag klart das Wetter auf – aber immer noch dieselbe tödliche Langeweile. Der Tagesablauf wird ausschließlich durch den Morgentee, das Breakfast, das Mittagessen, den Nachmittagstee und das Abendessen geregelt.

Ein oder zwei Antilopenherden. Gruppen von weiblichen *water-bucks*. »Bee-eaters« genannte Vögel, so groß wie Möwen, rot und in der Körpermitte grün.

14. April

Wir nähern uns Malakal. Grüne Gräser, gelbe Gräser, Dörfer mit Strohhütten. Die Beauce mit ihren spitzen Strohschobern. Ein paar Palmen, aber unterm Regen. Wir sind endlich aus dem Papyrus raus.

Viel Betrieb in Malakal. Gentlemen in Jackenhemden und sehr weiten Shorts, oft mit gerafftem Hosenbund. Etwas weniger gelungene Ladies, die meistens wie Schullehrerinnen oder zu gründlich gewaschene Babys aussehen. Drei sehr rassige Doggen, eine weiße und zwei gelbe.

Fürchterlicher Schlamm. Syrische Faktoreien, die von lanzenbewehrten Shillouk besucht werden. Die Kraushaare der jüngsten Shillouk sind mit roter Erde eingerieben. Die anderen haben sehr komplizierte Frisuren, die an den Seiten und am Hinterkopf eine Art Medici-Spitzenkragen bilden. Sie gehen weg, wenn man sie photographieren will, oder sie wenden mit pimpeligen Kleinmädchenmienen das Gesicht ab.

Es sind fünf neue Passagiere an Bord gekommen: Zwei Offiziere, zusammen mit ihren Frauen, und noch ein weiterer Offizier.

Für diesen langen Zwischenhalt hat der Major extra einen Schlips umgebunden und eine Tussor-Jacke übergezogen. Erst jetzt fällt mir auf, daß er sehr unregelmäßige Zähne hat. Kein Zweifel, daß er deshalb – und wegen der Moskitostiefel, die er abends anzieht – wie ein

Seeräuber aussieht. Im übrigen hat er alles von einem etwas verlebten, wohldenkenden, guten Gentleman. Sowie das Schiff abgelegt hat, zieht er seine Jacke und seinen Schlips wieder aus und mischt sich unter die Neuangekommenen – die er selbstverständlich kennt!

Meine eigene Aufmachung – die etwas kunterbunt aus diesem und jenem zusammengestoppelt ist, wie es sich gerade aus den verschiedenen Sendungen, die die Expedition erhalten hat, meinen eigenen Käufen und den jeweiligen Etappenzielen ergeben hat – kommt mir neben der des Engländers geradezu armselig vor! Diese Leute sind, scheint mir, die einzigen westlichen Menschen, die in ihrer Haltung etwas Romantisches bewahrt haben. Mehr noch als der sogenannte »Lateiner«, dessen romanhafte Allüren sich einer schmalzigen Friseur- und Groschenheft-Romantik verdanken, hält der Engländer die schöne Tradition vom Anfang des letzten Jahrhunderts aufrecht: In der Korrektheit seiner städtischen Kleidung ist immer ein Hauch von London Tower, in der Weite seiner übrigen bequemen Sachen sind immer Falten genug für ein paar aus den schwarzen Romanen der Schule des Schreckens entschlüpfte Gespenster. Darüber hinaus sind es Leute, die Pfeife rauchen und Sinn für Äußeres haben.

Nach Malakal wird der Fluß breiter. Ich erkenne endlich den Nil wieder. Geräumige Feluken. Weite Wiesen mit Herden überall. Eingeborene in Schilfpirogen. Die Leute sind so staubig, daß man sie von weitem oft für Albinos halten möchte. Fischer stehen bis zur Hüfte im Wasser, hantieren mit Netzen oder versuchen, die Fische mit der Lanze zu spießen.

Weiterer Halt in Kodok, nicht weit von Faschoda. Wir begegnen an Land dem Major und reden gleich wie selbstverständlich über die Expedition Marchand. Neben diesem Raddampfer und diesen Barken kommt mir das genauso mythisch vor wie Reichshoffen oder Vercingétorix.

Noch schönere Shillouk als die in Malakal. Sie scheinen alle einen wirklich *persönlichen* Sinn für Eleganz zu besitzen. Ungezählte Halsketten und Armbänder, große Stäbe, mächtige lange Pfeifen, Geschwulste auf der Stirn wie Perlendiademe aus Fleisch. Die Haartracht mancher Shillouk erreicht die Ausmaße einer Sturmhaube oder eines Landsknechtshutes. Phantastische Wilde, so nonchalant, so unerwartet, und zugleich doch so verblüffend dem Bilde gleich, das man sich von ihnen machen konnte ...

In puncto Attraktionen geht der Tag mit ein paar Nilpferden zu Ende und mit dem anhaltenden Kampf Tausender von kleinen Vögeln gegen die angreifenden Weihen.

15. April

Pralle Sonne, schwüle Luft, oder glühend heißer Wind. Keine oder fast keine Dörfer mehr: Buschlandschaft auf beiden Seiten.

Im Fluß leben ganze Familien von grauen Nilpferden, manchmal so dichtgedrängt, daß man sie, ohne viel zu übertreiben, mit Heringsbänken vergleichen könnte.

Zwischenhalt in Renk, wo wir an einer Art von Steg aus zerbröckelnden Kohlestücken anlegen, der von Teilen eines alten Flußkahnes zusammengehalten wird.

Ein Zwischenfall: Die Zibetkatze ist aus dem Lastwagen ausgerückt und fällt ins Wasser. Ein Araber fischt sie wieder heraus. Ihr Geschick findet große Anteilnahme bei einem Teil der englischen Gesellschaft des Schiffes. Der *engineer on charge* (ein sehr netter Junge: Das Photo einer älteren Dame auf seinem Kajütentisch erlaubt es, sich einen ungefähren Begriff von seiner Mutter in Liverpool, Manchester oder sonstwo zu machen; verehrte alte Dame! wie stellen Sie sich den Sudan vor?), der *engineer on charge* kümmert sich nach der Rettung voller Fürsorge um das *poor little thing*.

In Renk verläßt ein Passagier das Schiff, einer der Offiziere, die in Malakal zugestiegen waren. Seine Frau bleibt an Bord. Als das Schiff ablegt, winkt sie diskret mit ihrem Taschentuch, bemüht sich, ihre Kontenance zu bewahren. Der Mann wendet die Augen ab, zieht an seiner Zigarette, winkt höflich mit der Hand. In Renk herrscht eine Gluthitze und die Gegend ist verseucht von Moskitos.

. . . .

17. April

Gestern kein Tagebuch geführt. Besonders chaotischer Tag: Wir sind vom Schiff in den Zug umgestiegen, der uns nach Gedaref bringen soll.

Zwanzig Kilometer vor Kosti müssen wir erst einmal in eine Barke umsteigen, denn wegen des niedrigen Wasserstands und des felsigen Flußbetts fährt das Schiff nicht bis zum Ende der Strecke.

Anschließend zweieinhalbstündiger Transport unseres Materials vom

292

Boot zu den für uns bereitstehenden Waggons. Eine ganze Reihe Zwischenfälle außerdem: Der Lastwagen wäre beim Ausbooten beinahe ins Wasser gestürzt, die erwartete telegraphische Geldanweisung aus Khartoum ist nicht angekommen, und wir müssen es irgendwie hinkriegen, daß man uns die Bootsrechnung in französischem Geld begleichen läßt, der Personenwagen will einfach nicht anspringen und muß mit dem Lastwagen abgeschleppt werden, die Verladung des Materials in die Waggons muß so schnell gehen, daß wir die Sachen einfach aufeinanderstapeln, wie sie gerade kommen (heute müssen wir da Ordnung reinbringen).

Vom Kai aus, wo ich den Abtransport des Materials zum Bahnhof überwache, sehe ich wieder die englische Dame mit dem schmelzenden Lächeln (das zu gründlich gewaschene Baby). Begleitet von ihrem Gatten, schickt sie sich an, von Bord zu gehen. In meiner Nähe läuft der kleine Buschhund herum, und weil ich mir vorstellen kann, was jetzt passiert, nehme ich ihn auf meine Arme. Das Ehepaar kommt sofort auf mich zu. Charmante Leute, die ausgezeichnet Französisch sprechen. Der Hund wird gehätschelt und die Dame lächelt sehr, sehr angenehm. Ein Schatten immerhin trübt meine Freude: Wenn ich nicht an einer offiziellen Expedition teilnehmen würde, oder auch nur einfach so erschiene, wie ich bin, ich würde niemals so nette Leute kennenlernen. Aber wenn der Kontakt unverbindlich und notgedrungen folgenlos bleibt, schätze ich diese Art von kurzlebigen Beziehungen sehr. So kurzlebig, daß man sich – sobald einem die Leute, die Gegenstand dieser Beziehungen waren, zur Vergangenheit geworden sind – immer vorerzählen kann, wie reizend sie waren und wie gut man sich mit ihnen verstanden hätte . . .

Im Zug nach Khartoum, in dem schon alle Passagiere aus dem Schiff sitzen, nehme ich Abschied vom Major, der mir, wenn ich wieder einmal in den Sudan komme, im Zoo von Khartoum »große Elefanten« verspricht. Abschied auch von meinem Freund, dem Mann, der sich geschnitten hat, einen Gruß an meine Kajütennachbarin (deren Flirt mit dem letzteren sich mächtig ausgewachsen zu haben scheint), Gruß an die Dame, deren Gatte in Renk von Bord gegangen ist. Sie erkundigt sich nach der den Fluten entrissenen Zibetkatze und ist betrübt zu hören, daß das arme kleine Tier noch in der Nacht verendet ist.

Beim Umzug am Morgen habe ich in der Hitze des Gefechts dem armen Makan eine gelangt. Wenn die Damen das wüßten, möchten sie

– trotz ihrer anzunehmenden Verachtung für die Eingeborenen – vielleicht finden, ich sei ein wenig »*rough*«. Und dann auch noch einen Jungen, der nach Abessinien fährt!!!

Ich bin zu optimistisch, um auch nur irgend etwas, was an Ironie oder Bitterkeit erinnern könnte, in mir Raum zu geben. Die erste dieser beiden Damen hatte nichts weiter Hübsches an sich als ihr Lächeln und ihren Sinn für einigermaßen gelungene Kleidung. Auch wenn sie einmal eine hinreißende Frau gewesen sein muß – heute läßt sie auf dem Schiff den Lunch aus und macht bei jedem Zwischenhalt einen langen Spaziergang mit ihrem Mann; ich nehme an, sie kommt sich etwas zu dick vor und will abnehmen! Die zweite (ein langes, fahles Brett) hinkte: An einem Verband an ihrem rechten Knöchel war zu ersehen, daß sie an einem Guineawurm litt. Die dritte hatte mich zunächst durch ihre Ähnlichkeit mit einer der älteren Schwestern meiner Frau verblüfft, einem Mädchen, das ich sehr gern mag.

Sie kehren alle nach Europa zurück und stehen schon wieder ganz im europäischen Leben – falls sie es überhaupt jemals verlassen hatten. Für sie alle ist das natürlich höchst bewundernswert und phantastisch, daß Leute, die mit ihnen auf demselben Schiff fahren, auf dem Wege in ein Land sind, wo sie mehrere Monate lang zu bleiben gedenken und in dem es praktisch keine Eisenbahnen und keine Straßen gibt: Abessinien.

Aber das verliert sich schon alles in den entlegensten Winkeln des Gedächtnislabyrinthes. In Sennar, wo Larget und ich auf den Zug nach Gedaref warten, sitzen wir den ganzen Tag in dem Waggon ab, den uns die Behörden von Khartoum freundlicherweise zur Verfügung gestellt haben. Heute morgen haben wir einen Ausflug zum blauen Nil gemacht.

Der Wasserstand ist im Augenblick sehr niedrig, und es kommen jetzt weite, felsige Flächen zum Vorschein, die an manchen Stellen mit Austernschalen übersät sind. So stelle ich mir das Tote Meer vor. Dürres Land. Die Sonne verschleißt uns. Ein starker Wind wirft uns den Sand entgegen.

Endlich AFRIKA, das Land der 50° im Schatten, der Sklavenkolonnen, der kannibalischen Festmähler, der leergebrannten Totenschädel, das Land des Verzehrten, Zerfressenen, Verschollenen. Zwischen mir und der Sonne steht hoch aufgerichtet die Gestalt des ewig verfluchten, ewig mich verfolgenden Hungerleiders. Ich gehe in seinem Schatten, der härter ist, aber kräftigender auch als noch die diamantenen Strahlen der Sonne.

18. April

Seit unserer Abfahrt aus Juba schlafen wir nur noch mit Ventilator. Wir stellen ihn auch im Zug nach Gedaref an. Wir, das sind Griaule (der in der Nacht von Khartoum zurückgekommen ist, wohin er allein gefahren war), Larget und ich. Die steigende Hitze exaltiert mich.

Kurz hinter Sennar fahren wir über den Deich des blauen Nil. Industrielandschaft mit Lokomotiven, Kränen, Kesseln, alten Maschinen und großen Hallen, dann zunehmend kargeres Land, flach und rötlich. Der Boden wird immer rissiger. Sträucher. Graue oder gelbliche Büsche. Keine Tiere. Nicht einmal Termitenhügel. Von Zeit zu Zeit das Bett eines fast ausgetrockneten Flusses.

Zerrüttende Langsamkeit des Zuges. In der Nähe der Bahnhöfe stehen gemauerte runde Hütten mit kugelförmigem Zementdach für das eingeborene Personal.

Im Traum ein nackter Schoß läßt mich melancholisch.

Seit etwa 4 Uhr morgens, noch vor Tagesanbruch, liege ich wach im Bett und hänge einer Erfindung nach, die ganz gut unter den »Kolonialgeschichten« figurieren könnte: Ein Mann, der, ohne zu den Sternen oder zur Sonne aufzusehen, allein durch das Betasten seines wachsenden Bartes die Zeit zu messen vermag.

Mit fällt auch wieder der exotische Film mit Dorothy Mac Kaill ein: »The lost lady«, von dem ich an Bord, in einer Nummer des *Daily Sketch*, Photos gesehen habe. Auf einem Bild sieht man die Hauptheldin, die nur mit Schal und Unterrock bekleidet ist, sich eine Banknote in den Strumpf schieben. Auf einem anderen Photo ringt sie armewinkelnd mit einer Art von Zuhälter mit Cowboy-Hut, langer Zigarre und weißem Anzug.

Genau wie im Bahnhof von Old Sennar, gibt es auch in unserem Wohnzug von heute keinen *dining car*. Unserem Waggon wird deshalb extra ein Koch zugeteilt, den alle den »Sheriff« nennen.

Bäume, die von oben bis unten rotbraun sind. Weißliche Stachelpflanzen. Gelbes, verbranntes Gras. Fast schon die Wüste . . . Gerade als die Sonne ihre letzte Ecke Licht hinter die Erde zieht, fahren wir in den Bahnhof von Gedaref ein. Viele Rangiergleise und Güterwagen. Laute arabische Cafés in der Stadt, mit Grammophon und Weihrauchgerüchen. Berstend volle griechische und armenische Läden. Vor dem zerrissenen Himmel und den fernen Hügeln, die an das legendäre Umland von Toledo erinnern: die Moschee. Letztes großes Handelszentrum vor Abessinien.

Larget und ich bleiben noch lange am Güterbahnhof, um die Betten und das Allernötigste an Kisten aus den Waggons zu holen.

Die Spannung steigt: Ich schlafe auf der Terrasse, bei verrücktem Wind. Erdrückende Hitze. Der Helm trocknet einem auf dem Kopf und schnürt, zu klein geworden, die Stirn ein. Unsere Gesichter, unsere Arme, unsere Knie sind rotbraun. Nur diese Farbe liebe ich. Wie viele Kilometer haben wir gebraucht, um uns endlich an der Schwelle des Exotismus zu fühlen!

24. Mai 1931 (S. 27) und passim

»Kakerlaken«, »Schaben«, »Russen«, oder, wie man sie auf den französischsprachigen Antillen nennt: »ravets«.

1. Juni (S. 35, Abs. 4).

Der Boubou, ein im ganzen Sudanbereich verbreitetes Gewand für Männer, ist eine Art langer Tunika, die unseren Nachthemden ähnelt.

7. Juni (S. 40, Abs. 3).

Eine »Aufzucht« von Erdkrebsen: der Ausdruck scheint zumindest übertrieben.

12. Juni (S. 44, Abs. 4).

Das »Haus Christi«, so werden in Abessinien die Kirchen genannt.

15. Juni (S. 51, Abs. 3).

Diese Gebärde, ein Zeichen der Fürsorge dem Musiker gegenüber, hat vielleicht einen eher protokollarischen Sinn. Bei meinem Aufenthalt auf Haiti im Sommer 1948 habe ich im Verlauf von Vaudou-Sitzungen die Adepten dieser Religion dieselbe zeremonielle Geste ausführen sehen: mit einem Halstuch wird das Gesicht derer abgewischt, die man zu ehren gedenkt. Vgl. die heilige Veronika, die das Antlitz Jesu trocknet.

20. Juni (S. 54, Abs. 5).

Es war etwas vorschnell geschlossen, das Vorkommen von männlichen und weiblichen Altersbrüderschaften im Dorf Nettéboulou als ein »ausgesprochen archaisches Element« zu betrachten.

23. Juni (S. 55, Abs. 5).

Der »Bezirksvorsteher« ist ein Bahnangestellter, der mit der Überwachung und Unterhaltung eines bestimmten Streckenabschnittes betraut ist.

17. Juli (S. 77, Abs. 2).

Heute würde ich einen derart summarischen Ausdruck: »eine Gruppe von Kannibalen aus dem Tschad« wohl kaum noch ohne zu zögern übernehmen.

5. August (S. 89, Abs. 3).

Moussa Travélé ist in der Tat der Autor geschätzter Arbeiten über die Sprache und die mündliche Überlieferung der Bambara.

12. August (S. 94, Abs. 1).

»Rituelle Orgie« ist viel gesagt für ein Fest, das sich von manchen unserer Cocktailpartys bestimmt nicht allzusehr unterscheidet.

21. August (S. 100, Abs. 3).

Dieses jedenfalls übereilte Urteil, das aus Barhaba Sidibé eine Ausnahme unter »den Mädchen ihrer Rasse und ihrer sozialen Stellung« macht, bleibt zumindest auf die Peul-Frauen beschränkt (die gewöhnlich für kokett gelten) und betrifft auch nur die Frauen in den Städten.

26. August (S. 103, Abs. 2).

»Kati«: Stadt in der Gegend von Bamako, in der Militär stationiert ist.

14. September (S. 119, Abs. 1).

»Hotel meublé« wäre für den Sitz des *ollé horé* wohl zutreffender als »Bordell«.

20. September (S. 122, Abs. 4).

Die »Laptos«, d. h. die Binnenschiffer und Fährleute.

30. September (S. 132, Abs. 2) und passim.

Unsere Forschungen über die Gesellschaft der Männer und den Gebrauch der Masken bei den Dogon – eine Arbeit, die während der Expedition lediglich in Angriff genommen, aber nicht beendet wurde – haben Marcel Griaule den Stoff zu einer Doktorarbeit geliefert: *Masques dogons* (»Travaux et mémoires de l'Institut d'Ethnologie«, Bd. XXXIII, Paris, 1938). In derselben Reihe (Bd. L, 1948) habe ich eine Arbeit über die Geheimsprache der Dogon von Sanga vorgelegt (*La Langue secrète des Dogons de Sanga*). Das Material zu diesem Buch besteht vornehmlich aus den Texten, die ich nach den mündlichen Aussagen des alten Ambibè Babadyi aufgezeichnet habe, mit dem ich am 9. Oktober die Befragung begann.

2. Oktober (S. 136, Abs. 3)

Ein »Marabut«, d. h. ein muselmanischer Priester, der in dieser dem Islam widerstrebenden Gegend auf satirische Weise dargestellt wird.

22. Oktober (S. 151, Abs. 5)

»Die Erfindung des Feuers«: eine etwas gewagte Interpretation für das Anzünden des Strohhaufens. Auch die Interpretation der Jagdszene als Erlegung des Tieres, das am Tod des Jägers schuld ist, muß fallengelassen werden. In der Folge ergab die Befragung, daß diese von den Kollegen des Verstorbenen gespielte Szene darauf abzielte, dessen hauptsächliche Beschäftigung zu evozieren.

4. November (S. 161, Abs. 2)

Mehrere Freunde haben mich gefragt, welchen Gebrauch ich von dieser Pinzette machte, daß ich mich dermaßen über ihren Verlust ärgerte. Sie diente mir einfach dazu, die Haare aus der Nase auszureißen.

19. November (S. 170, Abs. 6)

»Ogolda« (oder, wie wir zuerst geschrieben haben: »Ogoldo«) bedeutet Ober-Ogol, im Gegensatz zu »Ogoldognou« oder Unter-Ogol. Dies entspricht der Zweiteilung vieler Dogon-Dörfer.

20. November (S. 171, Abs. 2)

Mein Kollege André Schaeffner hat in *Minotaure*, Nr. 2 (einer der Expedition Dakar-Djibouti gewidmeten Sondernummer) unter dem Titel »Peintures rupestres de Songo« erstmals die Dokumente veröffentlicht, die wir bei unseren verschiedenen Besuchen im »Jerusalem der Beschneidung« zusammengetragen haben.

29. November (S. 175, Abs. 5)

»Den Salam machen«: nach dem muselmanischen Ritual das Gebet verrichten.

30. November (S. 176, Abs. 5)

Galanter, und wahrscheinlich auch exakter wäre der Ausdruck »sein Moos machen«, anstatt »auf Anschaffe gehen«.

7. Dezember (S. 183, Abs. 4)

Ich kannte damals den »Vaudou« und seine Weihestätten oder »Houmforts« lediglich aus dem Buch *L'Ile magique* von William B. Seabrook. Bekanntlich sind die dahomeyischen Kulte ja die hauptsächliche Quelle dieser Religion gewesen, die den heutigen Haitianern von ihren Ahnen, den als Sklaven nach Santo-Domingo gebrachten Afrikanern, übermittelt wurde.

8./9. Dezember (S. 183 f.)

Zu dieser Zeit wurde das Gebiet von Savalou von einem Mann verwaltet, an den ich mich nicht ohne eine gewisse Rührung erinnern kann: Schon reifen Alters, mittelgroß und, wie mir scheint, leicht gebeugt, mit tief eingeschnittenen Gesichtszügen und einem kleinen

Bärtchen in Pfeffer und Salz. Wir haben – zusammen mit seiner Frau, glaube ich – bei ihm zu Abend gegessen, und vielleicht war auch noch ihr kleines Töchterchen dabei. Sehr mittelmäßiges Essen, das in ausgesprochen armseligem Geschirr aufgetragen wurde. Offensichtlich gehörte dieser körperlich unscheinbare und schüchterne Mann nicht zu denen, die ihr Personal besonders fest in der Hand haben: Als in einem Gefäß, an das ich mich nicht mehr genau erinnern kann, das aber jedenfalls nicht das richtige war, die Suppe aufgetischt wurde, glaubte der etwas verlegene Herr des Hauses seinen Boy darauf hinweisen zu müssen, daß eine Suppenschüssel auf dem Büfett stand. Aber der Boy gab zurück: »Das nicht Suppenschüssel, das kaputt!« und enthüllte so die nichtbehobenen Folgen eines Mißgeschicks, für das er wahrscheinlich selbst verantwortlich zeichnete, und die extreme Geldknappheit des Hauses. Als wir am 18. Dezember durch Dasa Zoumé kamen, wo unser Gastgeber aus Savalou eine Inspektion durchführte, sahen wir ihn von der freudig vertrauten Menge seiner Untergebenen umringt, und als er dann wieder wegfuhr, nahmen sie auch alle herzlich von ihm Abschied. Im Verlauf der Unterhaltung teilte er uns seine Freude darüber mit, jetzt eine Methode des Straßenbaus gefunden zu haben (die Verwendung bestimmter Zementmuffe zum Abstützen der Brücken), die seinen Unterstellten eine beträchtliche Zahl Arbeitspflichttage ersparte. Zur Zeit, als wir seine Bekanntschaft machten, war dieser »Paternalist« im eigentlichen Sinne des Wortes erst stellvertretender Verwalter von sehr mittelmäßigem Ansehen, obwohl er schon beinahe das Pensionsalter erreicht hatte. In der Kreishauptstadt galt er allgemein als »armer Kerl« und man sprach von ihm in dem Ton herablassenden Mitleids, den Höhergestellte für die Versager in ihrem Beruf an den Tag legen.

12. Dezember (S. 184, Abs. 4)
Die Bezeichnung »Tonhöhen« bei der Aussprache der Vokale ist der wissenschaftliche Terminus für verschiedene Lauthöhen von unterschiedlichem semantischen Wert. Daß diese »musikalischen Tonhöhen« in der Fon-Sprache und noch manchen anderen negroafrikanischen Sprachen vorkommen, läßt sich nicht leugnen. Um sie nicht zu hören, mußten wir schon ziemlich taub sein. Burlesk war die Vorführung allerdings dennoch.

27. Januar 1932 (S. 223)
Die Beschnittenen müssen die kleinen Fleischstücke wieder zurückgeben, um zu zeigen, daß sie trotz des Schmerzes ihr Stück zwischen den Zähnen behalten haben. Ich habe die in Poli gesammelten Dokumente, zusammen mit anderen gleichlaufenden Informationen aus Garoua, in einem Artikel veröffentlicht, der im 4. Band des *Journal de la Société des Africanistes* erschienen ist. Der Titel des Aufsatzes lautet: *Rites de circoncision namchi* (»Beschneidungsriten der Namchi«, in: Michel Leiris, Das Auge des Ethnographen. Ethnographische Schriften II, Frankfurt (Syndikat) 1978, S. 168-190.

2. Februar (S. 226, Abs. 2)
Ein tatsächlicher Mord, oder nur ein bedrohliches Losstürzen des maskierten Mannes auf die noch nicht eingeweihten jungen Leute? Der junge Moundang-Gärtner war – wie ich an den folgenden Tagen feststellen konnte – ein zu unsicherer Informant, als daß ich (ohne übrigens an seinem guten Glauben zu zweifeln) seine Aussage anders als mit Vorbehalt aufnehmen könnte.

16. März (S. 259, Abs. 3)
Obwohl bereits Liebhaber, wenn auch nicht *aficionado*, wußte ich damals herzlich wenig über Stierkämpfe. Wahrscheinlich stellte das besagte Aquarell eine *mariposa* nicht von Juan Belmonte, sondern von Marcial Lalanda, dem Erfinder und großen Könner dieser speziellen Muleta-Führung, dar.

29. März (S. 273, Abs. 1)

Bei meinem Aufenthalt in Kairo 1928 war ich noch begieriger auf Exotik als während der Expedition Dakar-Djibouti. Ich brachte deshalb auch den europäisch gekleideten ägyptischen Bourgeois, den »Effendi«, nur Abneigung entgegen.

5. April (S. 282, Abs. 2)

»Die Durchsicht meiner Reisemotive und meiner Gründe zu schreiben« spielt in Wirklichkeit in diesem Buch kaum eine Rolle. Es bleibt im wesentlichen ein tägliches Logbuch, eine Art Kalendereintragung. Als ich es schrieb, schien mir der Anteil persönlicher Innenschau sicher beträchtlicher zu sein, als es mir bei der Lektüre heute scheinen will: Es war auch in der Tat das am wenigsten mechanische von meinen verschiedenen Aufzeichnungen (Gesehenes, eingeholte Erkundigung, Träume, Reflexionen) und stand in meinen eigenen Augen deshalb auch in einem besonderen, bevorzugten Licht.

7. April (S. 284, Abs. 3)

»Heurtebise«: ungefähre lautliche Übertragung des englischen Namens *hartbeest* für eine Antilopenart (Kaphirsch).

14. April (S. 291, Abs. 3)

Das »staubige« Aussehen der Shillouk in ihren Schilfbooten rührt sicher daher, daß sie ihren Körper erst eingefettet und dann Asche darübergerieben haben.